国家重点档案专项资金资助项目

抗日战争档案汇编

# 厦门抗日救亡运动档案汇编

厦门市档案馆 编

五洲传播出版社

**图书在版编目（CIP）数据**

厦门抗日救亡运动档案汇编 / 厦门市档案馆编 . 北京 : 五洲传播出版社 , 2025. 1. -- ( 抗日战争档案汇编 ). -- ISBN 978-7-5085-5358-0

Ⅰ . K264.06

中国国家版本馆 CIP 数据核字第 2025NR5528 号

**厦门抗日救亡运动档案汇编**

---

**编　　者**：厦门市档案馆
**出 版 人**：关　宏
**责任编辑**：宋博雅
**装帧设计**：北京禾风雅艺文化发展有限公司
**出版发行**：五洲传播出版社
**地　　址**：北京市海淀区北三环中路31号生产力大楼B座6层
**邮　　编**：100088
**电　　话**：010-82005927，82007837
**网　　址**：www.cicc.org.cn, www.thatsbooks.com
**印　　刷**：天津艺嘉印刷科技有限公司
**版　　次**：2025年6月第1版第1次印刷
**开　　本**：210 mm × 285 mm
**印　　张**：28.75
**定　　价**：460.00元

# 抗日战争档案汇编编纂出版工作组织机构

## 编纂出版工作领导小组

组　长　王绍忠

副组长　高　嵚　李洁鸿　林振义

## 编纂委员会

主　任　王绍忠

副主任　李洁鸿

顾　问　杨冬权　李明华　陆国强

成　员（按姓氏笔画为序排列）

王　宇　王　放　王海燕　方　旭　甘自强　田　红
田　峰　田富祥　代年云　白晓军　冯建华　伍　英
刘晓阳　孙秀梅　孙建军　苏雨新　苏树增　杜昕昱
李　军　李　晶　李世华　李宝玲　李莉娜　李海蓉
李家成　杨文丰　杨智友　谷　磊　张　军　张向军
张军勇　张秀丽　陆和兰　陈念芜　陈熙满　欧阳春
罗先东　周向阳　郑泽隆　赵舒龙　胡　勇　姜若宁
姚永军　聂文胜　夏　红　顾　俊　徐未晚　高建舟
常建宏　梁克昌　蒋宏灵　喻在岗　焦东华　童　鹿
曾德亚　谭荣鹏　潘　勇

## 编纂出版工作领导小组办公室

主　任　李莉娜

副主任　贾　坤　沈　岚

成　员（按姓氏笔画为序排列）

朱召师　李　宁　汪海涛　董书婷

# 福建省抗日战争档案汇编编纂出版工作组织机构

## 编纂出版工作领导小组

组　长　陈熙满

副组长　马俊凡　游富明

成　员　谢　滨　纪　峰　许雪琦　赖朝晖　蔡文忠
廖晓凌　曹荣军　陈国平　黄　萍
吴寿勤　郑　伟　吴丰斌

## 编纂出版工作领导小组办公室

主　任　叶建强

成　员　王建平　陈亮

## 编纂专家组

组　长　马俊凡

副组长　谢　滨

成　员（按姓氏笔画为序）
邓达宏　陈　凤　陈若波　陈惠芳　连　念
吴仰荣　钟健英　黄项飞

# 《厦门抗日救亡运动档案汇编》编委会

# 总序

为深入贯彻落实习近平总书记「让历史说话，用史实发言，深入开展中国人民抗日战争研究」的重要指示精神，国家档案局根据《全国档案事业发展「十三五」规划纲要》和《「十三五」时期国家重点档案保护与开发工作总体规划》的有关安排，决定全面系统地整理全国各级综合档案馆馆藏抗战档案，编纂出版《抗日战争档案汇编》（以下简称《汇编》）。

中国人民抗日战争是近代以来中国反抗外敌入侵第一次取得完全胜利的民族解放战争，开辟了中华民族伟大复兴的光明前景。这一伟大胜利，也是中国人民为世界反法西斯战争胜利、维护世界和平作出的重大贡献。加强中国人民抗日战争研究，具有重要的历史意义和现实意义。

全国各级档案馆保存的抗战档案，数量众多，内容丰富，全面记录了中国人民抗日战争的艰辛历程，是研究抗战历史的珍贵史料。一直以来，全国各级档案馆十分重视抗战档案的开发利用，陆续出版公布了一大批抗战档案，对揭露日本帝国主义侵华罪行，讴歌中华儿女勠力同心、不屈不挠抗击侵略的伟大壮举，弘扬伟大的抗战精神，引导正确的历史认知，发挥了积极作用。特别是国家档案局组织有关方面共同努力和积极推动，「南京大屠杀档案」被联合国教科文组织评选为「世界记忆遗产」，列入《世界记忆名录》，捍卫了历史真相，在国际上产生了广泛而深远的影响。

全国各级档案馆馆藏抗战档案开发利用工作虽然取得了一定的成果，但是，在档案信息资源开发的系统性和深入性方面仍显不足。正如习近平总书记所指出的：「同中国人民抗日战争的历史地位和历史意义相比，同这场战争对中华民族和世界的影响相比，我们的抗战研究还远远不够，要继续进行深入系统的研究。」「抗战研究要深入，就要更多通过档案、资料、事实、当事人证词等各种人证、物证来说话。要加强资料收集和整理这一基础性工作，全面整理我国各地抗战档案、照片、资料、实物等……」

国家档案局组织编纂《汇编》，对全国各级档案馆馆藏抗战档案进行深入系统地开发，是档案部门贯彻落实习近平总书记重要指示精神，推动深入开展中国人民抗日战争研究的一项重要举措。本书的编纂力图准确把握中国人民抗日战争的历史进程、主流和本质，用详实的档案全面反映一九三一年九一八事变后十四年抗战的全过程，反映中国共产党在抗日战争中的中流砥柱作用以及中国人民抗日战争在世界反法西斯战争中的重要地位，反映国共两党「兄弟阋于墙，外御其侮」进行合作抗战、共同捍卫民族尊严的历史，反映各民族、各阶层及海外华侨共同参与抗战的壮举，展现中国人民抗日战争的伟大意义，以历史档案揭露日本侵华暴行，揭示日本军国主义反人类、反和平的实质。

编纂《汇编》是一项浩繁而艰巨的系统工程。为保证这项工作的有序推进，国家档案局制订了总体规划和详细的实施方案，明确了指导思想、工作步骤和编纂要求。为保证编纂成果的科学性、准确性和严肃性，国家档案局组织专家对选题进行全面论证，对编纂成果进行严格审核。

各级档案馆高度重视并积极参与到《汇编》工作之中，通过全面清理馆藏抗战档案，将政治、军事、外交、经济、文化、宣传、教育等多个领域涉及抗战的内容列入选材范围。入选档案包括公文、电报、传单、文告、日记、照片、图表等多种类型。在编纂过程中，坚持实事求是的原则和科学严谨的态度，对所收录的每一件档案都仔细鉴定、甄别与考证，维护档案文献的真实性，彰显档案文献的权威性。同时，以《汇编》编纂工作为契机，以项目谋发展，用实干育人才，带动国家重点档案保护与开发，夯实档案馆基础业务，提高档案人员的业务水平，促进档案馆各项事业的发展。

守护历史，传承文明，是档案部门的重要责任。我们相信，编纂出版《汇编》，对于记录抗战历史，弘扬抗战精神，发挥档案留史存鉴、资政育人的作用，更好地服务于新时代中国特色社会主义文化建设，都具有极其重要的意义。

抗日战争档案汇编编纂委员会

# 编辑说明

一九三七年七月七日，日本帝国主义悍然发动全面侵华战争。厦门地处东南沿海，距离已被日本占领的台湾最近，与南洋也相距不远。侵占厦门，将其作为海军基地，将极大便利日本实施「南进政策」。因此，早在全面抗战爆发前，日本侵略者就处心积虑地图谋侵占厦门。随着其侵华野心的急剧膨胀，侵略步伐不断加快，对厦门的武装挑衅愈发猖獗。一九三七年九月三日，日军公然轰炸厦门，拉开对厦门武装侵犯的罪恶帷幕。一九三八年五月十日，日军凭借武力强行登陆厦门，在短短几日内疯狂肆虐，十三日，厦门全岛沦陷。六月二十日，日本扶持的伪厦门治安维持会粉墨登场，成为日本奴役厦门人民的帮凶。次年七月一日，伪厦门特别市政府成立，对厦门人民实施血腥残暴的统治。在长达七年多的黑暗岁月里，日寇在厦门犯下的罪行罄竹难书：政治镇压、经济掠夺、思想奴役，杀人、放火、强奸、抢劫，给厦门人民带来了沉重灾难。

在民族危亡之际，厦门军民并未屈服，他们奋起抗争，以无畏的勇气和坚定的信念投身抗战，给予日本侵略者沉重打击，在中华民族反帝反侵略的历史长卷中写下了悲壮的篇章。经过长达十四年艰苦卓绝的斗争，中国人民取得了抗日战争的伟大胜利。一九四五年八月十五日，日本宣布无条件投降；十月三日，厦门宣告光复。

为全面、客观反映厦门军民抗日救亡运动情况，厦门市档案馆在对馆藏抗战档案进行梳理的基础上，编纂出版《厦门抗日救亡运动档案汇编》。

本书选稿起自一九三一年十二月，迄至一九四六年六月。本书按照「主题—时间」体例编排，分为抗日救亡组织、抗战宣传、抵制日货、抗战捐募和抗战劳军五个部分，分别按时间排序。

选用档案均据本馆馆藏原件全文影印，未作删节，如有缺页，为档案自身缺页。档案原标题完整或基本符合要求的使用原标题；原标题有明显缺陷的进行修改或重拟；无标题的加拟标题。标题中的人名使用通用名，机构名称使用全称或规范简称，历史地名沿用当时名称。档案所载时间不完整或不准确的，进行了考订；无法考订者，则采用档案所载收文时间，并加以注明。档案时间只有年份、月份的，排在该月末；只有年份的，排在该年末。

本书使用规范的简化字。对标题中人名、历史地名、机构名称中出现的繁体字、错别字、不规范异体字、异形字等，予以径改。限于篇幅，本书不作注释。

由于时间紧，档案公布量大，编者水平有限，在编辑过程中可能存在疏漏之处，考订难免有误，欢迎方家斧正。

编　者

二〇二一年六月

# 目录

总序
编辑说明

## 一、抗日救亡组织

厦门市财政局关于福建省抗敌后援会厦门分会经费开支事致厦门市政府的签条（一九三七年一月八日）……〇〇三
福建省抗敌后援会关于补推荐福建省立医院为委员致该院的函（一九三七年七月二十四日）……〇〇五
福建省抗敌后援会厦门分会关于筹措经费致厦门市政府的函（一九三七年八月一日）……〇〇七
**福建省抗敌后援会关于组织成立抗敌后援队致福建省立医院的一组文书（一九三七年八月十六日至二十八日）**……〇〇九
福建省抗敌后援会致福建省立医院的公函（一九三七年八月十六日）……〇〇九
福建省抗敌后援会致福建省立医院的公函（一九三七年八月二十八日）……〇一二
福建省抗敌后援会关于指定该院为受伤兵民救急收容所致福建省立医院的公函（一九三七年八月十七日）……〇一五
厦门市政府拨助福建省抗敌后援会厦门分会按月经费计划书（一九三七年八月十七日）……〇一七
**厦门市财政局、福建省财政厅关于核办厦门市财政局所属职员加入航空建设协会的来往文书（一九三七年十月四日至十五日）**……〇一九
厦门市财政局致福建省财政厅的呈（一九三七年十月四日）……〇一九
福建省财政厅致厦门市财政局的指令（一九三七年十月十五日）……〇二五

**厦门市新生活运动促进会、厦门市政府关于成立一日一分运动委员会的来往文书（一九三七年十一月至十二月）** …… 〇二八
厦门市新生活运动促进会致各机关、团体、学校的公函（一九三七年十一月二十日） …… 〇二八
厦门市政府致厦门市新生活运动促进会的公函（一九三七年十二月七日） …… 〇三〇
附：厦门市政府一日一分运动委员会会员名册 …… 〇三二
厦门市财政局关于教育人员战时工作团办公费支出致厦门市政府的签条（一九三七年十二月九日） …… 〇三八
福建省政府关于各级抗敌后援会委员应亲自出席会议致厦门市政府的训令（一九三七年十二月九日） …… 〇四〇
**厦门市文化界救亡协会筹备会、厦门市政府等关于发起组织厦门市文化界救亡协会的一组文书（一九三七年十二月至一九三八年一月）** …… 〇四二
厦门市文化界救亡协会筹备会致厦门市政府的呈（一九三七年十二月二十五日） …… 〇四二
附一：厦门文化界救亡协会章程（草案） …… 〇四五
附二：厦门市文化界救亡协会筹备员履历表 …… 〇四九
厦门市文化界救亡协会筹备会致厦门市政府的呈（一九三七年十二月二十七日） …… 〇五一
厦门市政府致中国国民党厦门市党部的公函（一九三七年十二月三十一日） …… 〇五四
中国国民党福建省厦门市党务特派员办事处致厦门市政府的公函（一九三七年十二月三十一日） …… 〇五六
厦门市文化界救亡协会筹备会致厦门市政府的呈（一九三七年十二月三十一日） …… 〇六〇
厦门市文化界救亡协会筹备会致厦门市政府的呈（一九三八年一月六日） …… 〇六三
厦门市政府致厦门市文化界救亡协会筹备会的指令（一九三八年一月七日） …… 〇六四
厦门市文化界救亡协会筹备会致厦门市政府的呈（一九三八年一月十二日） …… 〇六六
厦门市文化界救亡协会筹备会致厦门市政府的呈（一九三八年一月十四日） …… 〇六九
福建省政府关于各县市长必须亲自参加抗敌后援会会议致厦门市政府的训令（一九三八年二月八日） …… 〇七三

**厦门市募集国难防务捐委员会关于报送本会证章备案事与厦门警备司令部的来往文书（一九三八年二月十日至十七日）**……〇七五
厦门市募集国难防务捐委员会致厦门警备司令部、厦门市政府等的呈、函（一九三八年二月十日）……〇七五
厦门警备司令部致厦门市募集国难防务捐委员会的指令（一九三八年二月十七日）……〇七八
福建省厦门市新生活运动促进会关于寄送一日一分运动会员证致厦门市政府的函（一九三八年三月五日）……〇八〇
厦门市新生活运动促进会关于参加各种集会应遵守时间致各团体、机关、学校的公函（一九三八年四月九日）……〇八二
附：遵守时间公约……〇八四
厦门市新生活运动促进会关于注销旧印刊刻新印致一日一分运动委员会厦门市政府分会的公函（一九三八年四月二十一日）……〇八五
附：一日一分运动委员会图记式样……〇八七
福建省政府关于义壮队、大刀队办公经费支出致厦门市政府的电（一九三八年四月二十九日）……〇八八
厦门市政府关于启用厦门市国民抗敌自卫团关防致福建省政府的呈（一九三八年七月七日）……〇八九
福建省政府关于战区内国民抗敌自卫团改为国民自卫总队致厦门市政府办事处的训令（一九三八年十月十九日）……〇九一
**厦门市政府办事处、厦门市动员委员会关于派员参加海澄县动员委员会与福建省动员委员会的来往文书（一九三九年八月至一九四〇年二月）**……〇九三
厦门市政府办事处致福建省动员委员会的呈（一九三九年八月二十三日）……〇九三
福建省动员委员会致厦门市政府办事处的指令（一九三九年十月二十七日）……〇九六
附：厦门市动员委员会现任委员职员姓名及任职日期报告表……〇九八
厦门市动员委员会致福建省动员委员会的呈（一九四〇年一月六日）……一〇〇
福建省动员委员会致厦门市动员委员会的指令（一九四〇年二月二十三日）……一〇三
**厦门市动员委员会、福建省动员委员会等关于启用钤记的一组文书（一九三九年九月至一九四〇年一月）**……一〇四
厦门市动员委员会致福建省动员委员会的呈（一九三九年九月十五日）……一〇四

福建省动员委员会致厦门市动员委员会的指令（一九三九年十月四日）……………………一〇六
厦门市政府办事处致福建省动员委员会的呈（一九三九年十月九日）……………………一〇七
福建省动员委员会致厦门市政府办事处的指令（一九三九年十月二十九日）……………………一〇九
厦门市政府办事处致厦门市动员委员会的公函（一九三九年十二月十六日）……………………一一〇
福建省动员委员会致厦门市动员委员会的指令（一九四〇年一月四日）……………………一一三
厦门市动员委员会聘请苏鹤年、黄平西为设计委员的函（一九三九年十二月二十日）……………………一一四
厦门市动员委员会关于请就任该会委员致中国国民党厦门市党部书记长、陆军第七五师四五〇团团长的公函
（一九三九年十二月二十日）……………………一一六
厦门市动员委员会聘请严焰、庄金章为设计委员的函（一九三九年十二月二十九日）……………………一一八
厦门市动员委员会关于召开第一次会议致各委员的笺函（一九三九年十二月二十九日）……………………一二〇
**厦门市动员委员会关于该会办公经费由何处划拨与福建省动员委员会的来往文书**
**（一九三九年十二月至一九四〇年一月）**……………………一二二
厦门市动员委员会致福建省动员委员会的电（一九三九年十二月二十日）……………………一二二
福建省动员委员会致厦门市动员委员会的指令（一九四〇年一月六日）……………………一二四
厦门市动员委员会关于设立厦门通讯社致刘正平、沈千事的笺函（一九四〇年一月六日）……………………一二五
厦门市动员委员会关于设立华侨服务处致严焰委员的笺函（一九四〇年一月六日）……………………一二七
厦门市动员委员会聘请楼达三、李亮、陈式锐为该会设计委员的笺函（一九四〇年一月六日）……………………一二九
厦门市动员委员会聘请张耀曾为该会设计委员的函（一九四〇年一月十日）……………………一三一
**第三战区伤兵之友社社员入社介绍表（一九四四年五月至六月）**……………………一三四
徐诵光入社介绍表（一九四四年五月十九日）……………………一三四
赖鸿熙入社介绍表（一九四四年五月十九日）……………………一三五
康世禄入社介绍表（一九四四年五月）……………………一三六

## 二、抗战宣传

中国国民党福建省厦门市党务特派员办事处关于举行抗战补宣誓致各学校、机关、团体的函（一九三七年十月八日）……一六七
抗倭自卫战公共誓约（一九三七年十月十日）……一六八
中国国民党福建省厦门市党务特派员办事处关于分发抗日救国问答十条及抗敌标语汇编致厦门市政府的函（一九三七年十月十二日）……一六九
附：抗日救国问答十条……一七〇
厦门市政府轮渡管理处关于拟定优待抗敌会宣传队乘轮办法致厦门市政府的呈（一九三七年十一月十七日）……一七三
厦门市政府关于举办九国公约会议宣传周活动致厦门市警察局的密训令（一九三七年十一月二十六日）……一七七
福建省抗敌后援会关于检寄救国公债凤阳歌、抗日救国问答十条等致厦门市政府的公函（一九三七年十一月三十日）……一七九
附一：好男要当兵（一九三七年十一月）……一八三
附二：抗日救国问答十条（一九三七年十月）……一八五
附三：救国公债道情歌……一八七
附四：救国公债凤阳歌……一九一
附五：抗敌标语汇编（一九三七年九月）……一九三
福建省政府教育厅关于印发《福建青年》《抗敌》二首歌曲致厦门市政府的函（一九三七年十二月九日）……一九六
附一：《福建青年》歌曲……一九七
附二：《抗敌》歌曲……一九八
滇黔绥靖公署主任、云南省政府主席龙云关于同仇敌忾抗战到底的通电（一九三八年一月二十二日）……一九九
厦门市政府关于上海中国电影服务社请给照放行抗战宣传影片致社会科的训令（一九三八年二月四日）……二〇二
福建省抗敌后援会厦门市分会关于宣传队不宜以《最后一课》作为宣传材料致厦门市政府的公函（一九三八年二月七日）……二〇六
福建省抗敌后援会厦门市分会关于召开该市妇女界反侵略宣传大会致厦门市政府的函（一九三八年二月二十日）……二一一

厦门市政府关于组织战地妇女宣传队等事宜致私立毓德中学等的训令（一九三八年二月二十五日）……二一三
附：厦门市战地妇女宣传队组织及工作办法……二一四
厦门市政府关于购买《中国国民党抗战建国纲领》《临时全国代表大会宣言》单行本致福建省政府的呈
（一九三八年四月二十日）……二一八
厦门市各界拥护抗战建国暨祝捷大会筹备会为送《抗敌建国》小册致厦门市政府的函（一九三八年四月二十三日）……二二一
**厦门市禾山区区署、厦门市政府关于兵役宣传费由地方预备费开支的一组文书（一九三八年五月二十三日）**……二二二
厦门市禾山区区署致厦门市政府的呈（一九三八年五月二十三日）……二二二
厦门市政府致福建省政府的呈（一九三八年五月二十三日）……二二四
中国国民党晋江县党部关于纪念上海「八一三」抗战致交通部广州航政局厦门办事处的函（一九三八年八月十日）……二二五
抗战建国与司法（在龙岩省立简易师范学校的演讲）（一九三九年六月八日）……二二七
从国际公法上证明日本是一最野蛮国家（在龙岩文化座谈会演讲）（一九四〇年五月十日）……二三六
国立第一侨民师范学校关于请发给参加国防科学征文竞赛获奖学生奖金致福建省文化运动委员会的公函
（一九四三年五月二十一日）……二四一
国立第一侨民师范学校关于参加「七七」抗战建国纪念大会的布告（一九四三年七月六日）……二四四
长汀县政府关于召开淞沪抗战及空军节纪念大会致国立第一侨民师范学校的公函（一九四三年八月）……二四五
国立第一侨民师范学校关于报送青年国防科学演讲竞赛演讲稿致三民主义青年团汀州分团的公函
（一九四三年十月十二日）……二四六
厦门市政府关于清除敌伪标语致鼓浪屿区区公所的训令（一九四五年十月）……二四八

**三、抵制日货**

厦门市临时消费合作社关于储户提取存款购买本社拍卖仇货充实国防经费致中国银行厦门分行的函
（一九三七年十二月十一日）……二五一

厦门市肃清仇货委员会、中国银行厦门分行关于检查中国银行厦门分行仓库仇货的一组文书
（一九三八年四月十八日至二十日）……二五二
厦门市肃清仇货委员会致中国银行厦门分行的函（一九三八年四月十八日）……二五二
中国银行厦门分行致厦门市政府的函（一九三八年四月二十日）……二五三
交通部广州航政局关于注意查禁仇货及禁运资敌物品致厦门航政办事处的代电（一九三九年十一月二十一日）……二五六
泉州大通船务行担保「永源」轮不载敌人不运仇货的保结书（一九三九年十二月十七日）……二五八
德福号店东担保「圣罗沙」船不载敌人不运仇货的保结书（一九四〇年一月二十一日）……二五九
德福号店东担保「永源」轮不载敌人不运仇货的保结书（一九四〇年一月二十五日）……二六〇
泉州捷益昌记船务行关于申请发给「新祥泰」轮通行证致交通部广州航政局厦门办事处的呈（一九四〇年二月一日）……二六一
附：泉州新美的商号担保「新祥泰」轮无混装仇货的保结书（一九四〇年二月一日）……二六二
泉州新美的商号侯庆纪担保「永和」轮不运仇货的保结书（一九四〇年二月二十五日）……二六三
泉州新美的商号担保「新安纳」轮确系正当商轮并无混装仇货的保结书（一九四〇年二月）……二六四
泉州新美的商号侯庆纪担保「永泰」轮确系正当商轮并无混装仇货的保结书（一九四〇年二月）……二六五
泉州新美的商号侯庆纪担保「永利」轮确系正当商轮并无混装仇货的保结书（一九四〇年三月一日）……二六六
陆军第八十师第二三九旅关于结束稽查处成立敌货查禁处致交通部广州航政局厦门办事处的公函
（一九四〇年三月十七日）……二六七
晋江新美的商号关于「永升」轮确系正当商轮无混装敌货的保结书（一九四〇年三月）……二七一

## 四、抗战捐募

福建省抗敌后援会厦门市分会募捐部关于国防房铺捐征收工作致厦门市财政局的函（一九三七年九月十日）……二七五

**福建省立医院、福建省抗敌后援会关于该医院员工捐献纪念「九一八」素食节余的一组文书**
**（一九三七年九月二十二日）** …… 二七六
福建省立医院致福建省抗敌后援会的公函（一九三七年九月二十二日） …… 二七六
福建省抗敌后援会收据（一九三七年九月二十二日） …… 二七八
福建省抗敌后援会厦门市分会关于筹助防御工事经费办法致厦门市警察局的公函（一九三七年十月十三日） …… 二七九
福建省厦门市新生活运动促进会关于开展一日一分运动致厦门市政府的公函（一九三七年十月二十六日） …… 二八三
附一：一日一分运动办法 …… 二八五
附二：发起一日一分运动告民众书 …… 二八九
厦门市新生活运动促进会关于开展献枪运动致各机关、团体、学校的公函（一九三七年十一月六日） …… 二九一
附：为发起献枪运动告民众书 …… 二九三
厦门市新生活运动促进会关于一日一分运动捐款汇缴时间致各机关、团体、学校的公函（一九三七年十一月二十日） …… 二九五
附一：一日一分运动缴款手续修改办法 …… 二九七
附二：一日一分运动应行补充的要点 …… 二九八
中国航空建设协会福建省分会厦门支会关于在年底前完成会员会费征募致陈运生分队长的函
（一九三七年十二月八日） …… 二九九
**厦门市政府、厦门市募集国难防务捐委员会关于限期筹缴防务工事款五万元的一组文书**
**（一九三七年十二月十六日至十八日）** …… 三〇一
厦门市政府致厦门市募集国难防务捐委员会、厦门市警察局等的令（一九三七年十二月十六日） …… 三〇一
厦门市募集国难防务捐委员会致厦门市警察局的公函（一九三七年十二月十八日） …… 三〇四
厦门市政府关于国难防务捐捐募额及办法致厦门市募集国难防务捐委员会的训令（一九三七年十二月十七日） …… 三〇八
**厦门市民叶孙仁、厦门警备司令部关于捐献房屋充国防工事费的一组文书（一九三七年十二月二十三日至二十九日）** …… 三一二
叶孙仁致厦门市政府的呈（一九三七年十二月二十三日） …… 三一二

厦门警备司令部致厦门市政府的训令（一九三七年十二月二十九日）……三一六
福建省政府关于督促推进一日一分捐款运动致厦门市政府的训令（一九三七年十二月）……三二〇
附：各县进行一日一分运动情形一览……三二五
**福建省抗敌后援会厦门市分会、厦门市募集国难防务捐委员会关于国难防务捐征收工作移交的来往文书（一九三七年十二月至一九三八年一月）**……三二六
福建省抗敌后援会厦门市分会致厦门市募集国难防务捐委员会的公函（一九三七年十二月二十九日）……三二六
厦门市募集国难防务捐委员会致福建省抗敌后援会厦门市分会的公函（一九三八年一月五日）……三二九
**福建省政府、厦门市财政局关于侨民林朝茂父子将房屋租款捐助军费的一组文书（一九三八年一月至六月）**……三三〇
福建省政府致厦门市政府的训令（一九三八年一月十二日）……三三〇
厦门市财政局致各住户的通知书（一九三八年一月二十九日）……三三七
福建省政府致厦门市政府的训令（一九三八年六月二十五日）……三三九
厦门市财政局关于短缺防御工事费由厦门市商会筹垫致厦门市政府的签条（一九三八年一月十九日）……三四二
**厦门市政府关于自二月十日起向前往香港旅客劝募国难防务捐致厦门市募集国难防务捐委员会的一组文书（一九三八年二月十一日至二十一日）**……三四四
厦门市政府致厦门市募集国难防务捐委员会的训令（一九三八年二月十一日）……三四四
厦门市政府致厦门市募集国难防务捐委员会的训令（一九三八年二月二十一日）……三四八
厦门市募集国难防务捐委员会请准拍卖本市抗敌后援分会封存物品致厦门市政府的呈（一九三八年二月十八日）……三五二
厦门市政府关于三月十日起停止征收前往香港旅客国难防务捐致厦门市募集国难防务捐委员会的训令（一九三八年三月六日）……三五四
**福建省政府、厦门市政府等关于加紧推进一日一分运动的一组文书（一九三八年三月至四月）**……三五七
福建省政府致厦门市政府的训令（一九三八年三月）……三五七
厦门市政府致所属机关的训令（一九三八年四月七日）……三六一

厦门市政府社会科致厦门市政府的签呈（一九三八年四月八日）…………………………… 三六三
厦门市财政局呈复表（一九三八年四月十二日）……………………………………… 三六四
福建省抗敌后援会接收福建省立医院员工素食节约抗战救国捐的收据（一九三八年七月九日）…… 三六五
中国银行厦门分行关于受托从存款中代购国防公债致潘嗣选的函（一九三八年九月三十日）…… 三六六
晋江县新生活运动促进会关于捐献救国公债第一年息金致交通部广州航政局厦门办事处的函
（一九三八年十一月十七日）……………………………………………………………… 三六八
附：为贡献救国公债息金宣言（一九三八年十一月五日）………………………………… 三六九
中国银行厦门分行关于收到霹雳福建公会汇交鼓浪屿国际救济会捐款致中国银行信托部的函
（一九三九年十二月十九日）……………………………………………………………… 三七〇
中国银行厦门分行关于已从存款中代购国防公债致杨顺茂的函（一九四〇年一月三十日）…… 三七一
**福建省立医院、沙县新生活运动促进会关于缴纳抗战献金和救国公债的来往文书（一九四〇年二月十九日至二十日）** … 三七二
福建省立医院致沙县新生活运动促进会的函（一九四〇年二月十九日）…………………… 三七二
沙县新生活运动促进会收据（一九四〇年二月二十日）…………………………………… 三七六
中国银行厦门分行鼓浪屿办事处关于收到金宝福建公会汇交鼓浪屿国际救济会捐款致中国银行厦门分行
驻港办事处的函（一九四〇年四月二十九日）……………………………………………… 三七八
中国银行厦门分行鼓浪屿办事处关于收到菲律宾妇女救济会、菲律宾福建华侨救济会汇交鼓浪屿国际救济会
捐款致中国银行厦门分行驻港办事处的函（一九四〇年六月十五日）……………………… 三七九
交通部广州航政局厦门办事处关于募集战时公债情形致交通部广州航政局的代电（一九四一年六月二十四日）…… 三八〇
**国立第一侨民师范学校关于汇解师生节约献金与财政部等的来往文书（一九四四年十月至十一月）** …… 三八二
国立第一侨民师范学校致中央银行长汀办事处的公函（一九四四年十月十八日）…………… 三八二
国立第一侨民师范学校致财政部的代电（一九四四年十月二十四日）………………………… 三八四
中央银行国库局通知书（一九四四年十一月七日）…………………………………………… 三八五

财政部收据（一九四四年十一月六日）……三八六


## 五、抗战劳军


**中国银行上海分行、中国银行厦门分行关于向马占山将军汇款事宜的来往文书（一九三一年十二月至一九三二年三月）**……三八九

中国银行上海分行致中国银行厦门分行的函（一九三一年十二月六日）……三八九

中国银行上海分行致中国银行厦门分行的函（一九三一年十二月十六日）……三九〇

中国银行厦门分行致中国银行上海分行的函（一九三二年三月二日）……三九一

中国银行厦门分行关于办理晋江各界征募抗日作战军需委员会分摊捐款致泉州支行的函（一九三二年四月十二日）……三九三

中国银行包头办事处关于通报战事概况及委解慰劳款不限额致各分支行处庄的公函（一九三六年十一月二十七日）……三九五

中国银行归绥寄庄关于汇寄绥远省政府傅主席慰劳款均经妥办致中国银行厦门分行的函（一九三六年十二月五日）……三九六

中国银行归绥寄庄关于查询向绥远省政府傅主席汇寄慰劳款人姓名住址致中国银行厦门分行的函（一九三六年十二月二十四日）……三九七

附：归庄代解汇款清单（一九三六年十二月二十四日）……三九八

**福建省立医院关于送缴三日所得及救国捐与福建省政府的来往文书（一九三七年九月十一日至十四日）**……三九九

福建省立医院致福建省政府的呈（一九三七年九月十一日）……三九九

福建省政府致福建省立医院的指令（一九三七年九月十四日）……四〇三

厦门市新生活运动促进会关于募集抗战前方用品及慰劳品等致各机关、团体、学校的公函（一九三七年十一月六日）……四〇六

厦门市警察局关于请拨给代办警备司令部及各部队兵差垫款致厦门市政府的呈（一九三七年十二月四日）……四〇八

厦门市政府关于转发募制寒衣办法致社会科的训令（一九三七年十二月二十七日）……四一一

附：募制寒衣办法……四一三

**福建省保安处、厦门市政府等关于元旦期间购备物品慰劳前线的一组文书（一九三七年十二月至一九三八年一月）**……四一五

福建省保安处致厦门市政府的函（一九三七年十二月十二日）……四一五

厦门市政府致所属机构等的训令（一九三七年十二月十一日）……四一六
厦门市政府庶务室致厦门市政府的签呈（一九三八年一月三日）……四一八
厦门市动员委员会关于该市因沦陷无法征募药品致福建省动员委员会的呈（一九三九年九月十五日）……四二三
福建省抗敌后援会沙县分会关于征募前方将士寒衣代价券资致福建省立医院的感谢函（一九三九年十二月九日）……四二四
附：沙县抗敌后援分会征募前方将士寒衣代价游艺会券资征信录（一九三九年十二月九日）……四二六
交通部直辖厦门航政办事处关于劝募湘鄂战捷慰劳金致曾思汉、曾国华、庄瑛林的代电（一九四四年一月十二日）……四三〇
交通部直辖厦门航政办事处关于请转汇湘鄂战捷慰劳金致交通部的代电（一九四四年二月二十八日）……四三一
交通部直辖厦门航政办事处关于中原战士慰劳金已转汇致交通部的代电（一九四四年七月二十六日）……四三二
附：中央银行泉州分行汇款便条（一九四四年七月二十五日）……四三三
后记

# 一、抗日救亡组织

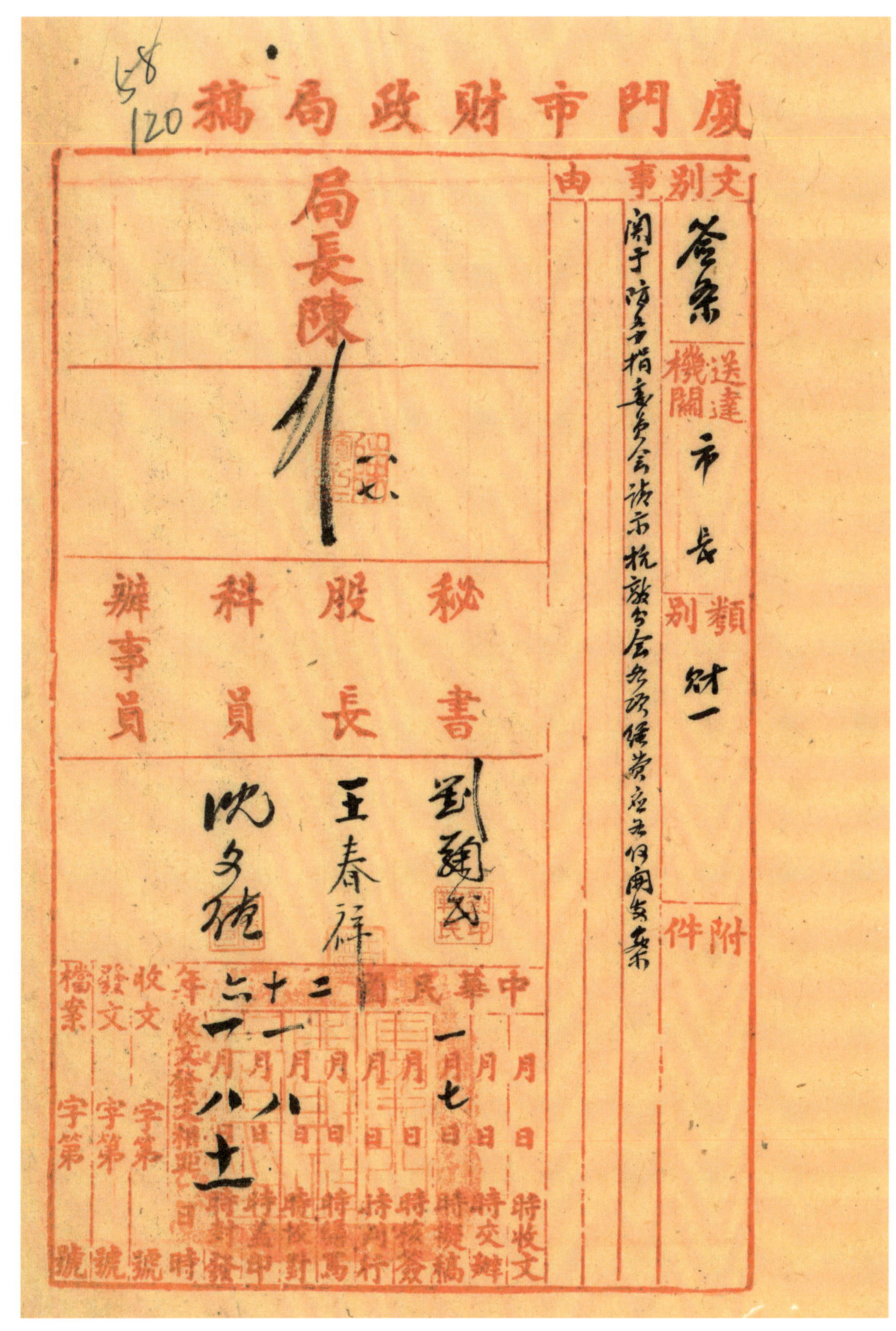
厦門市財政局稿

文别：簽条

送達機關：市長

類别：財一

事由：關于防空捐委員會請示抗敵分會各項經費應否仍開支案

附件

局長陳

秘書 劉

股長 王春祥

科員

辦事員 沈多德

中華民國二十六年 月 日時收文

月 日時交辦

一月七日時擬稿

月 日時核簽

月 日時判行

月 日時繕寫

月 日時校對

一月八日時蓋印

一月八日時封發

收文發文相距 日 時

收文 字第 號

發文 字第 號

檔案 字第 號

厦门市财政局关于福建省抗敌后援会厦门分会经费开支事致厦门市政府的签条（一九三七年一月八日）

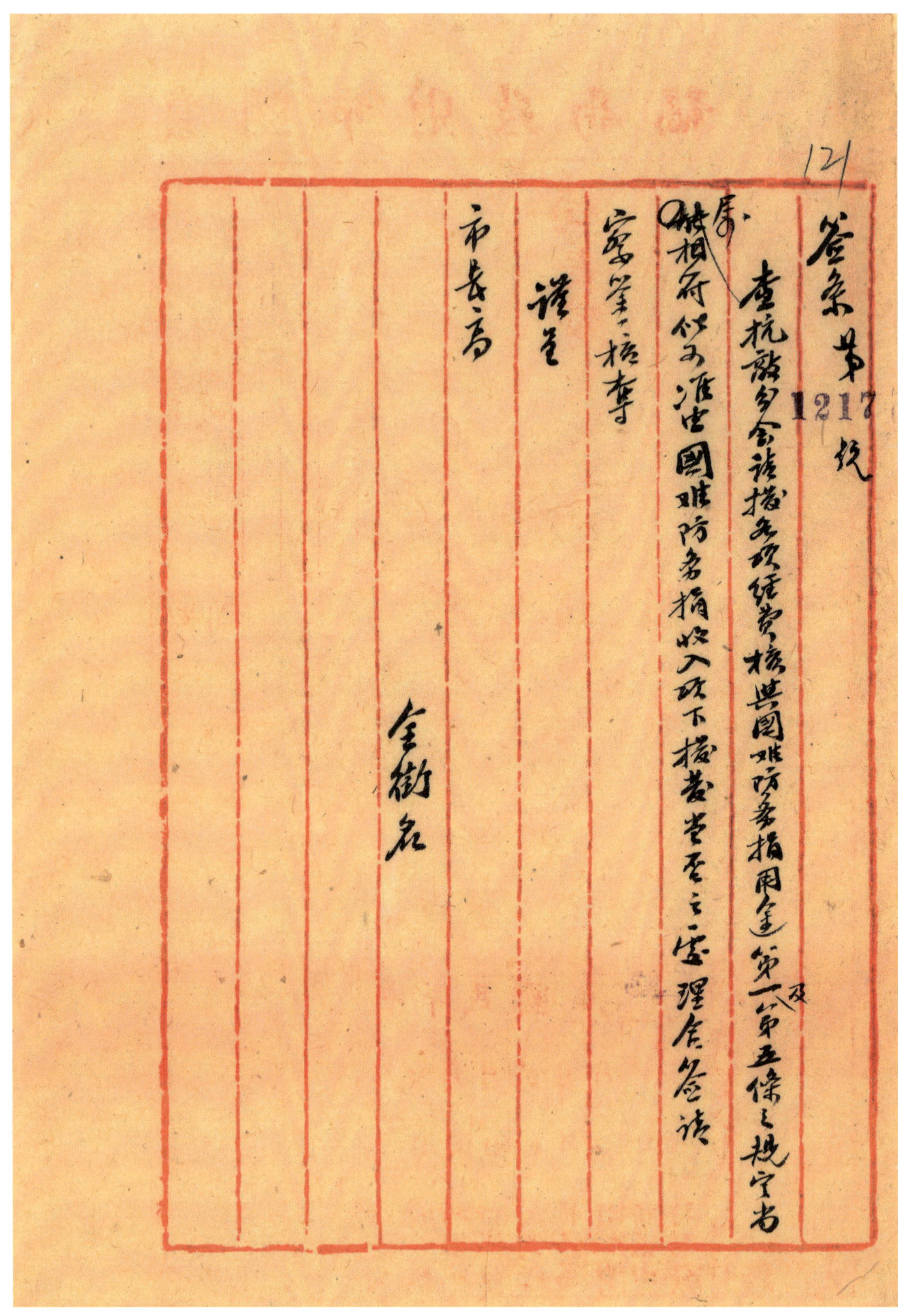

121

签条第1217号

查抗敌后援会请拨各项经费核与国难防务捐用途第一及第五条之规定尚属相符似可准由国难防务捐收入项下拨发当否之处理合签请

鉴核示遵

谨呈

市长高

全衔名

福建省抗敌后援会关于补推荐福建省立医院为委员致该院的函（一九三七年七月二十四日）

福建省抗敌后援会 裘主任六、七、廿
推补贵院为本会委员由

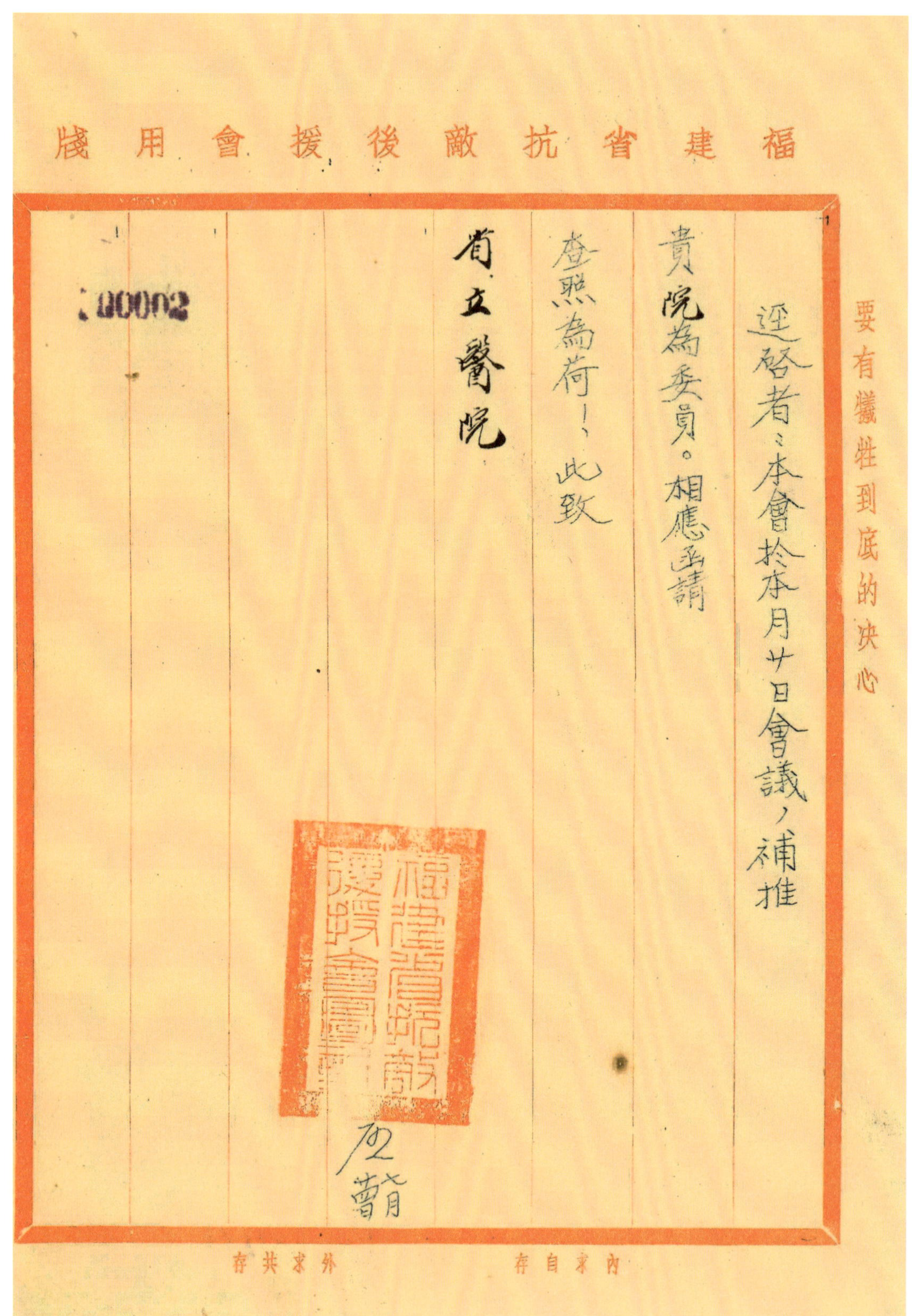
福建省抗敌后援会用笺

要有牺牲到底的决心

逕启者：本会于本月廿日会议，补推

贵院为委员。相应函请

查照为荷！此致

省立医院

福建省抗敌后援会图记

七月廿三日

内来自存

外来共存

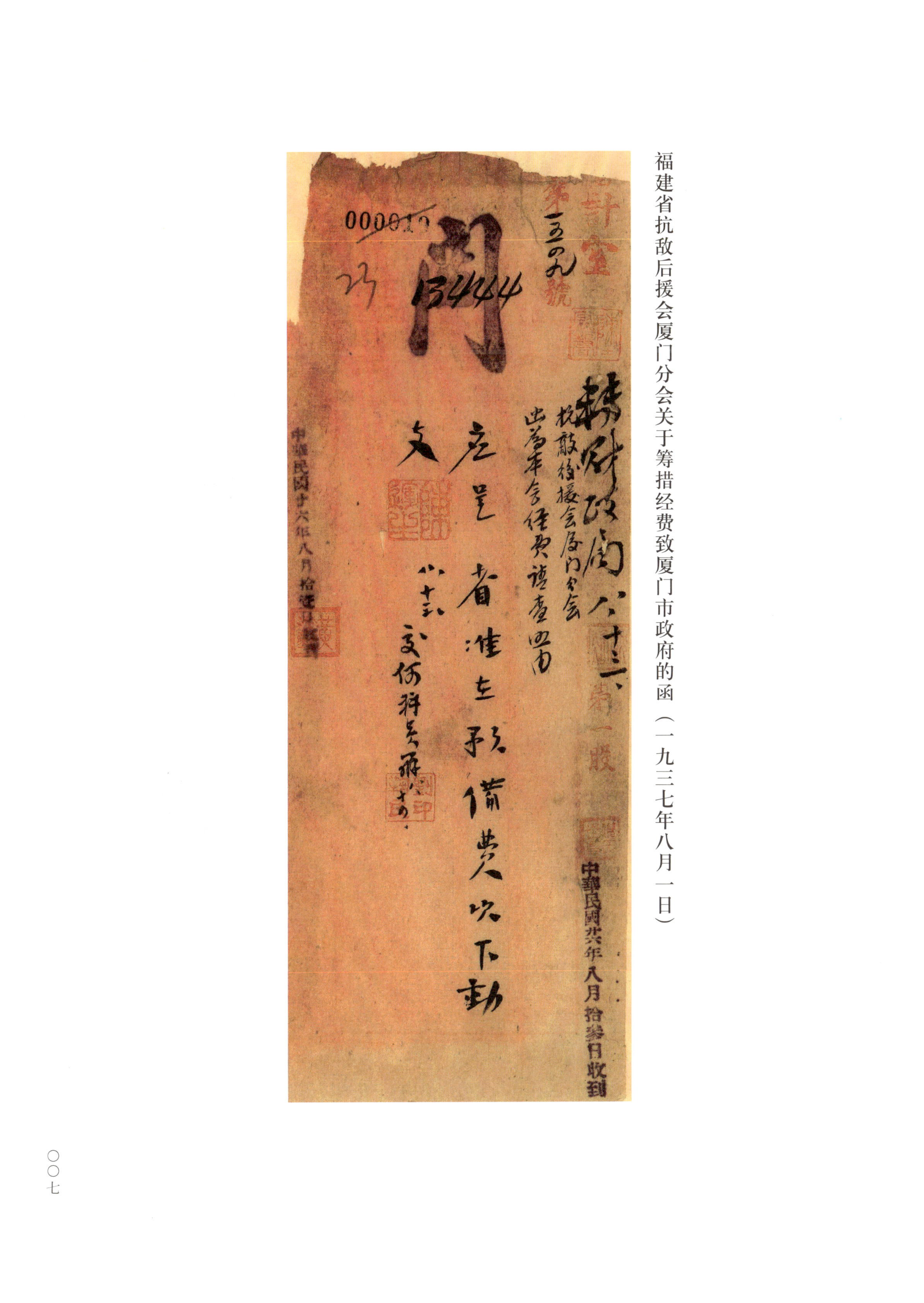

福建省抗敌后援会厦门分会关于筹措经费致厦门市政府的函（一九三七年八月一日）

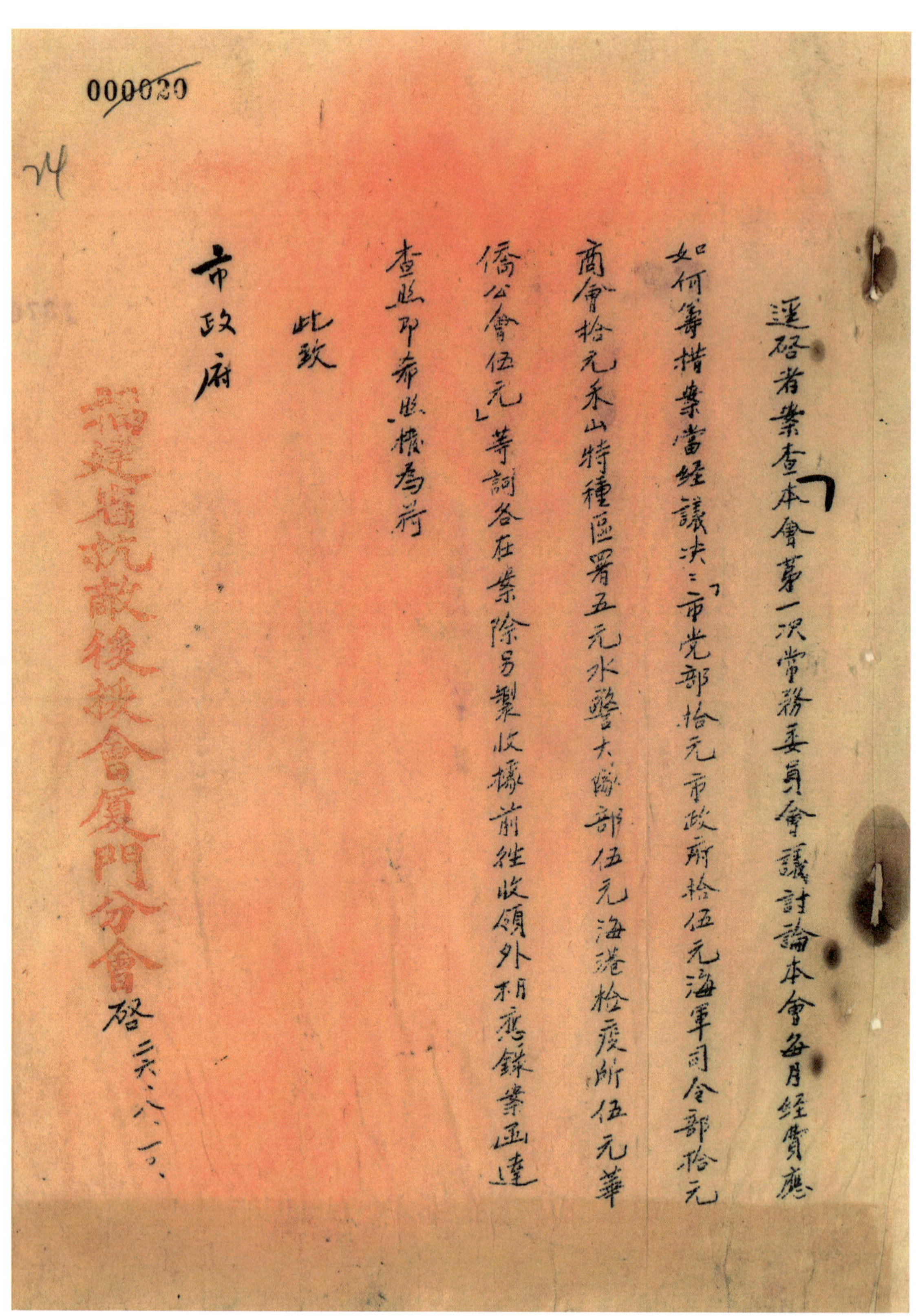

000020

24

逕啓者案查本會第一次常務委員會議討論本會每月經費應如何籌措案當經議決：「市党部拾元市政府拾伍元海軍司令部拾元商會拾元禾山特種區署五元水警大隊部伍元海港檢疫所伍元華僑公會伍元」等詞各在案除另製收據前往收領外相應錄案函達查照即希照撥為荷

此致

市政府

福建省抗敵後援會厦門分會啓 二六、八、一〇、

## 福建省抗敌后援会关于组织成立抗敌后援队致福建省立医院的一组文书（一九三七年八月十六日至二十八日）

### 福建省抗敌后援会致福建省立医院的公函（一九三七年八月十六日）

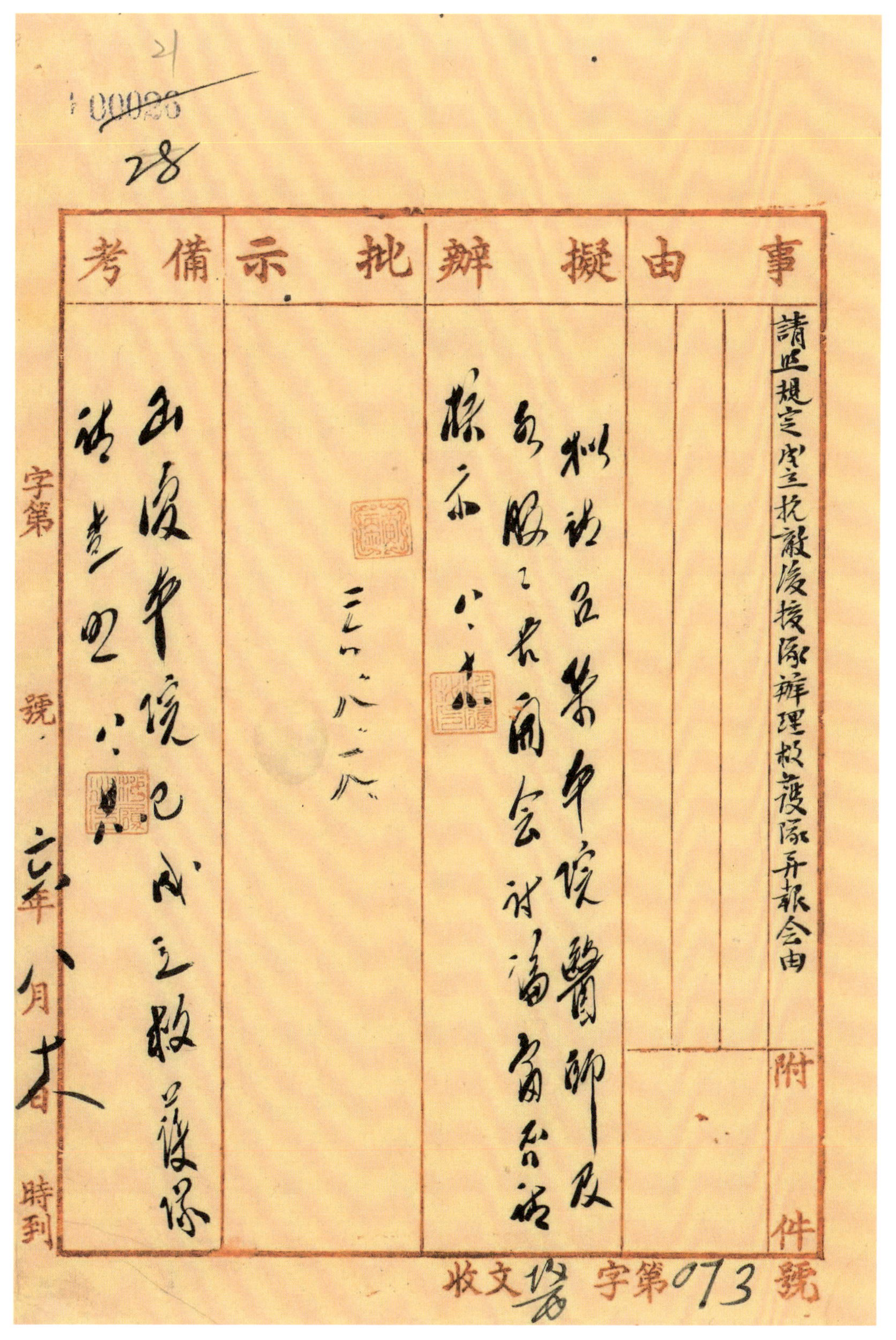
事由：請照規定組立抗敵後援隊辦理救護隊并報會由

擬辦

批示

備考

附件

收文　字第073號

到時　日　月　年　號　字第

~~00027~~ 29

福建省防護協會公函　字第　號

逕啓者查本會防護部辦事細則第五六兩條規定關於各公私立醫院擔任救務之醫師及護士應組織後援隊受本會指揮辦理救護工作前經決議通過除分函外相應函請

查照辦理并將成立後援隊情形報會為荷此致

福建省立醫院

主任委員 陳肇英

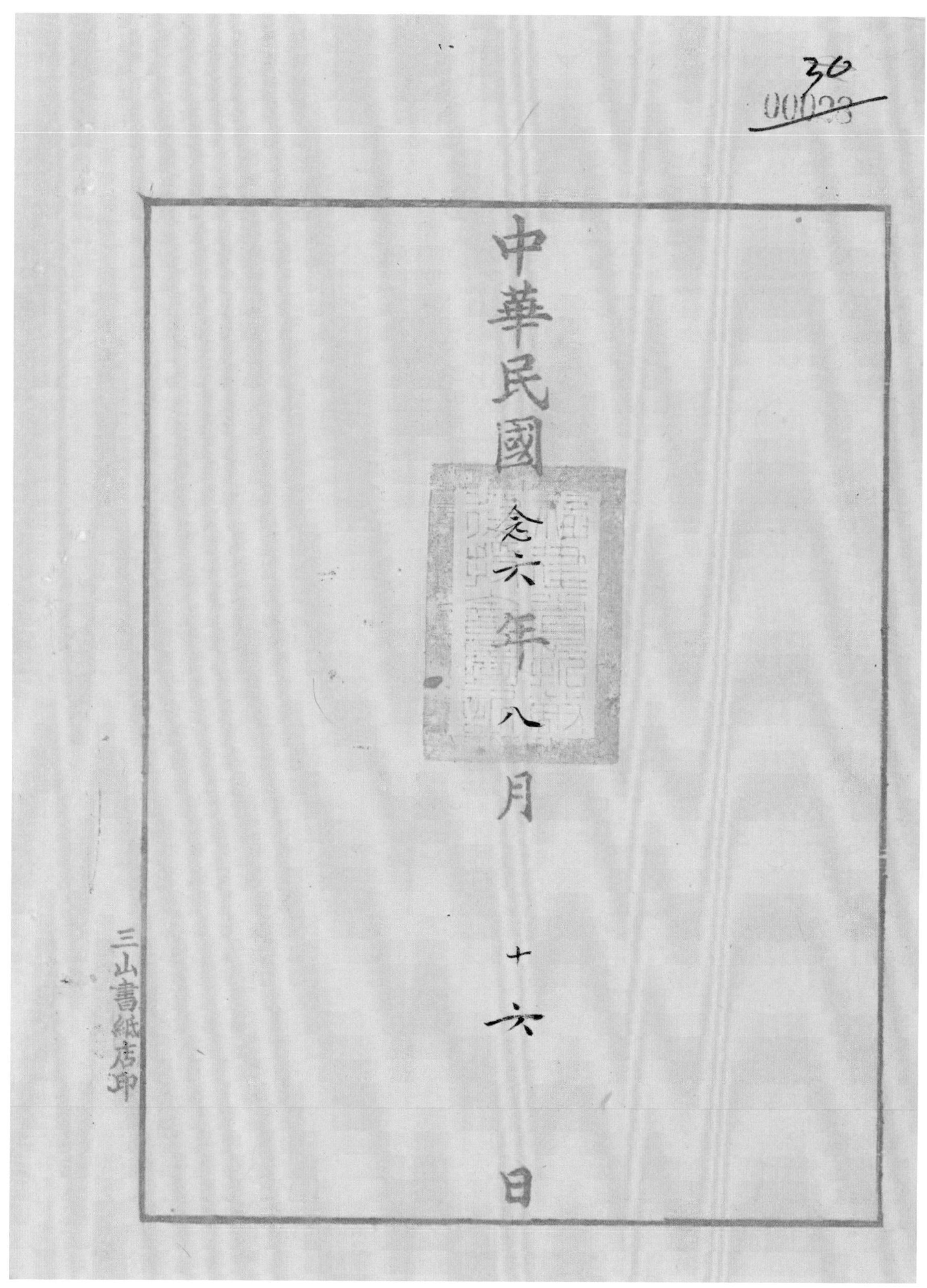

中華民國念六年八月十六日

三山書紙店印

## 福建省抗敌后援会致福建省立医院的公函（一九三七年八月二十八日）

19 100023 25

| 事由 | 擬辦 | 批示 | 備考 |
| --- | --- | --- | --- |
| 准函以抗敵後援會業經組織成立等由應予備查復請查照。 | 閱 呈 九、一 | 存 二六、九、一 | |
| 附件 | | | |

字第　號

二六年八月三一日到時

收文箬字第083號

26

00021

**福建省抗敌后援会公函**

秘字第〢〇〣号

接准

贵院八月廿五日笺函以："抗敌后援队经于本月二十日组织成立。"等由，附名册一份；准此，应予备查，并希积极进行，相应复请

查照为荷！

此致

福建省立医院

主任委员 陈肇英

中華民國廿六年八月廿八日

三山書紙店印

福建省抗敌后援会关于指定该院为受伤兵民救急收容所致福建省立医院的公函（一九三七年八月十七日）

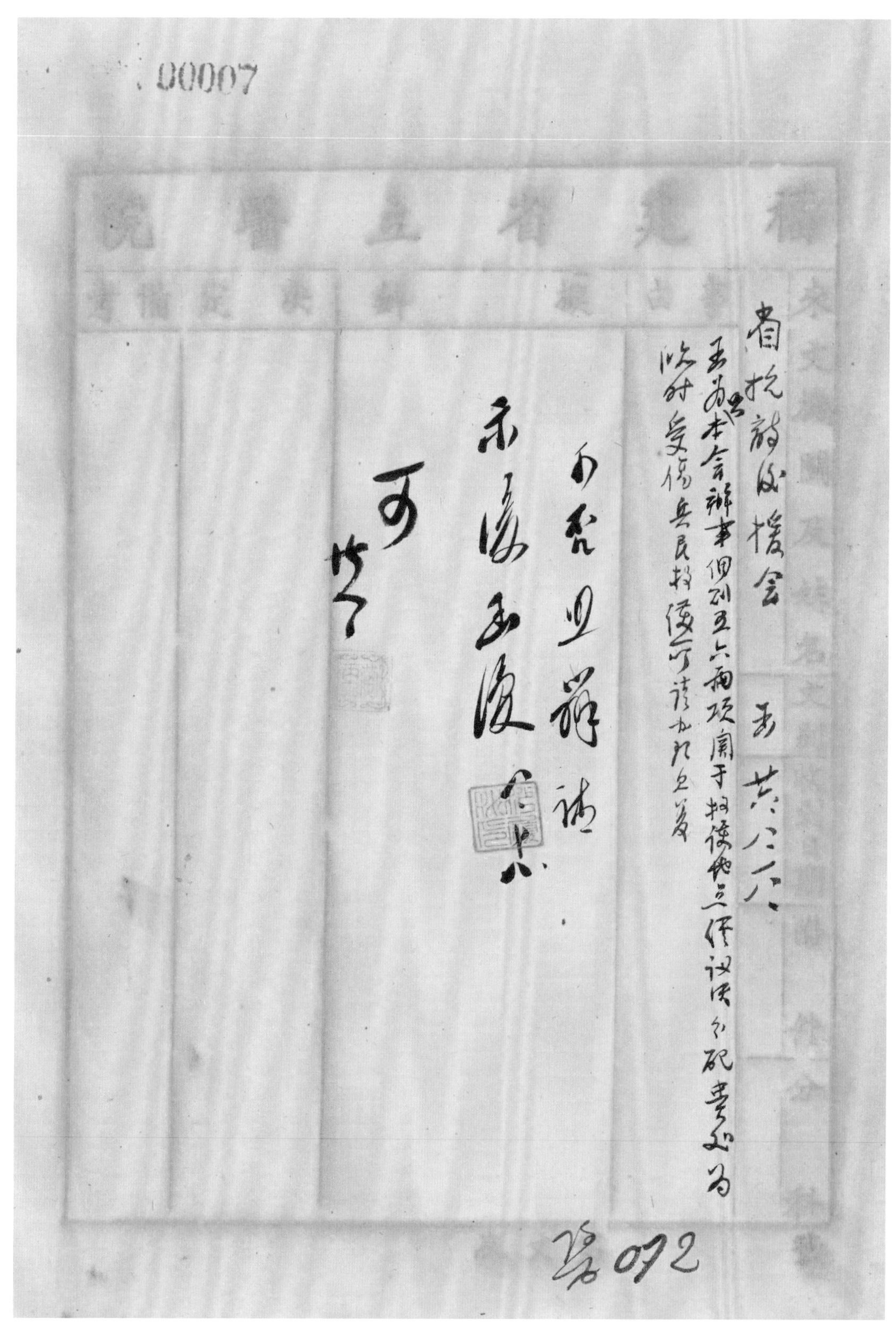

00007

福建省立医院

省抗敌后援会

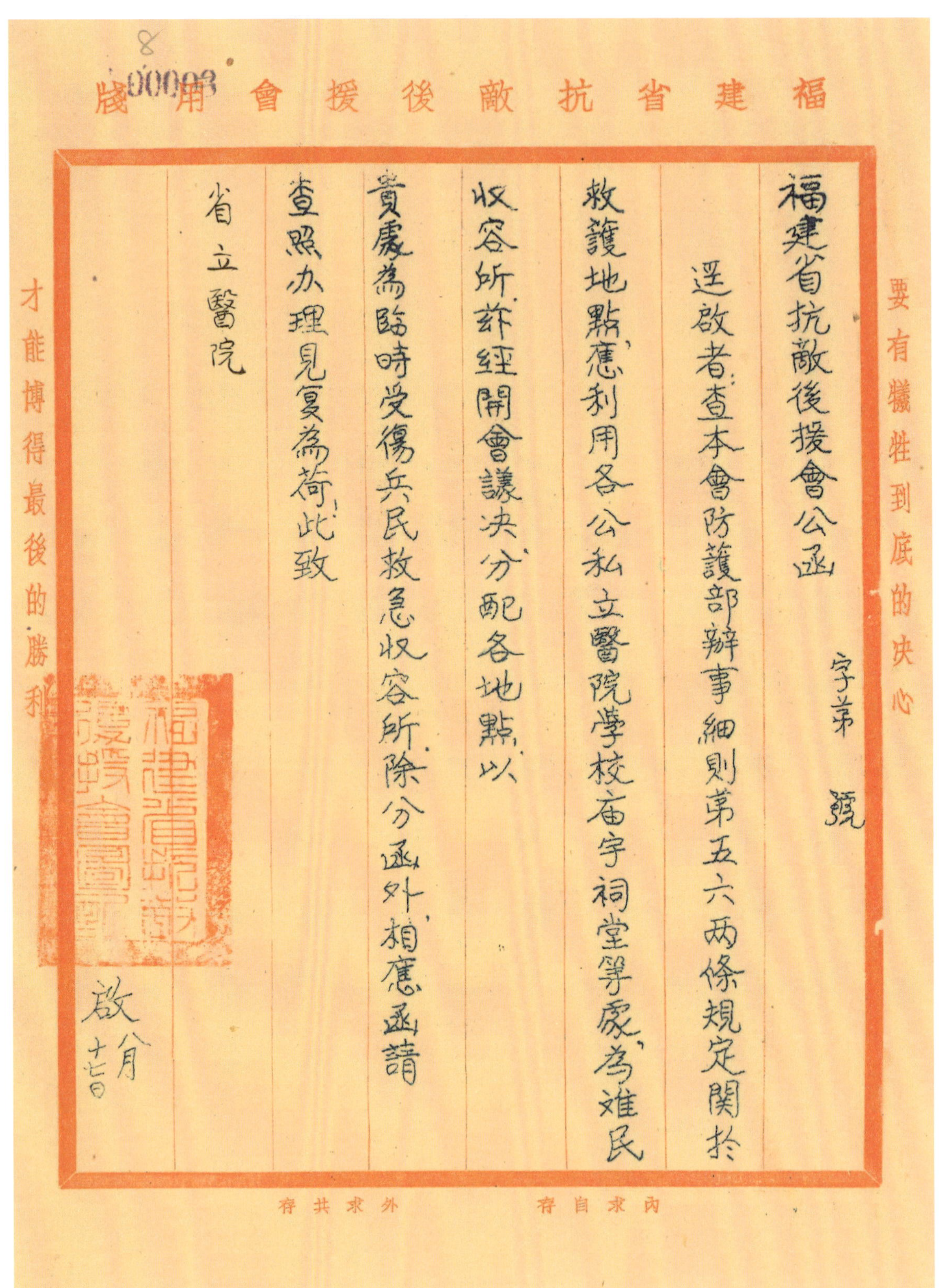
福建省抗敵後援會用箋

00003

要有犧牲到底的決心

福建省抗敵後援會公函　字第　號

逕啟者：查本會防護部辦事細則第五六兩條規定關於救護地點，應利用各公私立醫院學校廟宇祠堂等處，為難民收容所，詐經開會議決分配各地點，以貴處為臨時受傷兵民救急收容所，除分函外，相應函請查照办理見复為荷，此致

省立醫院

福建省抗敵後援會[印]

啟　八月十七日

才能博得最後的勝利

內求自存　外求共存

厦门市政府拨助福建省抗敌后援会厦门分会按月经费计划书（一九三七年八月十七日）

000023

稿

厦门市政府拨助福建省抗敌后援会厦门分会按月经费

计划书

查本府接准福建省抗敌后援会厦门分会二十六年八月十六日公函略开：「本会第一次常务委员会议讨论本会每月经费应如何筹措案，当经议决：市党部捐元，市政府捐伍元，海军司令部捐元，商会捐元，禾山特种区署五元，此外大汉？元，海港检疫所伍元，华侨公会伍元，共洵汇录在卷。除另制表收据前往收领外，相应录案函达，查照即予照拨」等由；准此。本府以该会经费确系急需，拟自二十六年八月份起，按月拨付壹拾伍元，以利该会工作进行。

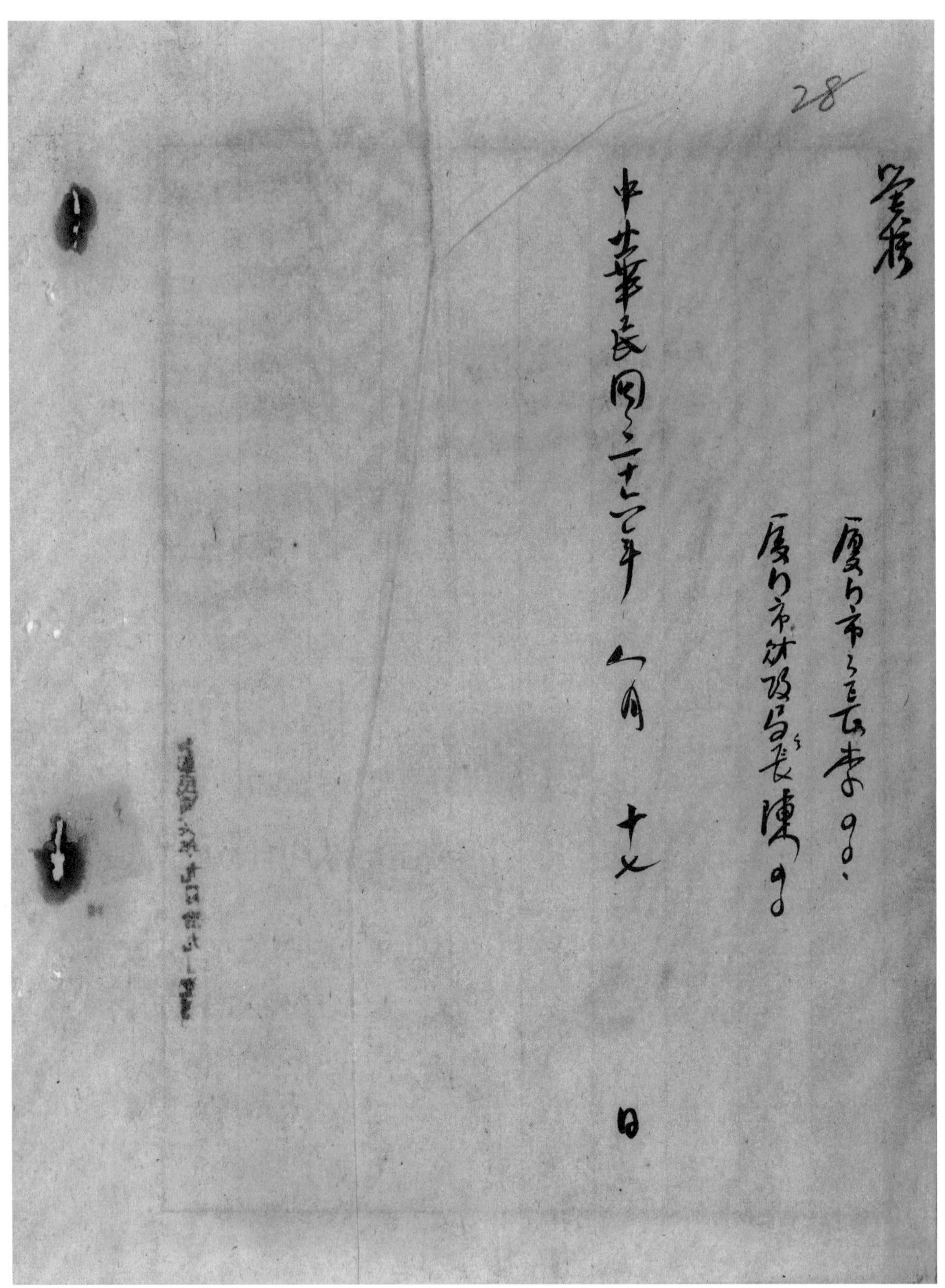

28

鉴核

厦门市市长李○○

厦门市财政局局长陈○○

中华民国二十六年八月十七日

## 厦门市财政局、福建省财政厅关于核办厦门市财政局所属职员加入航空建设协会的来往文书

（一九三七年十月四日至十五日）

### 厦门市财政局致福建省财政厅的呈（一九三七年十月四日）

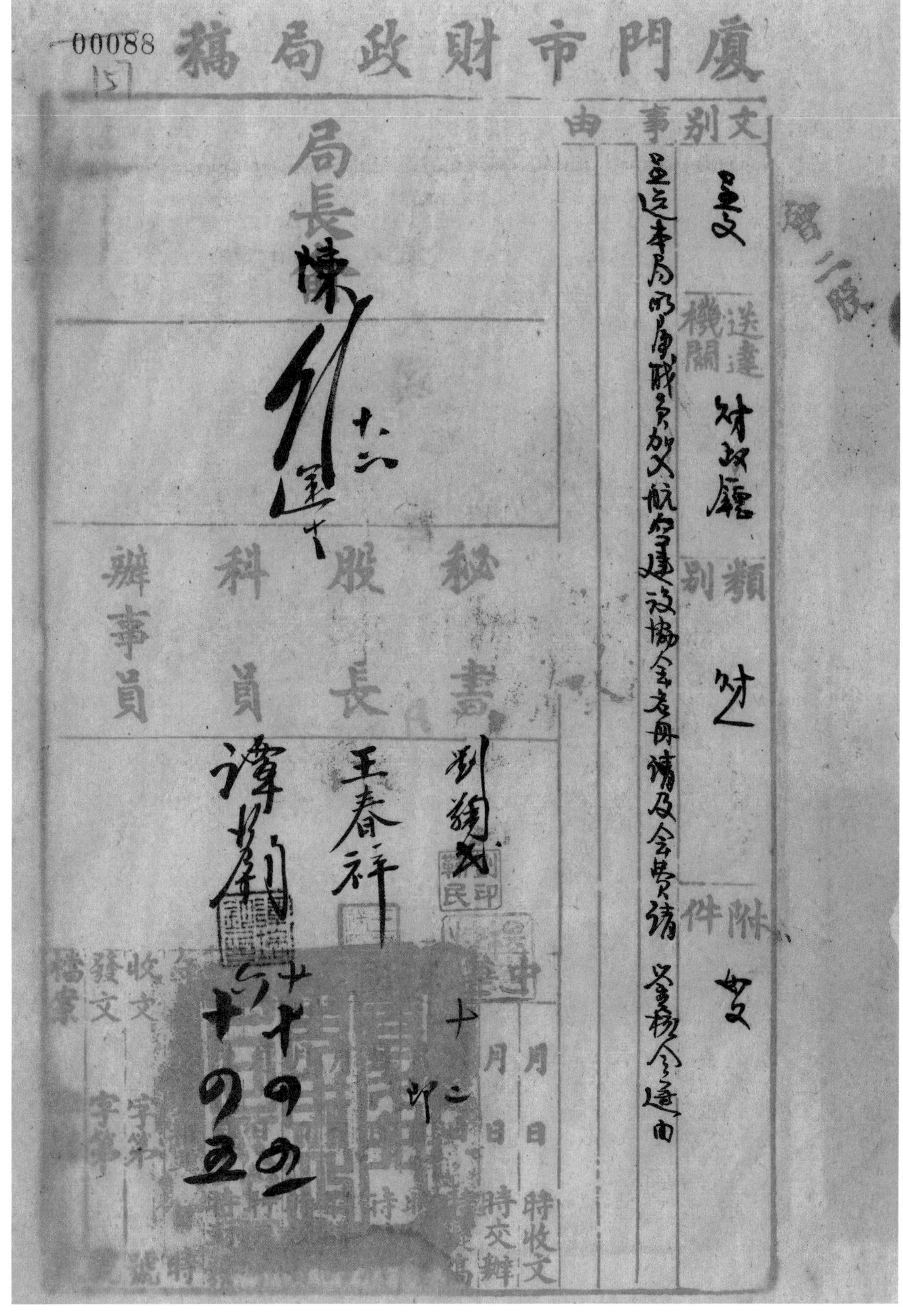

00088

厦門市財政局稿

文別：呈

送達機關：財政廳

類別：財

附件：無

事由：呈送本局所屬職員加入航空建設協會名冊請及會費請 鑒核令遵由

局長 陳

秘書 劉

股長 王春祥

科員 譚

辦事員

收文 字第 號

發文 字第 號

檔案

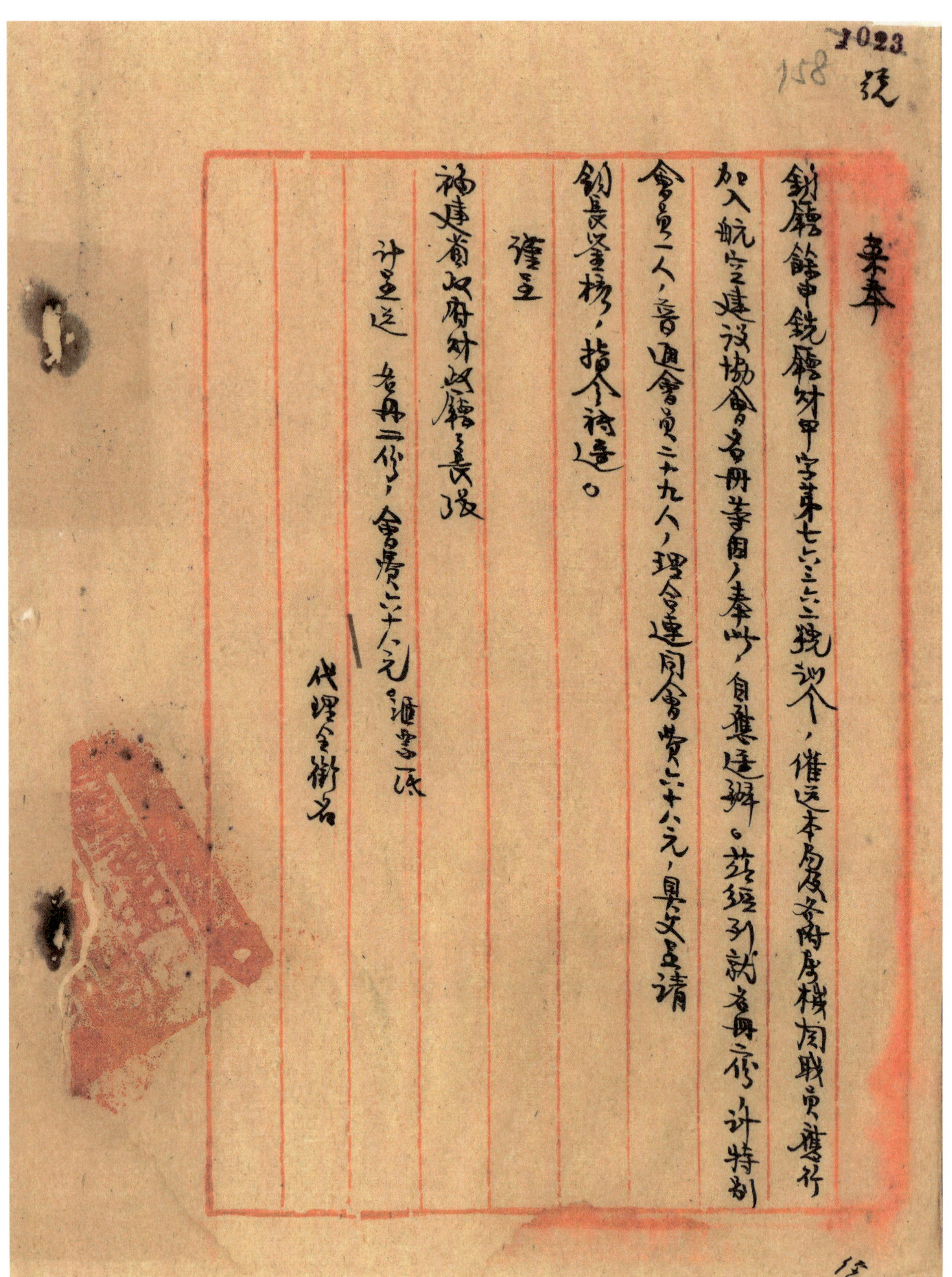

1023

158

號

案奉

鈞廳鈞申銑廳財甲字第七六三六二號訓令，催送本局及各附屬機關職員應行加入航空建設協會名冊等因，奉此，自應遵辦。茲經列就名冊二份，計特別會員二人，普通會員二十九人，理合連同會費六十八元，具文呈請

鈞長鑒核，指令祗遵。

謹呈

福建省政府財政廳廳長張

計呈送 名冊二份，會費六十八元。匯票一紙

代理全銜名

厦门市财政局~~造送~~谨将本局及各附属机关职员之参加入航空建设会姓名开列清册呈请

鉴核

计开

| 职务 | 姓名 | 薪额（实支） | 会员种类 | 附记 |
| --- | --- | --- | --- | --- |
| 局长 | 陈运○ | 二六〇〇元 | 特别会员 | |
| 秘书 | 刘翰民 | 一三五〇〇 | 普通会员 | |
| 股长 | 王春祥 | 一三五〇〇 | 同右 | |
| | 杨文棣 | 四四〇〇 | 同右 | |
| 科员 | 陈钟达 | 七二〇〇 | 同右 | |
| | 谭清钊 | 六七〇〇 | 同右 | |

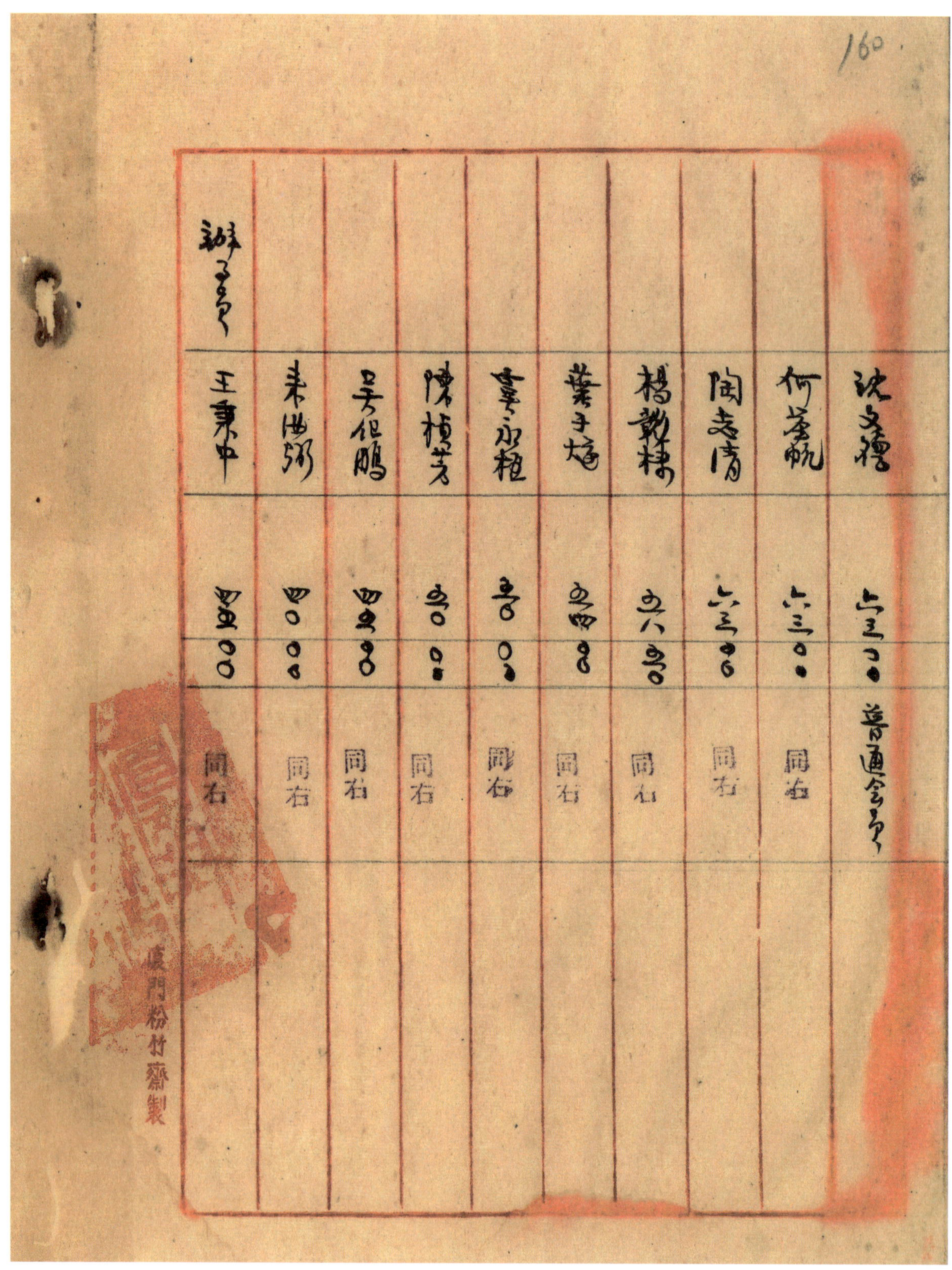

160

| 姓名 | 金额 | 类别 |
|---|---|---|
| 沈文礼 | 六三〇 | 普通会员 |
| 何崇航 | 六三〇 | 同右 |
| 陶志清 | 六三〇 | 同右 |
| 杨韵楼 | 五六〇 | 同右 |
| 叶于炫 | 五四〇 | 同右 |
| 黄永桓 | 五〇〇 | 同右 |
| 陈桢芳 | 五〇〇 | 同右 |
| 吴但鹏 | 四五〇 | 同右 |
| 朱世润 | 四〇〇 | 同右 |
| 王秉中 | 四五〇 | 同右 |

以下空白

厦门粉竹斋制

~~00090~~

161

| 職別 | 姓名 | 金額 | 備考 |
| --- | --- | --- | --- |
|  | 林愷 | 四〇〇〇 | 同右 |
|  | 謝澤忠 | 四〇〇〇 | 同右 |
| 警務處督察長 | 陳心雄 | 一二六〇〇 | 同右 |
| 主任 | 賀克全 | 七〇〇〇 | 同右 |
| 股員 | 劉元愷 | 四五〇〇 | 同右 |
|  | 高繼洲 | 五〇〇〇 | 同右 |
|  | 鄭慶鑫 | 四〇〇〇 | 同右 |
|  | 沈德元 | 四〇〇〇 | 同右 |
|  | 陳世美 | 三六〇〇 | 同右 |
|  | 易蔭康 | 三六〇〇 | 同右 |

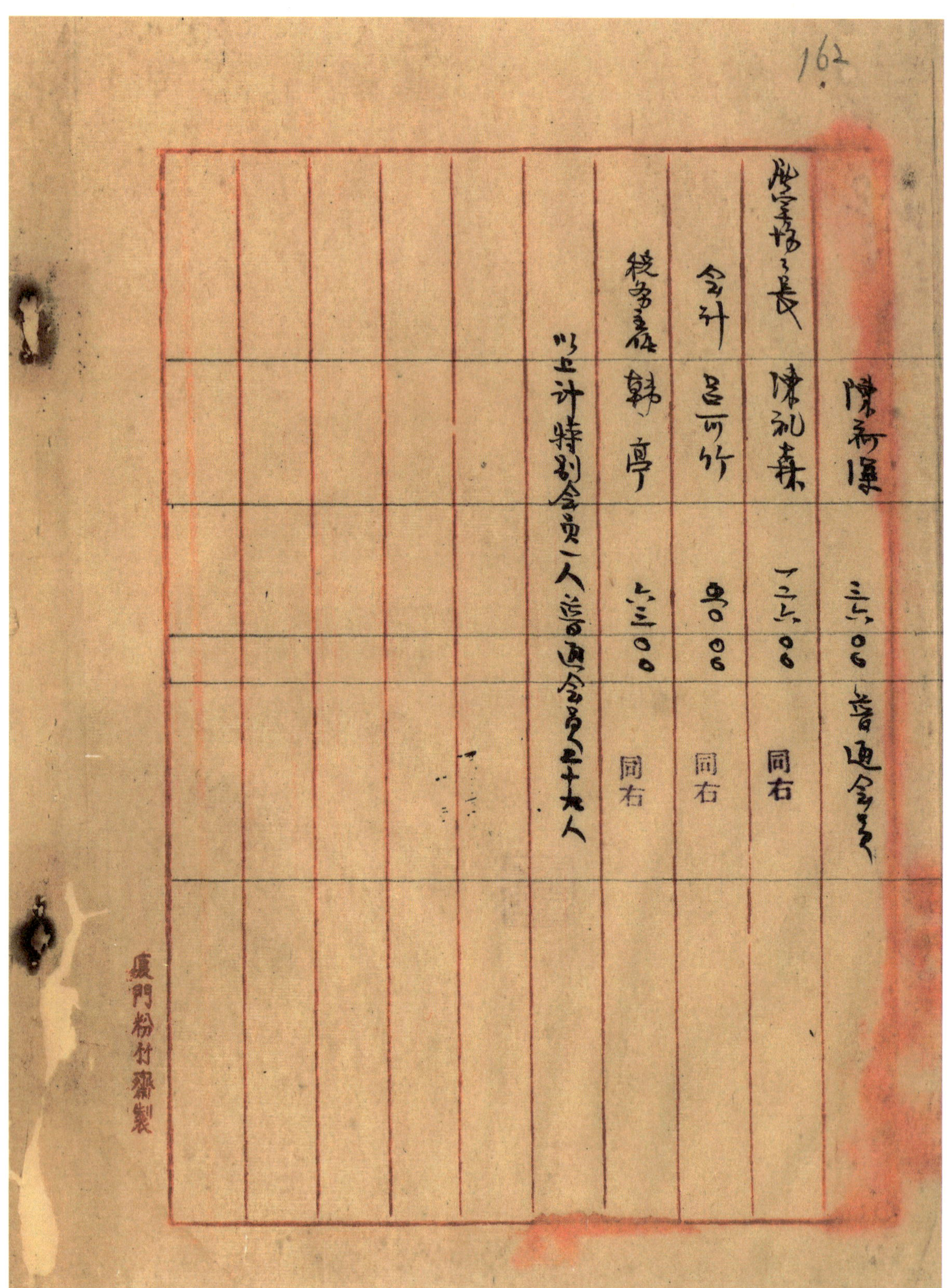

| | 陳新保 | 三六〇〇 | 普通会员 |
|---|---|---|---|
| 體育股股長 | 陳祀森 | 一二六〇〇 | 同右 |
| 会計 | 呂可竹 | 四〇〇 | 同右 |
| 總务主任 | 韓亭 | 六三〇〇 | 同右 |

以上計特别会员一人普通会员五十九人

福建省财政厅致厦门市财政局的指令（一九三七年十月十五日）

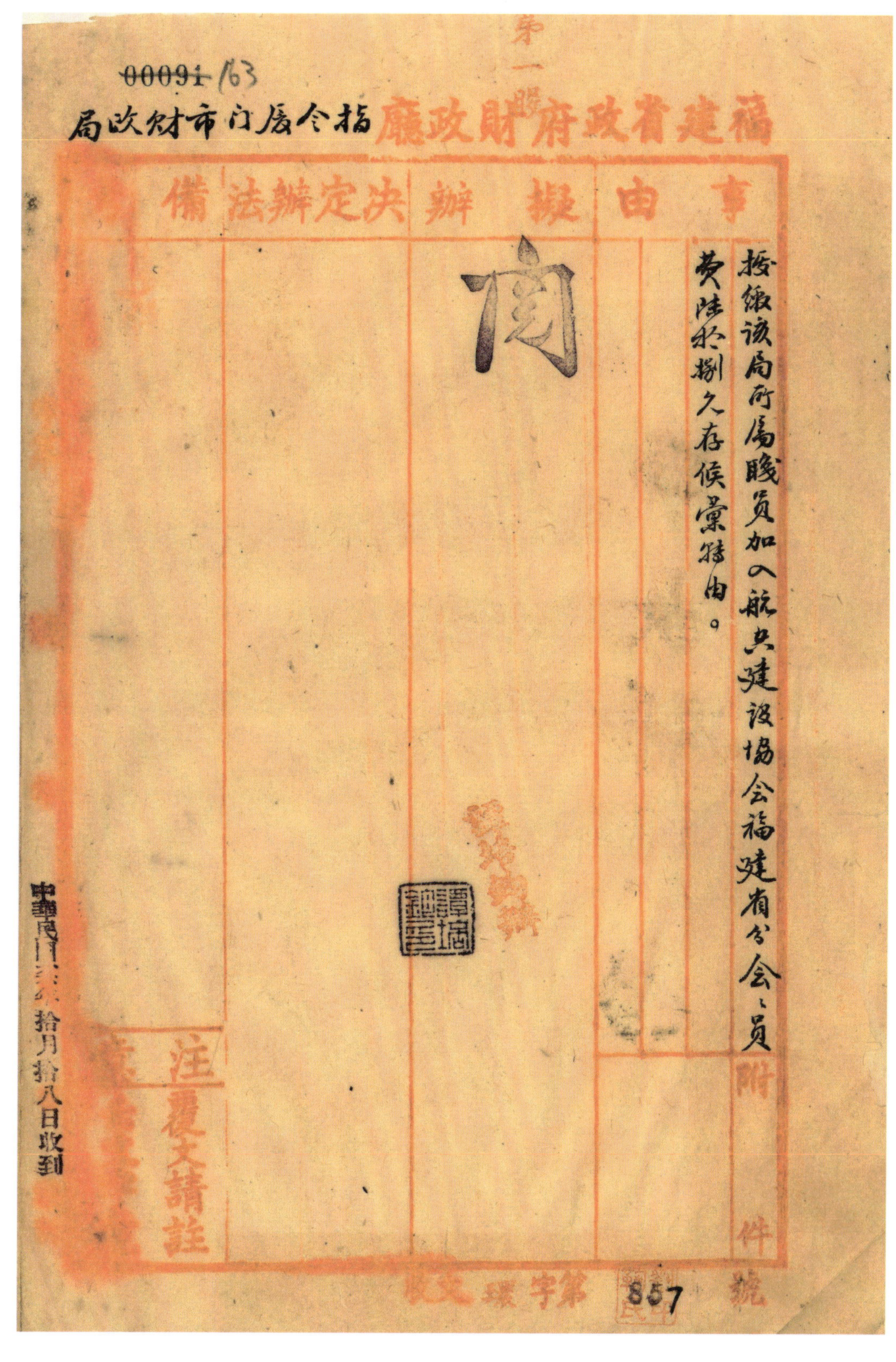

00091 163

福建省政府財政廳指令厦门市財政局

| 事由 | 擬辦 | 決定辦法 | 備 |
| --- | --- | --- | --- |
| 據繳該局所屬職員加入航空建設協会福建省分会會員費陸拾捌元存候彙轉由。 | 閱 | | |

附件

注 覆文請註

環字第 857 號

中華民國二十六年拾月拾八日收到

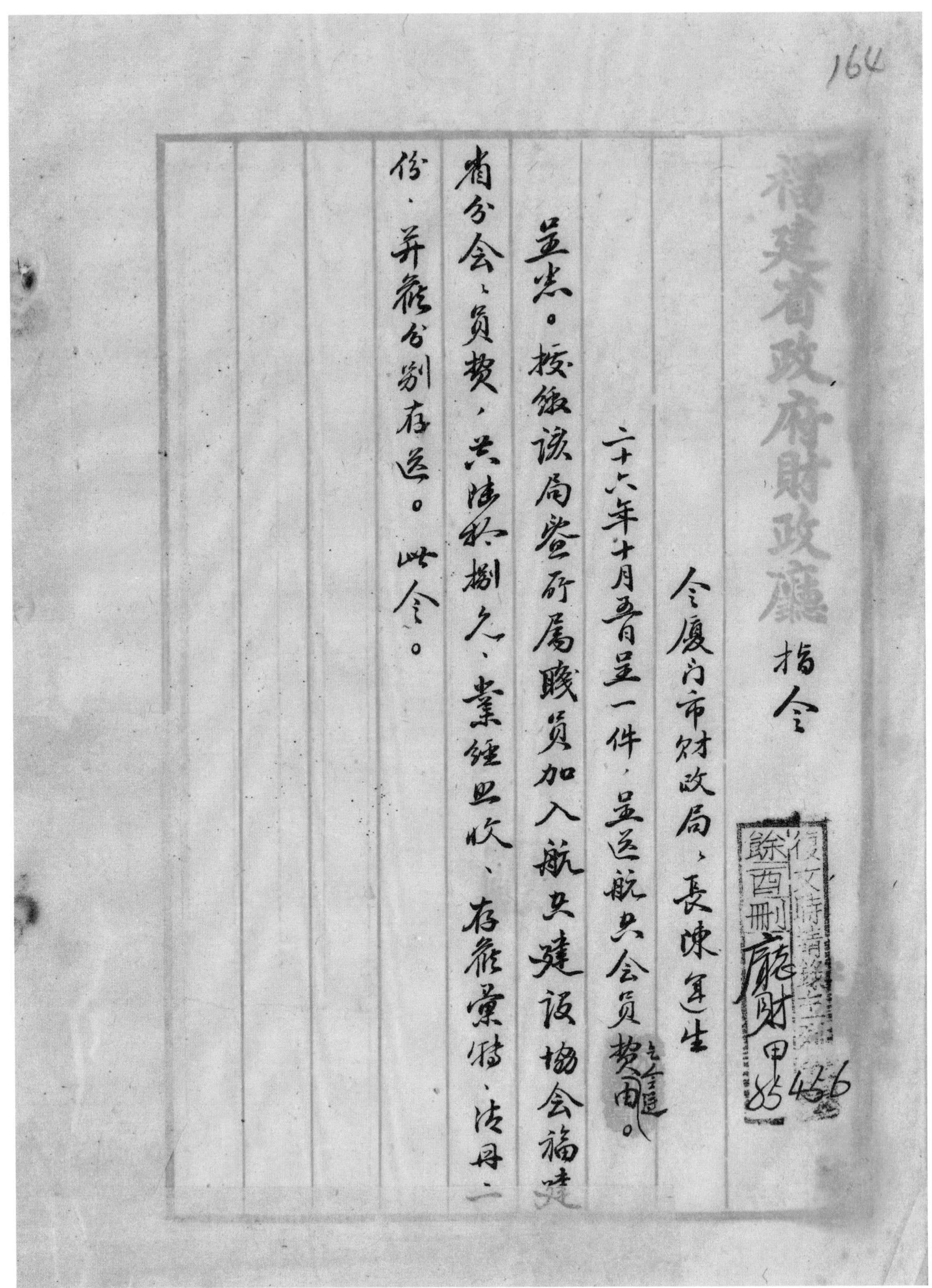

福建省政府財政廳指令

令廈門市財政局局長陳軍運生

二十六年十月五日呈一件，呈送航空會員費由。

呈悉。據繳該局暨所屬職員加入航空建設協會福建省分會會員費，共法幣捌元，業經照收，存條暨據、清冊二份，並經分別存送。此令。

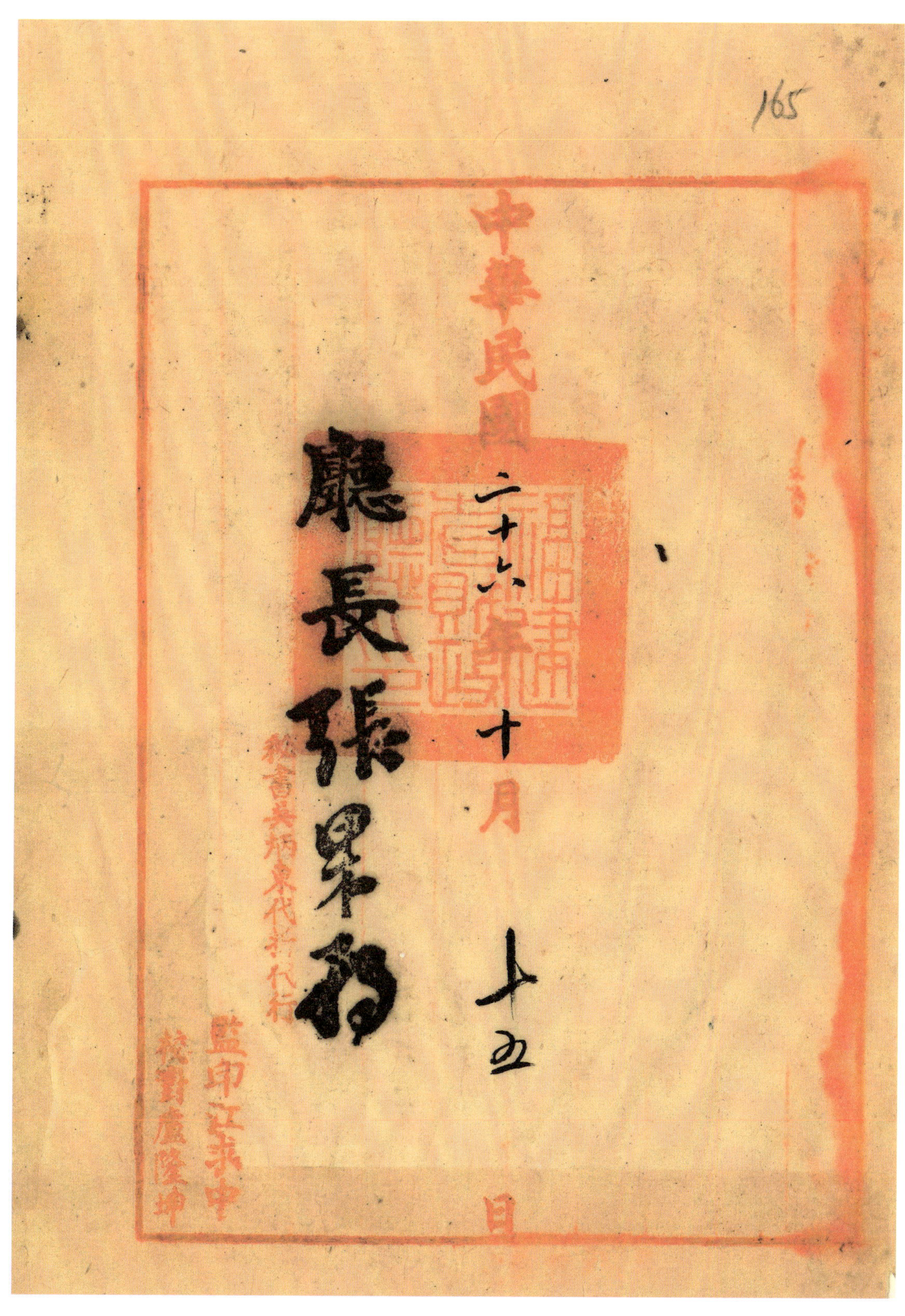

165

中華民國二十八年十月十五日

廳長張果為

秘書吳炳東代行

監印江永中

校對盧隆坤

# 厦门市新生活运动促进会、厦门市政府关于成立一日一分运动委员会的来往文书（一九三七年十一月至十二月）

## 厦门市新生活运动促进会致各机关、团体、学校的公函（一九三七年十一月二十日）

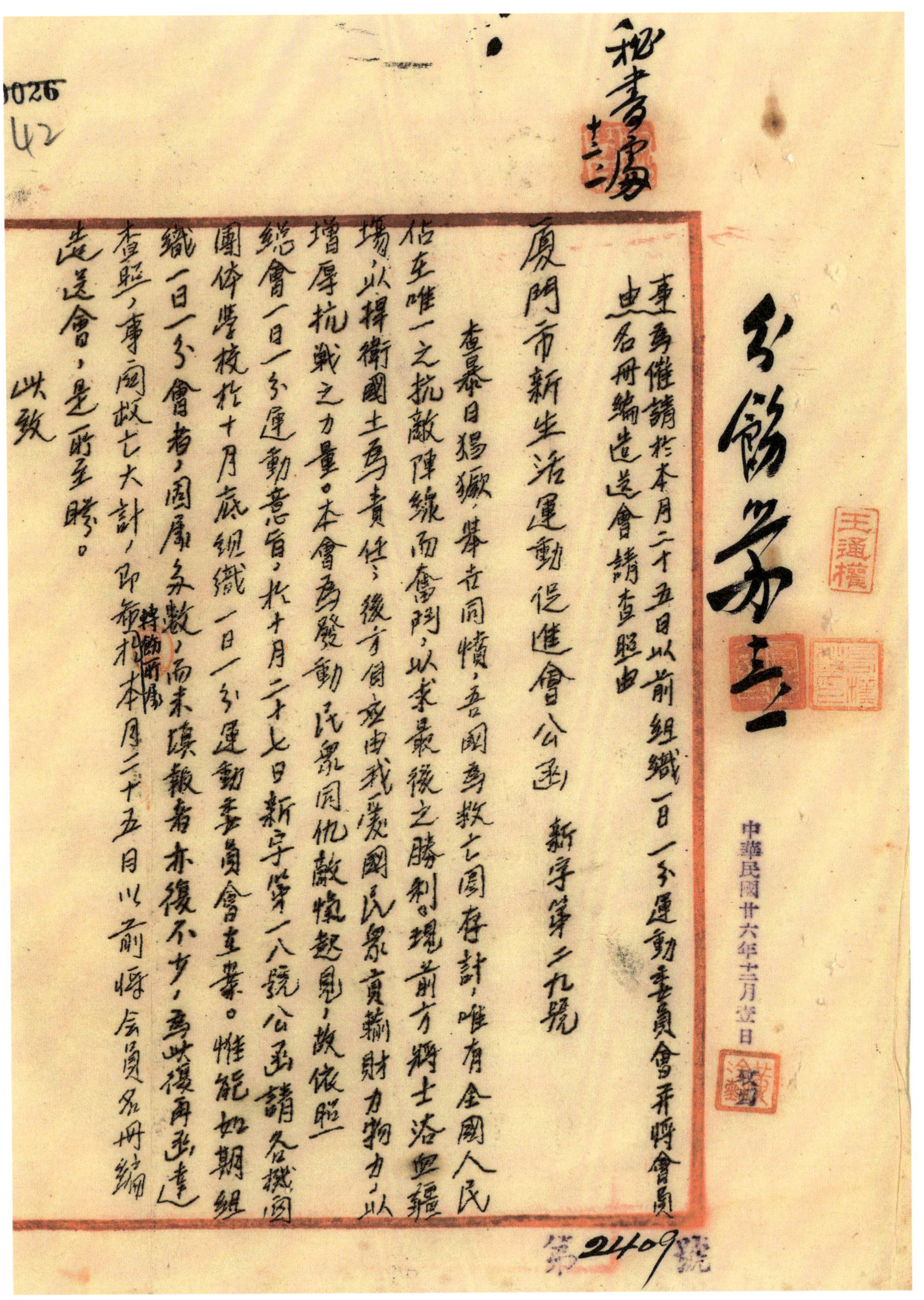

秘書處 十二

事由：為催請於本月二十五日以前組織一日一分運動委員會并將會員名冊編造送會請查照由

厦門市新生活運動促進會公函　新字第二九號

查暴日猖獗，舉世同憤，吾國為救亡圖存計，唯有全國人民站在唯一之抗敵陣線而奮鬥，以求最後之勝利。現前方將士浴血疆場，以捍衛國土為責任，後方自應由我愛國民衆貢獻財力物力，以增厚抗戰之力量。本會為發動民衆同仇敵愾起見，故依照總會一日一分運動意旨，於十月二十七日新字第一八號公函請各機關團體學校於十月底組織一日一分運動委員會在案。惟能如期組織一日一分會者，固屬多數，而未填報者亦復不少，為此復再函達查照，事關救亡大計，即希於本月二十五日以前將會員名冊編造送會，是所至盼。此致

中華民國廿六年十二月壹日

第2409號

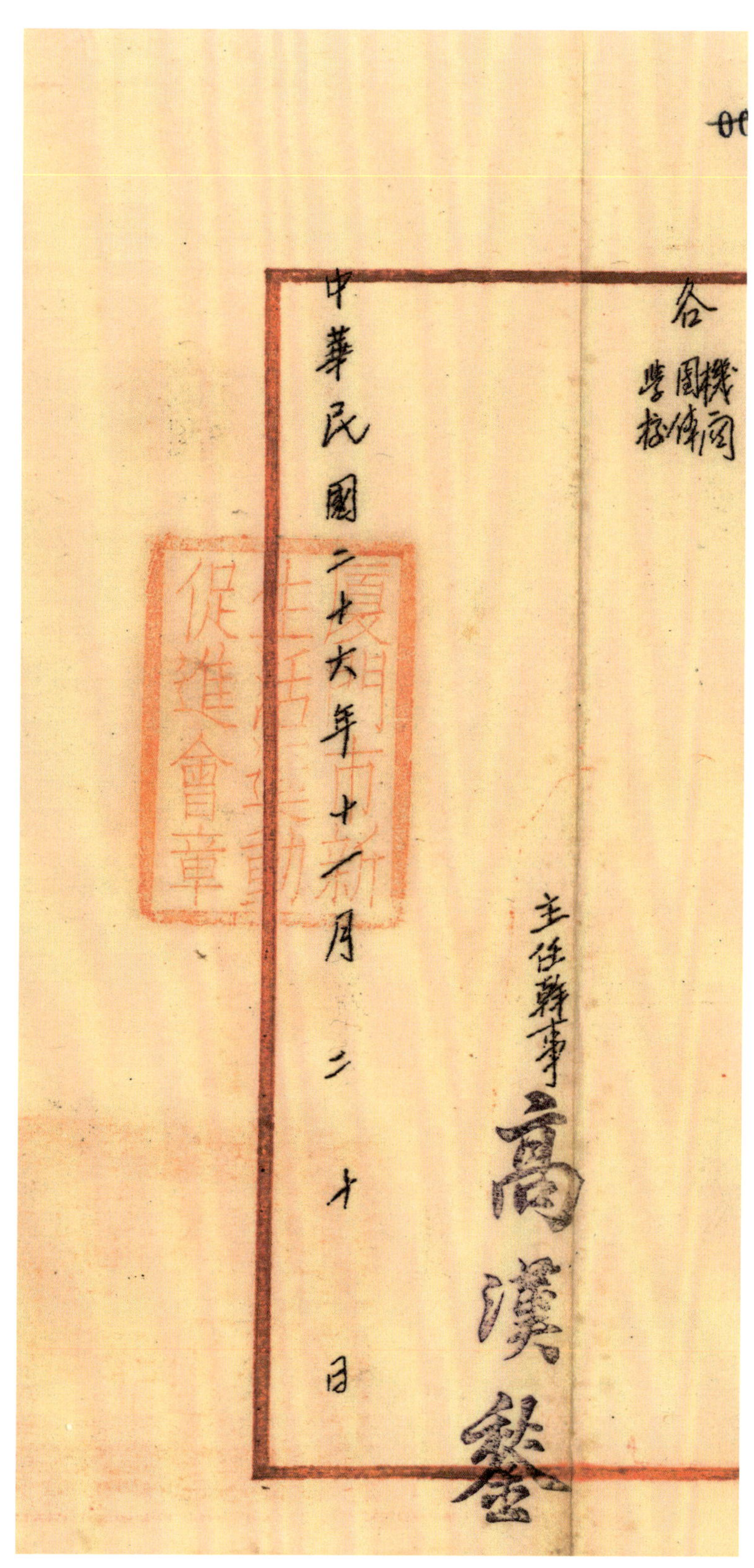

00

合
機關
團體
學校

中華民國二十六年十一月二十日

主任幹事 高漢簽

厦門市新生活運動促進會章

# 厦门市政府致厦门市新生活运动促进会的公函（一九三七年十二月七日）

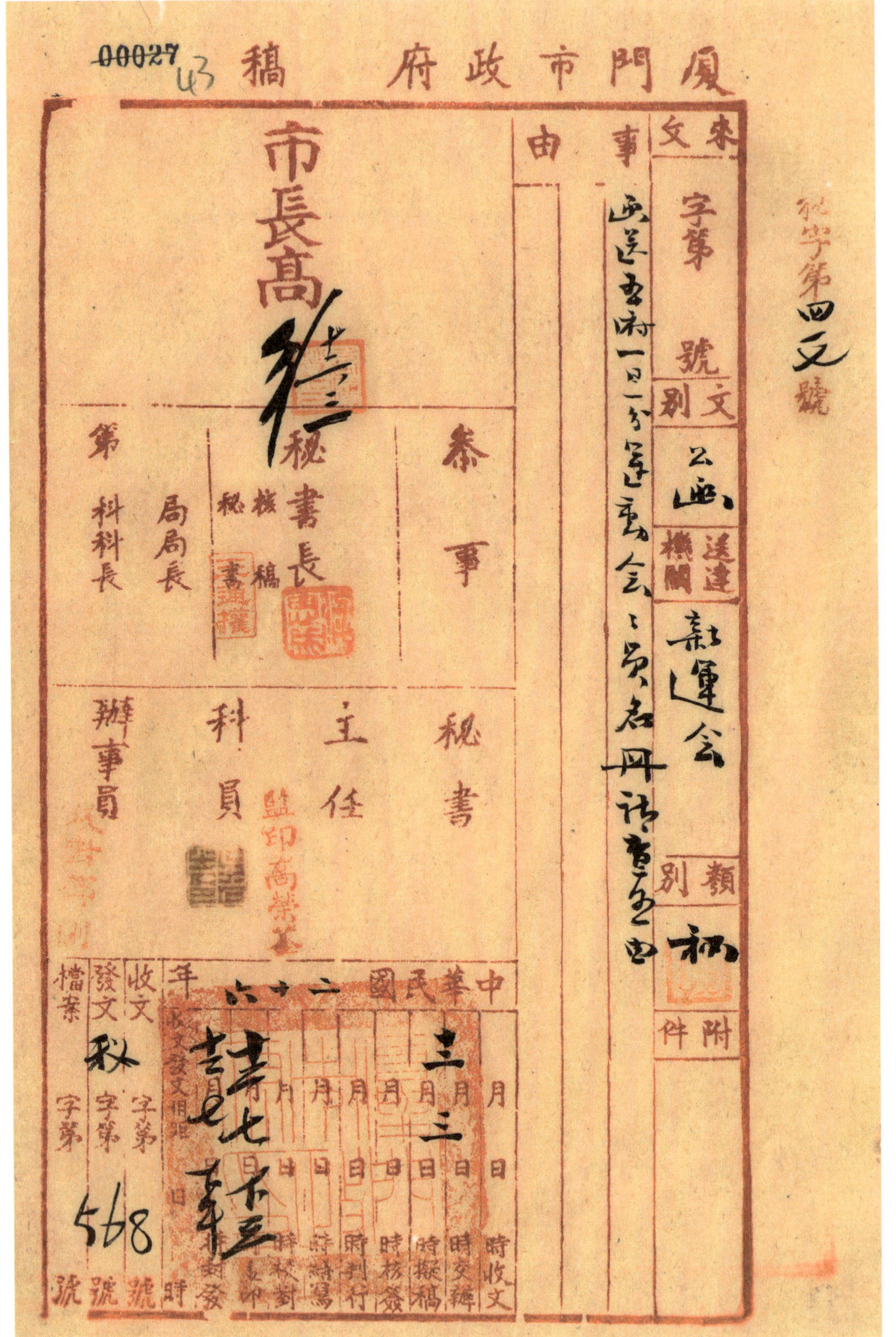

00027

厦門市政府稿

來文字第　號

秘字第四〇五號

文別：公函

送達機關：新運会

類別：秘

附件

事由：函送本府一日一分運動委員会委員名冊請查照由

市長高

秘書長

核稿

參事

秘書

主任

科員

辦事員

局長

科長

中華民國二十六年十二月七日

收文　字第　號

發文　秘字第568號

檔案　字第　號

衡公函 秘字第 號

案准

貴會新字第三九號公函，為請組織一日一分運動委員會並將會員名冊編送等由。准此，除所屬各機關逕行送外，茲將本府[illegible]務科所組之會員名冊一份送上，請

查照為荷。此致

廣州市新生活運動促進會

計送 名冊一份

衡 名

附：厦门市政府一日一分运动委员会会员名册

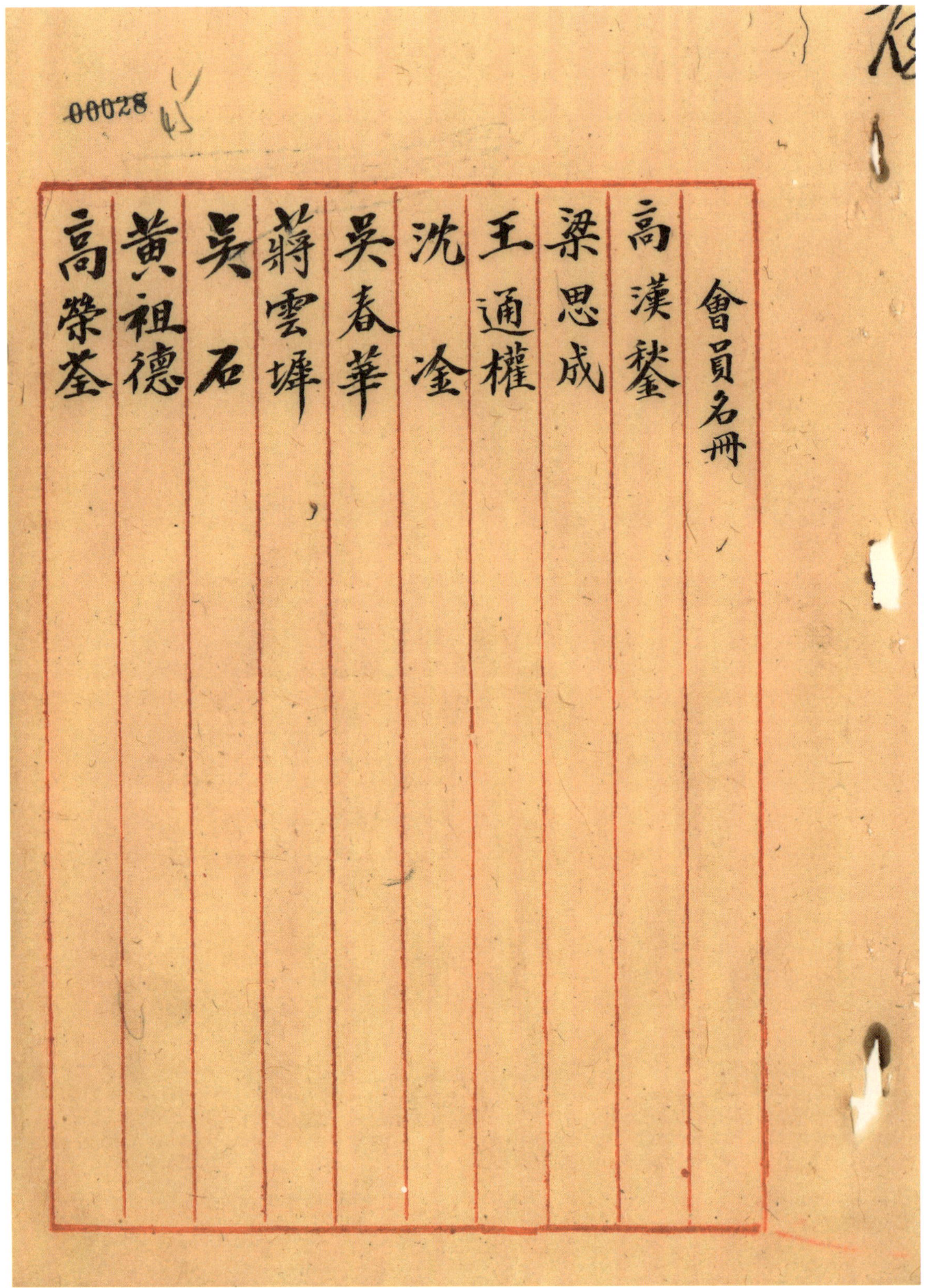
00028

會員名冊

高漢鍪
梁思成
王通權
沈淦
吴春華
蔣雲墀
吴石
黄祖德
高榮荃

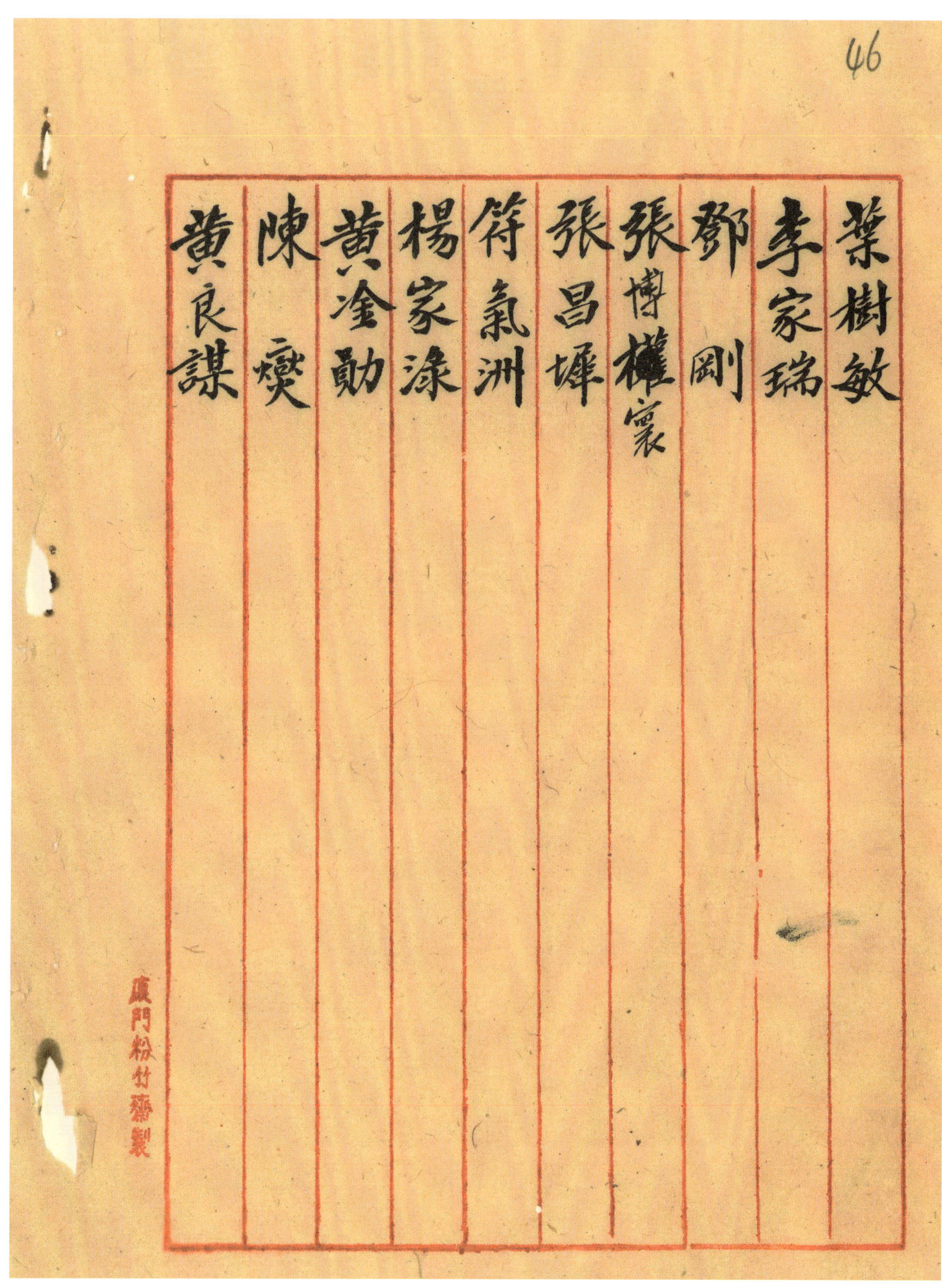

葉樹敏

李家瑞

鄧　剛

張博權寰

張昌墀

符氣洲

楊家滌

黃淦勳

陳　燮

黃良謀

廈門粉竹齋製

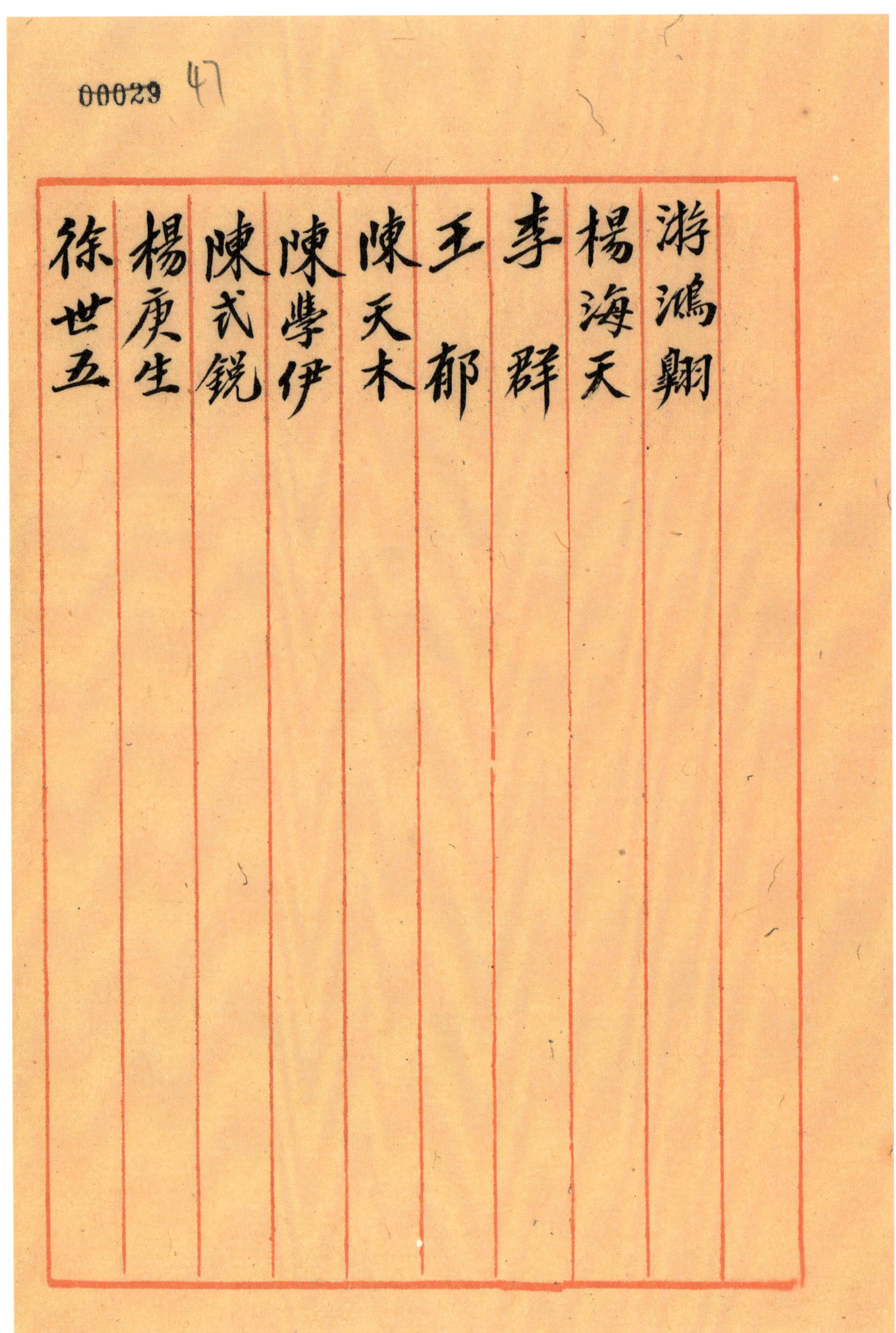
00029 47

游鴻翔
楊海天
李群
王郁
陳天木
陳學伊
陳忒銳
楊庚生
徐世五

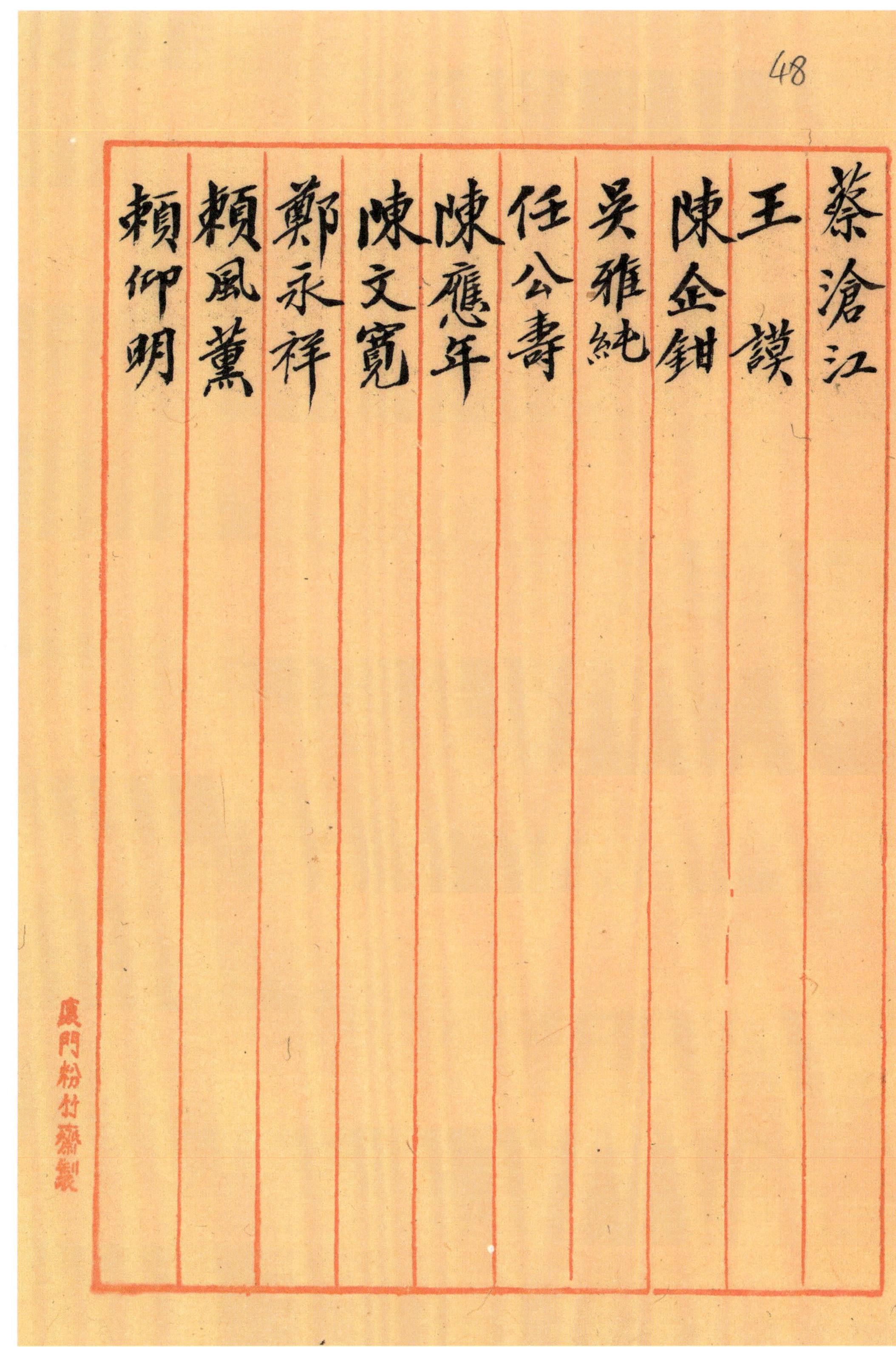

48

蔡滄江
王　謨
陳金鉗
吳雅純
任公壽
陳應年
陳文寬
鄭永祥
賴風薰
賴仰明

廈門粉材齋製

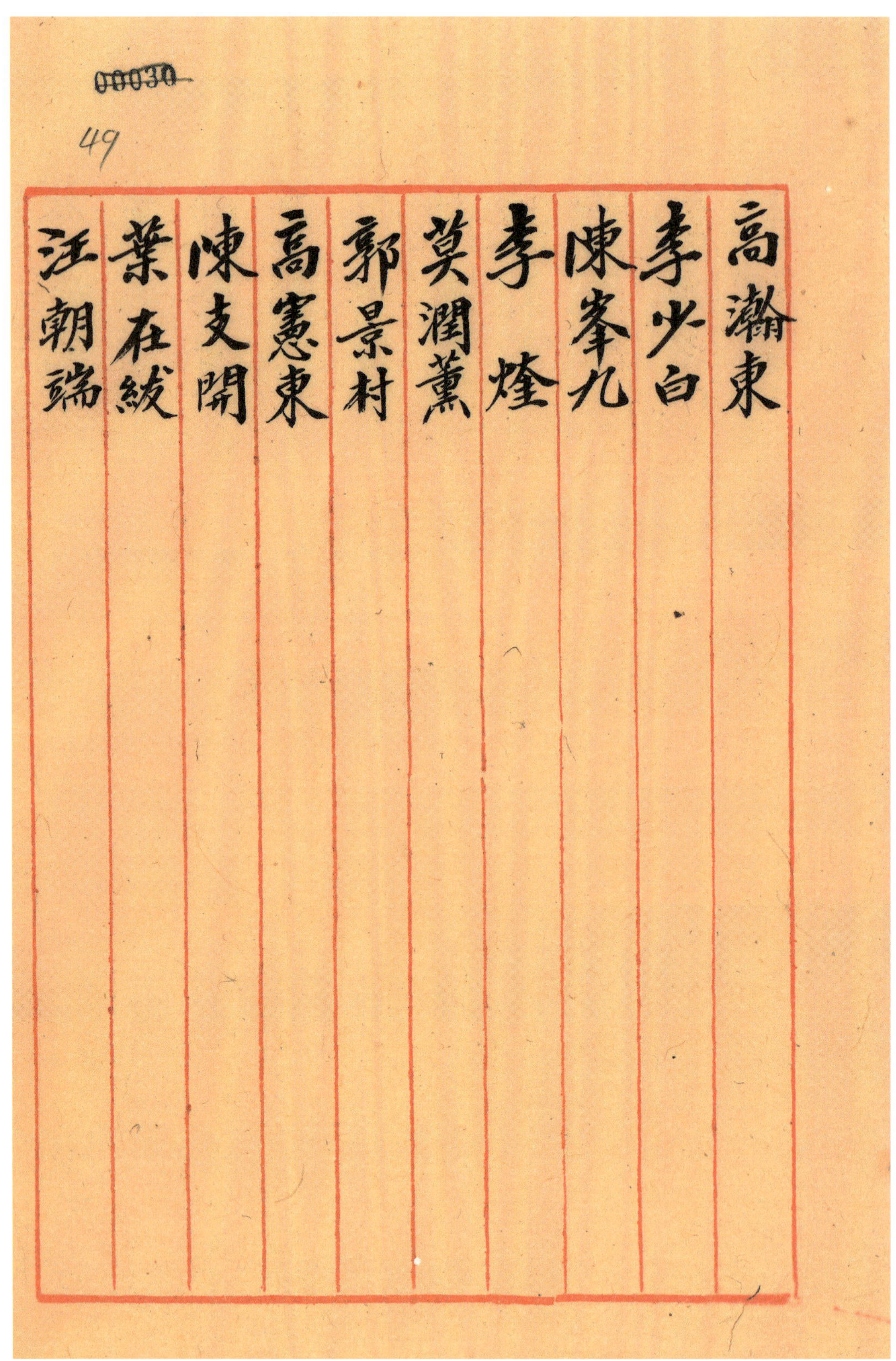
00030
49
高瀚東
李少白
陳峯九
李燵
莫潤薰
郭景村
高憲東
陳支開
葉在絨
汪朝端

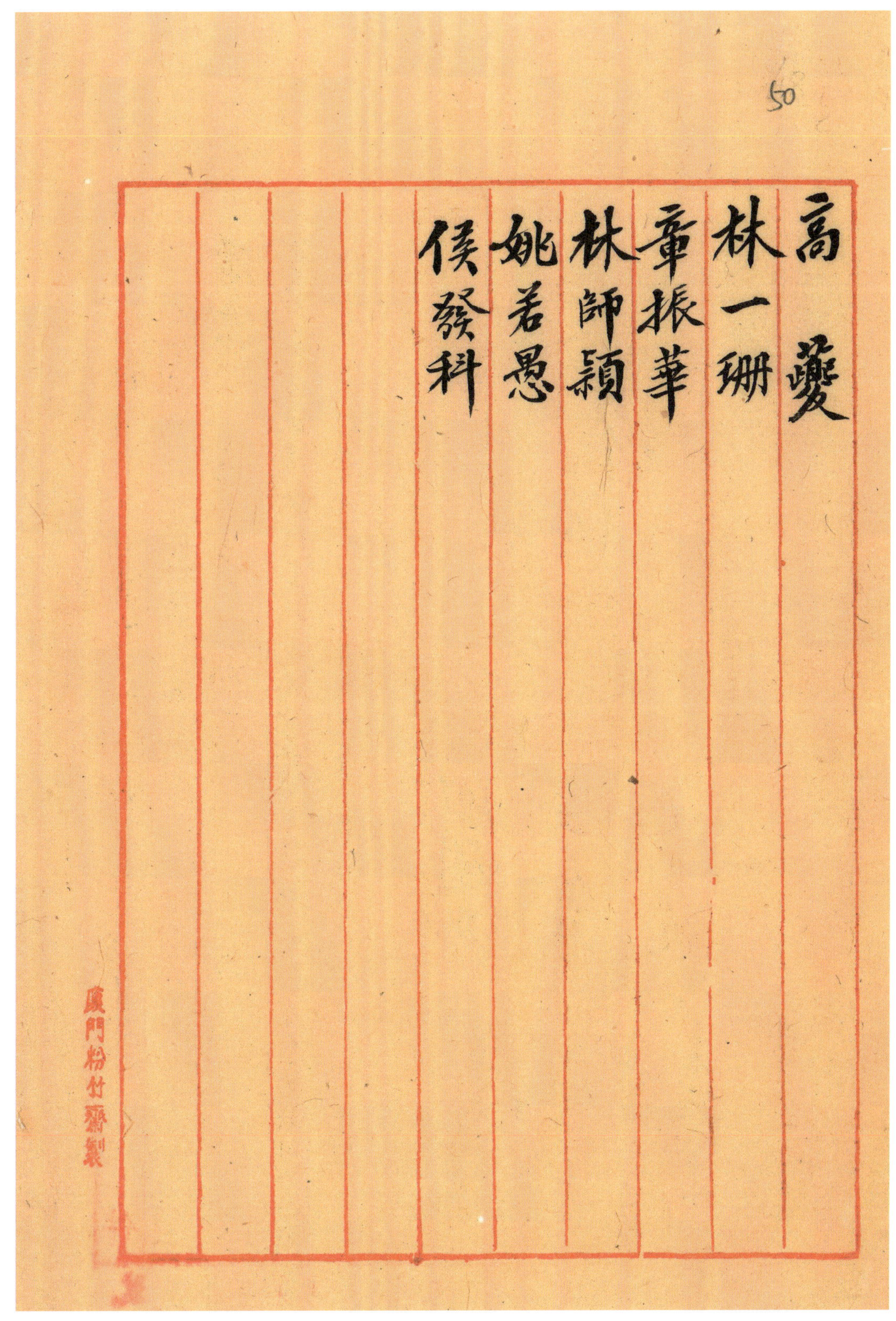

50

高夔

林一珊

章振華

林師穎

姚若愚

侯發科

廈門粉竹齋製

# 厦门市财政局关于教育人员战时工作团办公费支出致厦门市政府的签条（一九三七年十二月九日）

十十

48

101

厦門市財政局稿

文別：签条

送達機關：市长

類別：财一

附件：

事由：签复教育科请拨社会教育经费於八月援厦市教育人员战时工作团案

局長陳（签）十六、八

秘書：刘蕴民

股長：王春祥

科員：沈文德

辦事員：

中華民國二十六年

十二月八日 印

十二月八日

十二月九日 十三

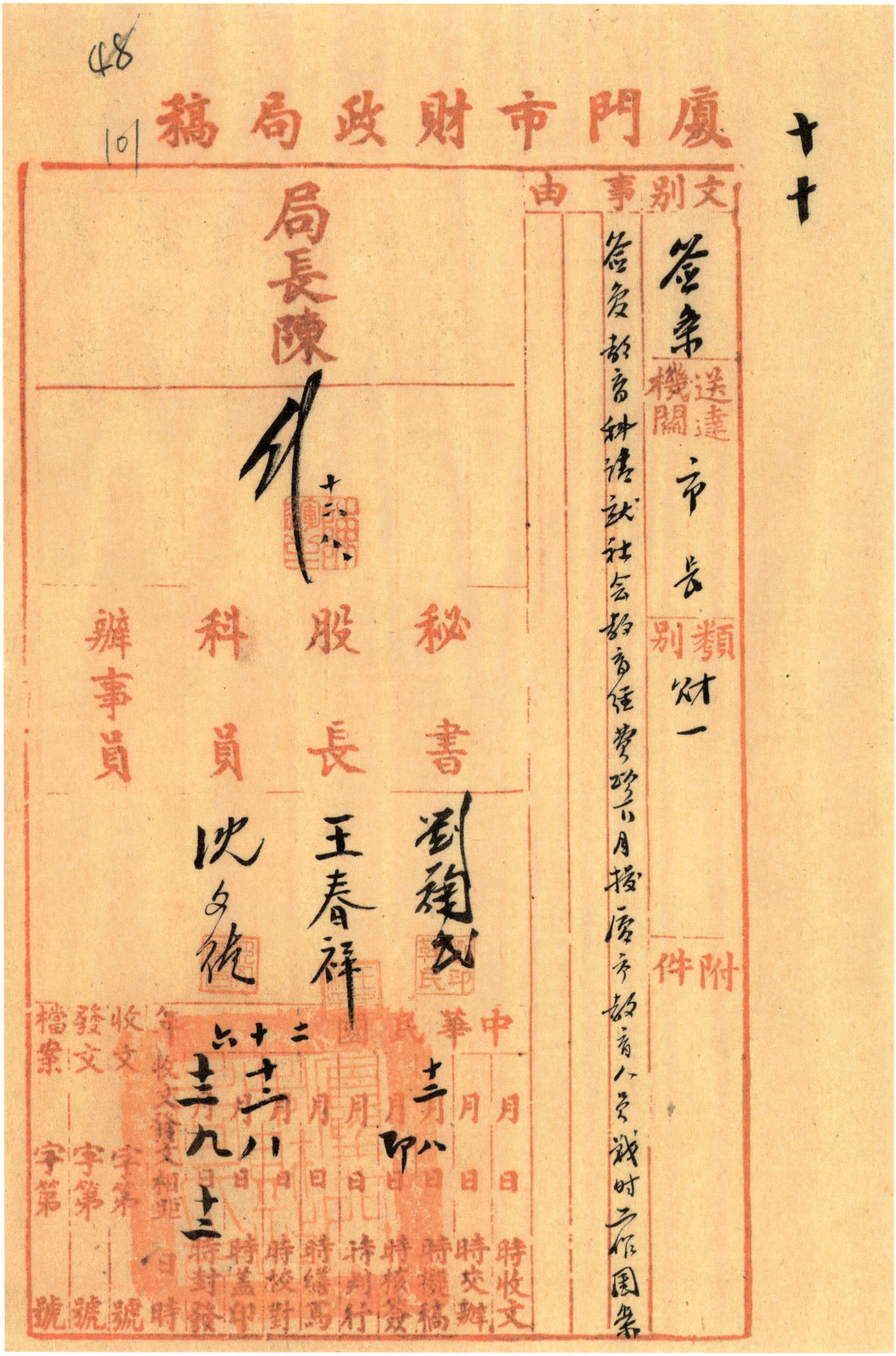

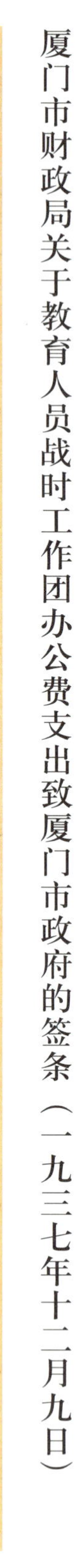

102

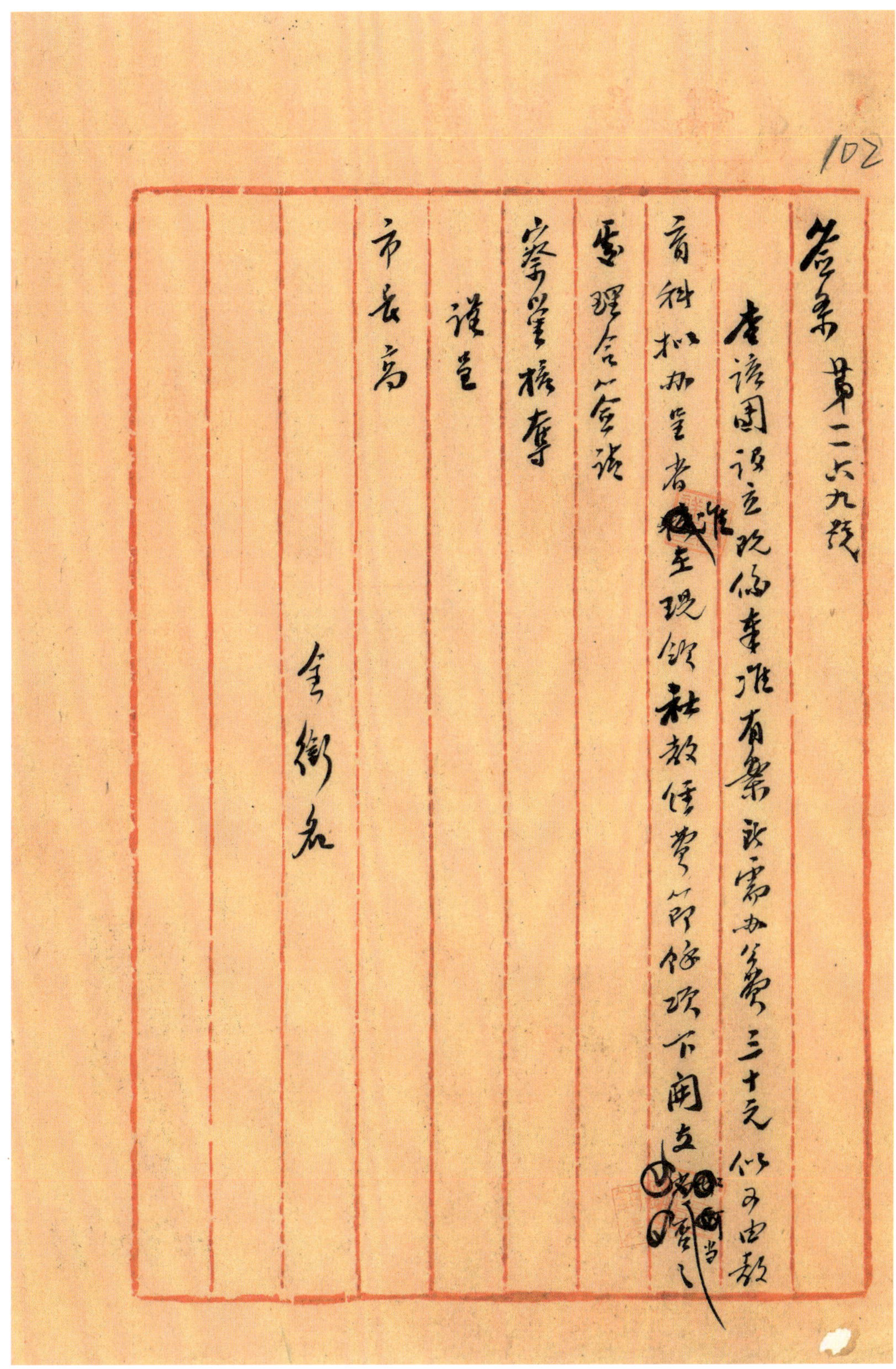

簽呈第二六九號

查該團設立既係奉准有案所需辦公費三十元似可由教育科擬辦呈者准在現領社教經費節餘項下開支是否有當理合簽請

鑒察核奪

謹呈

市長高

金衡名

# 福建省政府关于各级抗敌后援会委员应亲自出席会议致厦门市政府的训令（一九三七年十二月九日）

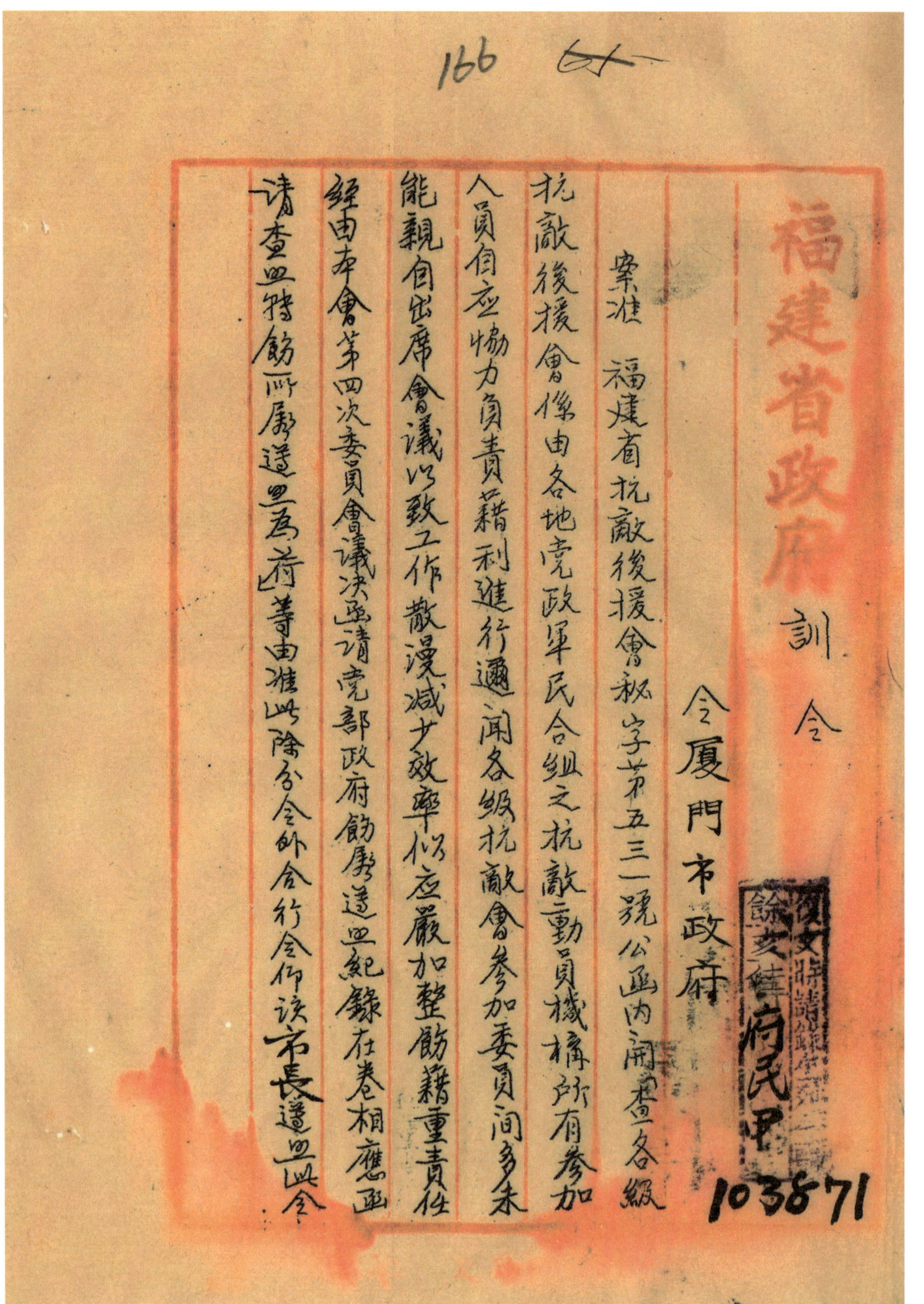

166

福建省政府訓令

令厦門市政府

案准

福建省抗敵後援會秘字第五三一號公函內開：「查各級抗敵後援會係由各地党政軍民合組之抗敵動員機構，所有參加人員自應協力負責，藉利進行。邇聞各級抗敵會參加委員間多未能親自出席會議，以致工作散漫，減少效率，似應嚴加整飭，藉重責任。經由本會第四次委員會議決函請党部政府飭屬遵照紀錄在卷，相應函請查照，特飭所屬遵照為荷」等由，准此，除分令外，合行令仰該市長遵照。此令。

103871

167

中華民國廿六年十二月九日

福建省政府之印

主席 陳儀

監印

校對

# 厦门市文化界救亡协会筹备会、厦门市政府等关于发起组织厦门市文化界救亡协会的一组文书（一九三七年十二月至一九三八年一月）

## 厦门市文化界救亡协会筹备会致厦门市政府的呈（一九三七年十二月二十五日）

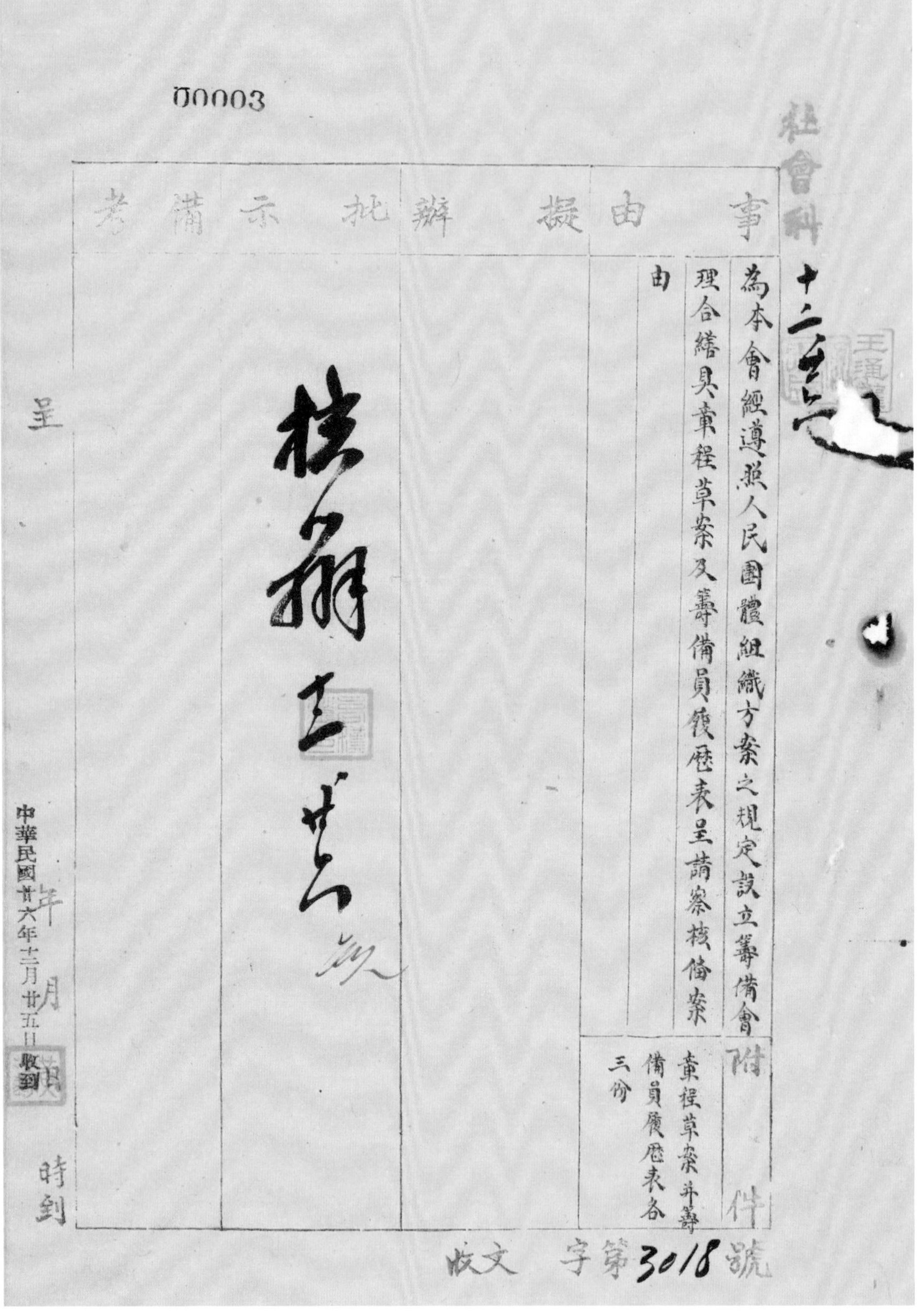
00003

社會科 十二.廿七

事由：為本會經遵照人民團體組織方案之規定設立籌備會理合繕具章程草案及籌備員履歷表呈請察核備案由

附件：章程草案并籌備員履歷表各三份

擬辦：

批示：

備考：

存辦 王 十二.廿七

呈

中華民國廿六年十二月廿五日收到

收文 字第3018號

竊本會自奉

廈門市黨部頒給准予設立許可證書後當即遵照人民團體組織方案之規定設立籌備會籌備一切復經擬訂章程草案呈送　廈門市黨部核准在案茲特繕具章程草案及籌備員履歷表各三份備文呈請

鈞府准予備案實為德便

謹呈

廈門市市長高

廈門市救亡協會籌備會常務委員陳柏麟

黃緣萍

林遠峯

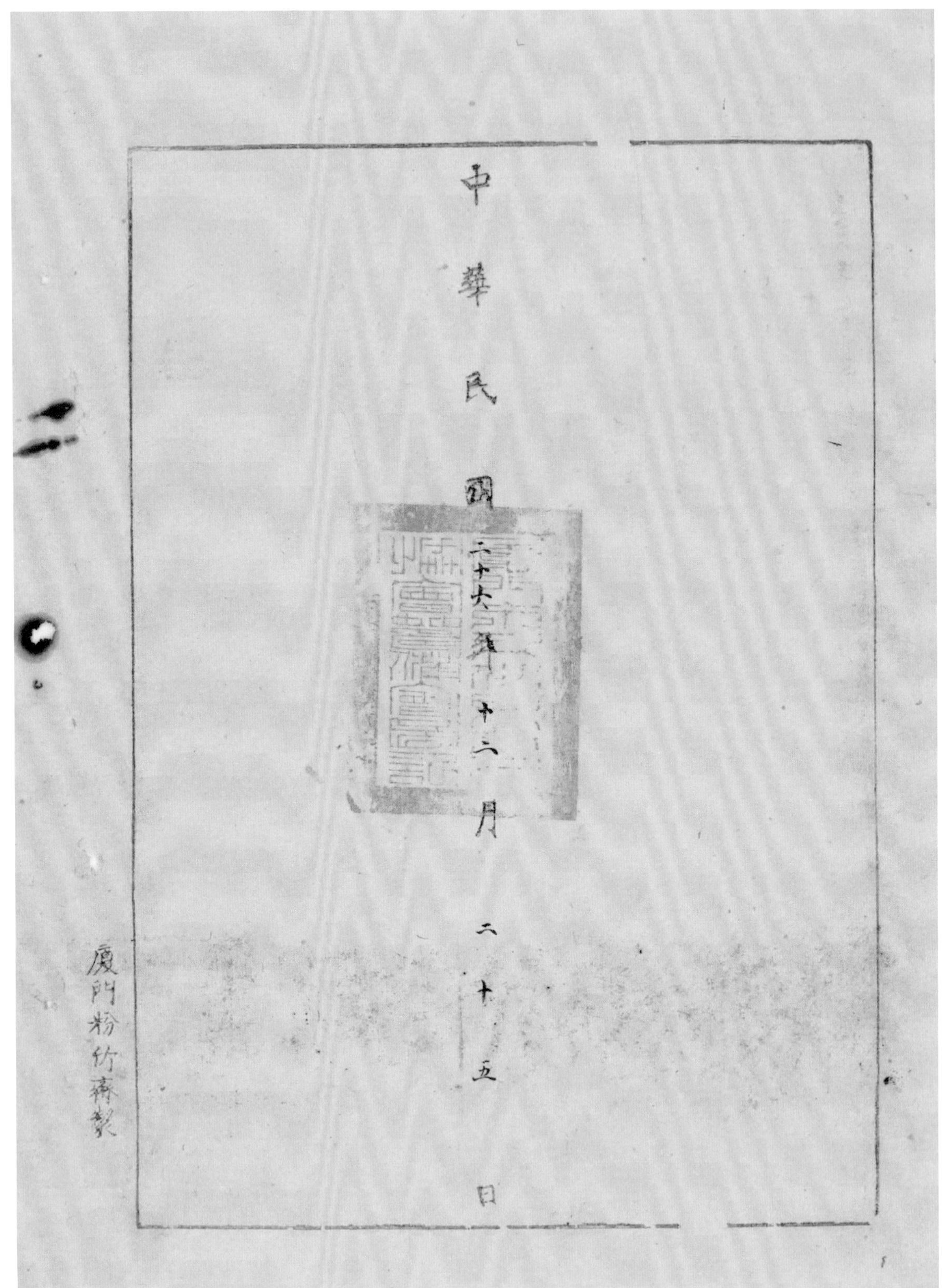

中華民國二十六年十二月二十五日

厦門粉竹齋製

6

00007

# 厦門文化界救亡協會章程（草案）

## 第一章 總綱

第一條 本會定名為厦門文化界救亡協會

第二條 本會以團結文化界負起抗敵救亡的責任並喚起民衆共同爭取民族解放為宗旨

第三條 本會接受本市最高黨政機關之指導并與福建省抗敵後援會厦門市分會取得工作上之聯繫

## 第二章 會員

第四條 凡屬中華民國國民在厦門從事各種文化活動或熱心救亡工作願遵守本會規章及議決案者不拘團體或個人均得為本會會員

第五條 各文化團體願加入為本會會員者須經該團體三分之二會員同意個人會員須經本會會員二人之介紹經常務理事會之審查認得為本會會員

第六條 本會會員得享受下列權利

(甲)免費閱覽本會圖書及出版之各種刊物

(乙)本會舉行各種學術研究會會員得介紹家族或親友參加旁聽但須徵得主持人之同意

(丙)會員得請求本會介紹各種職業或各項救國工作

(丁)本會附設或特辦各種事業會員均得參加或享受

第七條 本會會員應遵守本會紀律服從本會議決案及下列條款

(甲)不得擅用本會名義參加救亡以外之活動

(乙)不得有破壞本會名譽之行為

(丁)不得妨害本會工作之進展

第八條 本會會員之行為倘有違反本會精神或紀律者由理事會分別輕重予以處分處分的方法如下

(甲)勸告(乙)警告(丙)除名

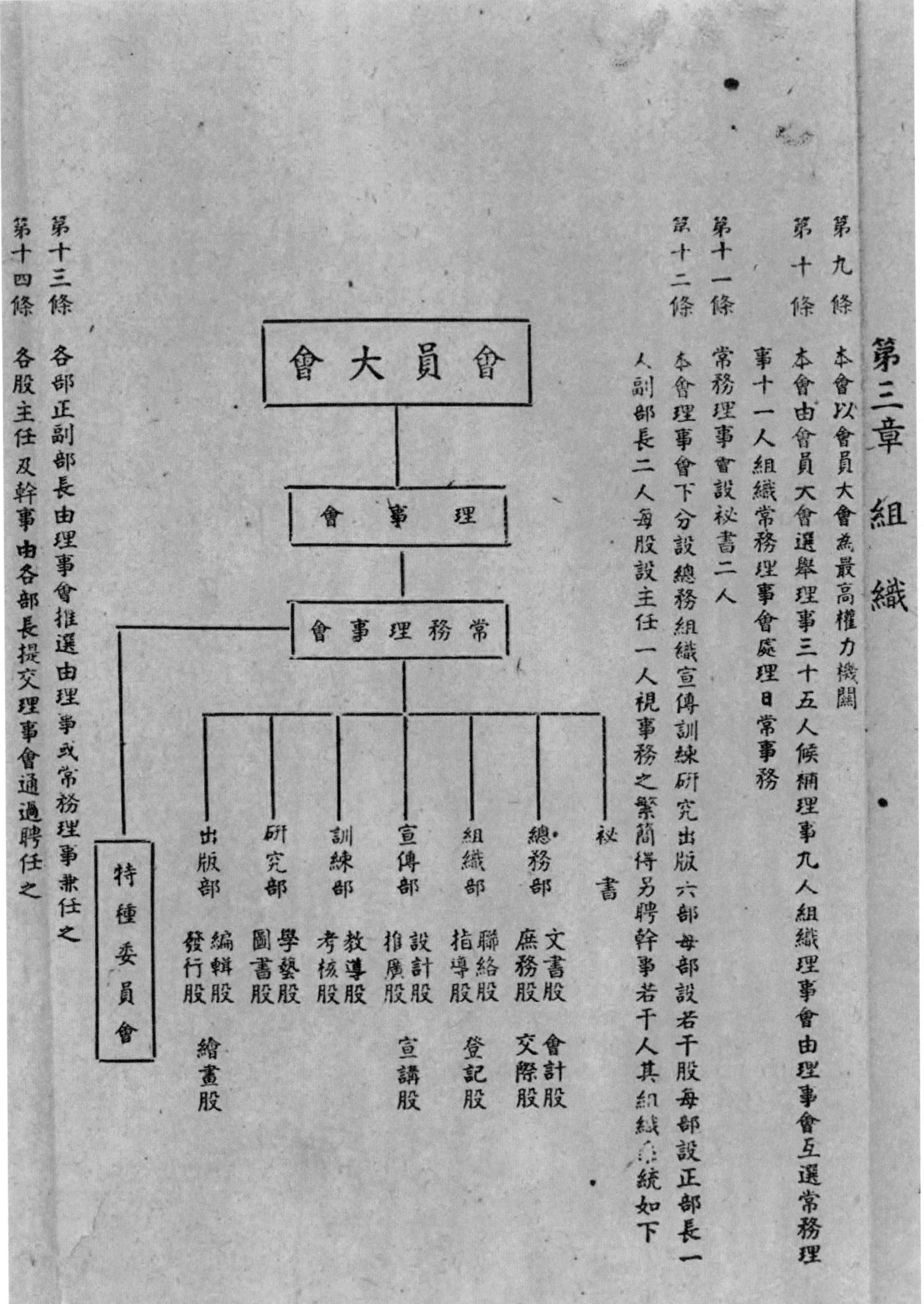

## 第三章 組織

第九條　本會以會員大會為最高權力機關

第十條　本會由會員大會選舉理事三十五人候補理事九人組織理事會由理事會互選常務理事十一人組織常務理事會處理日常事務

第十一條　常務理事會設秘書二人

第十二條　本會理事會下分設總務組織宣傳訓練研究出版六部每部設若干股每部設正部長一人副部長二人每股設主任一人視事務之繁簡得另聘幹事若干人其組織系統如下

會員大會
理事會
常務理事會

- 秘書
- 總務部：文書股、會計股、庶務股、交際股
- 組織部：聯絡股、登記股、指導股
- 宣傳部：設計股、宣講股、推廣股
- 訓練部：教導股、考核股
- 研究部：學藝股、圖書股
- 出版部：編輯股、繪畫股、發行股
- 特種委員會

第十三條　各部正副部長由理事會推選由理事或常務理事兼任之

第十四條　各股主任及幹事由各部長提交理事會通過聘任之

# 第四章 職權

第十五條 本會理事會接受會員大會一切議決事項辦理本會一切會務並決定重要議決案

第十六條 常務理事會承辦理事會委辦之事項處理日常會務審核各部工作計劃批交各部應辦事項並考查各部會工作人員辦事成績審查會員資格及一切會務之進行

第十七條 常務理事會秘書掌理本會機要文件承辦常務理事會委辦之事項並推動各部工作

第十八條 各部股職權分述如下

（甲）總務部

1文書股 管理並繕覆一切來往文件及記錄議決案

2會計股 管理本會銀錢出入及報告收支狀況

3庶務股 管理購置物品佈置會所及保管與其他不屬各股之事務

4交際股 辦理對外接洽及招待事宜

（乙）組織部

1聯絡股 聯絡會員與組織民衆

2指導股 指導小組與民衆組織

3登記股 登記會員技能了解會員性格編製組織上各種表冊

（丙）宣傳部

1設計股 負責關於宣傳上的各種設計

2宣講股 負責一般宣傳及運用一切方式宣傳民衆

3推廣股 推動內地文化工作及特種救亡工作

（丁）訓練部

1教導股 輔助各種救亡團體教導事宜及辦理各種訓練班

2考核股 考核施教情形並檢查各種訓練工作成績

（戊）研究部

1學藝股 主持辦理社會科學文學等各種學術之研究及各種不同性質之座談會演講會

2圖書股 負責管理本會所置圖書並蒐集有關文化之資料

（己）出版部

1編輯股 編輯壁報週刊叢書等事項

2發行股 負責印刷發行等事項

3繪畫股 主持繪製漫畫及編製一切圖畫宣傳品

## 第五章 會 期

第十九條 本會各種集會規定如下

(甲)會員大會每六個月舉行一次或經三分二以上理事之認可或半數以上之會員之請求得召集臨時會議

(乙)理事會每半月一次

(丙)常務理事會每週一次

(丁)各部聯席會議每十日一次

(戊)各部部務會議每週一次

上列各項會議遇必要時得臨時召集之

## 第六章 經 費

第二十條 本會經費由下列各項籌集之

(甲)會員會費 (乙)特別捐款 (丙)呈請當局撥款協助

第廿一條 本會會員應納會費每月二角每半年繳納一次

第廿二條 本會收支狀況每月由理事會公佈一次

## 第七章 附 則

第廿三條 本章程草案倘有未臻完善之處得由會員大會議決修改之

第廿四條 本章程草案經會員大會通過並呈准廈門市黨部廈門市政府備案施行

廈門市文化界救亡協

| 姓名 | 性別 | 年齡 | 籍貫 | 略歷 | 是否黨員 | 住址 | 備考 |
|---|---|---|---|---|---|---|---|
| 陳聯芬 | 男 | 三十二 | 南安 | 廈門市黨務特派員 | 是 | 市黨部 | |
| 陳柏麟 | 男 | 三十 | 廣東 | 一五七師政訓處科長 | 是 | 警備司令部 | |
| 黃綠萍 | 男 | 三十七 | 永定 | 現任星光日報編輯 | 是 | 星光日報 | |
| 林遠峰 | 男 | 四十一 | 晉江 | 現任廈門江聲報編輯 | 是 | 思明東路江聲報內 | |
| 羅武士 | 男 | 三十 | 永定 | 星光日報總編輯 | | 星光日報 | |
| 王達元 | 男 | 三十四 | 晉江 | 中華中學校長 | 是 | 虎頭山十二號 | |
| 葉苔痕 | 男 | 三十二 | 廈門 | 廈門中山醫院秘書 | 是 | 廈門中山醫院 | |
| 陳一民 | 男 | 四十一 | 四川 | 現任上海申報駐廈記者 | 是 | 思明東路江聲報內 | |
| 張廷標 | 男 | 二十七 | 惠安 | 現任廈門抗日新聞記者 | | 廈门大中路抗日新聞社 | |
| 洪學禮 | 男 | 三十七 | 南安 | 抗敵導報編輯 | | 草埔埕三號 | |

11

會籌備員略歷表

| | | | | | | |
|---|---|---|---|---|---|---|
| 許展新 | 男 | 二十二 | 江蘇 | 抗敵導報編輯 | | 定安路七十三號 |
| 郭亞友 | 男 | 二十七 | 廈門 | 現任廈門江聲報記者 | | 思明東路江聲報 |
| 黃梵雲 | 女 | 二十一 | 廣東 | 現任民立簡易小學校長 | 是 | 古城東路四十號 |
| 鄧貢直 | 男 | 二十五 | 泰寧 | 大夏大學畢業 | | 星光日報轉 |
| 葉鴻恩 | 男 | 二十二 | 惠安 | 國立廈門大學肄業 | 是 | 閩南職中 |
| 顏春魁 | 男 | 二十一 | 龍溪 | 國立廈門大學肄業 | | 閩南職中 |
| 葉孝義 | 男 | 二十二 | 建甌 | 國立廈門大學肄業 | 是 | 廈門大學 |
| 王正安 | 男 | 二十六 | 江蘇 | 交通銀行職員 | | 交通銀行 |
| 王紅光 | 男 | 二十五 | 廈門 | 廈門華僑日報編輯 | | 廈門華僑日報 |

厦门市文化界救亡协会筹备会致厦门市政府的呈（一九三七年十二月二十七日）

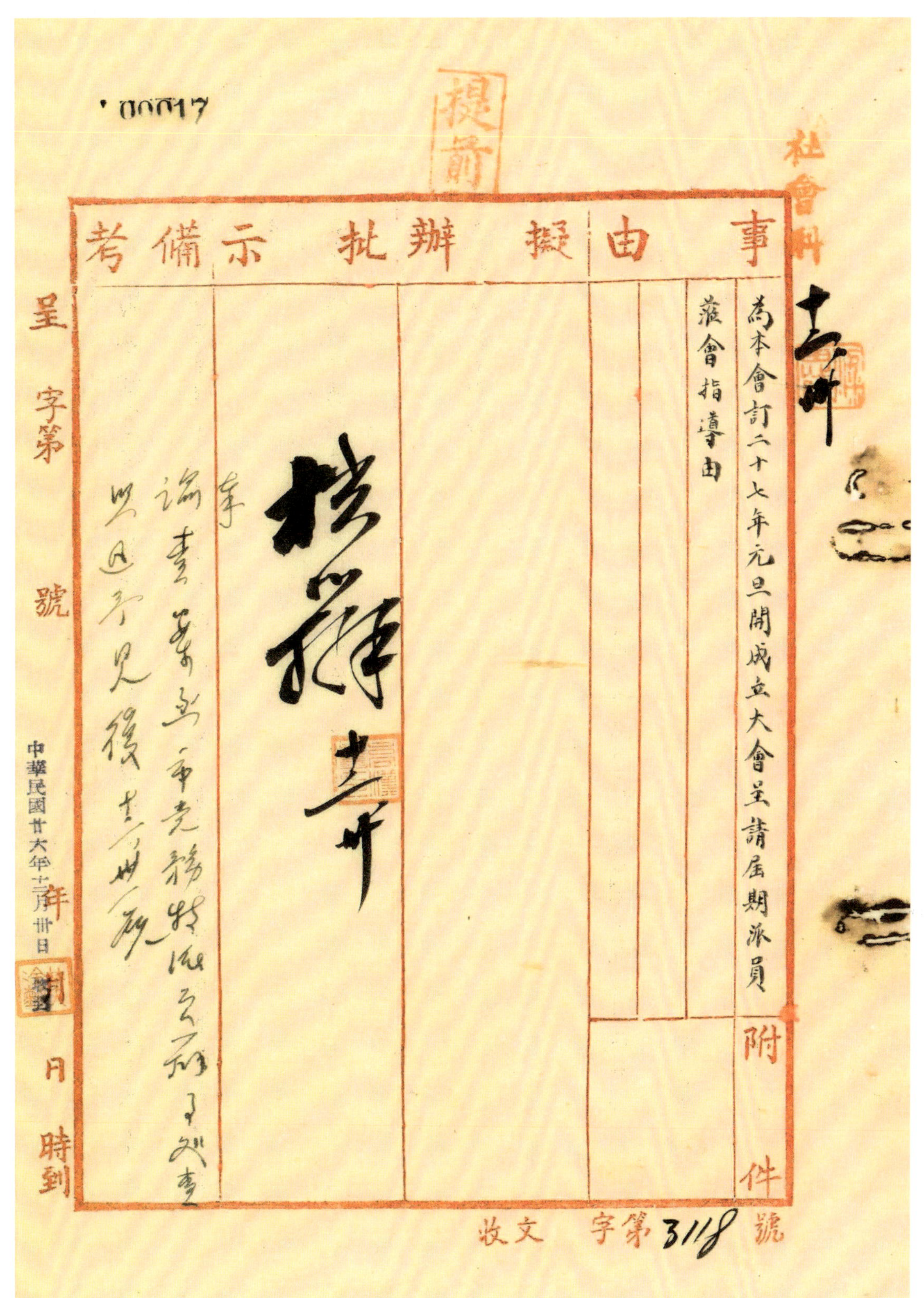

00017

事由：為本會訂二十七年元旦開成立大會呈請屆期派員蒞會指導由

附件

擬辦：存

批示：核辦 十卅

備考：論書業已市党務特派員辦事處查照因不另復 十二卅

呈 字第 號

中華民國廿六年十二月卅日

收文 字第3118號

竊本會籌備業已就緒現經第三次籌備會議決訂二十七年元旦下午二時假各界座談會四樓（思明南路）開成立大會通過章程及選舉職員理合具文呈請

察核懇請屆期派員蒞會指導實為公便

謹呈

廈門市市長高

廈門市文化界救亡協會籌備會常務委員陳柏麟

黄緑萍

林遠峯

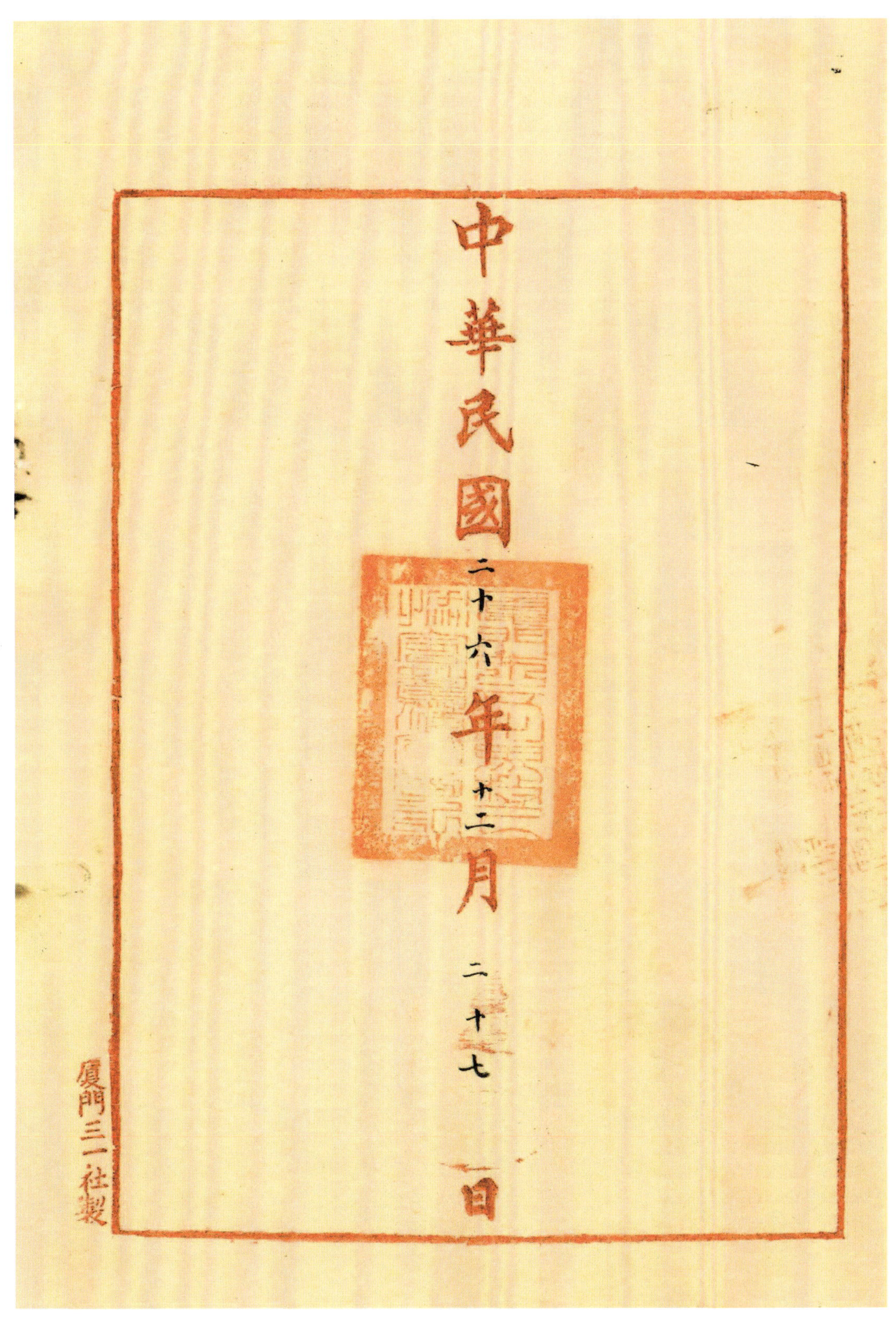

中華民國二十六年十二月二十七日

廈門三一社製

# 厦门市政府致中国国民党厦门市党部的公函（一九三七年十二月三十一日）

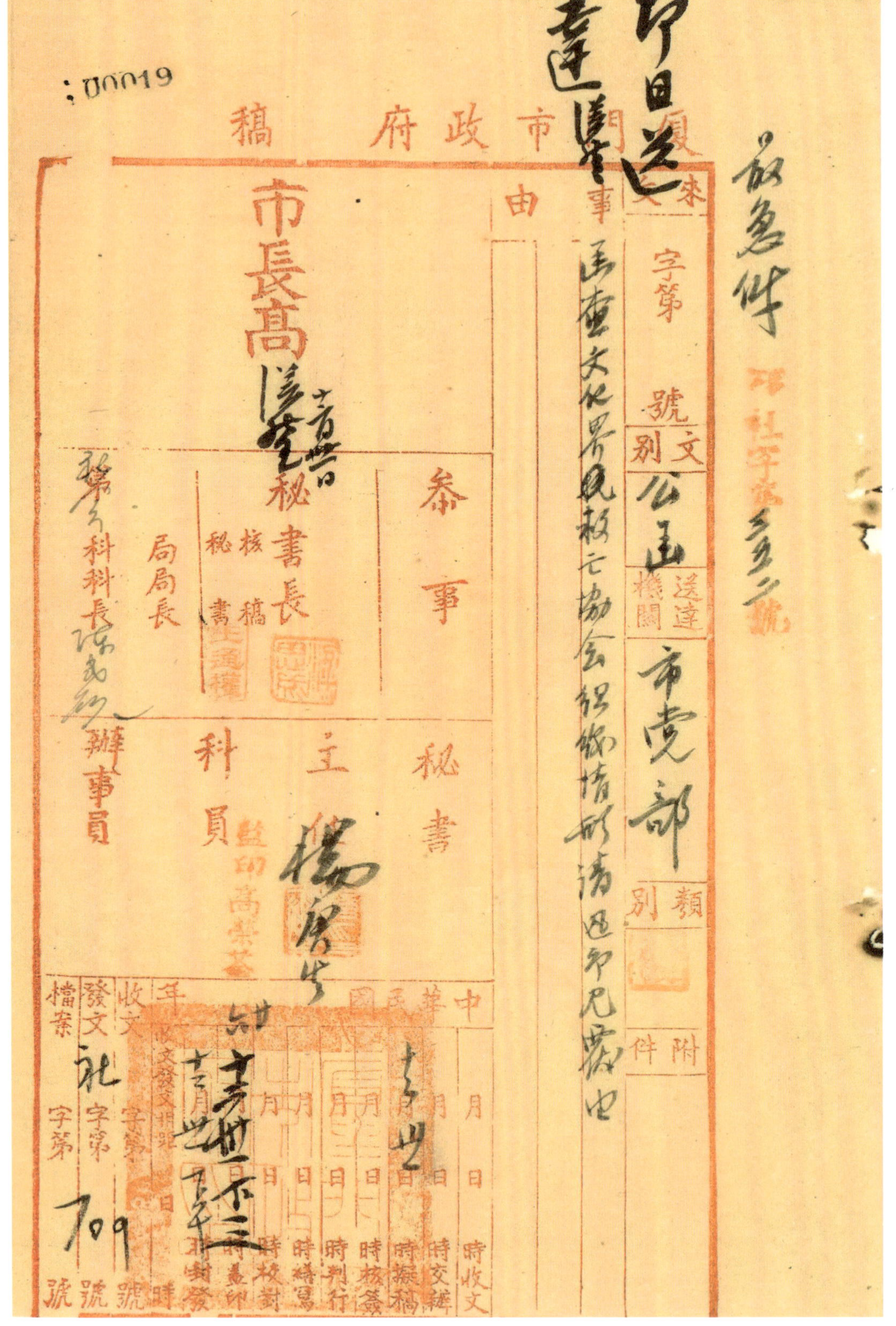

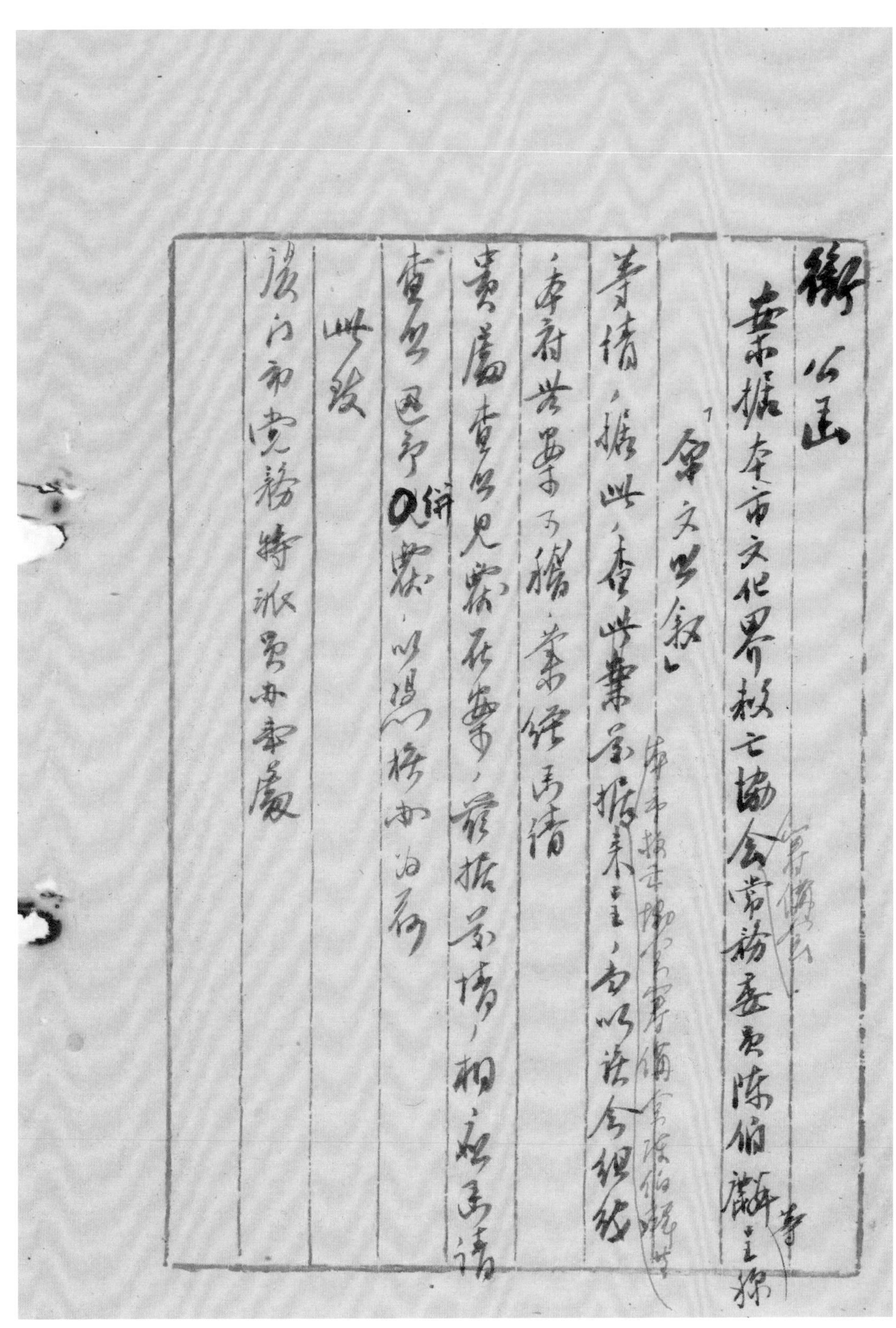

銜公函

案据本市文化界救亡协会常务委员陈伯麟等呈称：

「原文照叙」

等情。据此。查此案前据来呈，当以该会组织

本府无案可稽，业经函请

贵处查照见覆在案。兹据前情，相应函请

查照迅即并见覆，以凭核办为荷。

此致

汉口市党务特派员办事处

# 中国国民党福建省厦门市党务特派员办事处致厦门市政府的公函（一九三七年十二月三十一日）

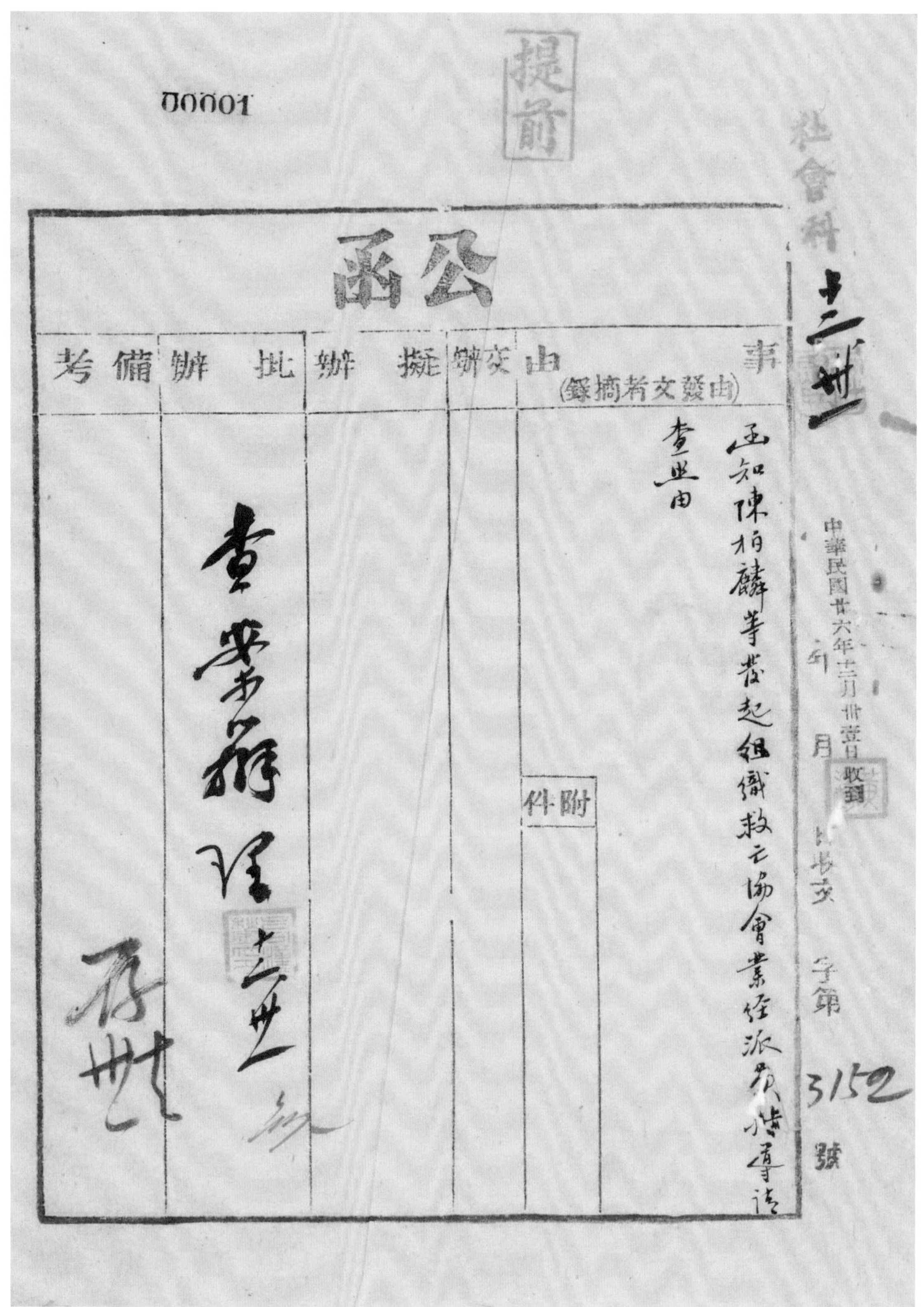

00001

提前

社會科 十二卅一

公函

| 事由（發文者摘錄） | 交辦 | 擬辦 | 批辦 | 備考 |
| --- | --- | --- | --- | --- |
| 函知陳柏麟等發起組織救亡協會業經派員指導請查照由 | | | 查案辦理 十二、卅一 | 存 卅一 |

附件

中華民國廿六年十二月卅壹日收到

字第3152號

中國國民黨福建省廈門市黨務特派員辦事處公函 民字第313號

案據本市文化界陳柏麟等三十二人呈称：

「竊同人等為團结文化界負起抗敵救亡之責任并喚起民衆共同争取民族解放起見集合本市文化工作者三十人以上发起組織廈门市文化界救亡協會現特依据人民團体組織方案第三節第一項之規定推举陳柏麟等為代表理合備具理由検同发起人履歷表三份呈請察核准予設立实為德便」

又据該发起人于本月廿七日呈請准予廿七年元旦召開成立大會，

00002

名等情，附呈發起人履歷表三份，據此，當經本處派員視察，尚無不合，並予批覆：「呈件均悉，准予組織，並派本處民訓科主任黄謙若爲指導員，至呈請准予廿七年元旦開成立大會一節，應暫展期，以符手續，仰即知照，爲要，此批。」等語在案，除呈報外，相應函請

查照，爲荷！此致

廈门市政府

兼特派員 陳聯芬

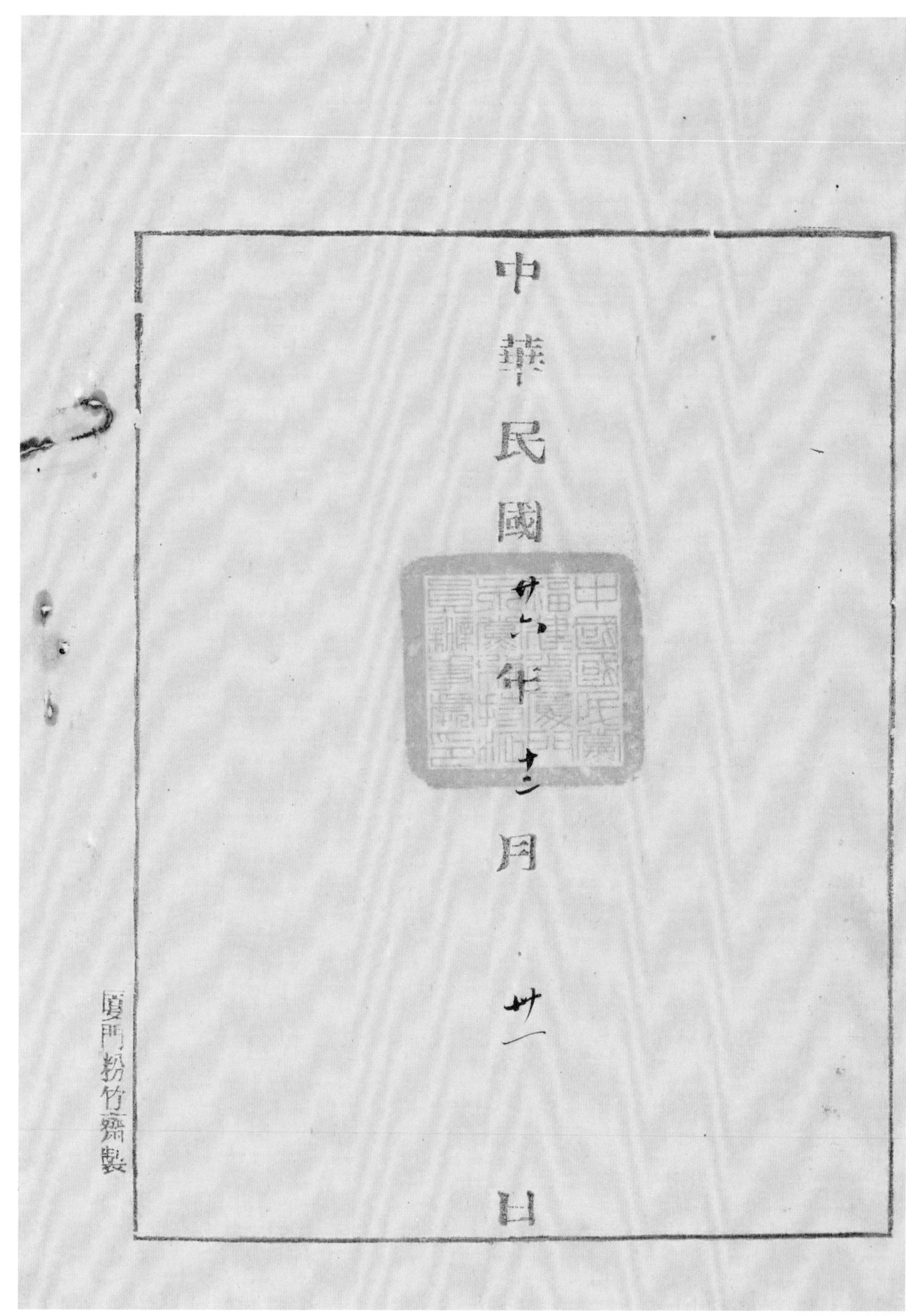

中華民國廿六年十二月廿一日

廈門粉竹齋製

# 厦门市文化界救亡协会筹备会致厦门市政府的呈（一九三七年十二月三十一日）

00020

社會科

| 事由 | 擬辦 | 批示 | 備考 |
| --- | --- | --- | --- |
| 為遵令展期改訂二十七年一月八日開成立大會屆期并懇派員指導由 | | 【印】 | |

呈字第　號

中華民國廿七年壹月叁日收到

收文　字第25號

本會原訂二十七年元旦舉行成立大會現奉

廈門市黨部批令開「呈件均悉准予組織并派本處民訓科主任黃謙若為指導員至呈請准予二十七年元旦開成立大會一節應暫展期」等因奉此當即召開籌備員會議決遵令展期并決定改訂二十七年一月八日下午二時假各界座談會舉行在錄理合具文呈請

察核并懇屆期派員指導實為公便

謹呈

廈門市市長高

具呈人廈門市文化界救亡協會籌備會常務委員 陳柏麟

黃綠萍

林遠峯

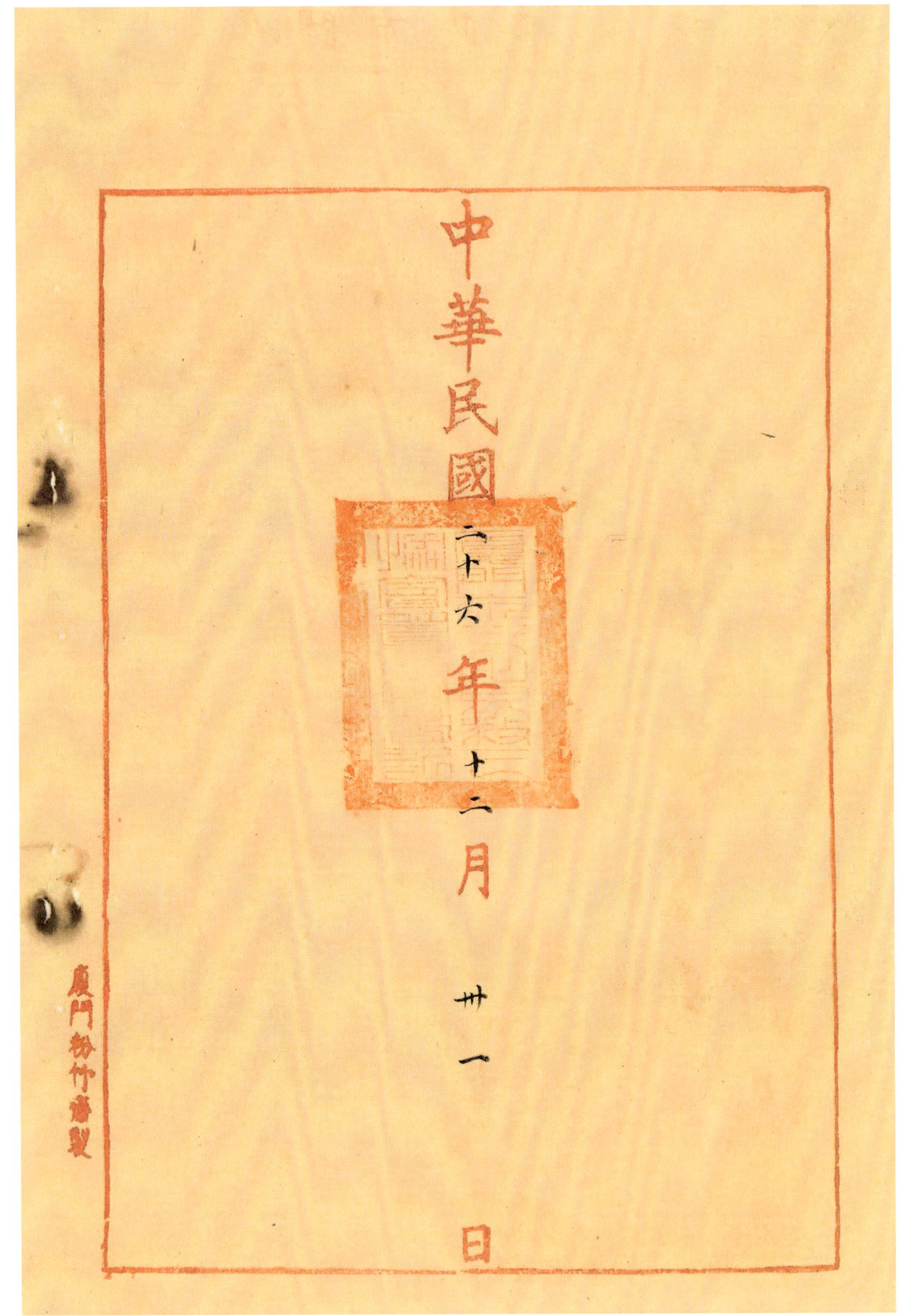
中華民國二十六年十二月卅一日

厦門紛竹齋製

# 厦门市文化界救亡协会筹备会致厦门市政府的呈（一九三八年一月六日）

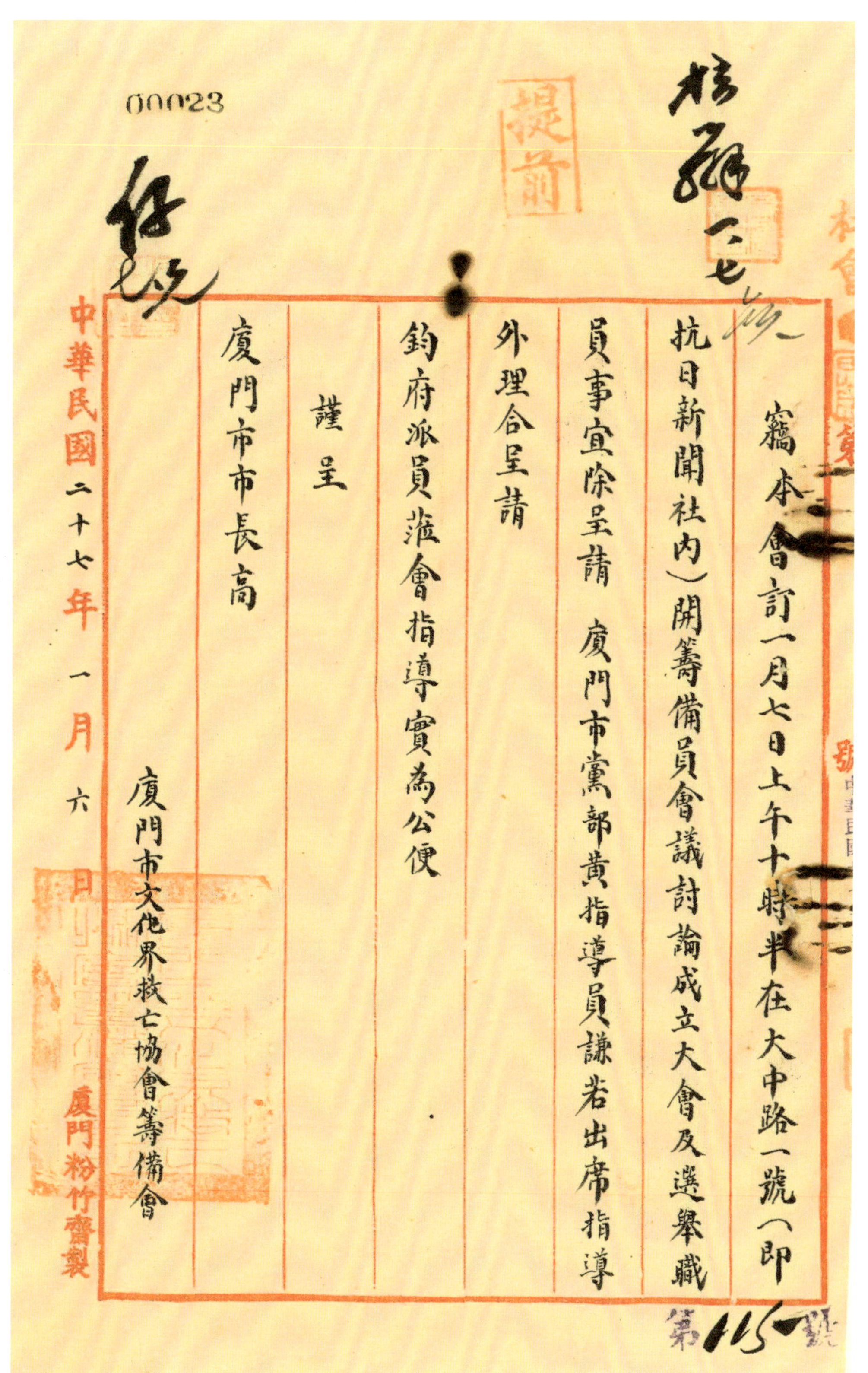

竊本會訂一月七日上午十時半在大中路一號（即抗日新聞社內）開籌備員會議討論成立大會及選舉職員事宜除呈請廈門市黨部黃指導員謙若出席指導外理合呈請鈞府派員蒞會指導實為公便

謹呈

廈門市市長高

廈門市文化界救亡協會籌備會

中華民國二十七年一月六日

廈門粉竹齋製

# 厦门市政府致厦门市文化界救亡协会筹备会的指令（一九三八年一月七日）

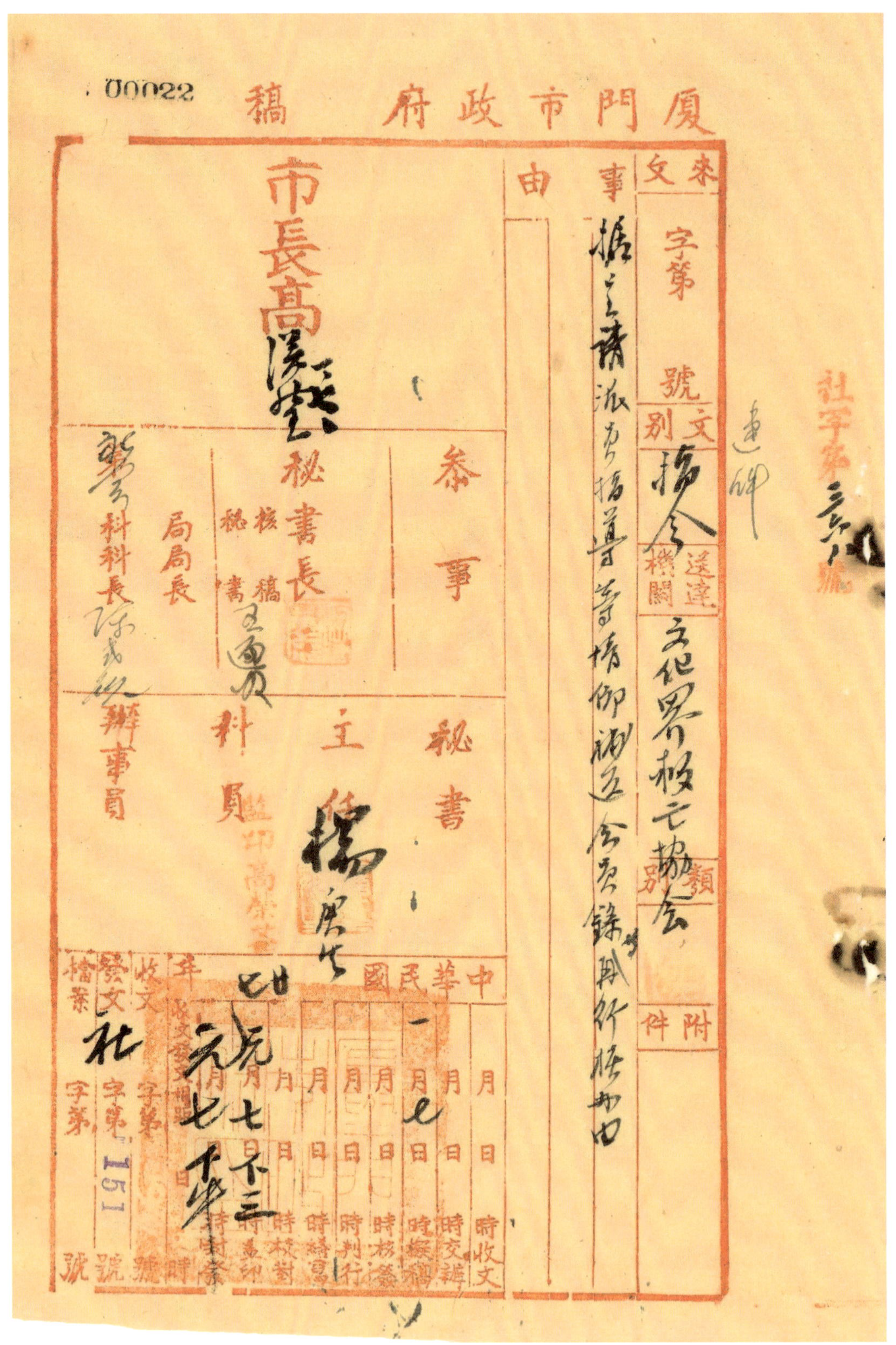
00022

厦門市政府稿

來文 字第 號

文別 指令

送達機關 文化界救亡協會

事由 據呈請派員指導等情仰補送會員錄等再行核辦由

市長 高

秘書長

參事

秘書

主任

科員

中華民國 廿七年一月七日

發文 社字第 151 號

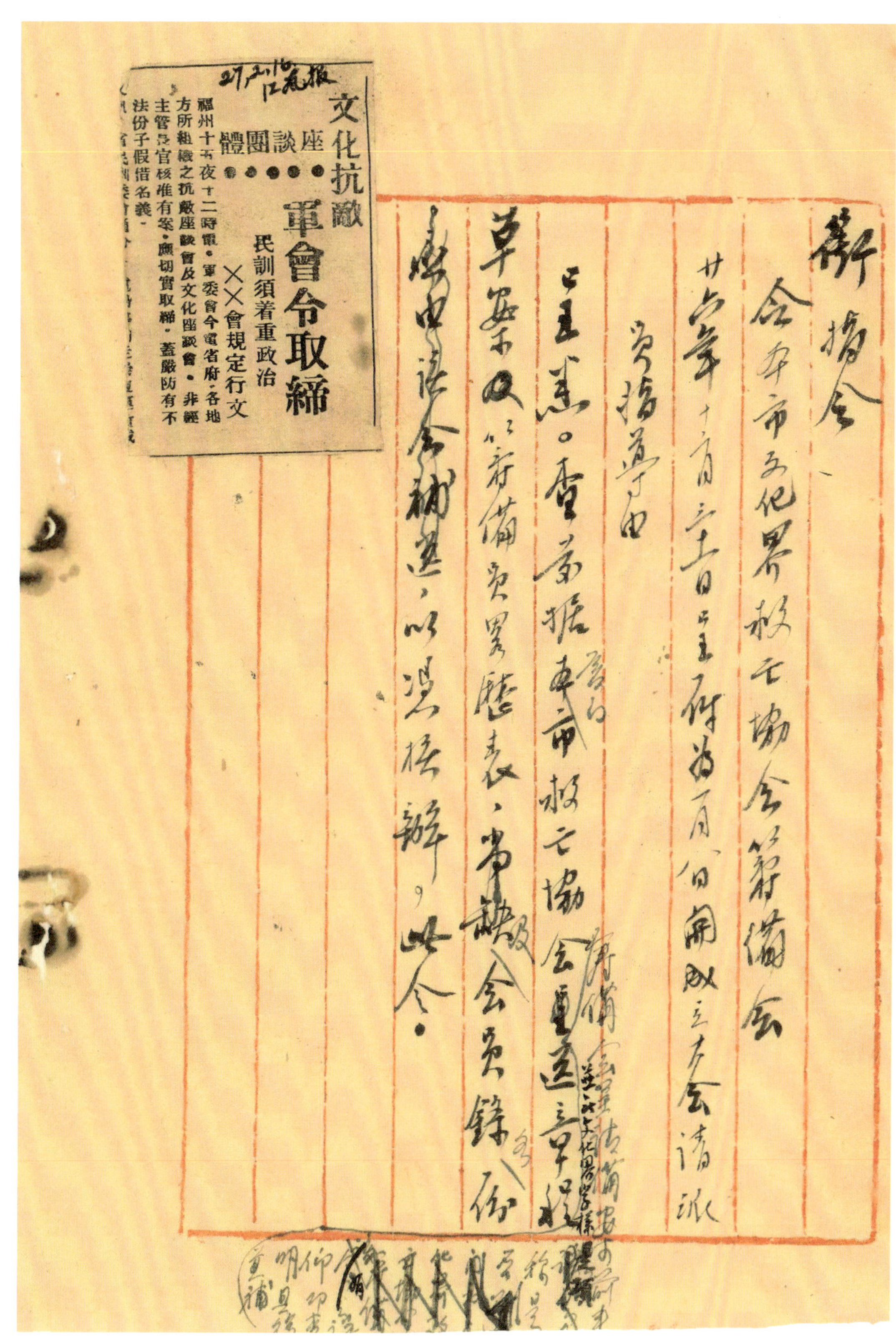

27.2.16 江民報

文化抗敵座談團體 軍會令取締

民訓須着重政治

××會規定行文

福州十五夜十二時電，軍委會令電省府、各地方所組織之抗敵座談會及文化座談會，非經主管長官核准有案，應切實取締，蓋嚴防有不法份子假借名義，

指令

令本市文化界救亡協會籌備會

廿六年十二月三十日呈一件為本月八日開成立大會請派員指導由

呈悉。查前據本市救亡協會籌備會呈送章程草案及籌備員履歷表、會員錄，仰候中央諭令補送，以憑核辦。此令。

# 厦门市文化界救亡协会筹备会致厦门市政府的呈（一九三八年一月十二日）

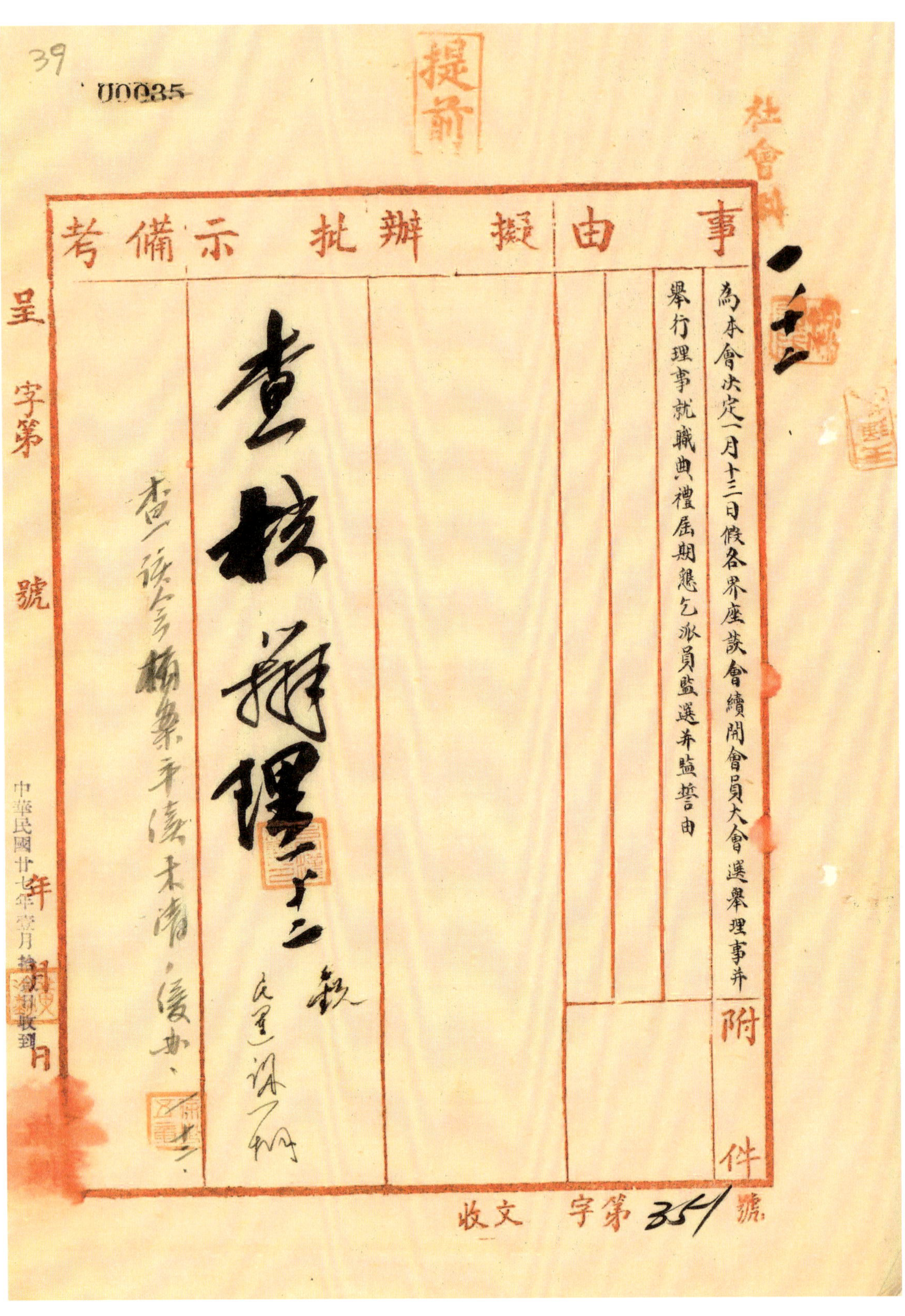

事由：為本會决定一月十三日假各界座談會續開會員大會選舉理事并舉行理事就職典禮届期懇乞派員監選并監誓由

擬辦：查核辦理 十二

批示：查該會舊案手續未清，緩办。

收文　字第351號

中華民國廿七年壹月拾叁日收到

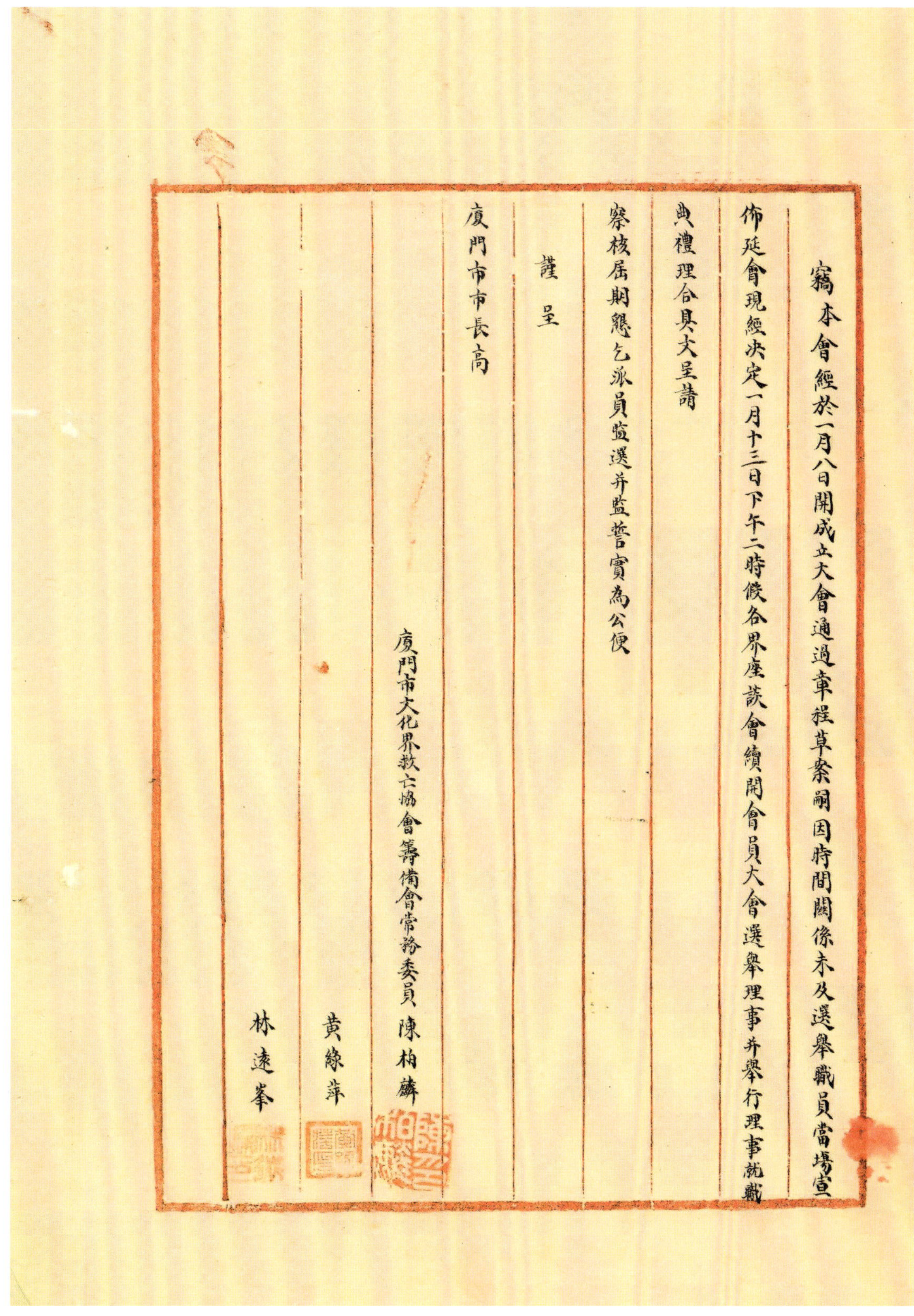

竊本會經於一月八日開成立大會通過章程草案嗣因時間關係未及選舉職員當場宣佈延會現經決定一月十三日下午二時假各界座談會續開會員大會選舉理事并舉行理事就職典禮理合具文呈請

察核屆期懇乞派員監選并監誓實為公便

謹　呈

廈門市市長高

廈門市文化界救亡協會籌備會常務委員　陳柏麟

黃綠萍

林遠峯

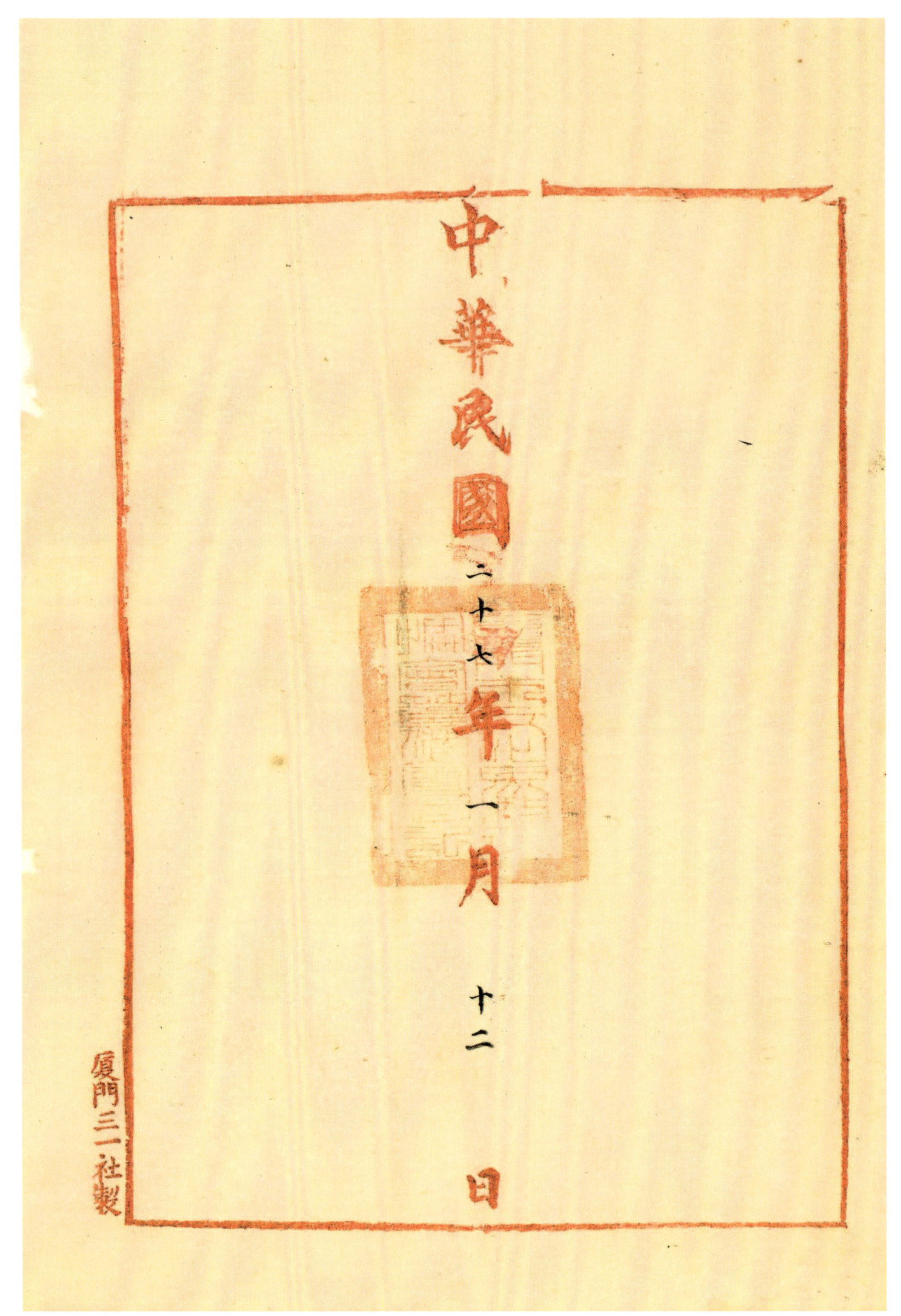

中華民國二十七年一月十二日

廈門三一社製

厦门市文化界救亡协会筹备会致厦门市政府的呈（一九三八年一月十四日）

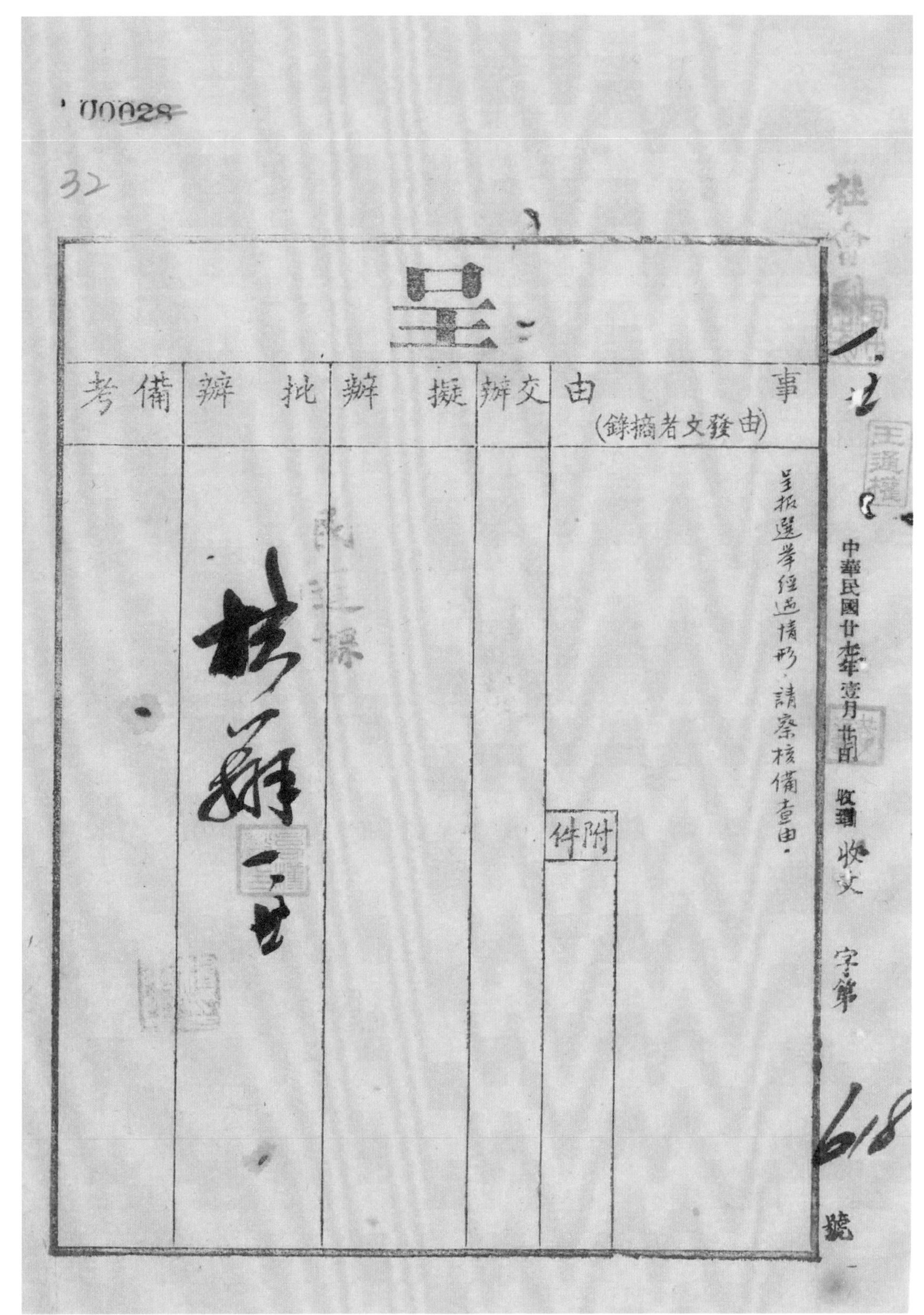

呈

| 事由（發文者摘錄） | 交辦 | 擬辦 | 批辦 | 備考 |
|---|---|---|---|---|
| 呈報選舉經過情形，請察核備查由。<br>附件 | | | 核辦 一廿 | |

中華民國廿七年壹月廿日收到

收文 字第618號

查本會業於本月十三日，假各界座談會，舉行選舉，蒙
鈞府派王郁先生出席指導監選，選舉結果，陳聯芬，陳柏麟，黃綠萍，林遠峯，鄭永祥，林鳴岡，王連元，胡資周，葉苕痕，洪學禮，羅式士，葉鴻恩，張廷標，顏春魁，陳義生，許展新，黃謙若，黃楚雲，林雲濤，李思賢，鄭書祥，王秋田，謝億仁，鄧貴直，黃其華，施青龍，郭亞友，陳亞瑩，許印滴，陳雪華，張聖才，洪凌，趙家欣，張兆漢，童晴嵐等當選為理事，除呈報外，理合備文，呈報
鈞府察核備查，為禱！

謹呈

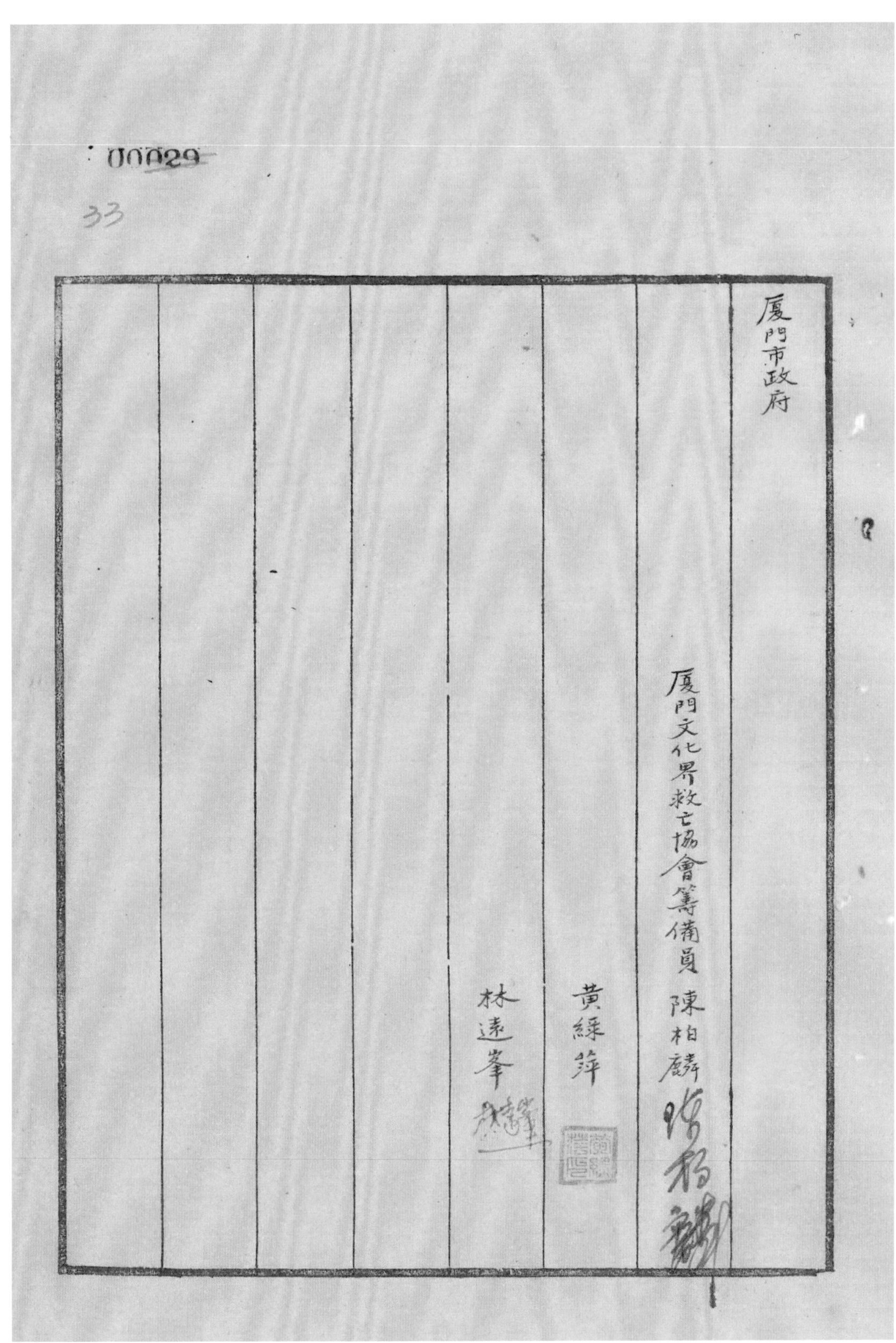
00029
33
廈門市政府
廈門文化界救亡協會籌備員 陳柏麟 陳柏麟
黄綠萍 [seal]
林遠峯 林遠峯

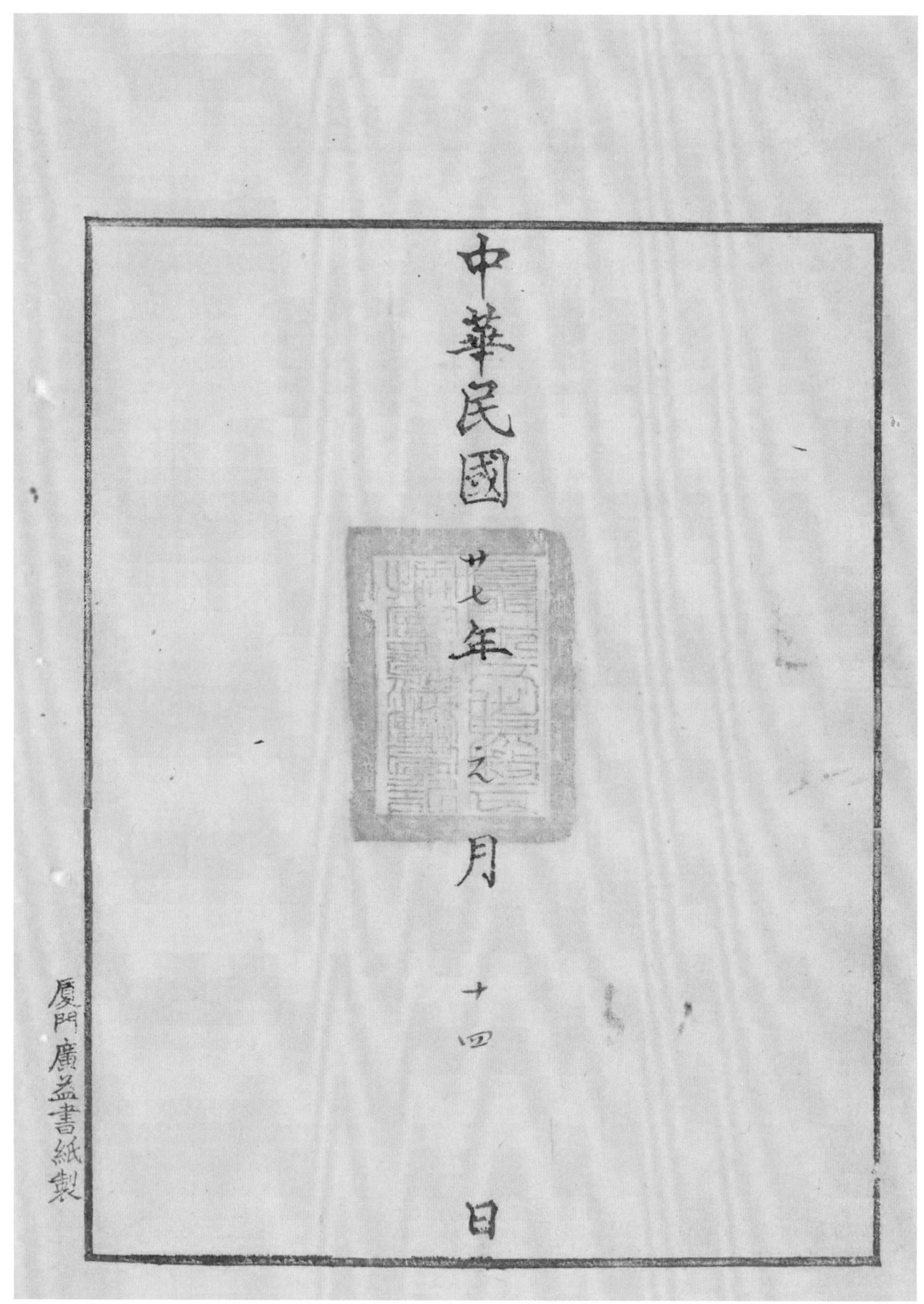

中華民國廿七年六月十四日

廈門廣益書紙製

## 福建省政府关于各县市长必须亲自参加抗敌后援会会议致厦门市政府的训令（一九三八年二月八日）

福建省政府訓令

令厦門市政府

自全面抗戰展開以來，本省各地，先後組織抗敵後援分會，用以推動民衆，引發潛力，以爭取最後勝利，其使命至爲重大。乃近查各縣市長，特種區長對於抗敵後援工作，能認真推動者，固屬多數，而不甚注意，遇有開會，常不出席者，亦復不少。須知地方長官，民具爾瞻，似此漫不加意，影響抗戰力量，實匪淺鮮，亟應通令糾正。此後凡遇抗敵後援分會開會時，該市長務必親自出席，其有萬不得已者，應於事先通知該會，並派高級職員代表出席，以昭慎重。除分令外，合行令仰該市長遵照辦理，毋忽爲要。此令。

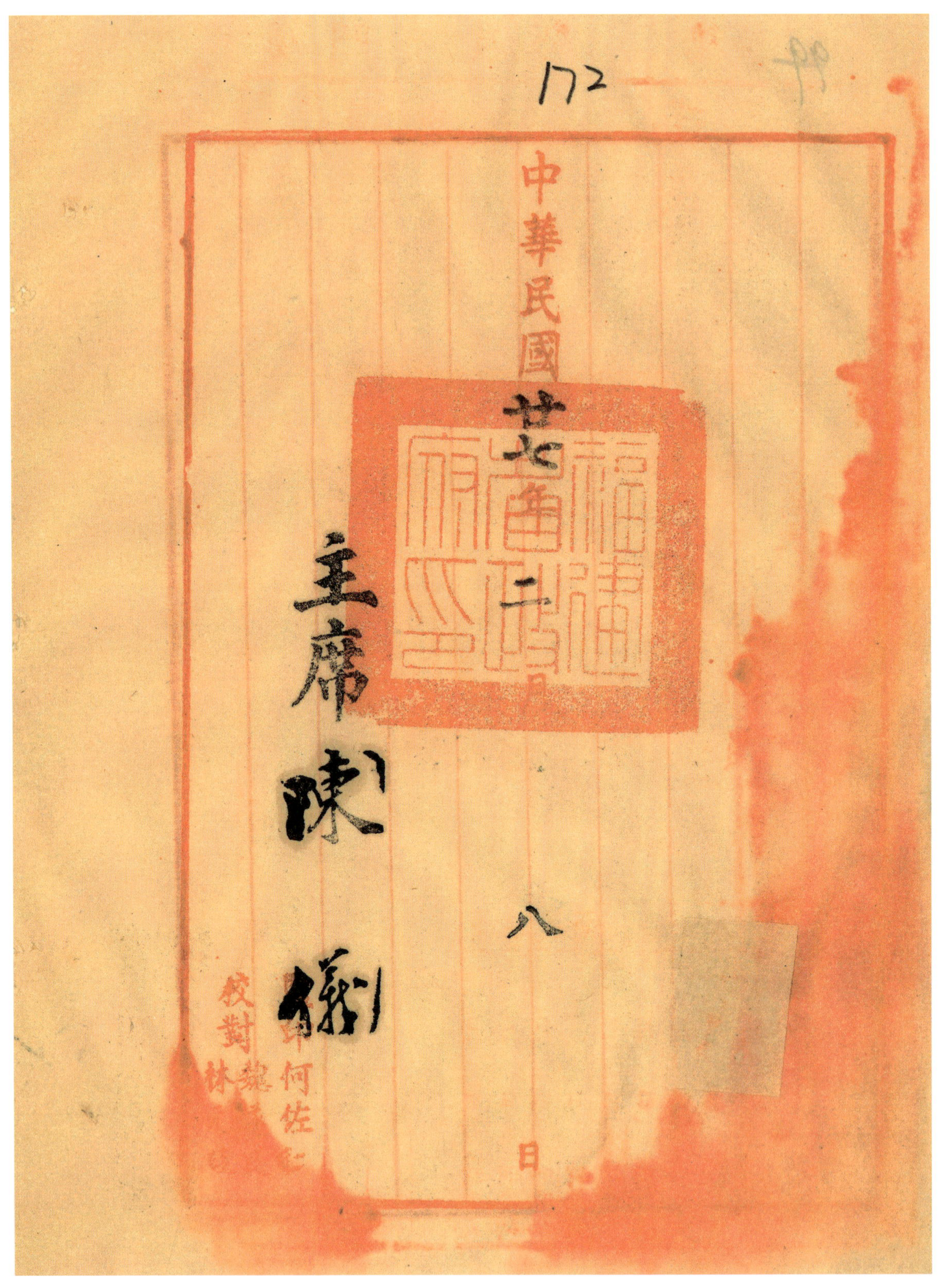

172

中華民國廿七年二月八日

主席陳儀

監印何佐

校對林

## 厦门市募集国难防务捐委员会关于报送本会证章备案事与厦门警备司令部的来往文书（一九三八年二月十日至十七日）

### 厦门市募集国难防务捐委员会致厦门警备司令部、厦门市政府等的呈、函（一九三八年二月十日）

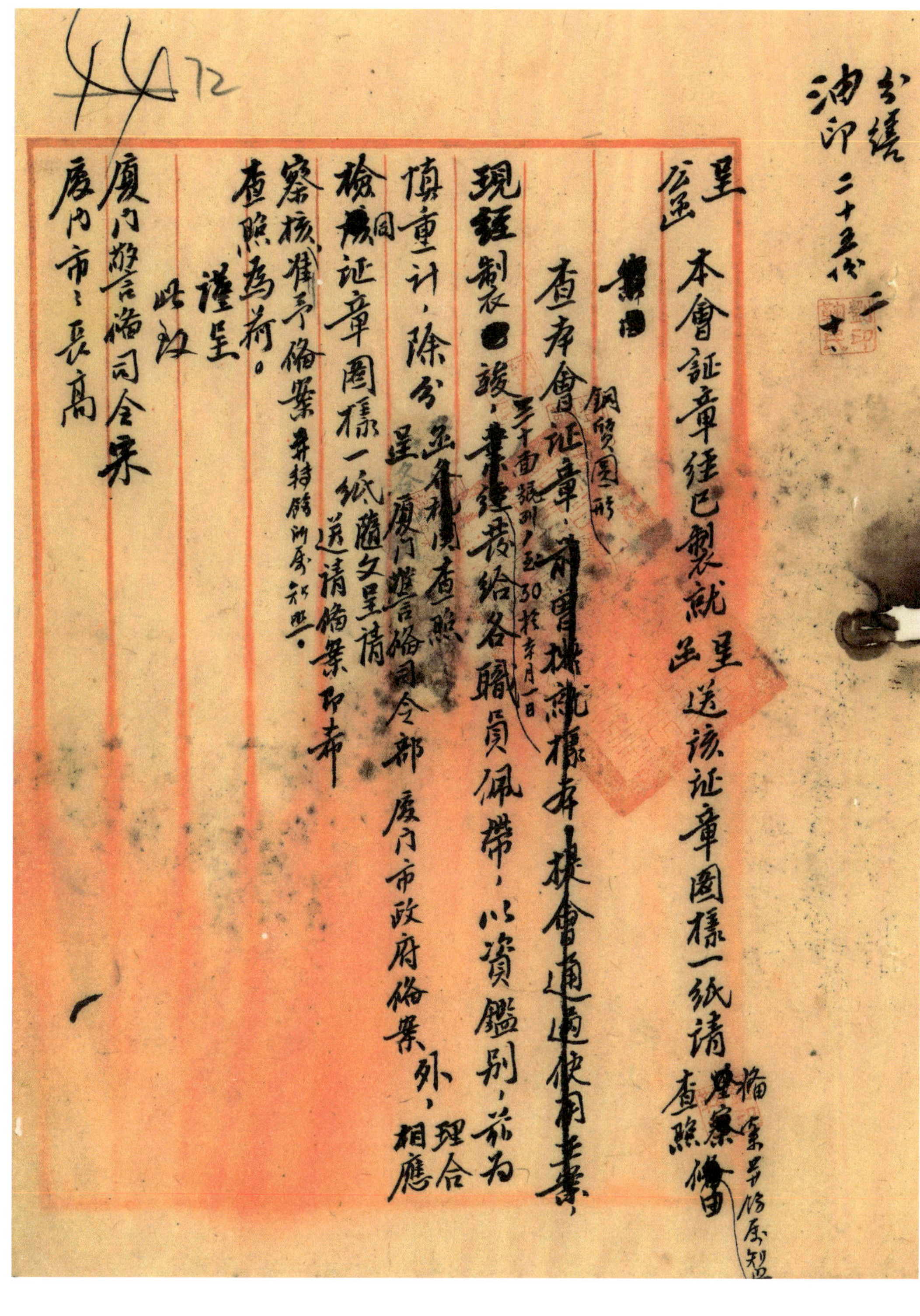

公繕 油印 二十五，二，十

呈
函 本會証章經已製就，並呈送該証章圖樣一紙，請 查照備案

查本會証章，前曾採擬樣本（鋼質圓形），擬會通適使用，業
現經製就[illegible]號，業經發給各職員佩帶，以資鑑別，前為
慎重計，除分並呈 厦門警備司令部 厦門市政府備案外，理合 相應
檢同証章圖樣一紙，隨文呈請 送請備案
察核，准予備案。
查照為荷。
謹呈
此致
厦門警備司令 全
厦門市市長 高

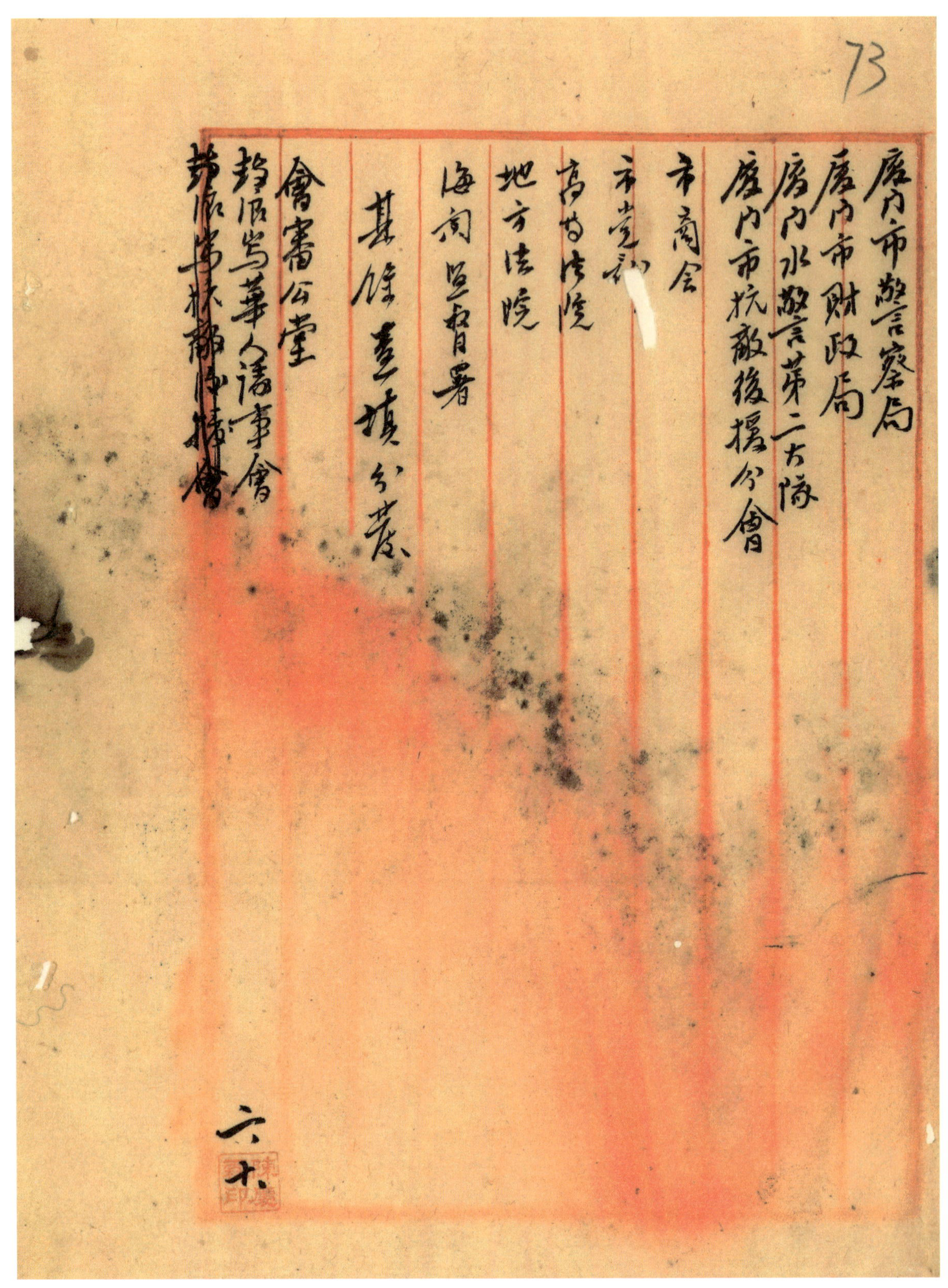

73

厦门市警察局
厦门市财政局
厦门水警第二大队
厦门市抗敌后援分会
市商会
市党部
高等法院
地方法院
海关监督署
其馀並填分发
会审公堂
鼓浪屿华人议事会
鼓浪屿各界抗敌后援会

六、十、

廈門市集國難防務捐委員會
證章
1
依原式放大二倍

# 厦门警备司令部致厦门市募集国难防务捐委员会的指令（一九三八年二月十七日）

78

厦門警備司令部指令 副字第161號

令厦門市募集國難防務捐委員會

呈乙件：本會証章經已製就呈送該証章圖樣一紙請備案并飭屬知照由。

呈附均悉，准予備案，併通飭駐厦各部隊一体知照。此令。附件存。

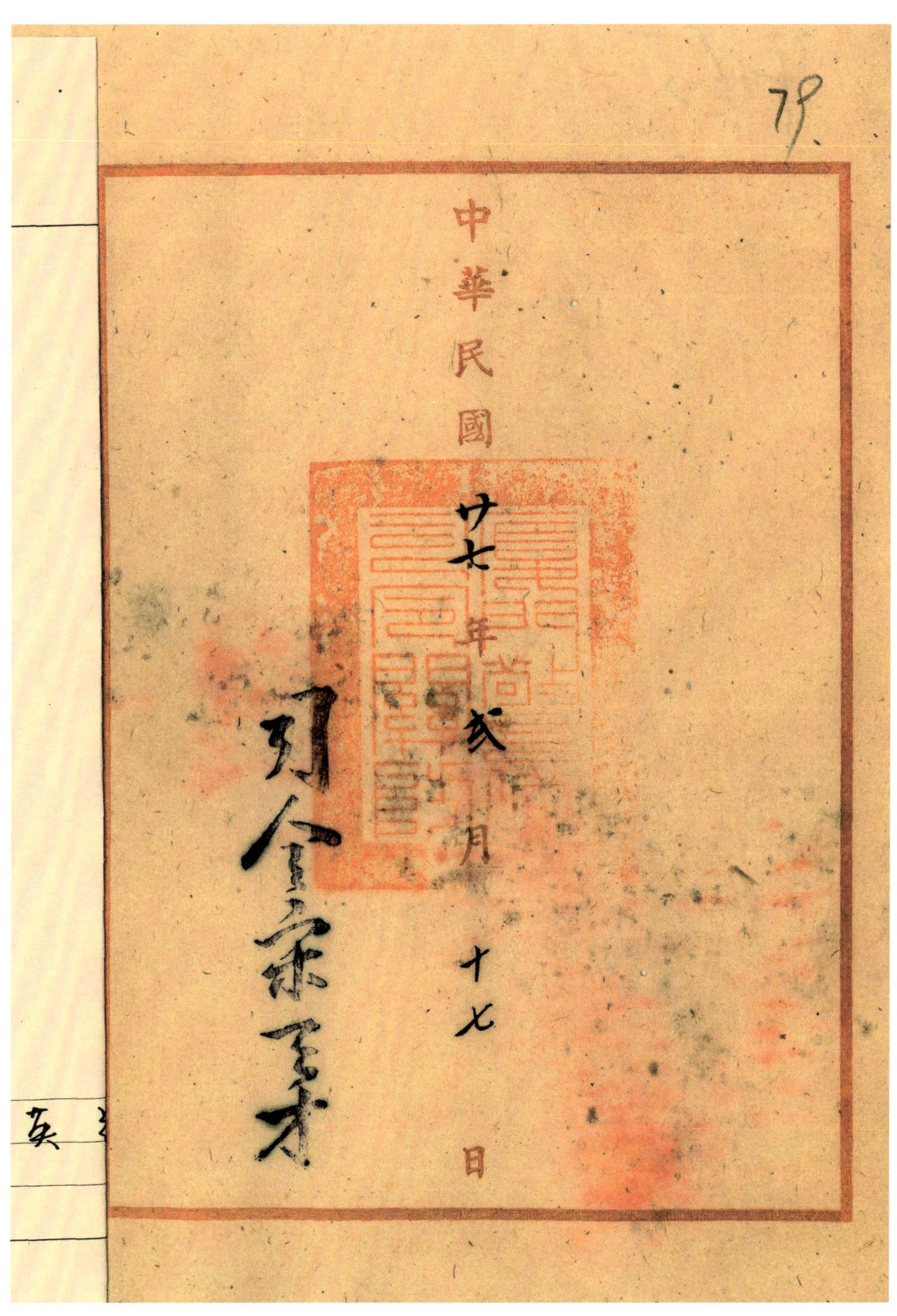

79

中華民國廿七年貳月十七日

司令[illegible]

# 福建省厦门市新生活运动促进会关于寄送一日一分运动会员证致厦门市政府的函（一九三八年三月五日）

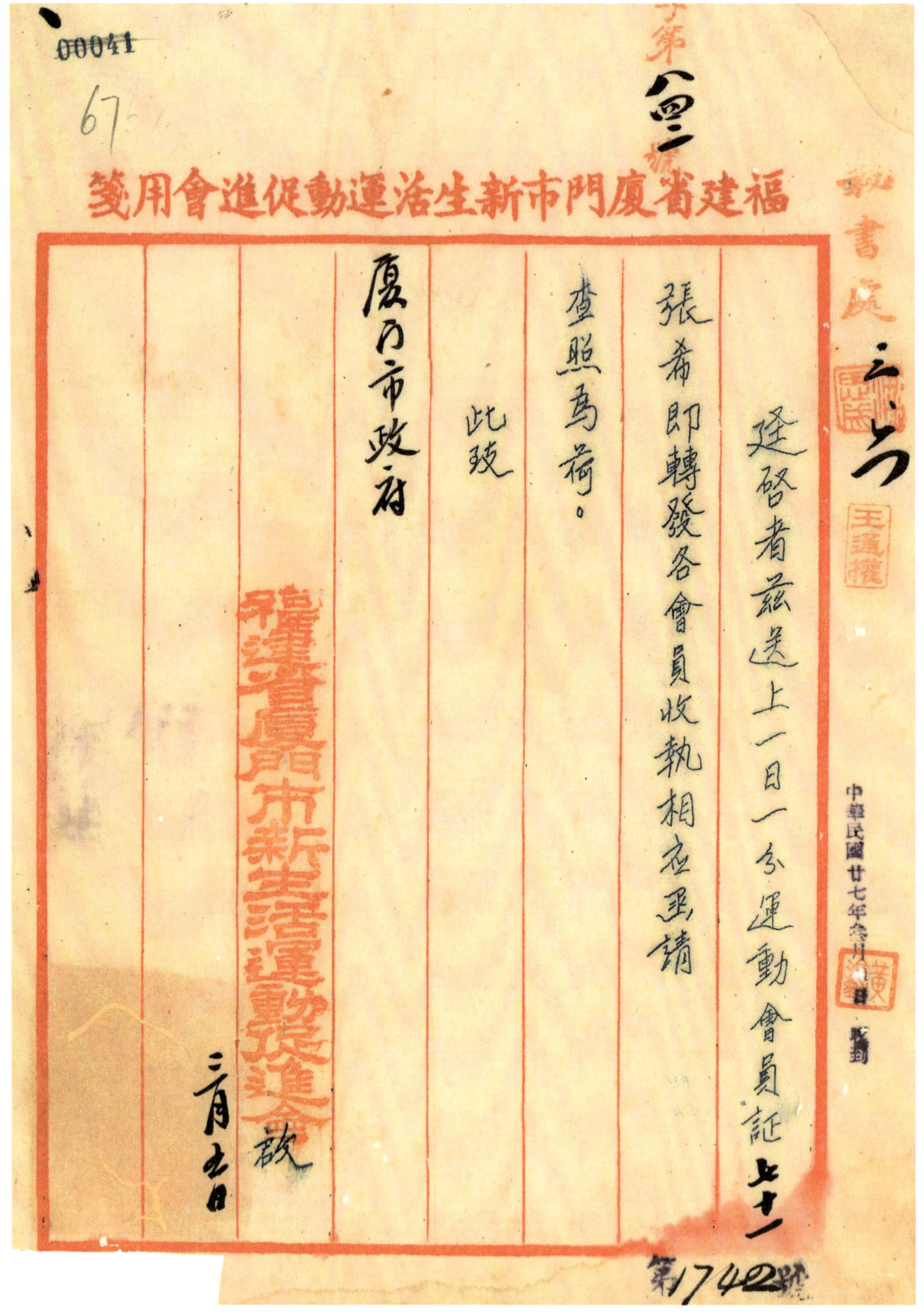
福建省厦門市新生活運動促進會用箋

逕啓者茲送上一日一分運動會員證七十一張希即轉發各會員收執相應函請查照爲荷。

此致

厦門市政府

福建省厦門市新生活運動促進會啓

三月五日

第1742號

中華民國廿七年叁月 日收到

兹送上一旦一分区运动会员证（十三 二一 [illegible]）八张希即查收分发各科为荷（?）

社会科　19张

教育科　8张

建设科　16张

财政局　1张

社训队　2张

雷经（?）

備案（?）　六八

# 厦门市新生活运动促进会关于参加各种集会应遵守时间致各团体、机关、学校的公函（一九三八年四月九日）

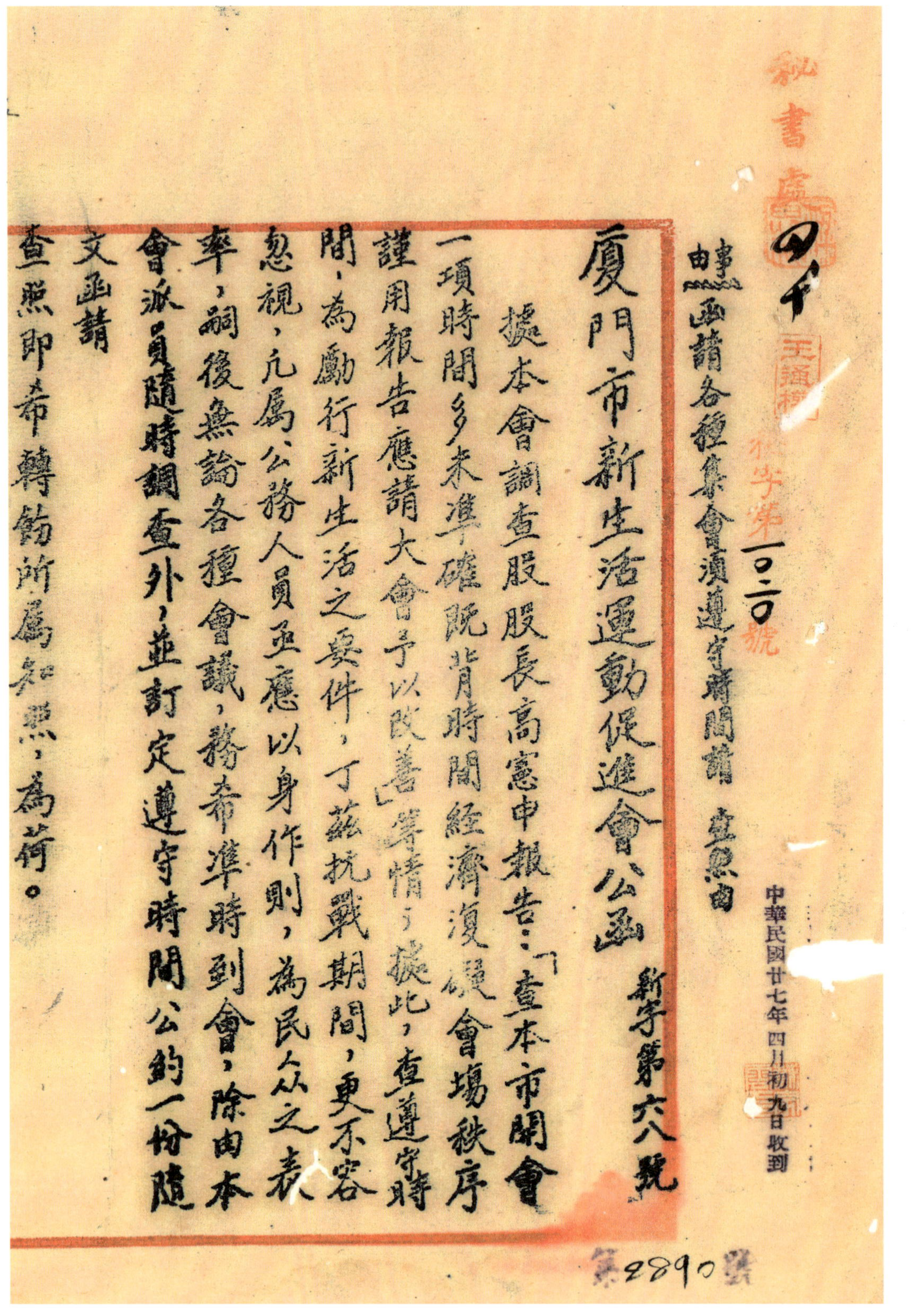

秘書處 收字第一一三〇號

事由：函請各種集會須遵守時間請　查照由

厦門市新生活運動促進會公函　新字第六八號

據本會調查股股長高憲申報告：「查本市開會一項，時間多未準確，既背時間經濟，復礙會場秩序，謹用報告，應請大會予以改善」等情；據此，查遵守時間，為勵行新生活之要件，丁茲抗戰期間，更不容忽視，凡屬公務人員亟應以身作則，為民众之表率，嗣後無論各種會議，務希準時到會，除由本會派員隨時調查外，並訂定遵守時間公約一份，隨文函請

查照，即希轉飭所屬知照，為荷。

中華民國廿七年四月初九日收到

第2890號

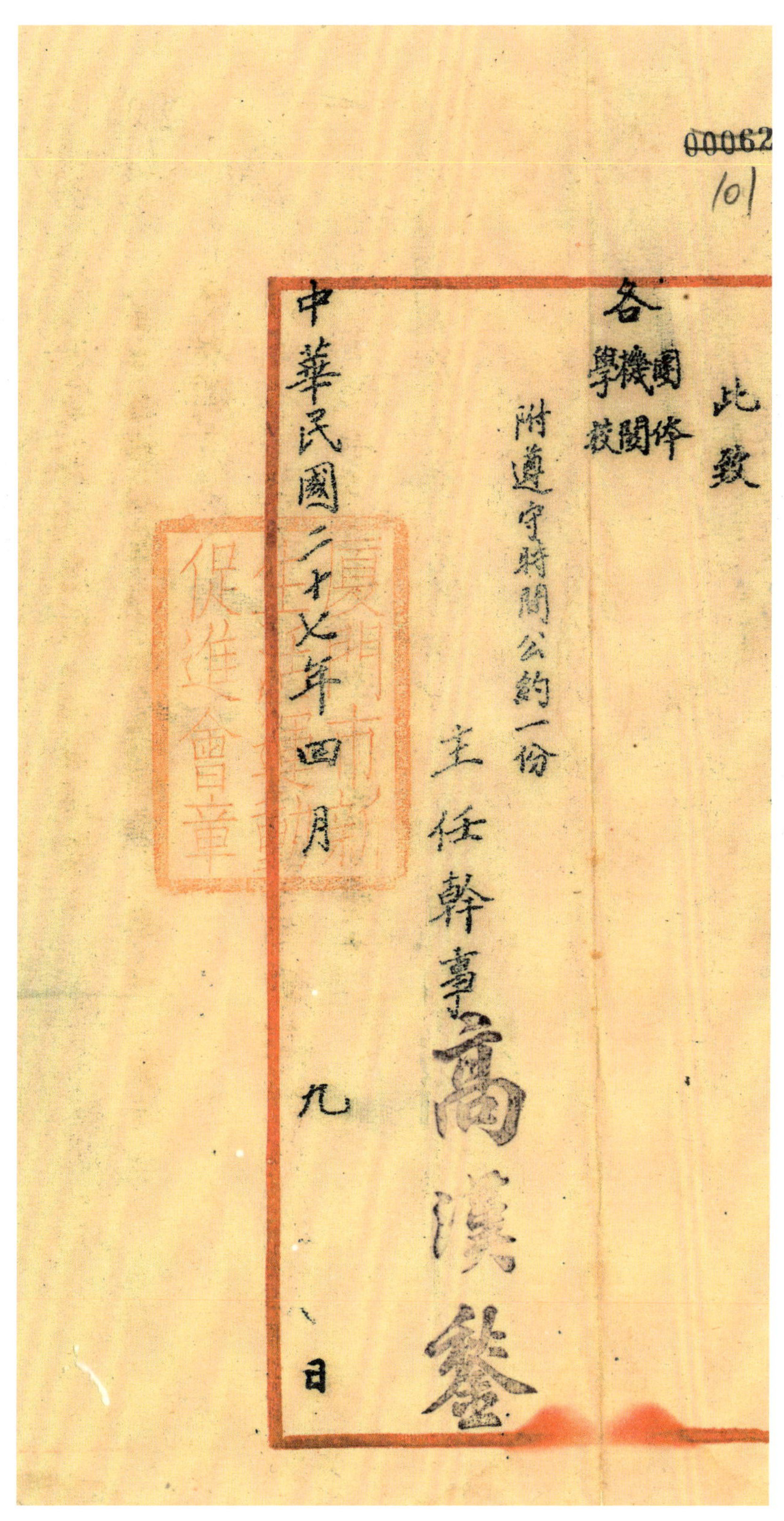
00062
101

此致

各
機關
團体
學校

附遵守時間公約一份

主任幹事高漢签

中華民國二十七年四月　九　日

## 附：遵守时间公约



### 遵守時間公約

一、約會（公共集會及私人約會均屬之）須絕對遵守時間，不遲到，不早退，不失約。

二、約會因故不能到會者，須先通知。

三、公共集會，須準時開會，宣佈開會後，應將簽到簿收起，另設遲到簿，俾遲到者簽名。

四、開會因故遲到者，到會時須向主席報告遲到理由，因故早退者，須徵求主席同意後，始能退席。

五、各主管人員，首應以身作則，為屬下之表率，並隨時告誡所屬遵守時間。

六、開會遲到者，應由該會通知本會，或由本會調查所得，將遲到機關或姓名登報週知，以資警惕。

厦门市新生活运动促进会关于注销旧印刊刻新印致一日一分运动委员会厦门市政府分会的公函

（一九三八年四月二十一日）

事由：函請將旦一分會舊印截角註銷將新印拓模二份送會請　查照由

新字第七三號

厦門市新生活運動促進會公函

案奉

福建省新生活運動促進會新字第九九號通告開：「案准長樂縣縣長李為公報稱：『累以各聯保一日一分會圖記，均係自行刊刻，難免無弊竇發生，擬請規定圖記式樣，通令各縣政府遵照刊刻若干顆各聯保一日一分會應用，以昭劃一，而資信守』等由；准此，當經擬製圖式，提請第三十六次幹事會議決通過，并函請省府轉飭所屬各市縣政府及特種區署依照刊發各聯保一日一分會應用，至機關社團學校之一日一分會，可

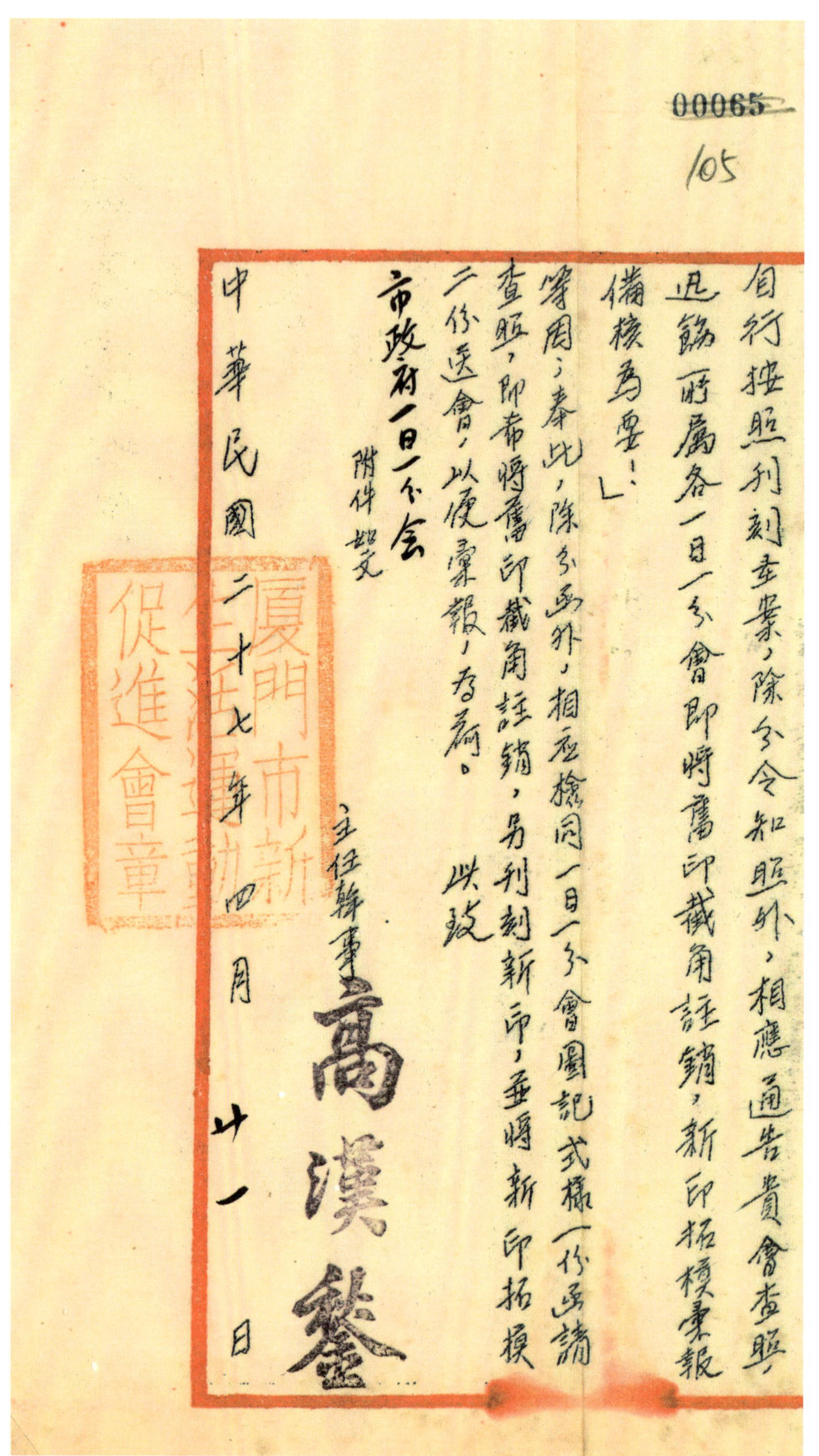


自行按照刊刻壹案，除分令知照外，相應通告貴會查照迅飭所屬各一日一分會即將舊印截角註銷，新印拓模彙報備核為要！」

等因；奉此，除分函外，相應檢同一日一分會圖記式樣一份，函請查照，即希將舊印截角註銷，另刊刻新印，並將新印拓模二份送會，以便彙報，為荷。此致

市政府一日一分會

附件如文

主任幹事 高漢鏊



中華民國二十七年四月廿一日

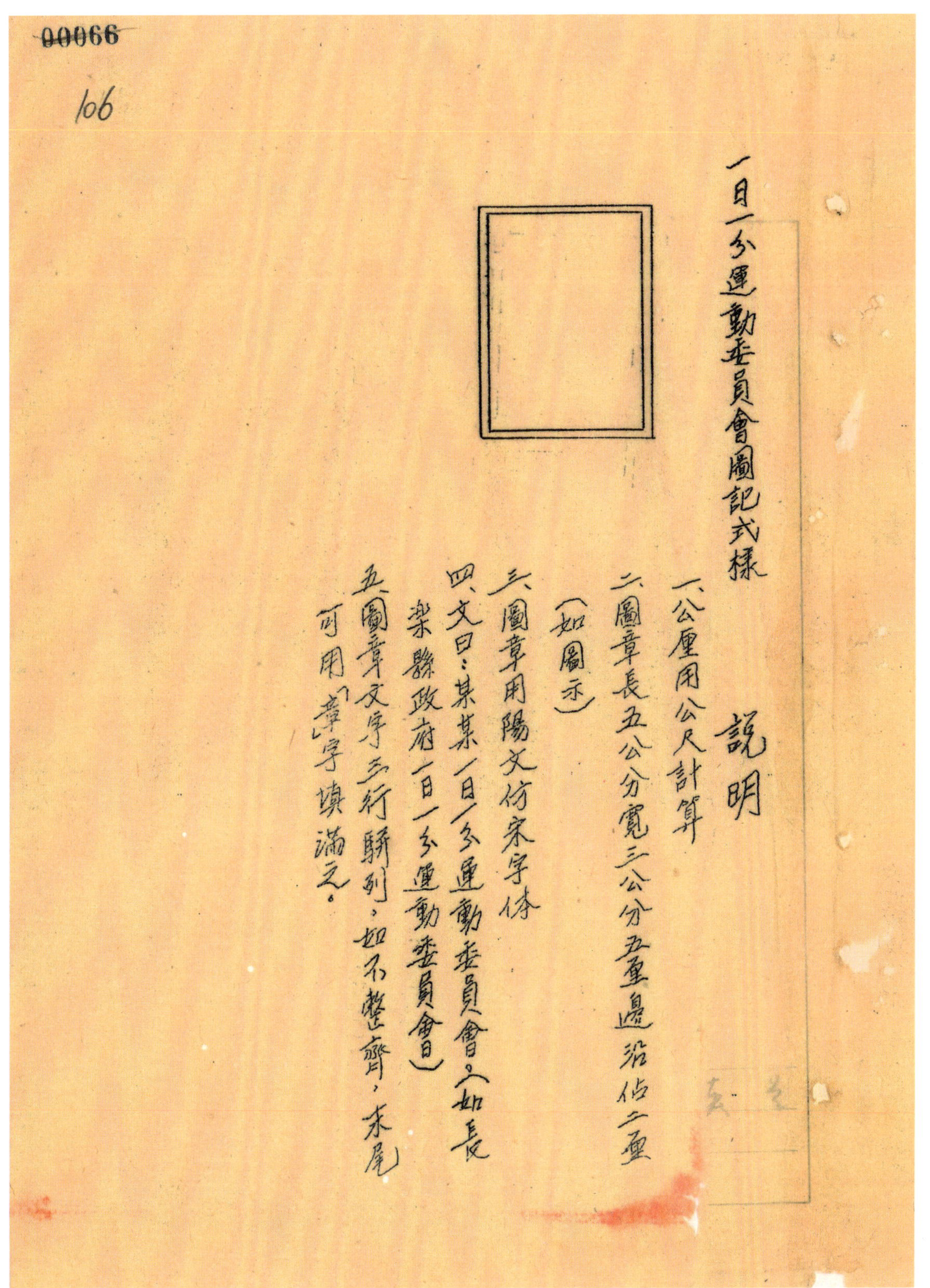

00066

106

一日一分運動委員會圖記式樣

說明

一、公厘用公尺計算

二、圖章長五公分寬三公分五厘邊沿佔二厘（如圖示）

三、圖章用陽文仿宋字体

四、文曰：某某一日一分運動委員會。（如長樂縣政府一日一分運動委員會）

五、圖章文字三行駢列，如不整齊，末尾可用「章」字填滿之。

## 福建省政府关于义壮队、大刀队办公经费支出致厦门市政府的电（一九三八年四月二十九日）

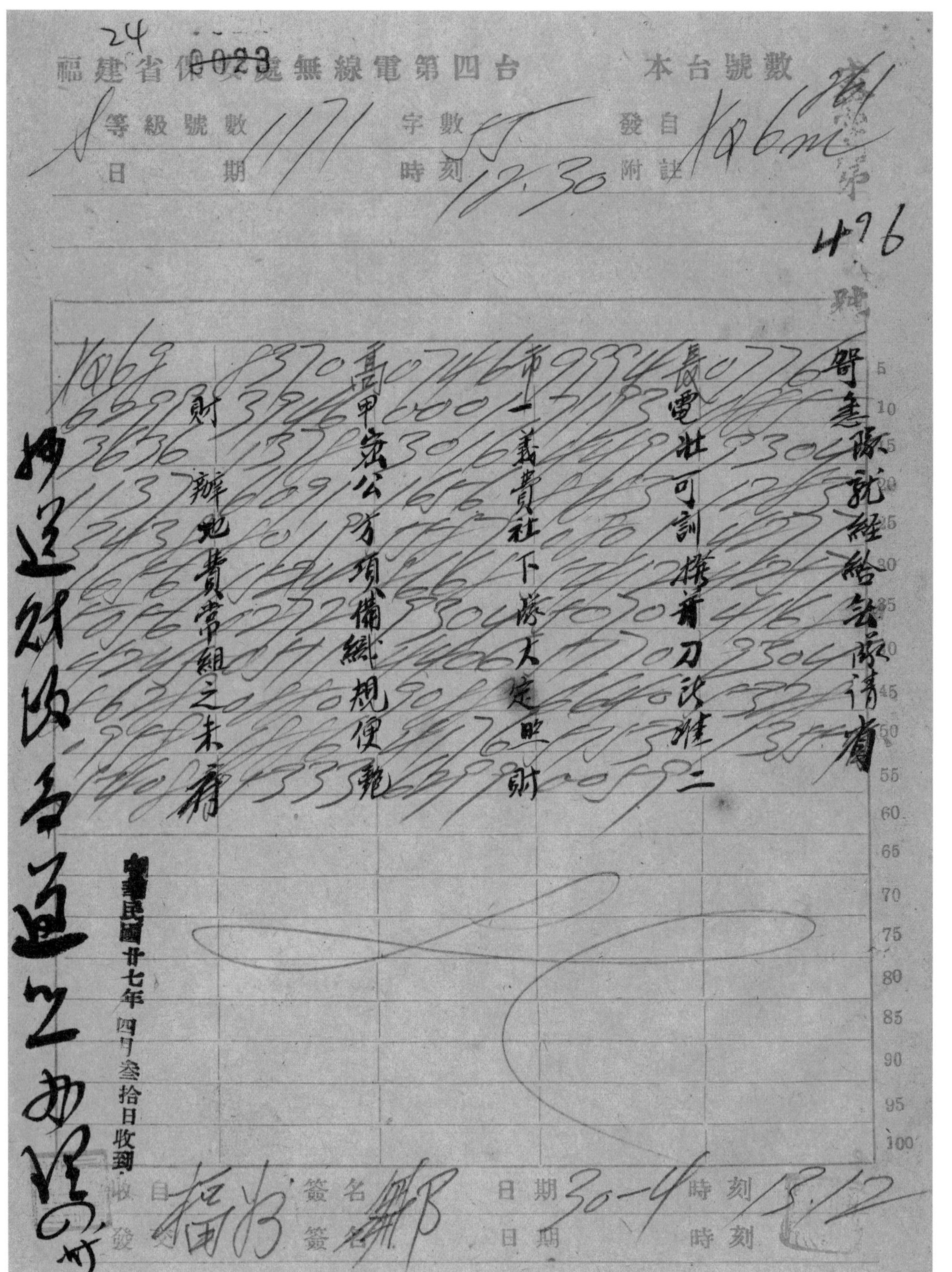

福建省保安處無線電第四台　本台號數

等級號數 1171　字數 55　發自

日期　時刻 12:30　附註

厦急隊就經給会隊請省

長電壯可訓撥菁刀隊准二

市一義費社下隊大定照財

高甲宗公方項備總規便飭

財辦地費常組之未府

中華民國廿七年四月叁拾日收到

收自 福州　簽名　日期 30-4　時刻 13.12

發交　簽名　日期　時刻

厦门市政府关于启用厦门市国民抗敌自卫团关防致福建省政府的呈（一九三八年七月七日）

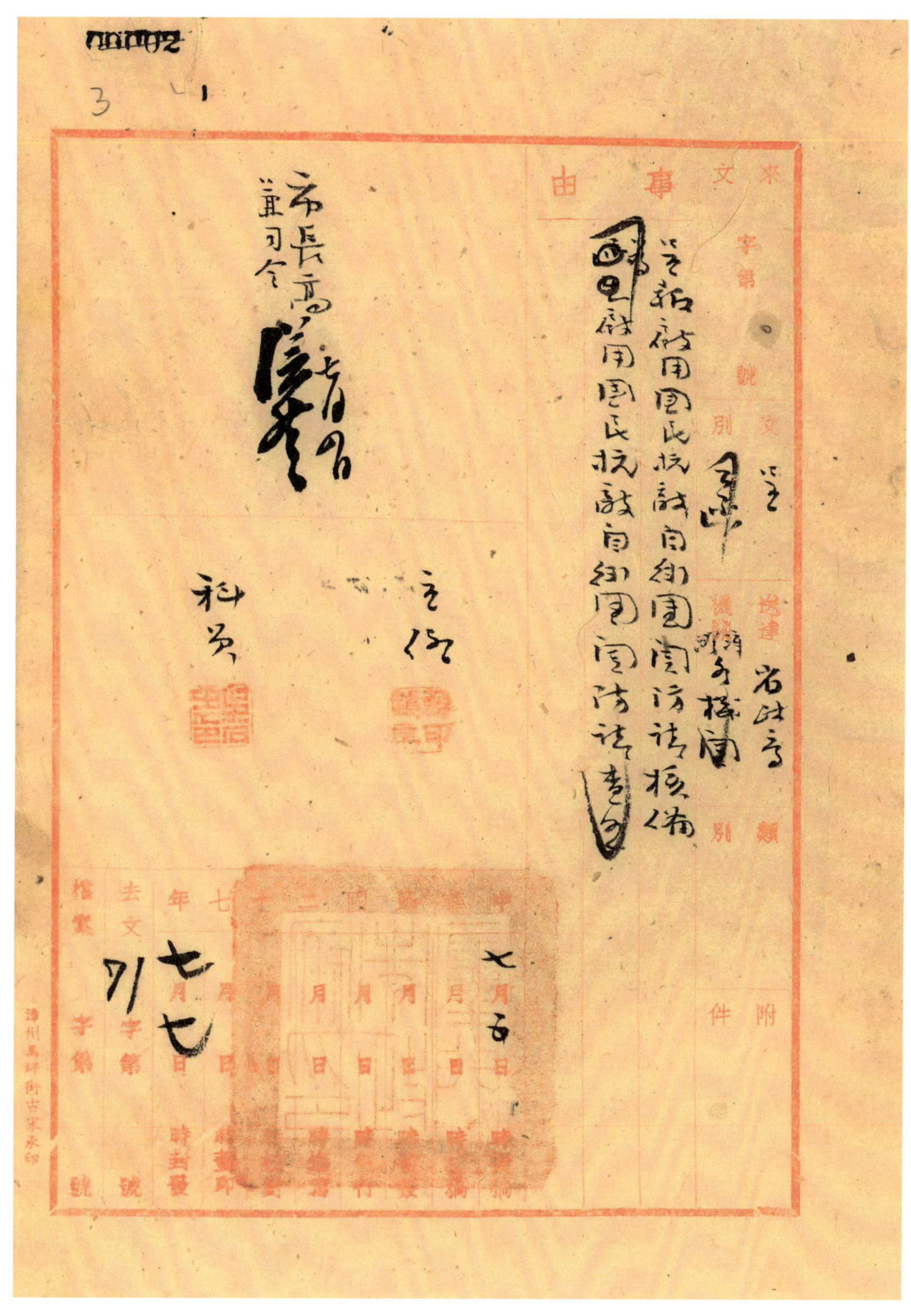

來文 字第 號

文別 呈

送達 省政府

事由

呈報啓用國民抗敵自衛團關防請核備

爲呈報啓用國民抗敵自衛團關防請鑒核

市長高〇〇
兼司令

附件

中華民國二十七年七月五日

案奉

钧府保总民字第九五六三号训令开：

"查本级国民抗敌自卫团前经通令限期组织，所需之关防钤记，除各区队以下暂由该部依式自行刊用外，兹制就关防一颗，随令颁发，仰将启用日期连同印模报查。"

等因，附发关防一颗（文曰福建省厦门市国民抗敌自卫团司令关防），奉此，遵经于本月五日启用关防，理合连同印模一纸呈报

鉴核备案。谨呈

福建省政府主席陈

## 福建省政府关于战区内国民抗敌自卫团改为国民自卫总队致厦门市政府办事处的训令（一九三八年十月十九日）

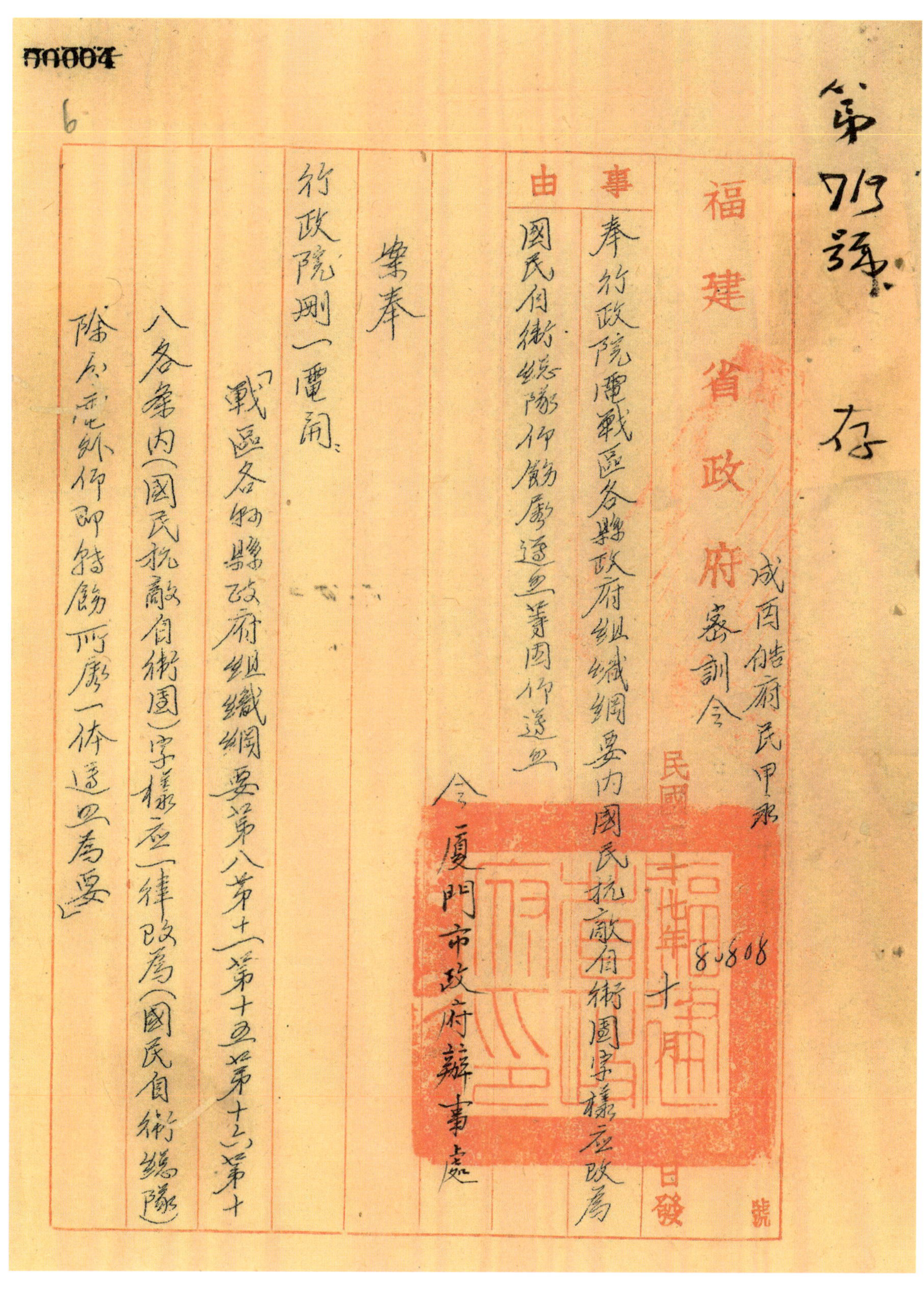

第713号 存

福建省政府训令 戌酉皓府民甲字 第 号

民国廿七年十月 日发

事由：奉行政院电战区各县政府组织纲要内国民抗敌自卫团字样应改为国民自卫总队仰饬属遵照并转饬遵照

令厦门市政府办事处

案奉

行政院删一电开：

「战区各县政府组织纲要第八第十一第十五第十六第十八各条内（国民抗敌自卫团）字样应一律改为（国民自卫总队）」

除分电外仰即转饬所属一体遵照为要。

AA005
8

等因；奉此，除分令各区专员公署、各县政府、各特种区署外，合行令仰该处遵照。此令。

主席 陈仪

厦门市政府办事处、厦门市动员委员会关于派员参加海澄县动员委员会与福建省动员委员会的来往文书（一九三九年八月至一九四〇年二月）

厦门市政府办事处致福建省动员委员会的呈（一九三九年八月二十三日）

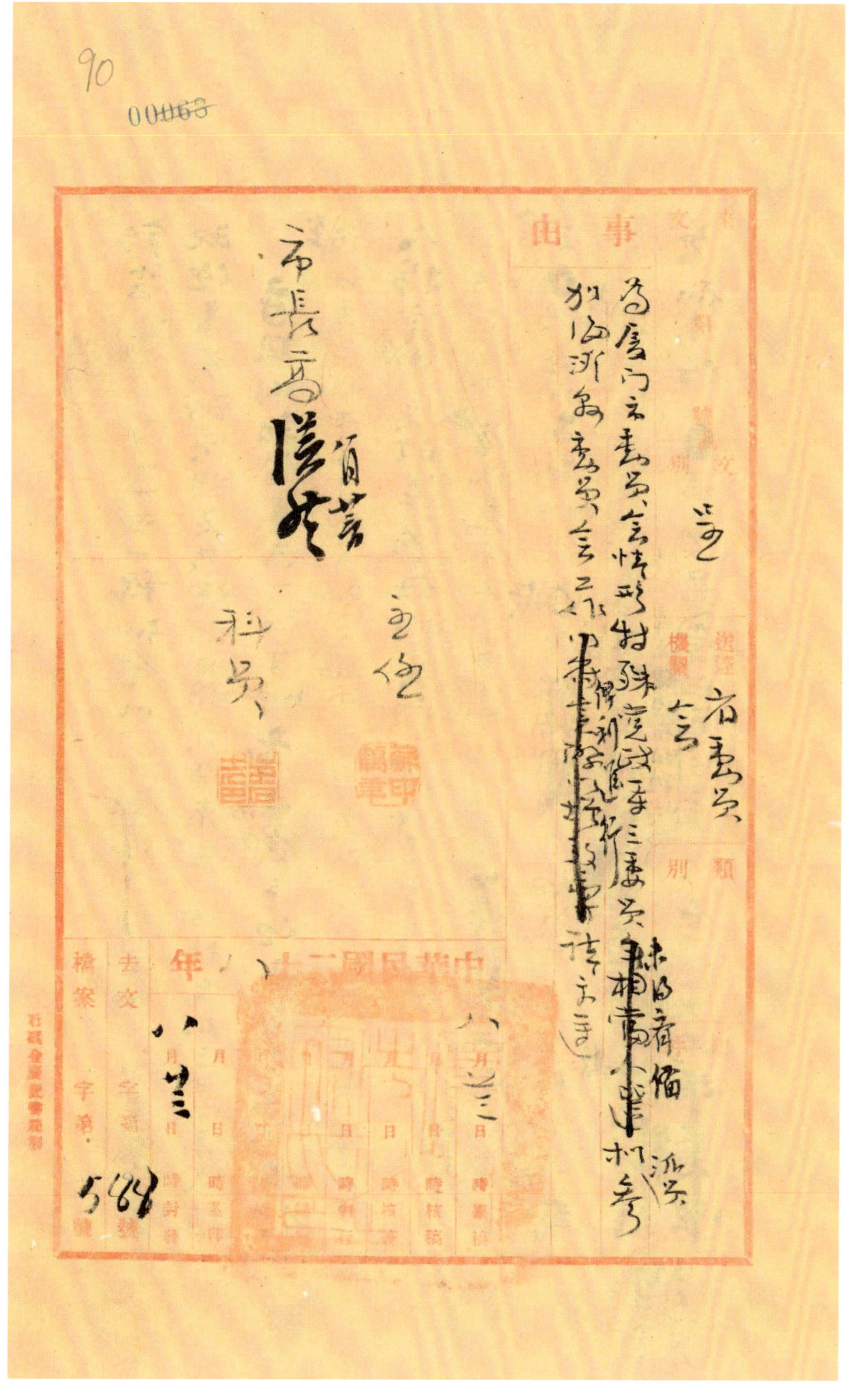

案奉

钧会建字第二一四一号训令以前检发新市县委员会委员会
现任委员职员姓名及任职日期报告表式一份，饬于本年三月内依式填
送等因。附报告表式一份。奉此。查厦市委员会主任委员由市长兼任，
至设计委员秘书各项委员职位均由本会委员职员兼充，尚有委员三
人，经中央党政军兼任，惟厦门沦陷后奉
令设在海澄，[illegible]附设办事处[illegible]而厦门市党部
不设在同安县，相距遥远，又海澄漳浦等处外别无[illegible]
市之行政机关[illegible]已迁海澄县[illegible]委员会委
员似未便一再兼任，是党政军三委员在事实上[illegible]

00069

92

兹为谨实第三区起见，拟商由海兴县党部□□本委员

员参加（海澄县动员会）协助办理□□□□□□□□□

会商□□□□□□□□□□□□□□□□□□□□

得以利进行，是否有当，理合备文呈请（抄送县市动员会委员职员姓名任期报告表一份）

鉴核示遵。谨呈

福建省动员委员会主任委员陈

衔名

计送各市县动员会（委员）现任委员职员姓名及任职日期报告表一份

# 福建省动员委员会致厦门市政府办事处的指令（一九三九年十月二十七日）

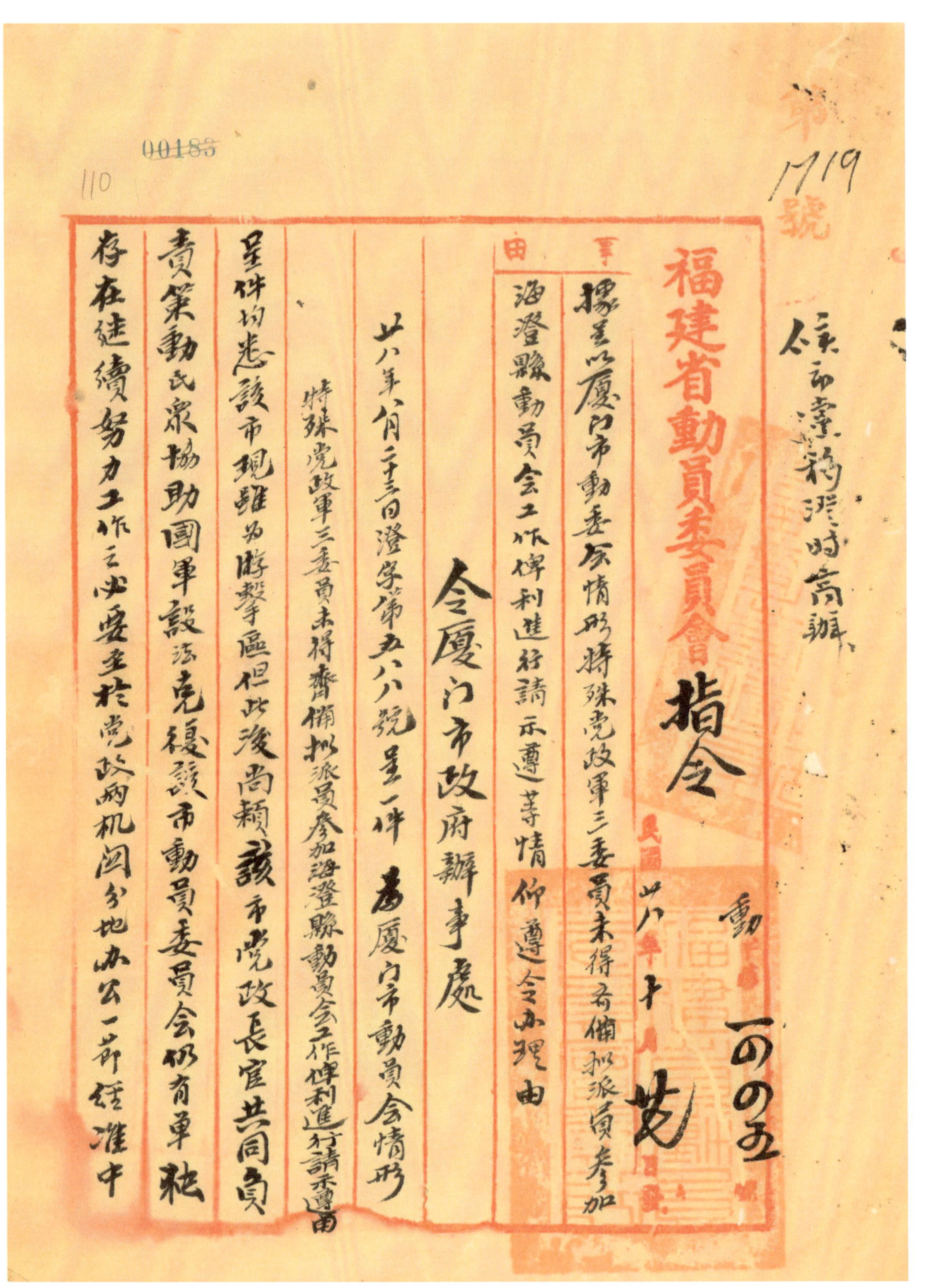

第1719號

福建省動員委員會指令　動一〇〇五

民國廿八年十月　日發

事由：據呈以厦門市動委会情形特殊党政軍三委員未得齊備拟派員参加海澄縣動員会工作俾利進行請示遵等情仰遵令办理由

令厦門市政府辦事處

廿八年八月二十三日澄字第五八八號呈一件為厦門市動員会情形特殊党政軍三委員未得齊備拟派員参加海澄縣動員会工作俾利進行請示遵由

呈件均悉該市現雖為游擊區但此後尚賴該市党政長官共同負責策動民眾協助國軍殺敵克復該市動員委員会仍有單独存在繼續努力工作之必要至於党政兩机関分地办公一節姑准中

00184

112

國國民党福建省执行委员会函復已飭廈门市执行委员会尅日移設海澄縣办公等由到会爾後關於該市動員事宜仍由該市動員委員会负責策劃推進所拟由該處派員参加海澄縣動員委員会協助办理一節應毋庸議再所送報告表隨令发还仰即另填送核此令

计发还报告表一份

主任委員 陳

廿八年十一月二

收到

## 附：厦门市动员委员会现任委员职员姓名及任职日期报告表





廈門市動員委員會現任委員職員姓名及任職日期報告表

| 職別 | 姓名 | 任職日期 | 備攷 |
|---|---|---|---|
| 兼主任委員 | 高璿蓥 | 二十六年九月 | 原任廈門市市長 |
| 委員（黨） | 黄謙若 | 二十九年一月 | 原任廈門市黨部書記長 |
| 委員（政） | 高璿蓥 | 見前 | 見前 |
| 委員（軍） | 水靖濬 | 二十九年一月 | 原任七五師四四五團團長 |
| 設計委員 | 蘇鶴年 | 二十七年六月 | 原任廈門市政府辦事處主任 |
|  | 黄平雨 | 二十九年一月 | 原任龍溪縣第六區區長 |
|  | 嚴熔 | 仝右 | 原任廈門市商會辦事處主任委員 |
|  | 莊金章 | 仝右 | 原任廈門市商會辦事處委員 |
|  | 楊遠三 | 仝右 | 原任水警第二大隊第三中隊隊長 |
|  | 李亮 | 仝右 | 原任七五師四四五團政治指導員 |

| | | | | |
|---|---|---|---|---|
| | 陳式銳 | 仝 | 在 | 前任廈門市政府社會科科長 |
| 秘書 | 劉正平 | 二十七年六月 | 在 | 原任廈門市政府辦事處科員 |
| 辦事員 | 劉植初 | 仝 | 在 | 原任廈門市政府辦事處辦事員 |
| | 陳咸陽 | | | 該員係新任月薪二十四元在本會經費項下開支俟本會經費呈准有案後再行備知到差 |

附註 1，各委員原任職務須於備註欄內註明

2，行數如不敷填寫可依式增列

3，報告表須加蓋鈐記

厦门市动员委员会致福建省动员委员会的呈（一九四〇年一月六日）

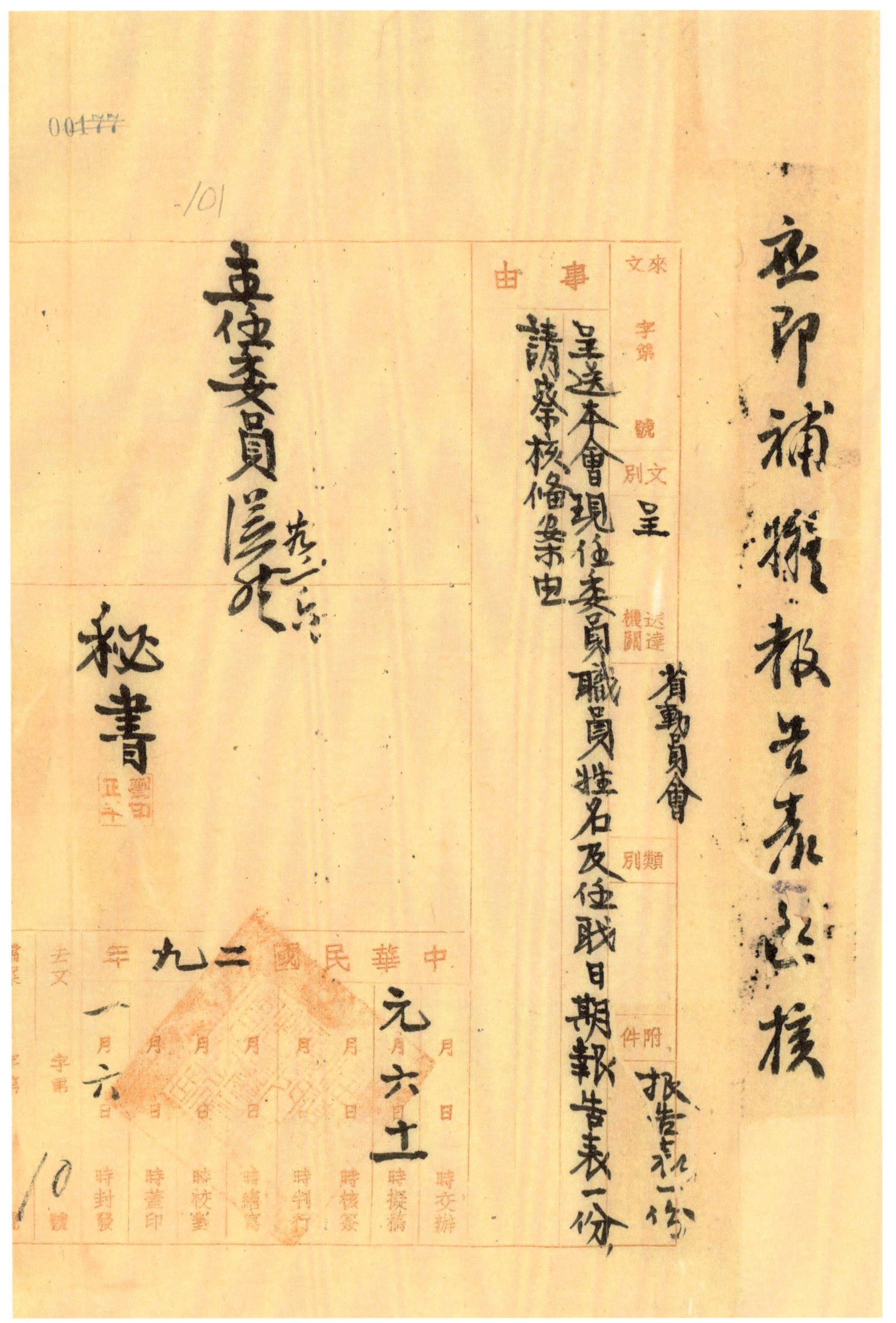

案奉

鈞會勤字第一四四五號指令本會為廈門市動員會情形特殊黨政軍三委員未得齊備擬派員參加海澄縣動員會工作俾利進行請示遵由內開：「原文照叙」等因，奉此，自應遵辦。現廈門市黨部執行委員會經遷來澄，當由本會依法組織，分別聘請黨政軍各界兼任本會各委員在案，理合將本會現任委員姓名及任職日期報告表填具一份，呈請

察核備案，

謹呈

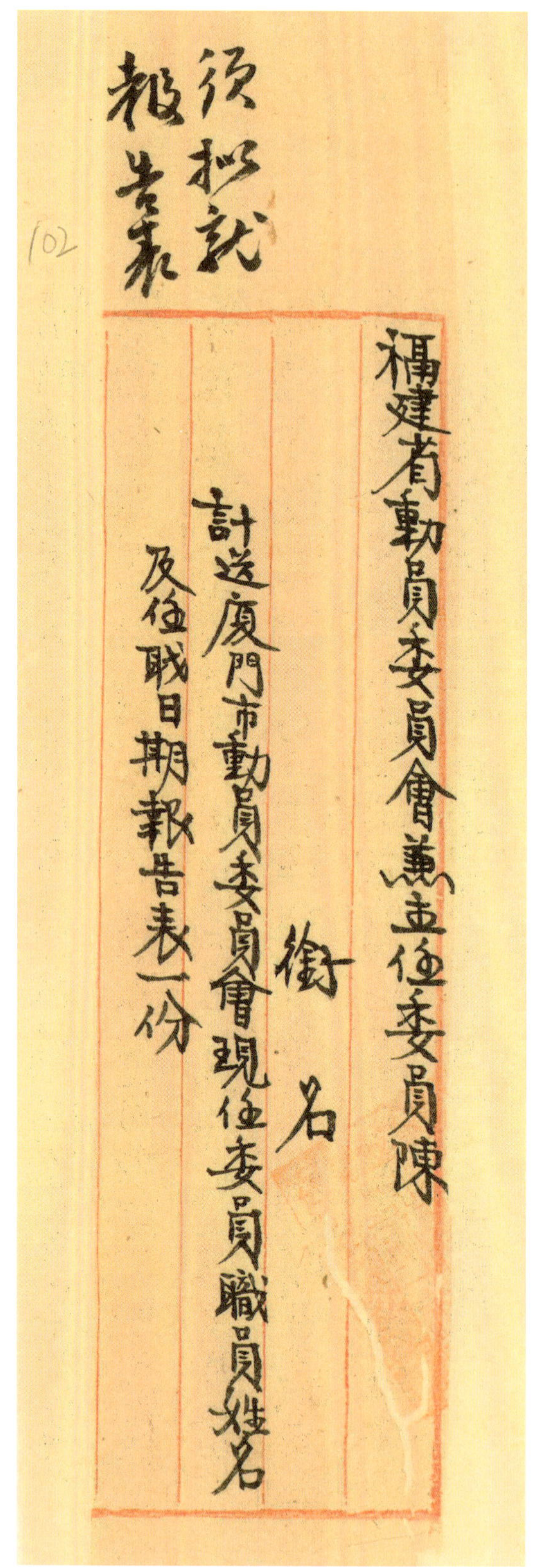

福建省動員委員會兼主任委員陳

銜　名

計送厦門市動員委員會現任委員職員姓名

及任職日期報告表一份

須擬就

報告表

(10)

## 福建省动员委员会致厦门市动员委员会的指令（一九四〇年二月二十三日）

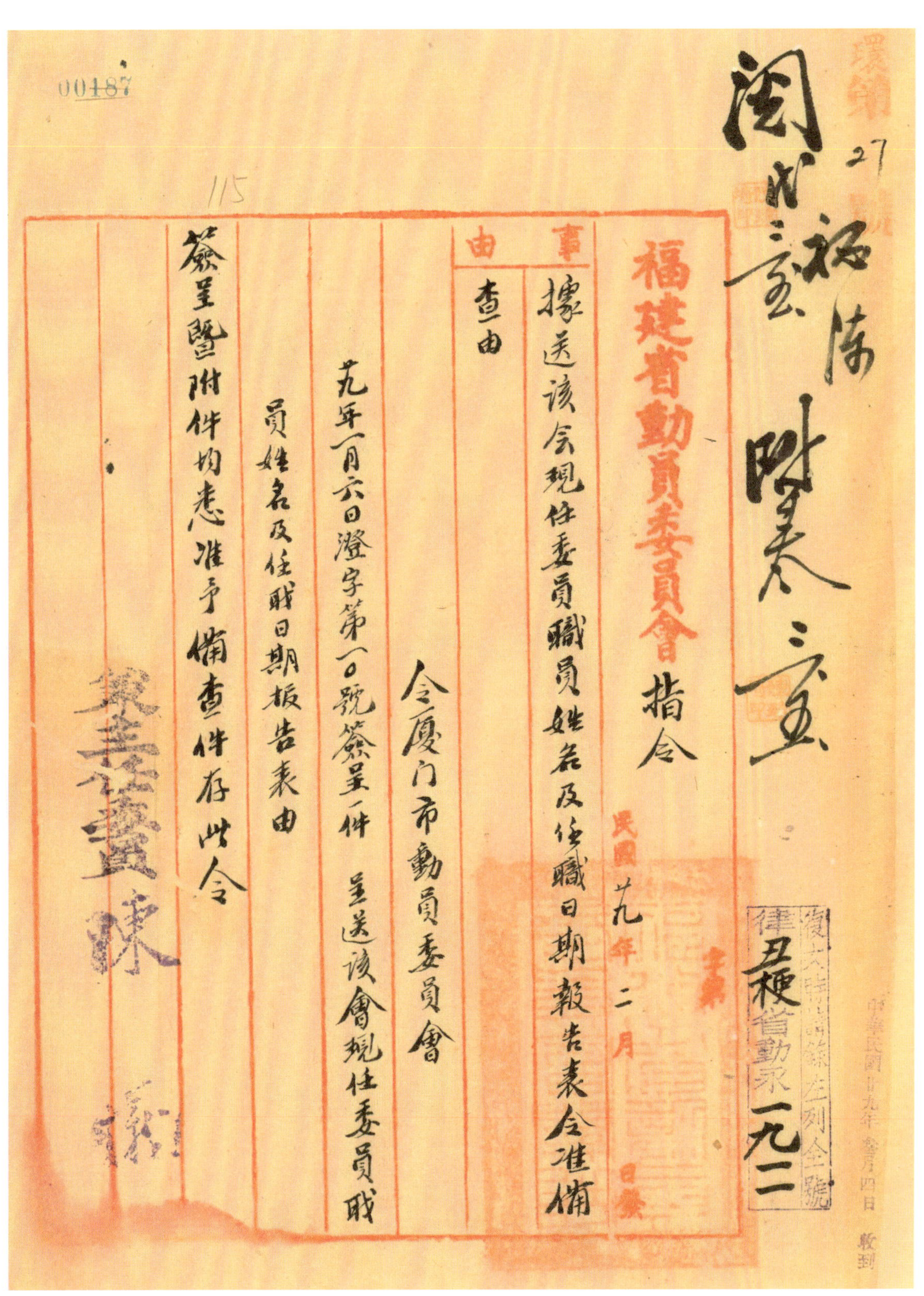

福建省動員委員會指令

事由：據送該会現任委員職員姓名及任職日期報告表令准備查由

令厦门市動員委員會

廿九年一月六日澄字第一〇號簽呈一件，呈送該會現任委員職員姓名及任職日期報告表由

簽呈暨附件均悉，准予備查，件存，此令

民國廿九年二月　日發

建省動字一九二

# 厦门市动员委员会、福建省动员委员会等关于启用铃记的一组文书（一九三九年九月至一九四〇年一月）

## 厦门市动员委员会致福建省动员委员会的呈（一九三九年九月十五日）

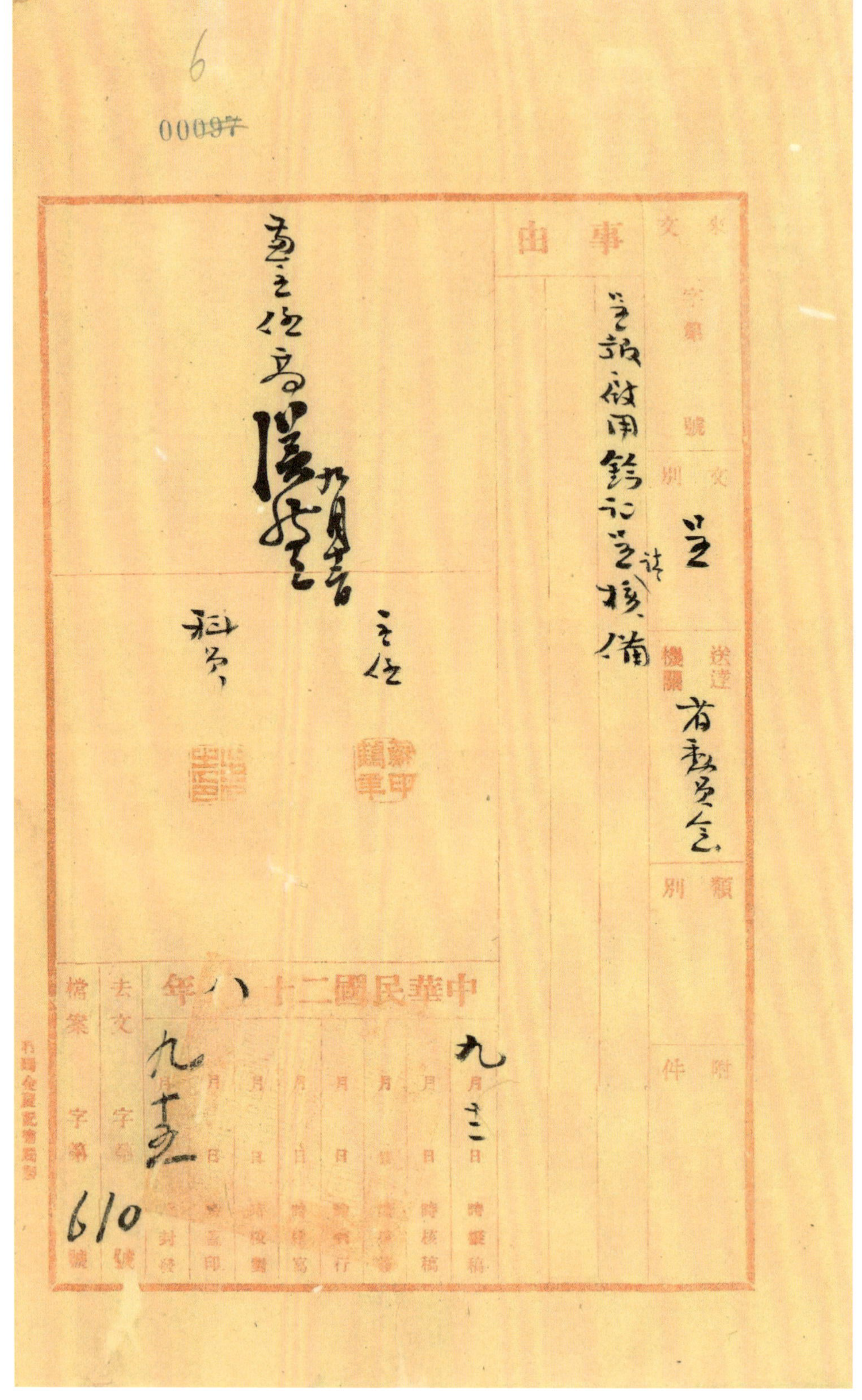

案准厦门市政府本年 月 日函以奉
钧会秦字第一一〇三号训令以各地动员机关一律改为动员
委员会新制检发钤记式样仰依式刊造钤记启用并将启用日期
及印模由会呈报备查等因奉此谨刊本钤记一颗希即查照启用
呈报备查等由准此计附本木质钤记一颗文曰「第三战区福建省
厦门市动员委员会钤记」准此除将旧钤另案缴销外经于本
月一日启用新钤记并连同印模一纸呈报
鉴核备案谨呈
福建省动员委员会主任委员陈
计附印模一纸
厦门市动员委员会兼主任委员[illegible]

# 福建省动员委员会致厦门市动员委员会的指令（一九三九年十月四日）

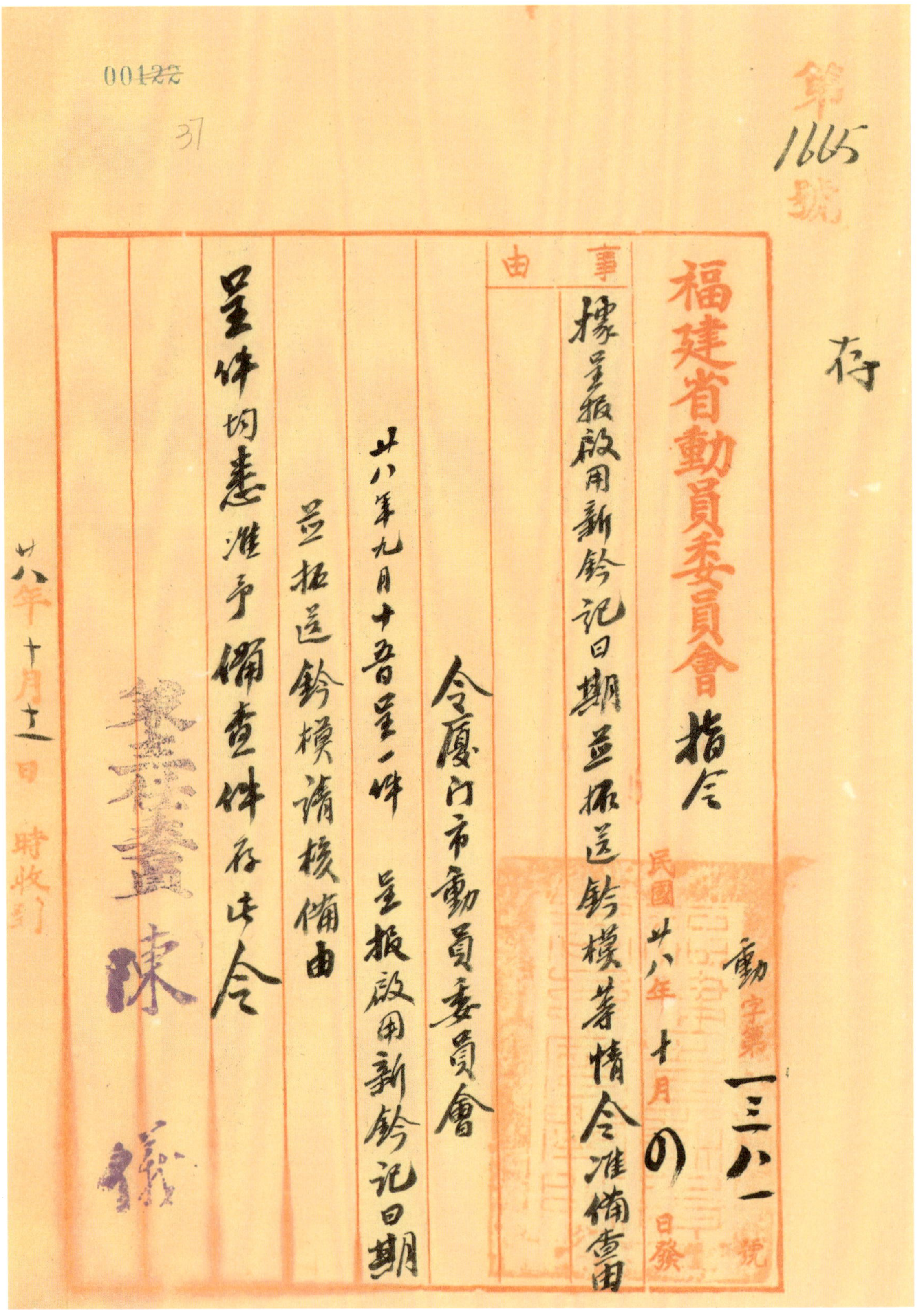
第1665號

存

福建省動員委員會　指令

動字第一三八一號

民國廿八年十月四日發

事由：據呈報啟用新鈐記日期並抄送鈐模等情令准備查由

令廈門市動員委員會

廿八年九月十五日呈一件　呈報啟用新鈐記日期

並抄送鈐模請核備由

呈件均悉准予備查件存此令

主任委員　陳儀

廿八年十月十一日　時收到

厦门市政府办事处致福建省动员委员会的呈（一九三九年十月九日）

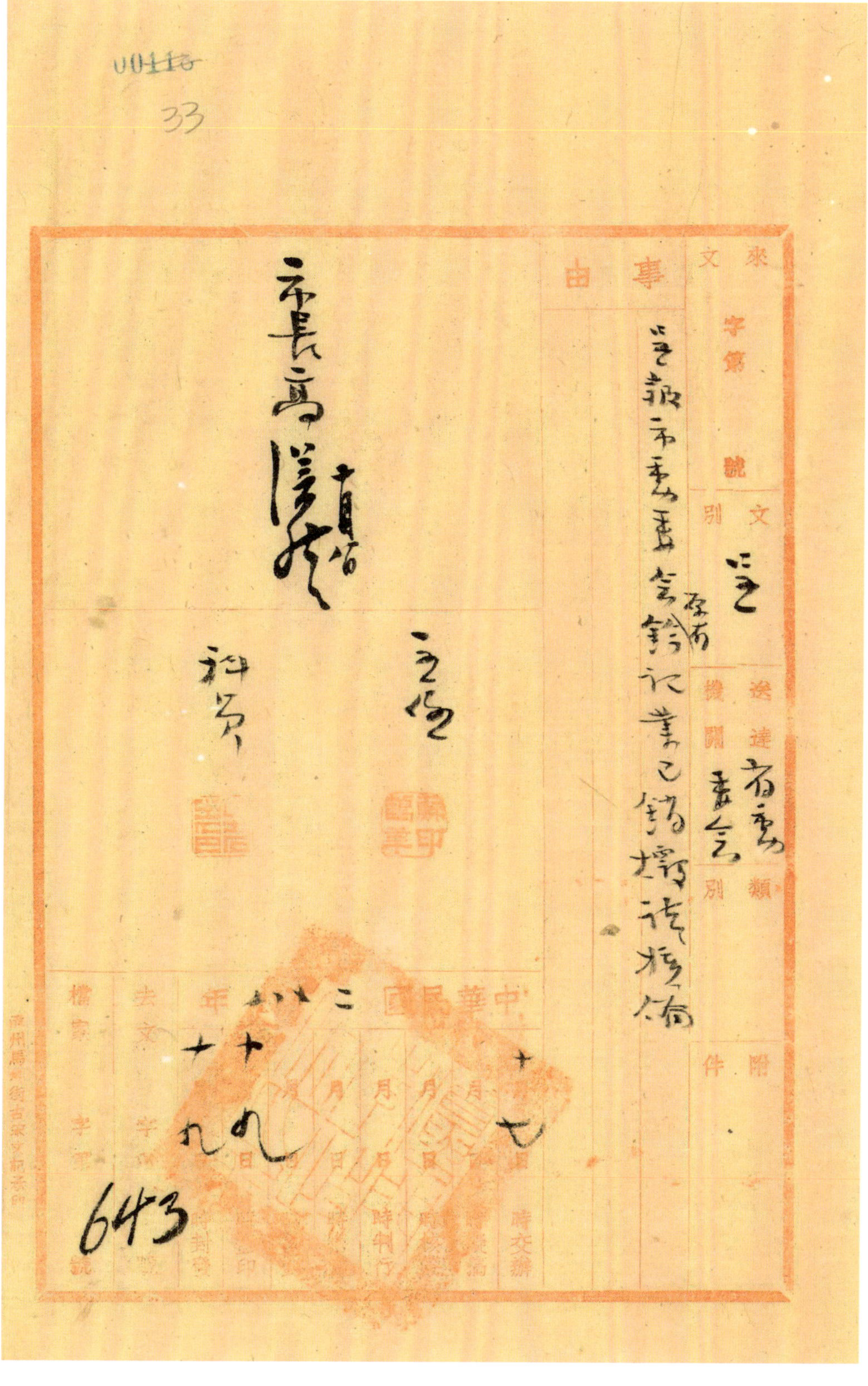

| 來文字第號 | 文別 | 送達機關 | 類別 | 附件 |
|---|---|---|---|---|
|  | 呈 | 省動委會 |  |  |

事由：呈報市動員委員會原有鈐記業已鑄換請核備

市長高澍

主任

科員

中華民國二八年十月七日 時交辦

年十月九日 時封發

去文字第 號

檔案字第 號

643

案奉

钧会委字第二一四三号训令，以令缴该市委会钤记式样，併式刊送该会启用，原有该会钤记应由会缴销截角烧毁，此令。等因奉此，遵经刊刻钤记送市委会启用，该会原有钤记係由宣教科保管。兹据该科报称：该市委会钤记於厦市撤退时已经销毁。等情。据此，理合呈报

鉴核，备案。谨呈

福建省党务委员会主任委员陈

衔名

福建省动员委员会致厦门市政府办事处的指令（一九三九年十月二十九日）

福建省動員委員會指令

動 字第 號

事由：據呈報該市動委會原有鈐記業已銷燬等情令准備查由

令厦門市政府辦事處

廿八年十月九日澄字第六四三號呈一件 呈報該市動員委員會原有鈐記業已銷燬請核備由

呈悉准予備查此令

主任委員 陳儀

廿八年十一月五日

# 厦门市政府办事处致厦门市动员委员会的公函（一九三九年十二月十六日）

0011162

78

厦門市政府辦事處公函

事由：奉令列送鈴記希查收運報

民二十八年十二月十六日發　證第688號

案奉

福建省動員委員会動字第一四五九號訓令略開：

准省政府移送

國民政府軍事委員会令以各地動員機關名稱經令一律改組為動員委員会冠以某戰區某省某市某縣等字樣，現仍不一致，茲再重申前令并舉例說明應冠銜名一、某戰區總動員委員会二、某省動員委員会三、某省某縣(市)動員委員会仰遵照等因合再頒發鈐記式樣一紙仰即依式刊送該会應用至啟用日期及鈐模由会逕報備查再原有該縣動員委員会鈐記應由会截角繳縣燒燬為要此令

等因計附鈐記式樣一份奉此遵經照式刊刻鈐記一顆文曰福建省廈門市動員委員会鈐記相應送請

查照檢收將啟用日期及鈐模逕報

省動員委員会備案并將舊鈐截角繳交本處燒燬為荷

此致

福建省廈門市動員委員会

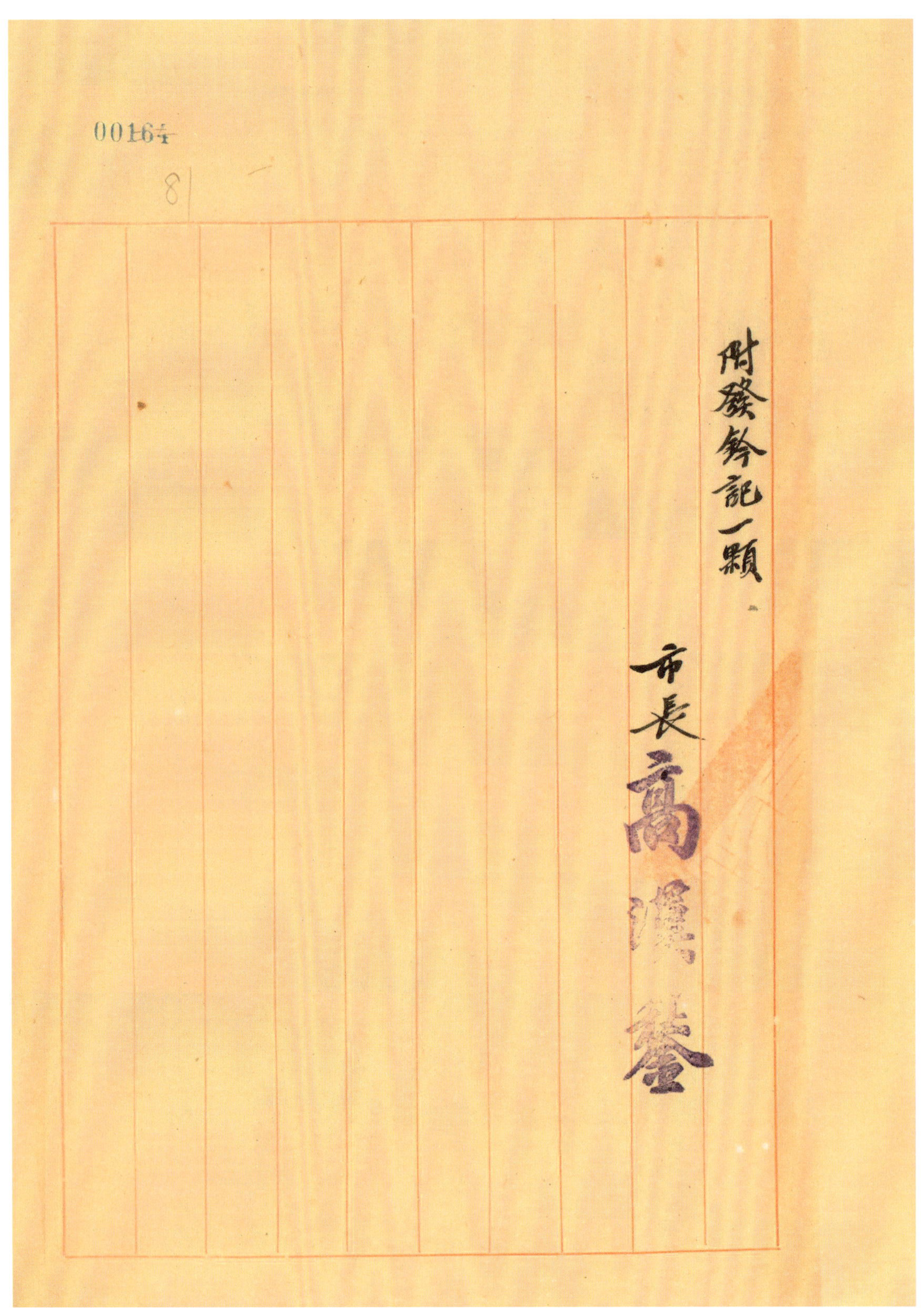
00164

81

附發鈐記一顆

市長　高澄蓉

# 福建省动员委员会致厦门市动员委员会的指令（一九四〇年一月四日）

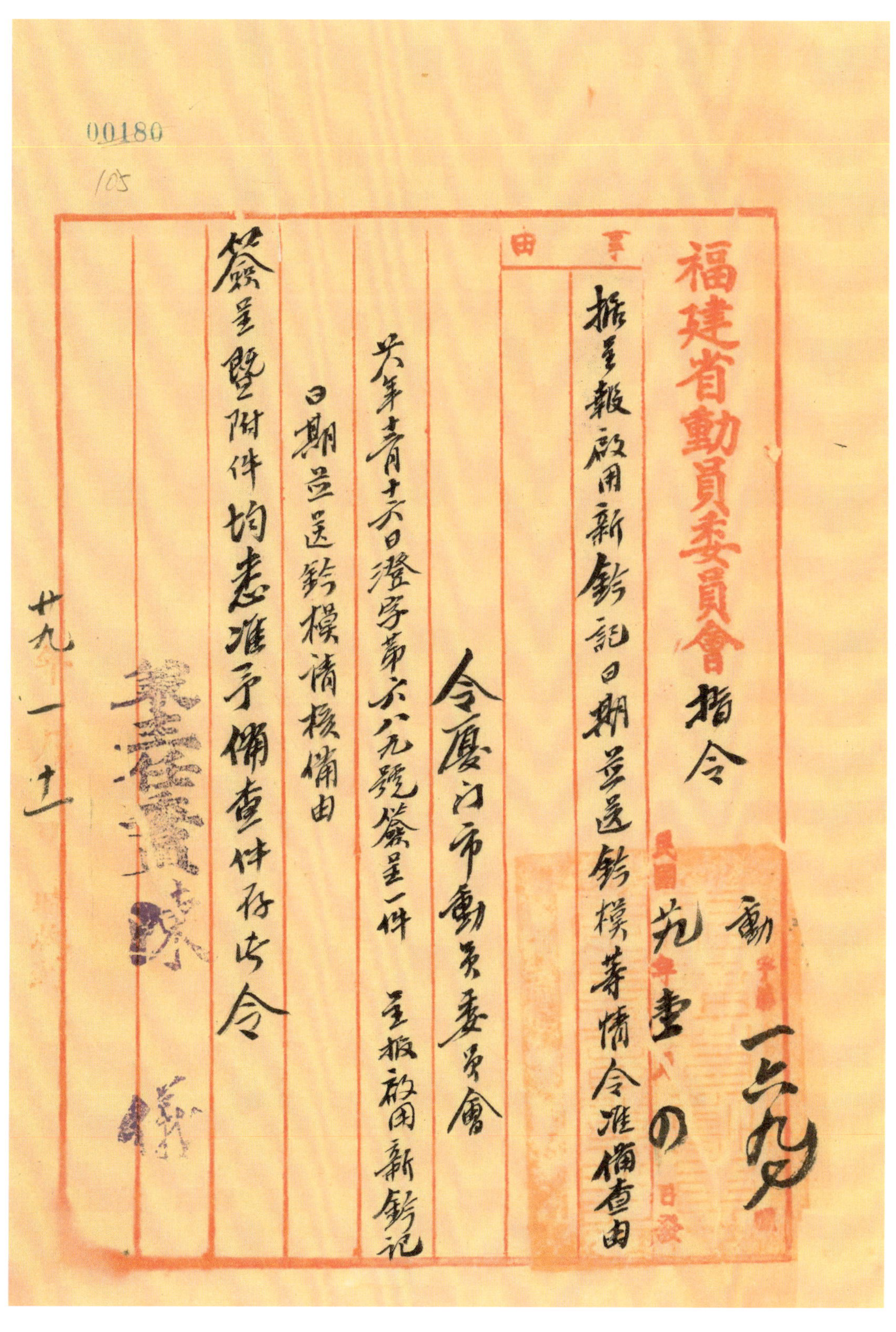

00180
105

福建省動員委員會指令　動字第一六九九號

事由：據呈報啟用新鈐記日期並送鈐模等情令准備查由

令廈門市動員委員會

廿八年十二月十六日澄字第六八九號簽呈一件呈報啟用新鈐記日期並送鈐模請核備由

簽呈暨附件均悉准予備查件存此令

主任委員

廿九　一　十二

## 厦门市动员委员会聘请苏鹤年、黄平西为设计委员的函（一九三九年十二月二十日）

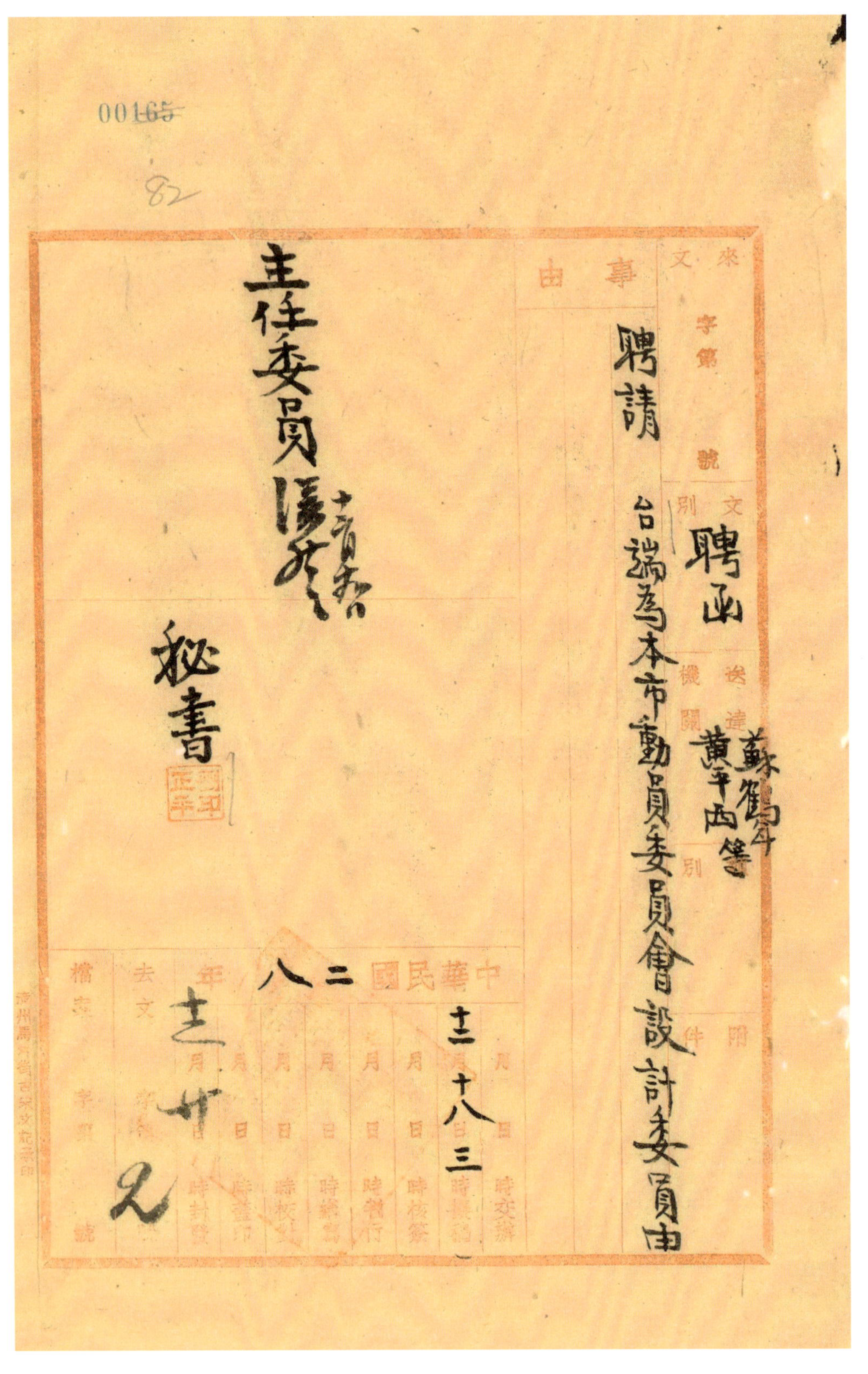
00165

82

來文 字第 號

文別 聘函

送達機關 蘇鶴年 黃平西等

事由 聘請台端為本市動員委員會設計委員由

主任委員 張

秘書

中華民國二八年 十二月十八日

茲聘

台端爲本市動員委員會設計委員。

此聘。

蘇鶴年　先生

黄平西

銜　名

# 厦门市动员委员会关于请就任该会委员致中国国民党厦门市党部书记长、陆军第七五师四五〇团团长的公函

（一九三九年十二月二十日）

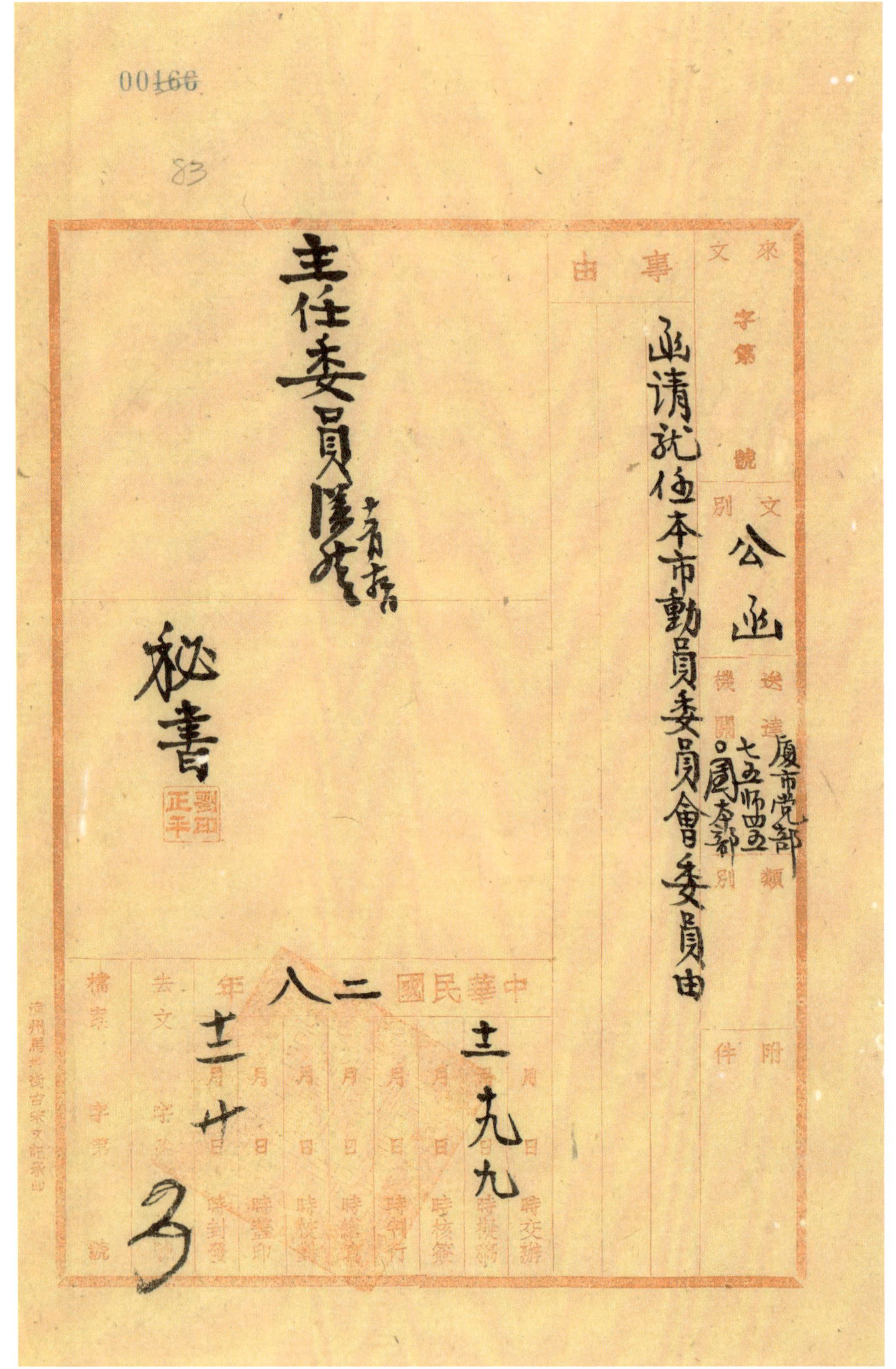

00166

83

來文字第　號

文別：公函

送達機關類別：厦市党部　七五师四五〇團本部

事由：函請就任本市動員委員會委員由

附件

主任委員

秘書　劉正平（印）

中華民國二八年十二月十九日

十二月廿日

查本會早經成立，自廈陷後，委員星散，暫
形停頓，現奉　令組織，依照規定：「以市長、市
黨部書記長及駐軍長官為委員，以市長為主
任委員，並聘請當地人士為設計委員」等因，
相應函請
貴書記長
貴團長　為本會委員，希即
查照為荷！

此致

廈門市黨部書記長黃
陸軍第七五師四五〇團團長水

銜名

# 厦门市动员委员会聘请严焰、庄金章为设计委员的函（一九三九年十二月二十九日）

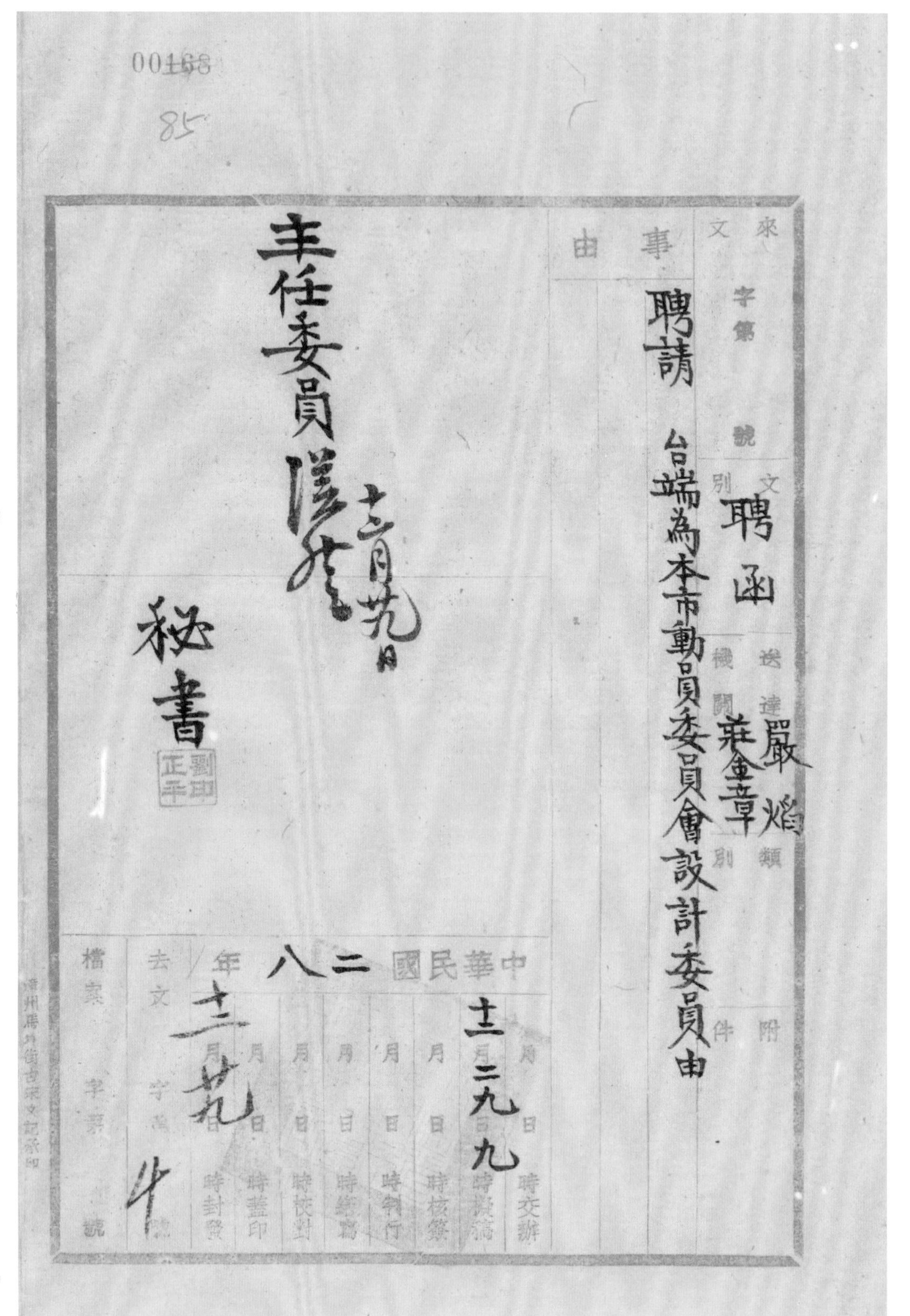
00168

85

来文　字第　号

文别　聘函

送达机关　严焰　庄金章

类别

附件

事由　聘请台端为本市动员委员会设计委员由

主任委员　[illegible]　十二月廿九日

秘书　[印：刘正平印]

中华民国二八年

交办　十二月二十九日

拟稿　十二月二十九日

核签　月　日　时

判行　月　日　时

缮写　月　日　时

校对　月　日　时

盖印　月　日　时

封发　月　日　时

去文　十二月廿九日　字第　号

档案　字第　号

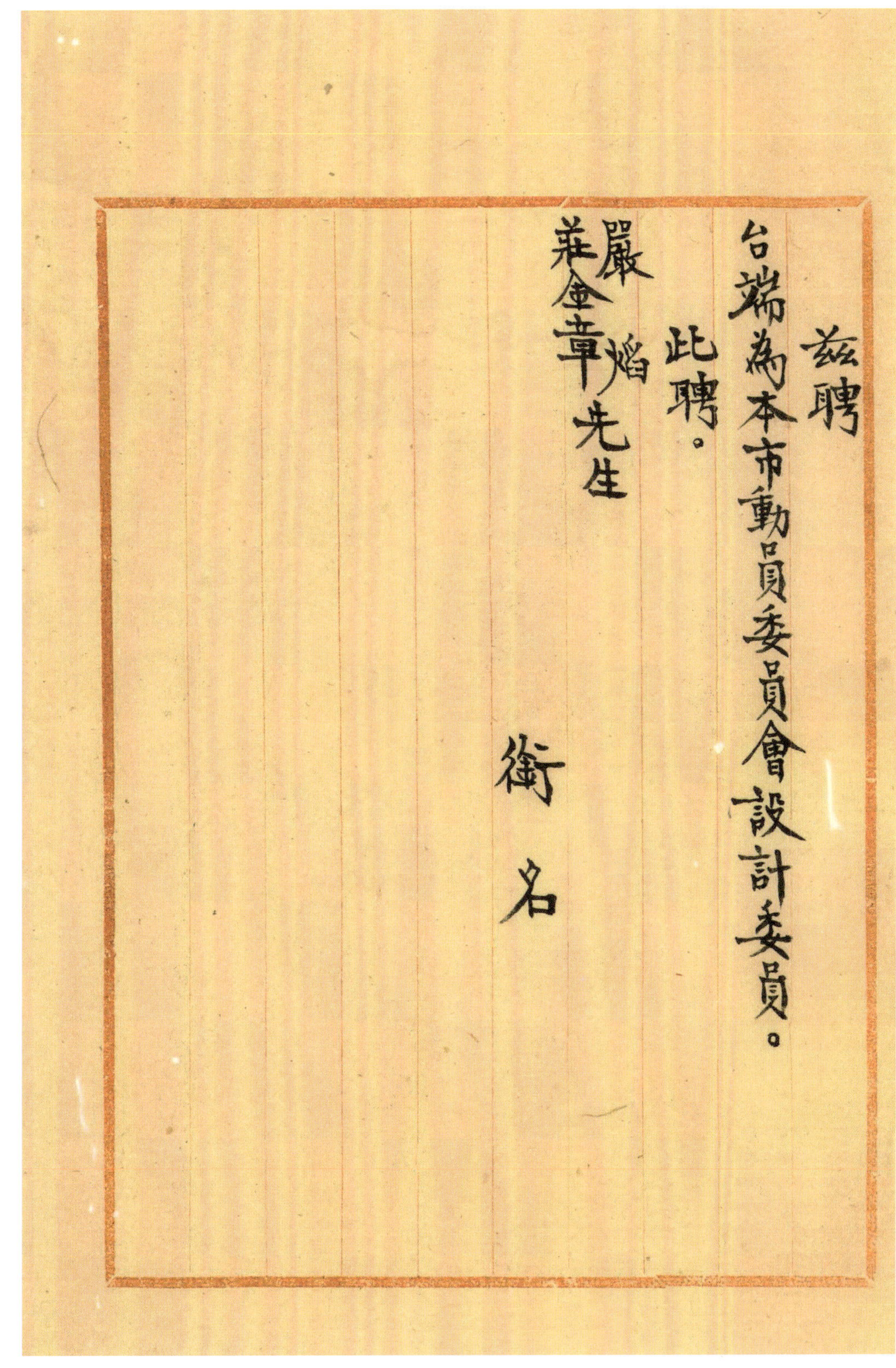

兹聘

台端為本市動員委員會設計委員。

此聘。

嚴金章（焰）先生

銜名

厦门市动员委员会关于召开第一次会议致各委员的笺函（一九三九年十二月二十九日）

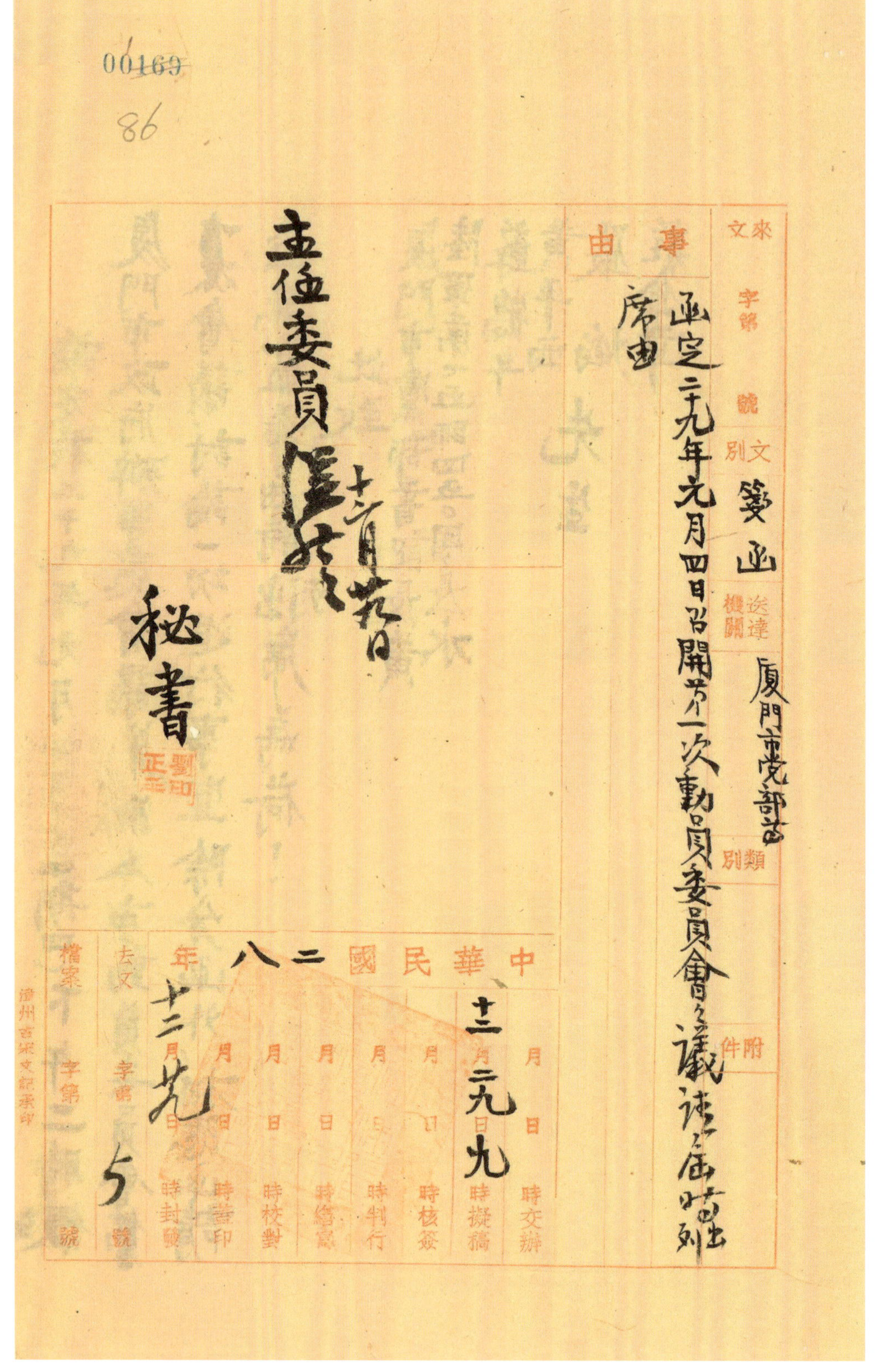

00169
86

來文字號：
文別：箋函
送達機關：厦門市党部等
類別：
附件：
事由：函定二十九年元月四日召開第一次動員委員會議請屆時出席由

主任委員 黃 十二月廿九日
秘書 劉正

中華民國二十八年 十二月二九日 擬稿
十二月廿九日
去文 字號 5

87

茲定於二十九年元月四日（星期四）下午二時假廈門市政府辦事處會議廳，開本市動員委員會第一次會議，討論一切進行事宜，除分函外，相應函請查照，並希屆時出列席為荷！

此致

廈門市黨部書記長黃

陸軍第七五師四五〇團團長水

蘇鶴年

黃平西

嚴焰　先生

莊金章

# 厦门市动员委员会关于该会办公经费由何处划拨与福建省动员委员会的来往文书（一九三九年十二月至一九四〇年一月）

## 厦门市动员委员会致福建省动员委员会的电（一九三九年十二月二十日）

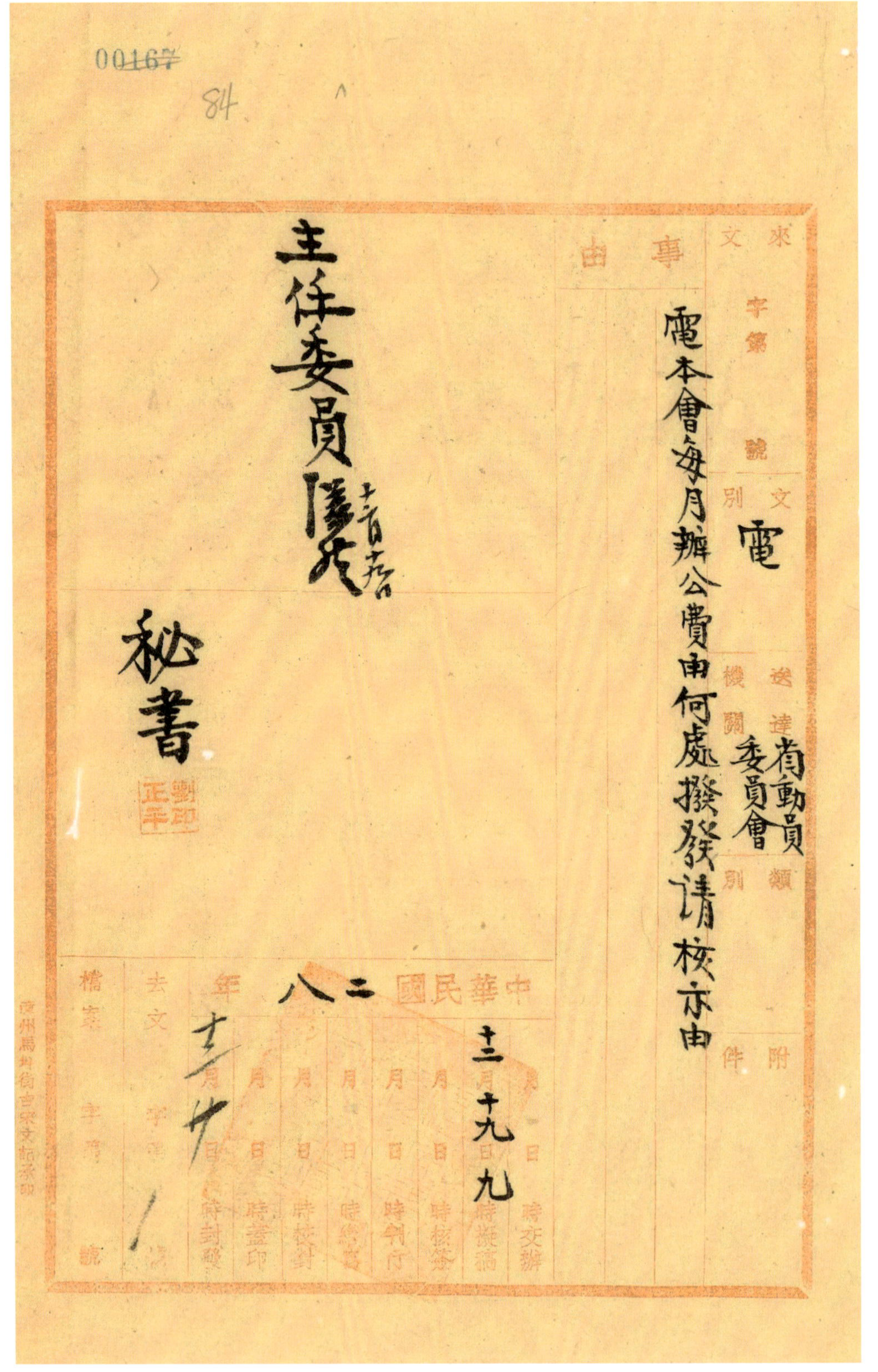

00167

84

來文字號

文別：電

送達機關類別：省動員委員會

附件

事由：電本會每月辦公費由何處撥發請核示由

主任委員 陳 十二/十九

秘書 劉正平印

中華民國二八年十二月十九日九時擬稿

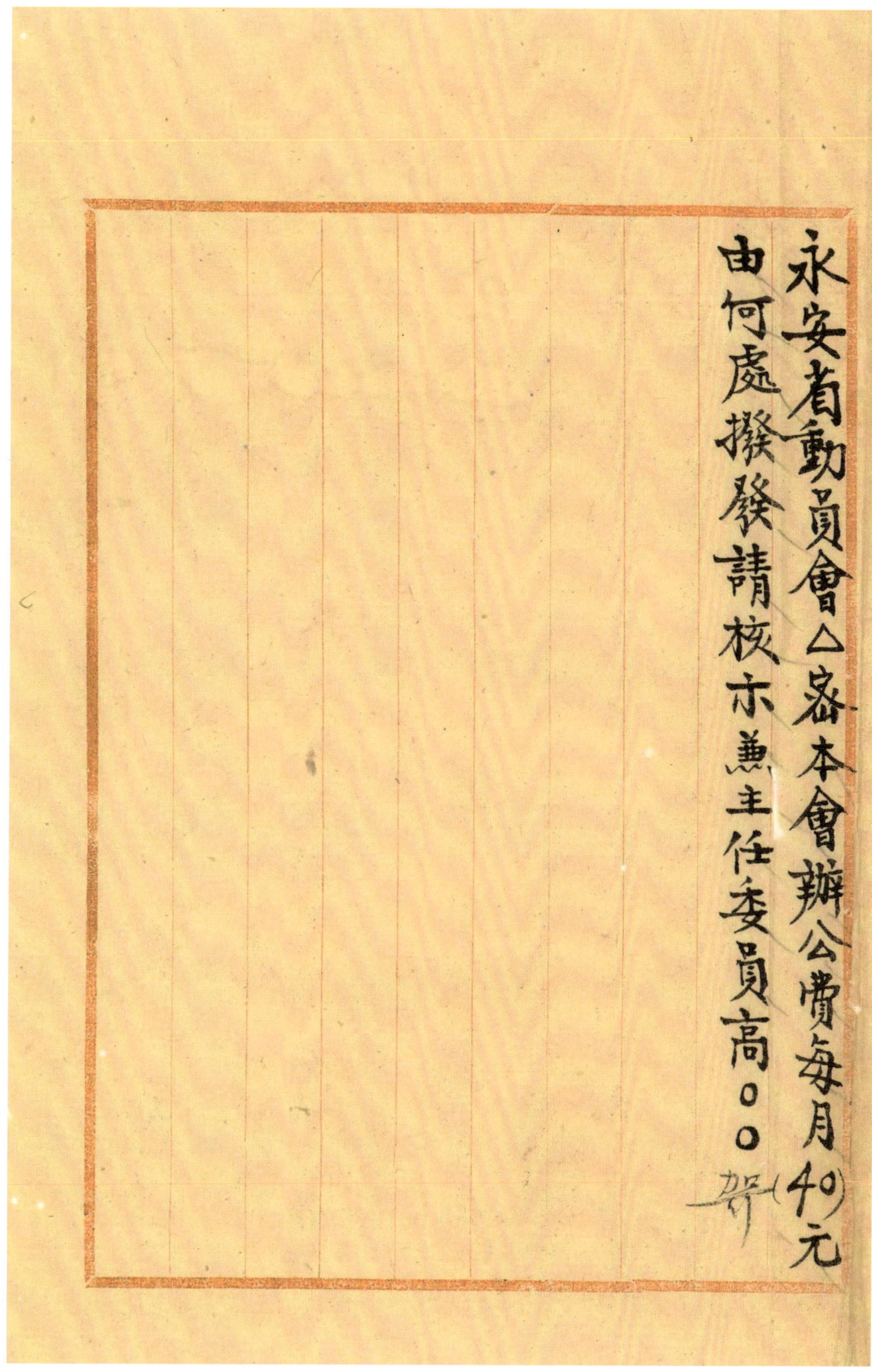

永安省動員會△函本會辦公費每月(40)元由何處撥發請校示慕主任委員高○○叩

# 福建省动员委员会致厦门市动员委员会的指令（一九四〇年一月六日）

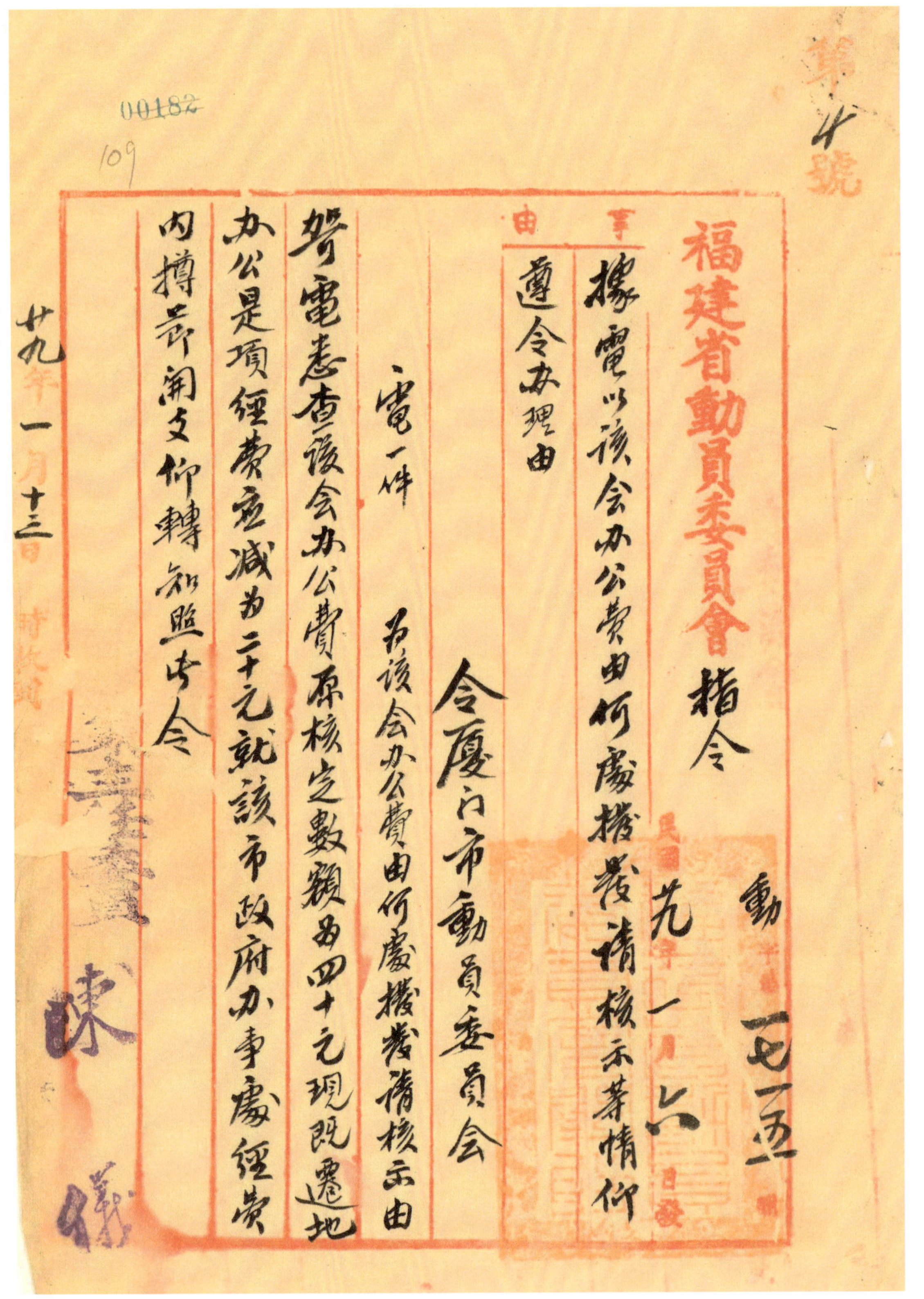

00182

109

第4號

福建省動員委員會　指令　動一七一五

民國廿九年一月六日發

事由：據電以該会办公費由何處撥發請核示等情仰遵令办理由

令厦门市動員委員会

電一件　為該会办公費由何處撥發請核示由

督電悉查該会办公費原核定數額為四十元現既遷地办公是項經費應減為二十元就該市政府办事處經費內撙節開支仰轉知照此令

廿九年一月十三日

# 厦门市动员委员会关于设立厦门通讯社致刘正平、沈干事的笺函（一九四〇年一月六日）

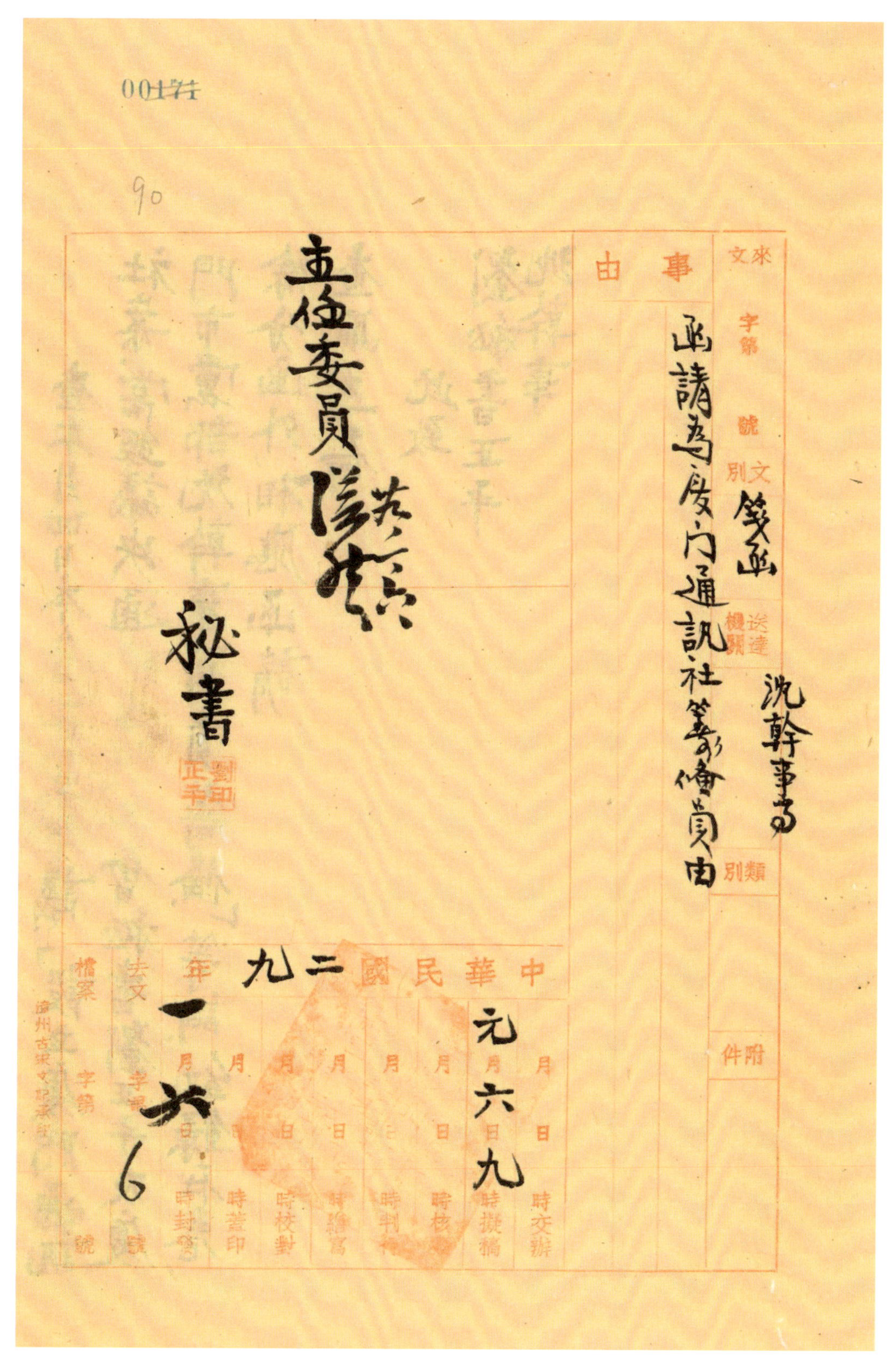

00171

90

來文 字第 號

文別 箋函

送達機關 沈幹事

類別

附件

事由 函請為廈門通訊社籌備員由

五位委員

秘書

劉印正平

中華民國二九年 一月六日

元月六日九時擬稿

91

查本月四日本會第一次會議：「設立廈門通訊社案，當經議決通過，並交本會秘書劉正平及廈門市黨部沈幹事負責籌備」等詞，紀錄在卷，除分函外，相應函請

查照為荷！

此致

劉秘書正平

沈幹事

厦门市动员委员会关于设立华侨服务处致严焰委员的笺函（一九四〇年一月六日）

00170

88

來文字第　號

文別　箋函

送達機關　嚴委員焰

類別

附件

事由　函為本處擬設華僑服務處，請向汀漳龍華僑公會及石角東華僑公會接洽見覆由

主任委員陳○○

秘書 [seal]

中華民國二九年一月六日

月　日　時交辦
元月六日十時擬稿
月　日　時核簽
月　日　時判行
月　日　時繕寫
月　日　時校對
月　日　時蓋印
月　日　時封發

去文字第8號

檔案字第　號

89

查本月四日本會第二次會議，「設立華僑服務處案，當經議決，推嚴委員焰負責向汀漳龍華僑公會及石角東華僑公會接洽」等詞，紀錄在卷，相應函請

查照辦理，並將接洽情形見覆為荷！

此致

嚴委員焰

厦门市动员委员会聘请楼达三、李亮、陈式锐为该会设计委员的笺函（一九四〇年一月六日）

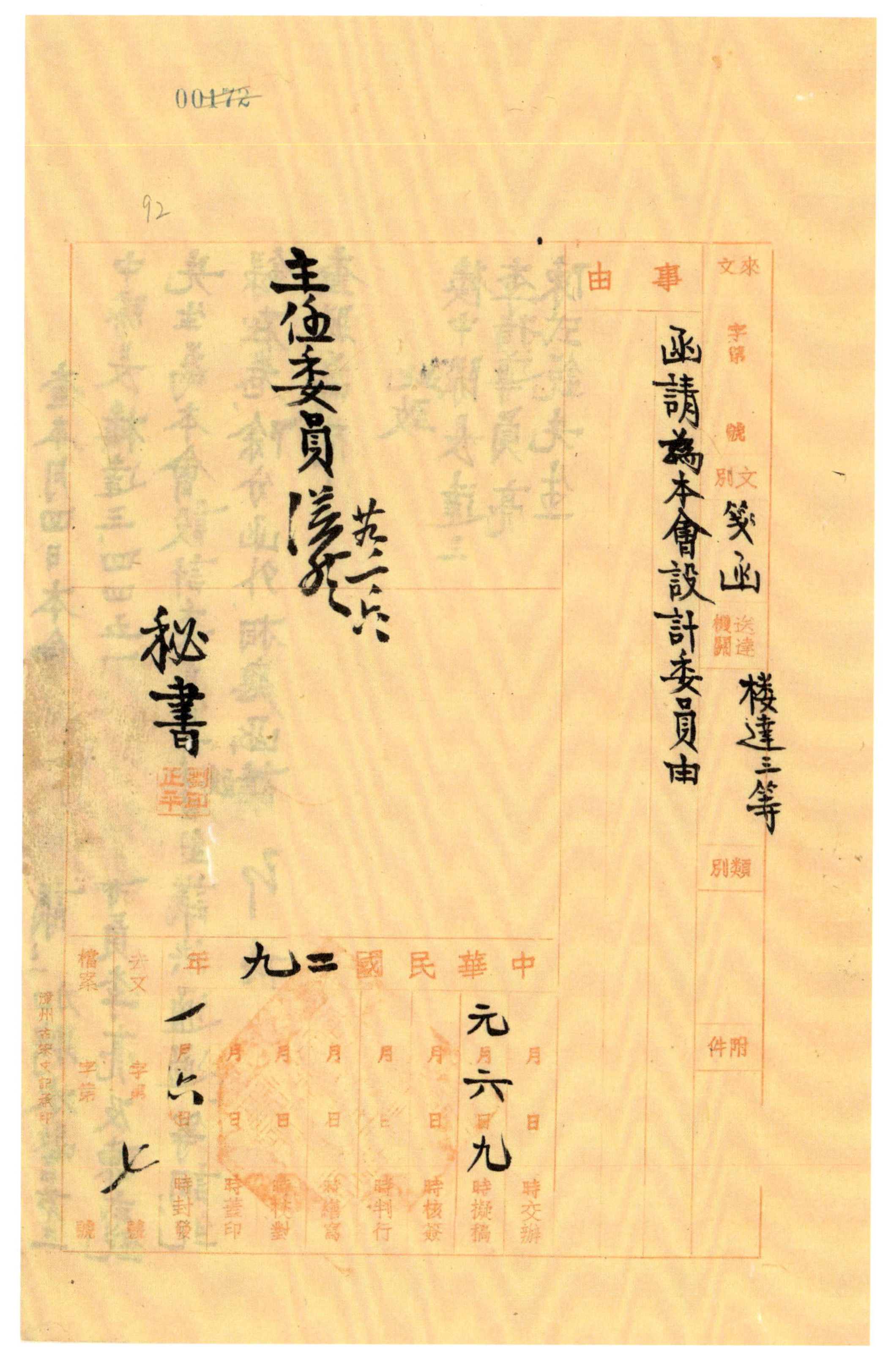

查本月四日本會第一次會議：「加聘水警第三中隊長楼達三，四四五团政治指導員李亮及陳式銳先生為本會設計委員案，當經議決通過」等詞，紀録在卷，除分函外，相應函聘

查照為荷！

此致

楼中隊長達三

李指導員亮

陳式銳先生

厦门市动员委员会聘请张耀曾为该会设计委员的函（一九四〇年一月十日）

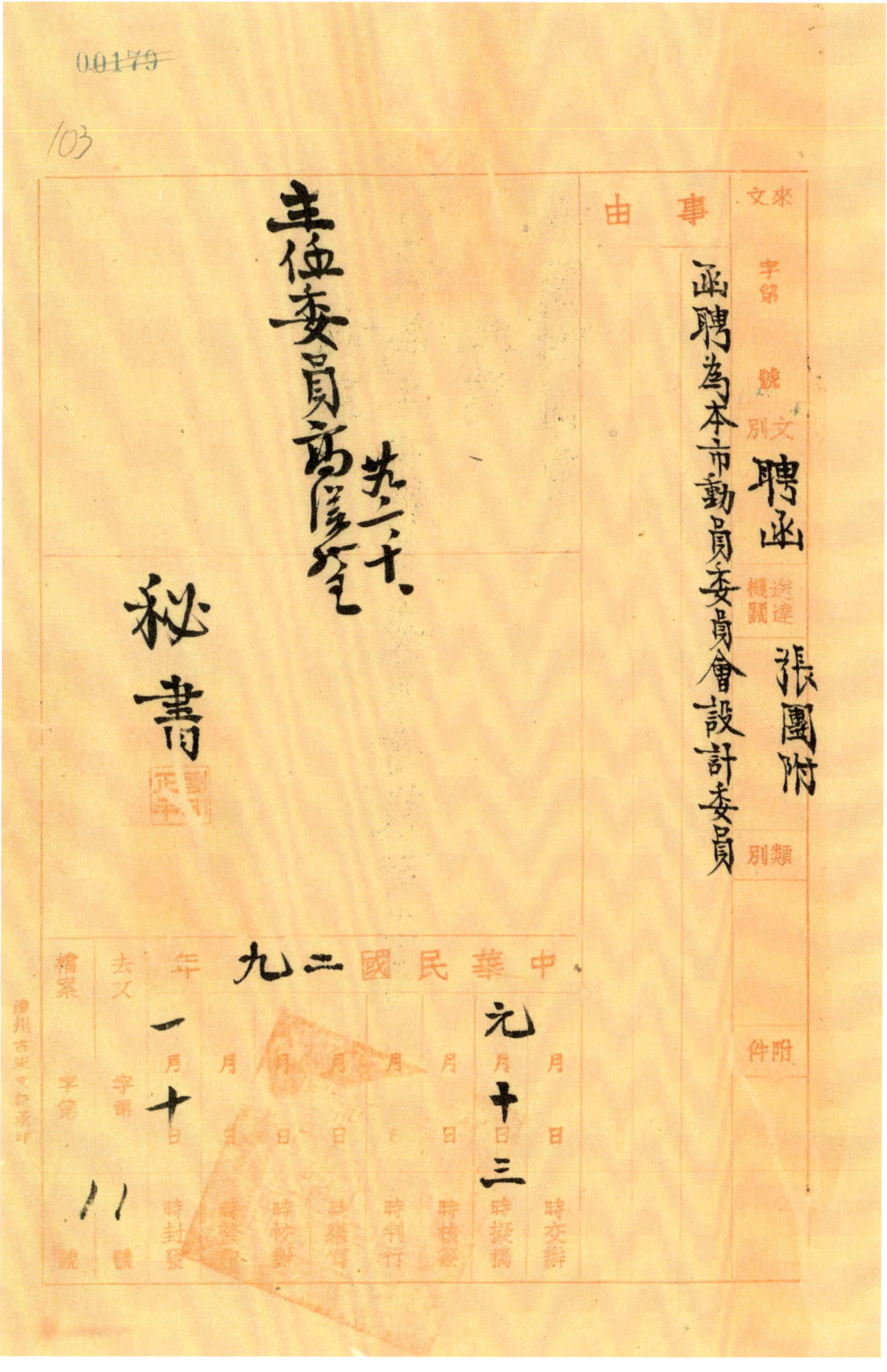

00179

103

來文字第 號

文別 聘函

送達機關 張團附

類別

附件

事由 函聘為本市動員委員會設計委員

主任委員高 先六十

秘書

中華民國二九年 元月十三日 一月十日

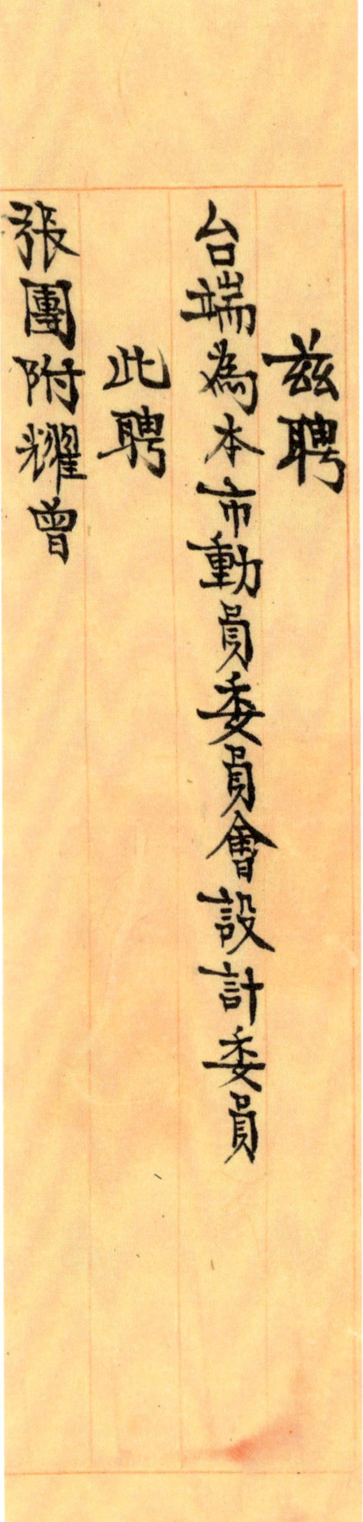
兹聘
台端为本市动员委员会设计委员
此聘
張團附耀曾

104

中央軍校高等教育班第四期畢業
陸軍第七五師二二三旅四四五團中校團附

張耀曾

紫光河南嵩縣

# 第三战区伤兵之友社社员入社介绍表（一九四四年五月至六月）

## 徐诵光入社介绍表（一九四四年五月十九日）

18

第三戰區傷兵之友社社員入社介紹表

| 姓名 | 性別 | 年齡 | 籍貫 | 是否黨員 |
|---|---|---|---|---|
| 徐誦光 | 男 | 四四 | 浙江新昌 | 黨證浙字第一九七七四號 |

| 資歷 | 厦門大學教育學士 |
|---|---|
| 現任工作 | 國立第一僑民師範學校教員 |
| 通訊處 | 國立第一僑民師範學校　電話 |
| 備註 | |

茲由

先生介紹加入本戰區傷兵之友社爲社員願爲傷兵福利事業致力

相應塡列介紹表送請審查此致

長汀支社

介紹人　　簽名蓋章

入社人　徐誦光　簽名蓋章

中華民國三十三年五月十九日

支分社審查決定意見

審查人

（送表時左列方案由入社人扯存）

赖鸿熙入社介绍表（一九四四年五月十九日）

19

# 第三戰區傷兵之友社社員入社介紹表

| 姓名 | 賴鴻熙 |
|---|---|
| 性別 | 男 |
| 年齡 | 34 |
| 籍貫 | 福建長汀 |
| 是否員黨 | 黨證　字第　號 |
| 資歷 | 福建省立第七中學畢業 |
| 現任工作 | 國立第一僑民師範學校書記 |
| 通訊處 | 長汀東関營68號 |
| 電話 | |
| 備註 | |

茲由　　先生介紹加入本戰區傷兵之友社爲社員願爲傷兵福利事業致力

相應塡列介紹表送請審查此致

長汀支社

介紹人　　　　簽名蓋章

入社人　賴鴻熙　簽名蓋章

中華民國三十三年五月十九日

| 支分社審查決定意見 | |
|---|---|
| 審查人 | |

（送表時左例方案由入社人扯存）

# 康世禄入社介绍表（一九四四年五月）

20

## 第三戰區傷兵之友社社員入社介紹表

| 姓名 | 性別 | 年齡 | 籍貫 | 是否黨員 |
|---|---|---|---|---|
| 康世祿 | 男 | 二十七 | 江苏镇江 | 黨證貢字第八九四三四號 |

| 資歷 | 震旦大學肄業 |
|---|---|
| 現任工作 | 國立第一僑民師範學校會計工作 |
| 通訊處 | 長汀僑民師範 |
| 電話 | |
| 備註 | |

茲由　　　　先生介紹加入本戰區傷兵之友社爲社員願爲傷兵福利事業致力

相應塡列介紹表送請審查此致

長汀支社

介紹人　　　　簽名蓋章

入社人　康世祿　簽名蓋章

中華民國三十三年五月　　日

| 支分社審查決定意見 |
|---|
| |
| 審查人 |

（送表時左列方案由入社人扯存）

许默庵入社介绍表（一九四四年五月）

21

第三战区伤兵之友社社员入社介绍表

| 姓名 | 许默庵 |
|---|---|
| 性别 | 男 |
| 年龄 | 三十四 |
| 籍贯 | 广东 |
| 是否党员 | 党证福字第二三三七三号 |
| 资历 | |
| 现任工作 | 国立第一侨民师范学校出纳工作 |
| 通讯处 | 长汀侨民师范 |
| 电话 | |
| 备注 | |

兹由

先生介绍加入本战区伤兵之友社为社员愿为伤兵福利事业致力

相应填列介绍表送请审查此致

长汀支社

介绍人　签名盖章

入社人　许默庵　签名盖章

中华民国三十三年五月　日

| 支分社审查决定意见 | |
|---|---|
| 审查人 | |

（送表时左列方案由入社人扯存）

## 戎丙麟入社介绍表（一九四四年六月）

22

**第三戰區傷兵之友社社員入社介紹表**

| 姓名 | 性別 | 年齡 | 籍貫 | 是否黨員 |
|---|---|---|---|---|
| 戎丙麟 | 男 | 四十六歲 | 浙江杭縣 | 黨證　字第　號 |

| 資歷 | 現任工作 | 通訊處 | 備註 |
|---|---|---|---|
| 日本北海道帝國大學農科畢業 | 福建省政府專員兼長汀縣農業推廣所主任 | 長汀農業推廣所　電話 | |

茲由
先生介紹加入本戰區傷兵之友社爲社員願爲傷兵福利事業致力
相應塡列介紹表送請審查此致
長汀支社

介紹人　　　　簽名蓋章
入社人　戎丙麟　簽名蓋章

中華民國卅三年六月　日

支分社審查決定意見：

審查人：

（送表時左列方案由入社人扯存）

李国怀入社介绍表（一九四四年六月）

23

# 第三戰區傷兵之友社社員入社介紹表

| 姓名 | 李國懷 |
|---|---|
| 性別 | 男 |
| 年齡 | 四三 |
| 籍貫 | 廣東東莞 |
| 是否員黨 | 黨證福字第二六四八二號 |
| 資歷 | 廣東高等師範學校附中畢業 |
| 現任工作 | 國立第一僑民師範學校文書組長 |
| 通訊處 | 福建長汀國立第一僑師　電話 |
| 備註 | |

茲由　　先生介紹加入本戰區傷兵之友社爲社員願爲傷兵福利事業致力

相應塡列介紹表送請審查此致

長汀支社

介紹人　　簽名蓋章

入社人　李國懷　簽名蓋章

中華民國卅三年六月　日

| 支分社審查決定意見 | |
|---|---|
| 審查人 | |

（送表時左列方案由入社人扯存）

# 军事委员会政治部台湾义勇总队总队部关于迁移漳州办公致龙岩高等法院的公函（一九四五年九月七日）

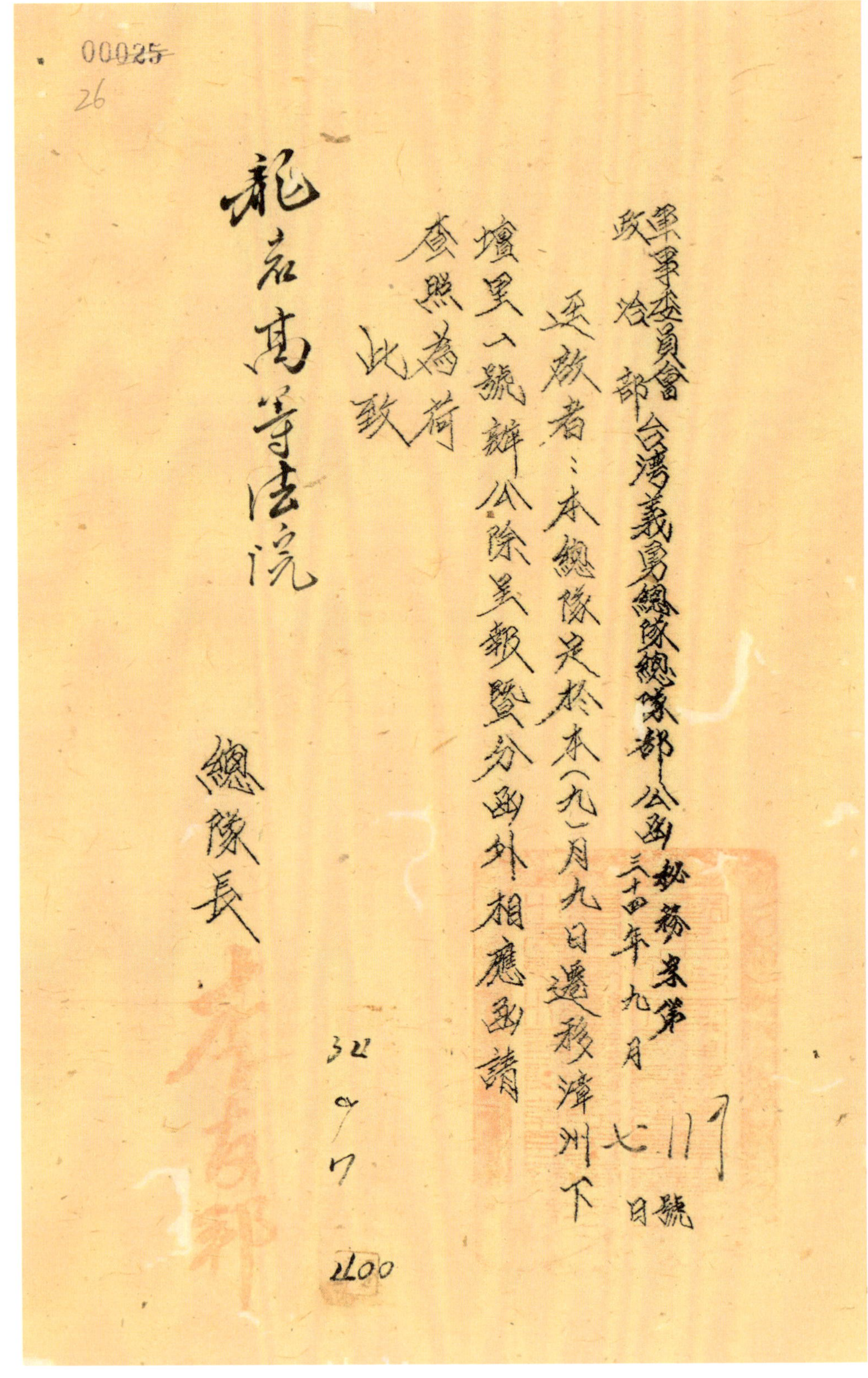

軍事委員會政治部台灣義勇總隊總隊部公函 秘務字第 川 號

三十四年九月 七 日

逕啓者：本總隊定於本（九）月九日遷移漳州下壇里八號辦公，除呈報暨分函外，相應函請

查照為荷

此致

龍岩高等法院

總隊長

军事委员会政治部台湾义勇总队关于迁厦办公致三民主义青年团厦门分团的公函（一九四五年十月）

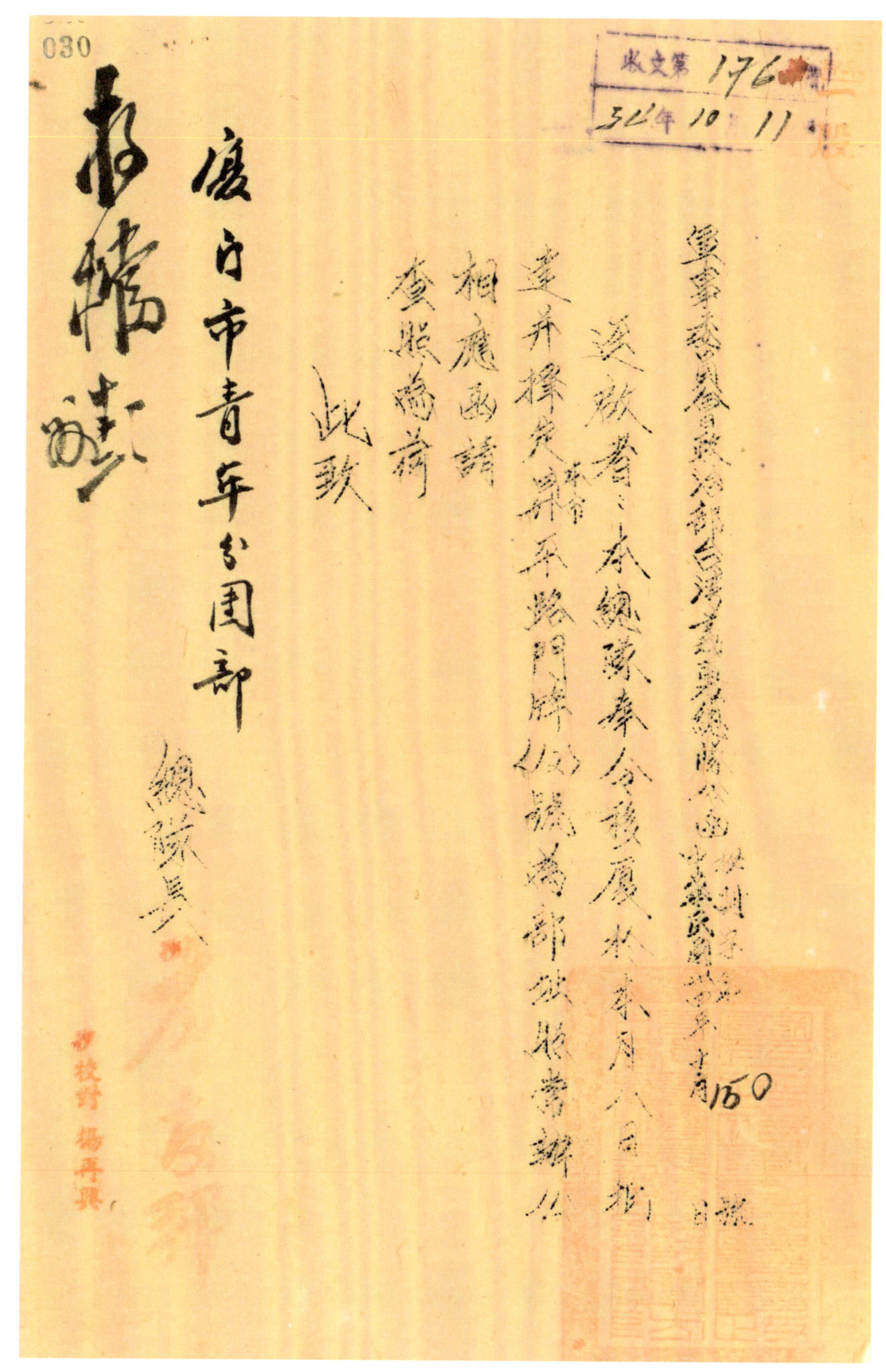
030

收文第176号
34年10月11日

軍事委員會政治部台灣義勇總隊公函　字第150號
中華民國卅四年十月　日

逕啟者：本總隊奉令移廈，於本月八日抵達，并擇定開平路門牌（12）號為部址，照常辦公。相應函請查照為荷。此致

廈門市青年分團部

總隊長 李友邦

## 菲律宾华侨血干团总部及其驻厦办事处关于设立办事处致厦门市警察局的一组文书（一九四六年五月至六月）

### 菲律宾华侨血干团致厦门市公安局的公函（一九四六年五月三十日）

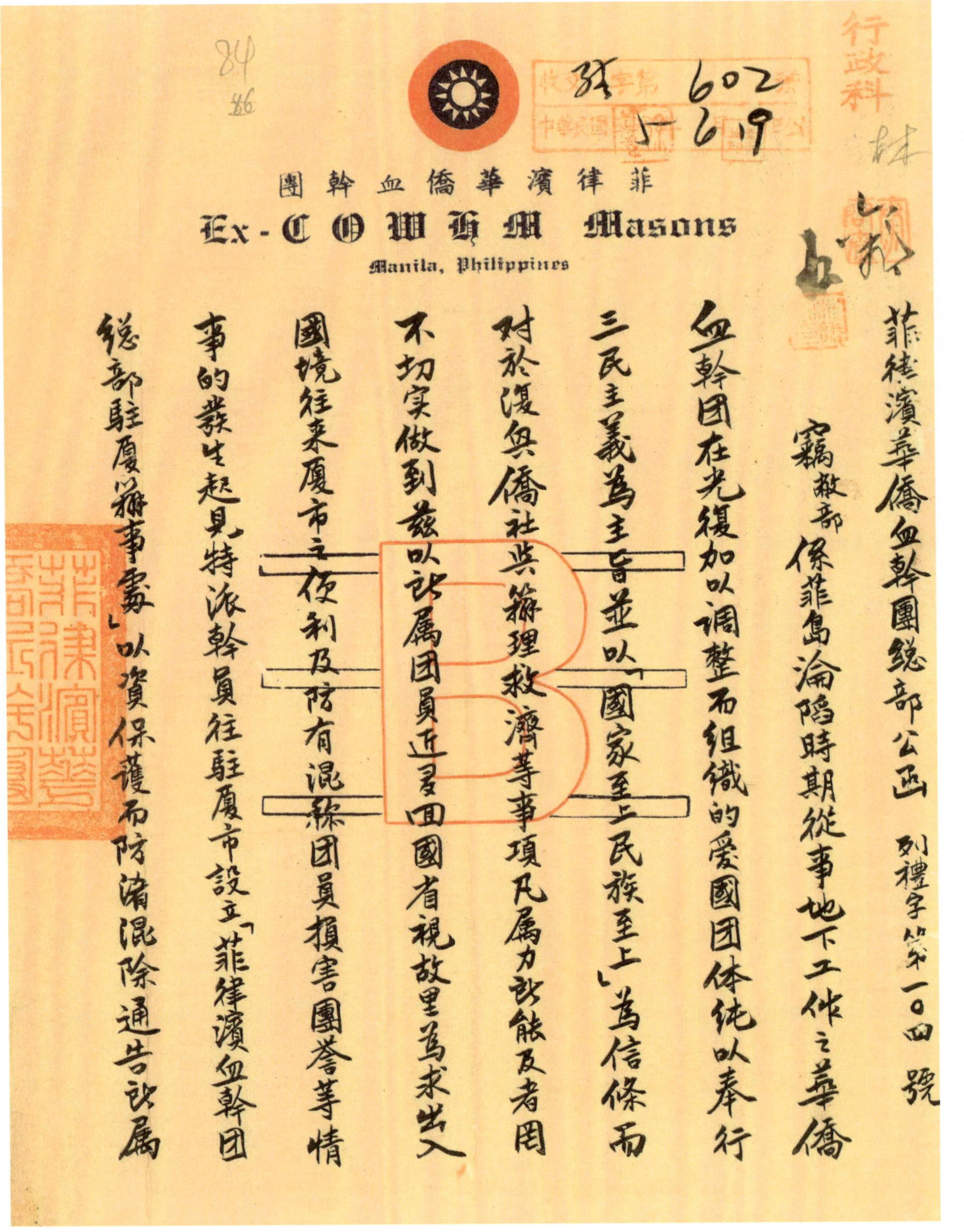
菲律濱華僑血幹團

Ex-COWHM Masons

Manila, Philippines

菲律濱華僑血幹團總部公函　列禮字第一〇四號

竊敝部係菲島淪陷時期從事地下工作之華僑血幹团在光復加以调整而組織的愛國团体純以奉行三民主義爲主旨並以「國家至上民族至上」爲信條而对於復興僑社與籌理救濟等事項凡屬力所能及者罔不切实做到茲以所屬团員近多回國省視故里爲求出入國境往来廈市之便利及防有混雜团員損害團譽等情事的發生起見特派幹員往駐廈市設立「菲律濱血幹团總部駐廈辦事處」以資保護而防淆混除通告所屬

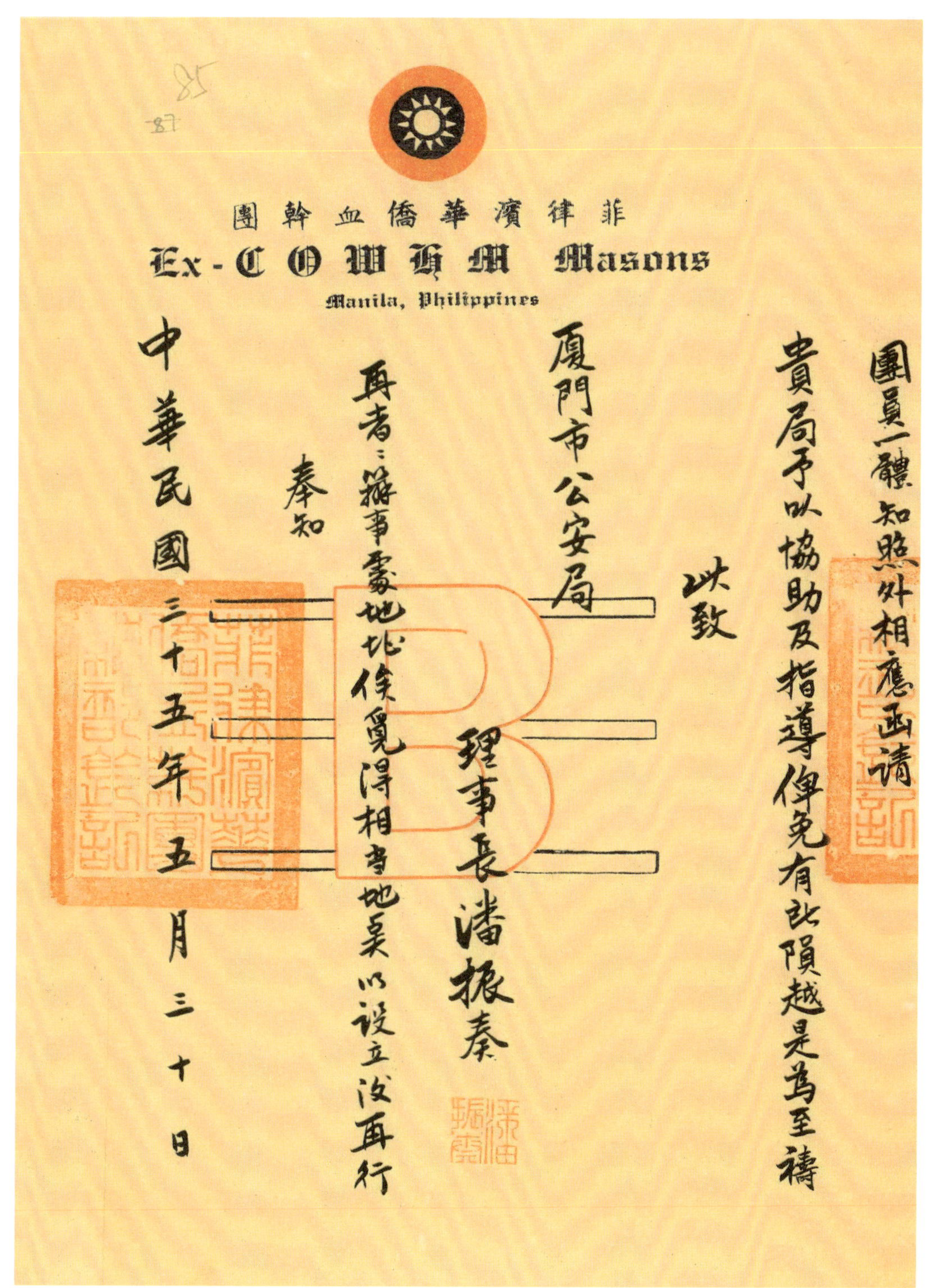

菲律濱華僑血幹團

Ex-C O W H M Masons

Manila, Philippines

團員一體知照外相應函請

貴局予以協助及指導俾免有所隕越是為至禱

此致

廈門市公安局

理事長潘振奏

潘振奏

再者：：辦事處地址俟覓得相當地點以設立後再行

奉知

中華民國三十五年五月三十日

## 菲律宾华侨血干团总部驻厦办事处致厦门市警察局的公函（一九四六年六月十九日）

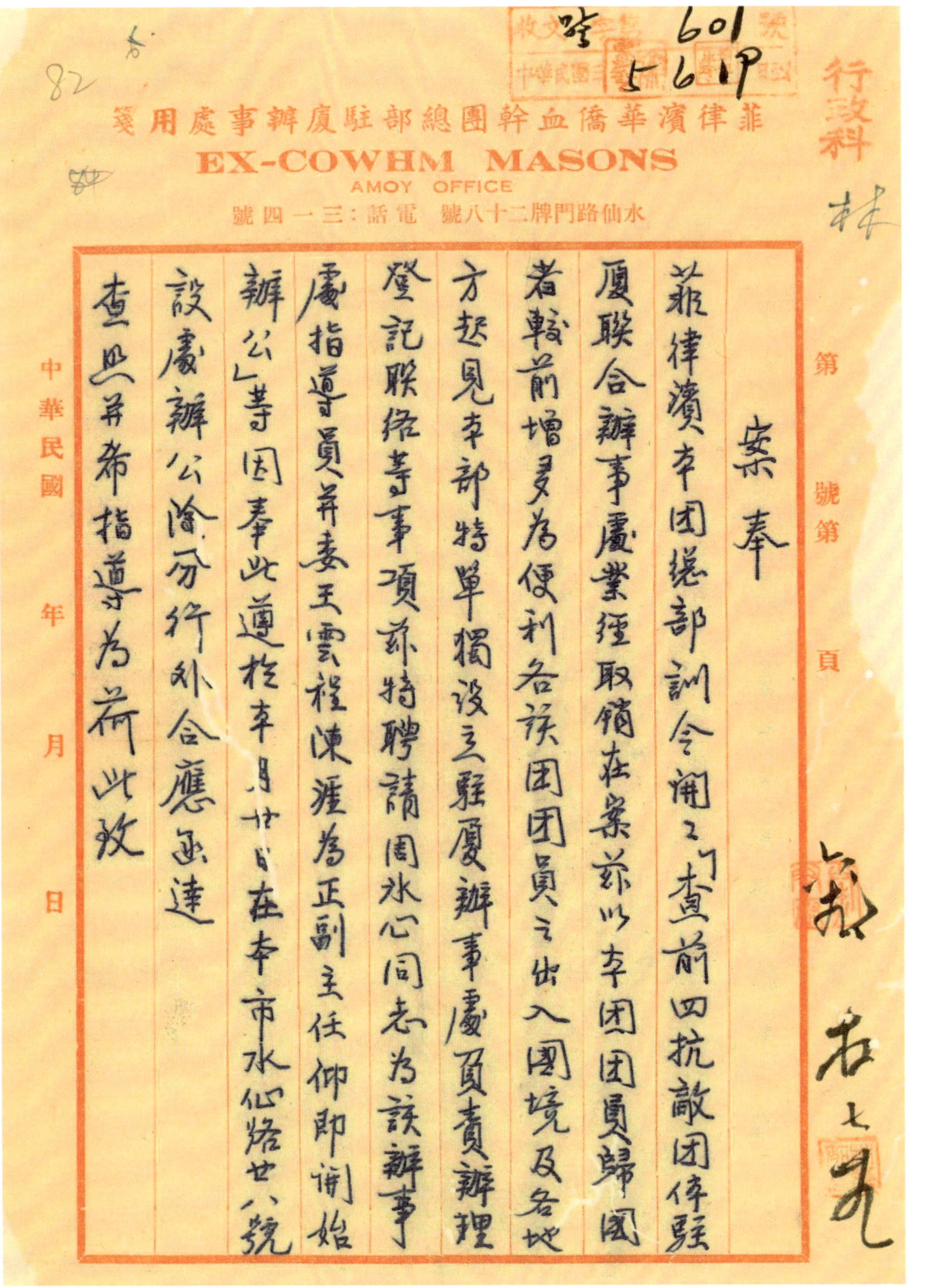

行政科

菲律濱華僑血幹團總部駐廈辦事處用箋

EX-COWHM MASONS
AMOY OFFICE

水仙路門牌二十八號 電話：三一四號

第　號第　頁

案奉

菲律濱本团總部訓令開：「查前四抗敵团係駐廈聯合辦事處業經取銷在案，茲以本团团員歸國者較前增多，為便利各該团团員之出入國境及各地方起見，本部特單獨設立駐廈辦事處負責辦理登記聯絡等事項，茲特聘請周水心同志為該辦事處指導員，并委王雲程、陳涯為正副主任，仰即剋始辦公」等因。奉此，遵於本月廿日在本市水仙路廿八號設處辦公，除分行外，合應函達

查照，并希指導為荷。此致

中華民國　年　月　日

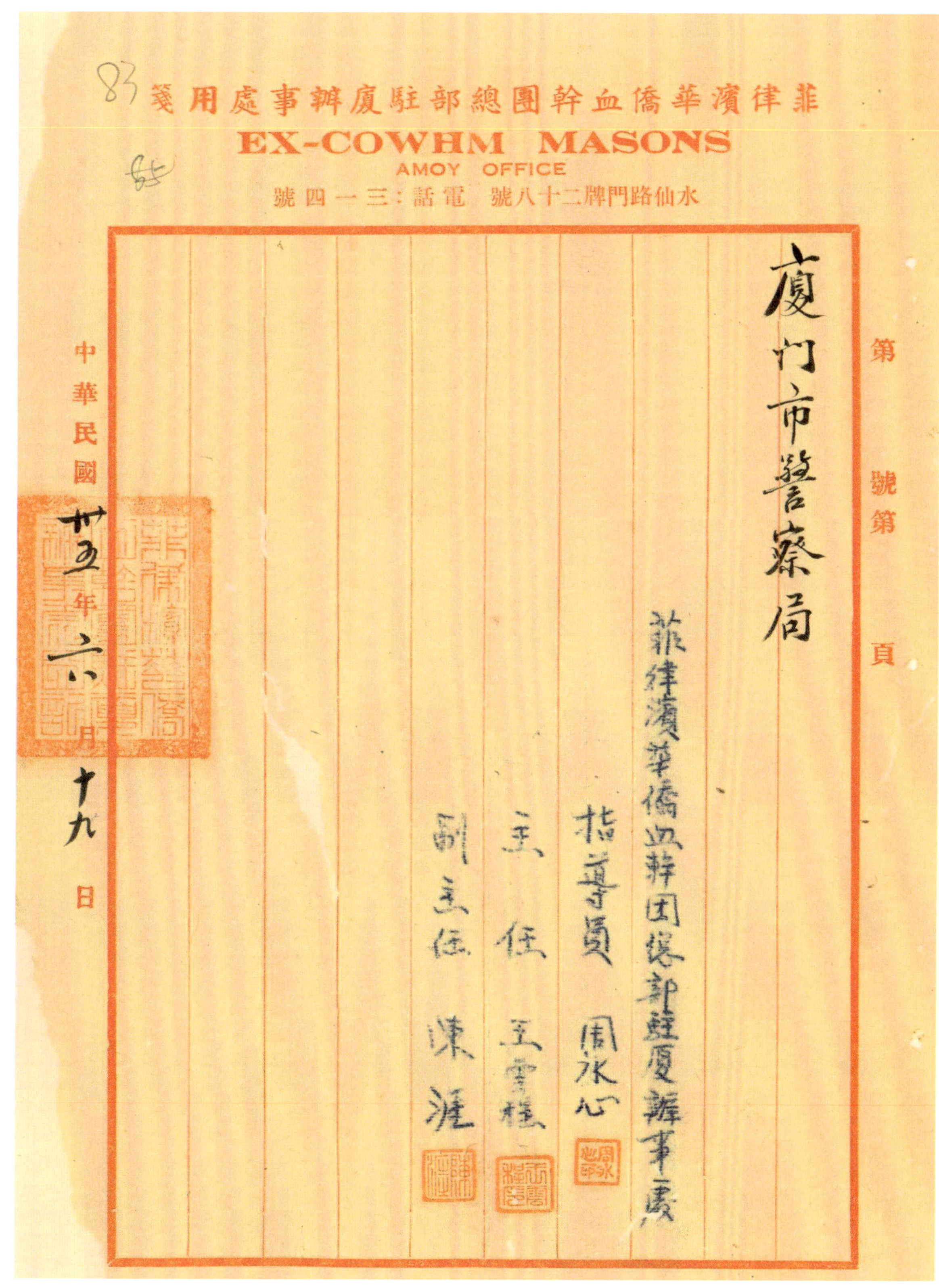

83

85

菲律濱華僑血幹團總部駐廈辦事處用箋

EX-COWHM MASONS

AMOY OFFICE

水仙路門牌二十八號　電話：三一四號

第　號第　頁

廈门市警察局

菲律濱華僑血幹团總部駐廈辦事處

指導員　周冰心

主任　王雲桂

副主任　陳涯

中華民國卅五年六月十九日

# 二、抗战宣传

## 厦门市工务局、厦门市政府及福建省政府关于查办厦门发现抗日传单案的来往文书
（一九三五年十月十二日至三十一日）

### 厦门市工务局致厦门市政府的签呈（一九三五年十月十二日）

机

00007

工字第 捌拾玖 號

簽呈 工字第 捌拾玖 號

一件 據報本市發現傳單措辭乖謬顯有反動嫌疑且復偽造戳記除函公安局飭屬嚴緝究辦外理合簽報察核由 由

據報本市發現傳單，上署「打倒賣國漢奸」，下署「福建民衆抗日救國會」之字樣，並蓋有廣告處圓形戳記。傳單内容，措辭乖謬，顯有反動嫌疑。查廣告處圓形戳記，早已作廢，於十月一日起改用方角形新戳，業經本局將印模函請 公安局查照，並飭屬知照在案。細驗單上所蓋之戳與舊戳字畫及刻法均不相符，顯係偽造，尤屬目無法紀，若不嚴查究辦，不但淆亂是非，且恐妨礙邦交，除檢同原單函請 公安局飭屬派探嚴緝究辦外，理合將原單隨文簽請

鈞長察核。

謹呈

市長王

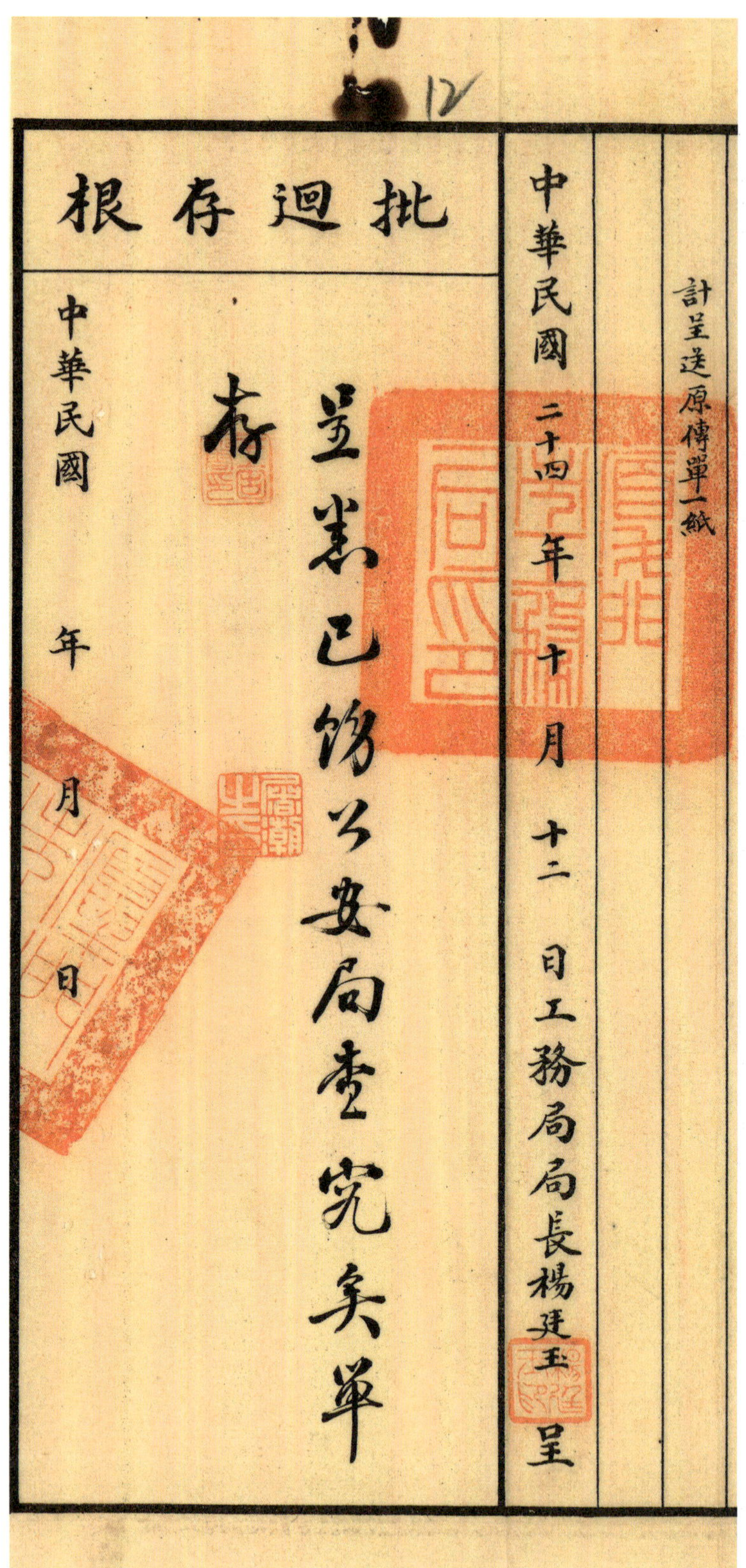
12

批迴存根

計呈送原傳單一紙

中華民國二十四年十月十二日工務局局長楊廷玉呈

呈案已飭公安局查究矣單存

中華民國　年　月　日

厦门市政府致福建省政府的密呈（一九三五年十月十七日）

00008

13

用信本市紙啓

密呈

本月九日據密探本市旨發現署名福建民衆抗日救國會傳單並向駐廈日本領事館及台灣公會寄投遍散播正在密飭公安局派探偵緝間據搜工務局撿獲原傳單一紙並蓋有該局廣告處圖形新戳記云云

理合將原單隨文呈請察核前來查閱附云

單播詞危謬誠恐寄遞不止一處除分飭

公安局嚴密緝究外理合檢同原單密呈

通令查禁以維邦交

鈞核謹呈

福建省政府主席陳

厦門市政府

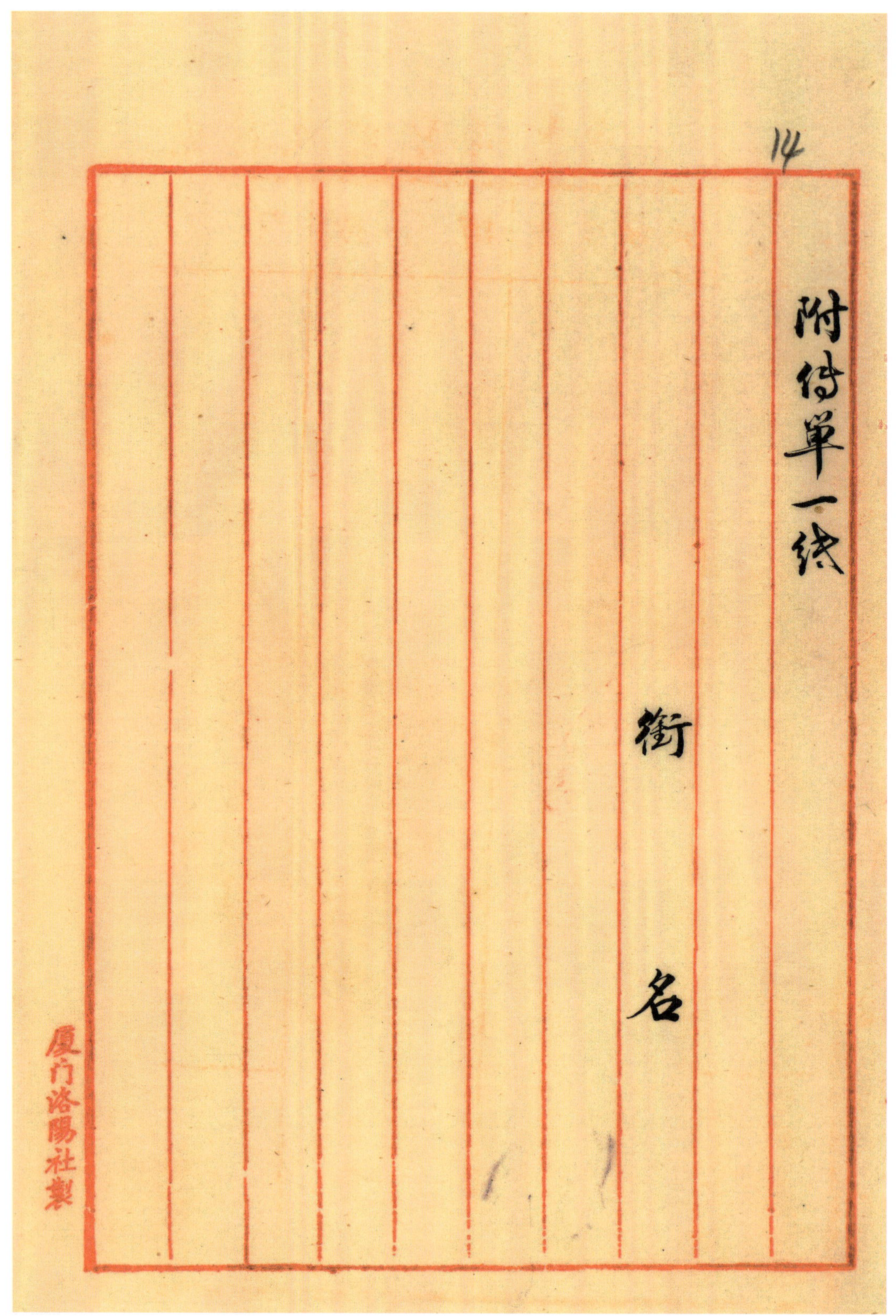
14

附件单一纸

衔

名

厦门洛陽社製

福建省政府致厦门市政府的密指令（一九三五年十月二十三日）

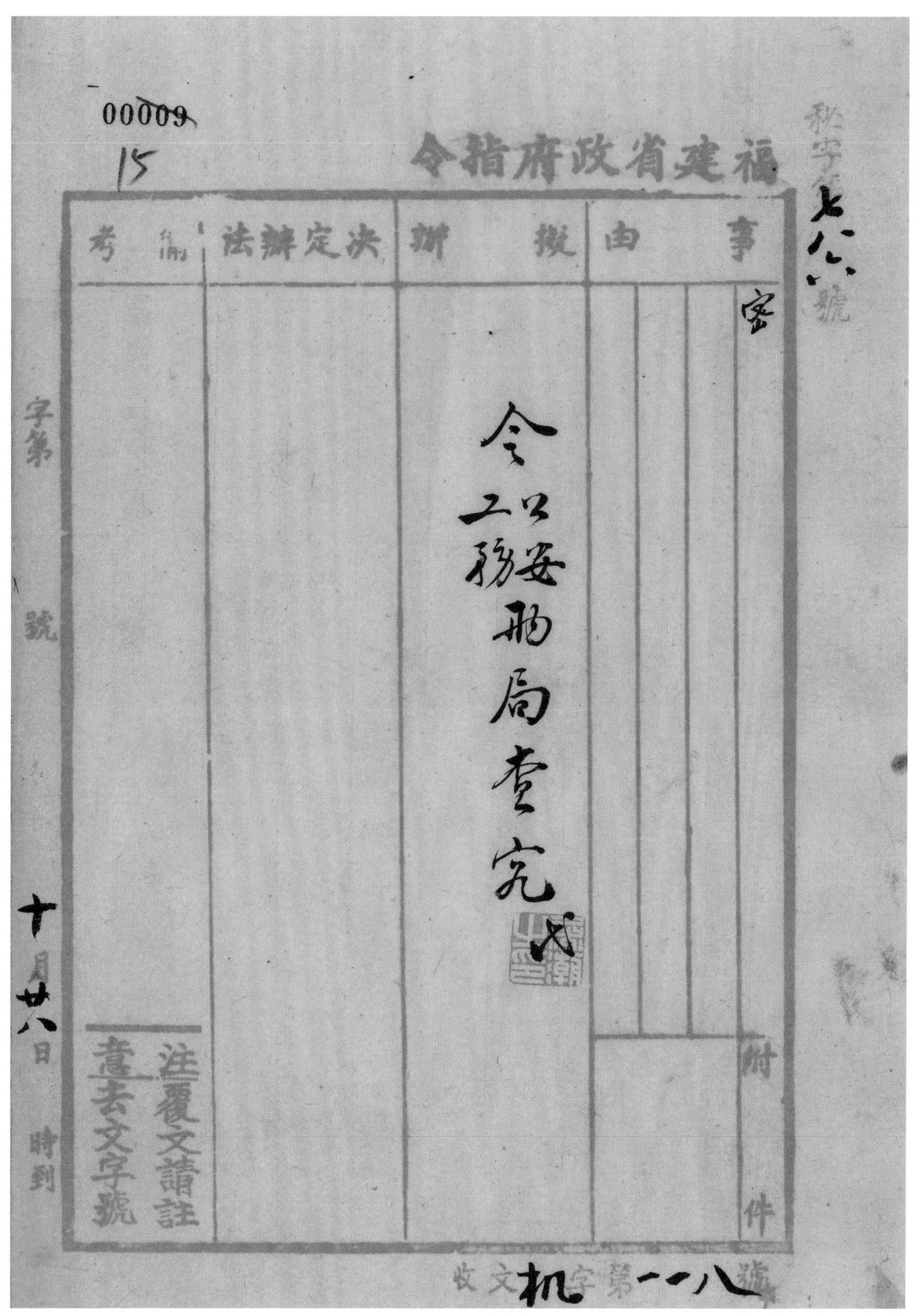
00009

15

福建省政府指令

秘字第七八八號

| 事由 | 擬辦 | 決定辦法 | 備考 |
| --- | --- | --- | --- |
| 密 | 令公安局工務局查究 戊 | | |

附件

字第　號

十月廿八日　時到

注意 請註覆文去文字號

收文机字第一一八號

# 福建省政府指令

密

秘一字第四五八一號

令厦门市市长

二十四年十月十七日呈一件为发现民众抗日救国会传单请通令查禁由

呈悉。查此项传单，何人制发，何处承印，既在该市区内发现，应有线索可寻，仰即严密查禁究办，并饬属随时注意，此类反动情形，应在事前注意周详，迅为扑灭，无使滋蔓。至工务局广告处图形戳记，既经作废，已否销毁，亦应澈底查究。除另案通令查究外，仰即遵照。

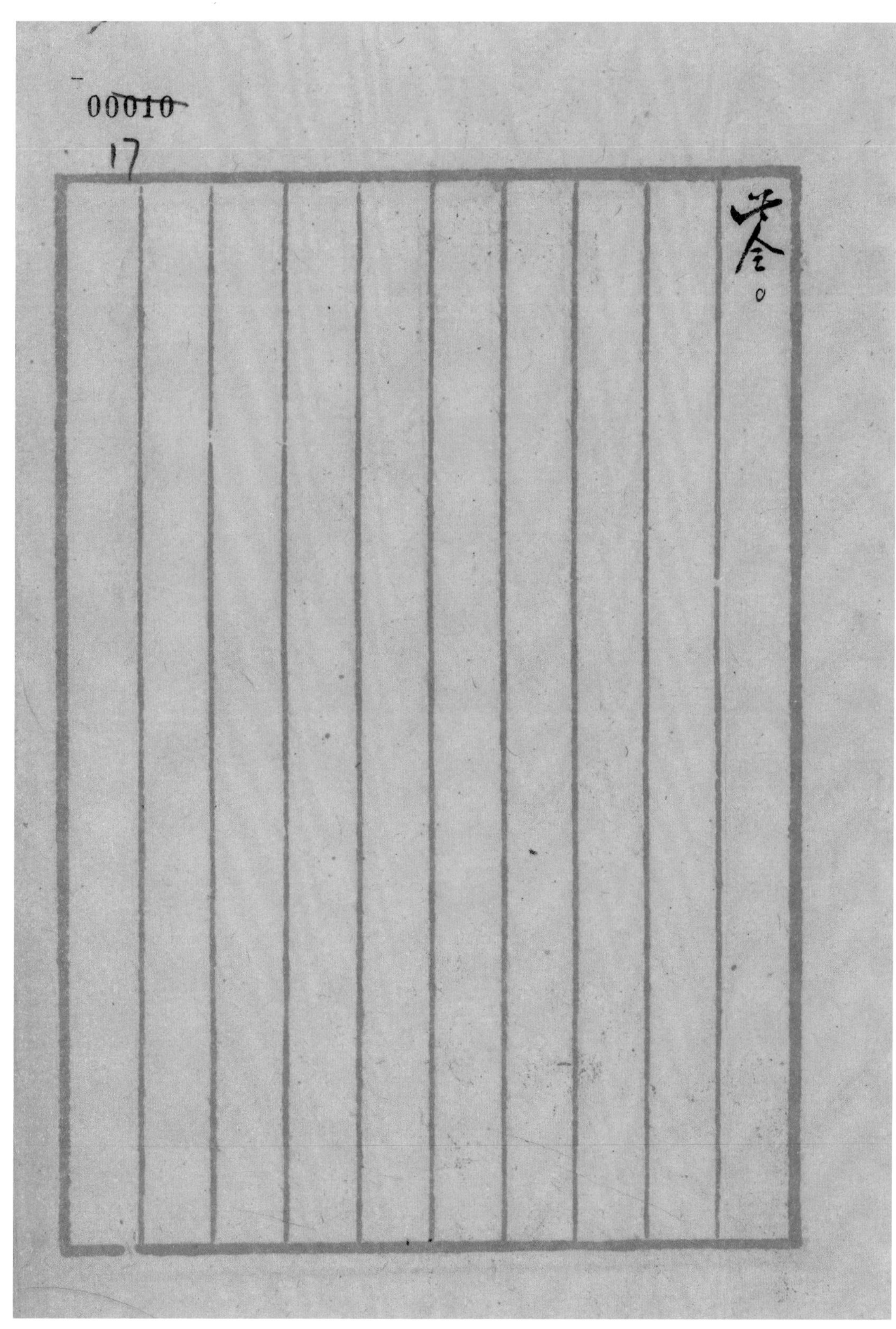

中華民國廿四年十月廿三日

主席 陳儀

監印郭煥章

校對魏達良 林[illegible]

厦门市政府致厦门市公安局、厦门市工务局的密训令（一九三五年十月三十一日）

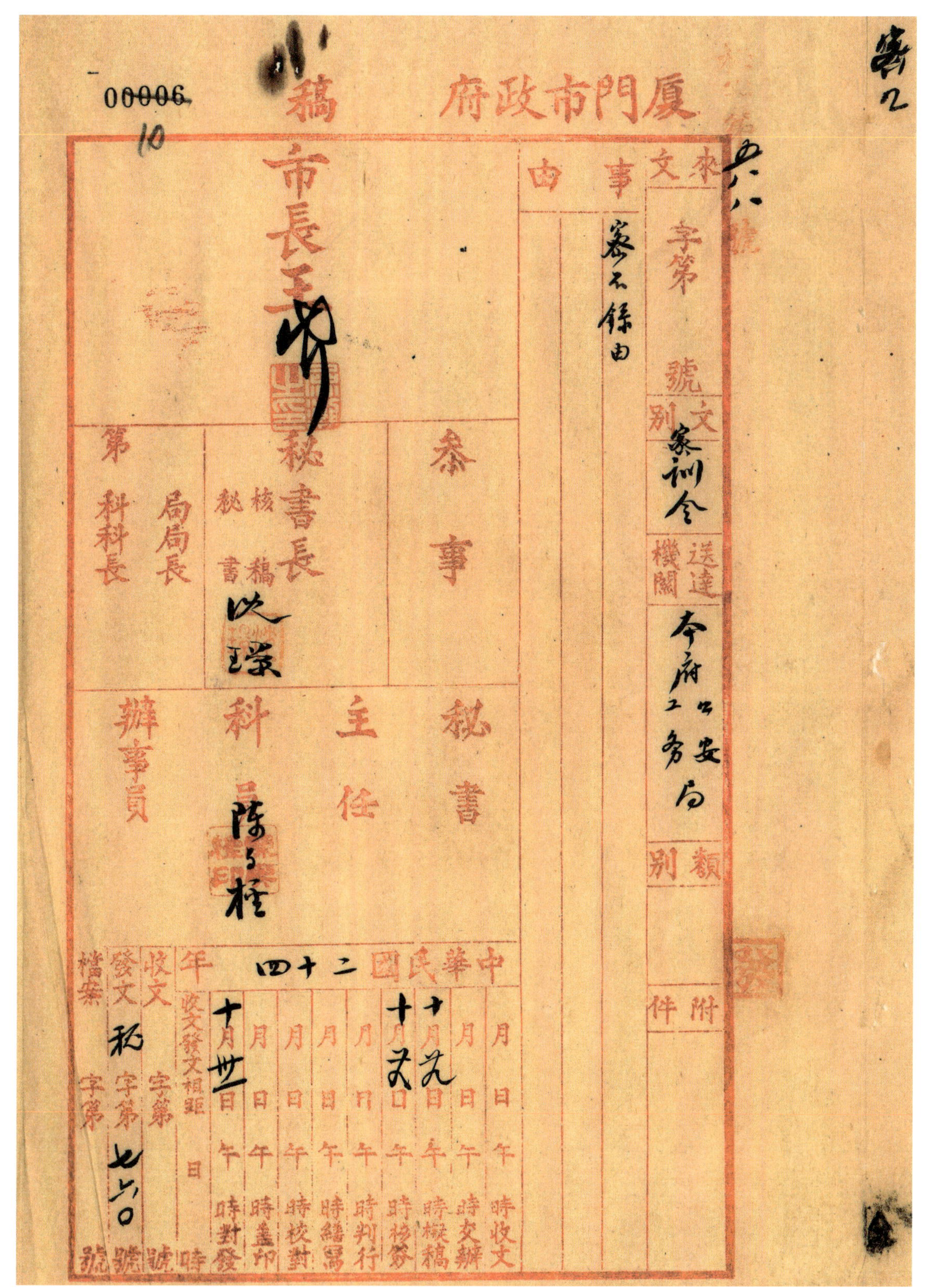
厦門市政府稿

00006

市長王

秘書長

核稿

秘書

沈琛

參事

第　科科長

局局長

秘書

主任

科員

陳ㄋ桂

辦事員

來文字第　號

文別　密训令

送達機關　本府公安工务局

類別

附件

事由　密不錄由

中華民國二十四年

收文　字第　號

發文　秘字第七六〇號

檔案　字第　號

收文發文相距　日　時

月日午時收文

十月十九日午時交辦

十月卅日午時擬稿

月日午時核簽

月日午時判行

月日午時繕寫

月日午時校對

月日午時蓋印

十月卅一日午時對發

令　衛察訓令　秘字第　　號

令本府工務、公安局

案查本府於十月九日接密報本市發現署名福建民眾抗日救國會傳單，任意散發，單內措詞荒謬，識恐害遍不止一處。理合檢同原單密呈鑒核，通令查禁，以維邦交，由前來。

福建省政府二十四年十月廿二日秘一字第四五八一號密指令開：

「呈悉。查此項傳單何人製發，並仰即遵照」

等因。奉此。除分令工務局徹底查究、公安局嚴密查緝外，合行抄發密呈，令仰該局長迅飭偵緝隊嚴密查明緝究，並對於廈各報記徹底查究具報。

此令。

計抄發密呈一件

厦门市政府关于请派员处理本市对日言论激烈报纸致福建省政府的电（一九三七年六月二十二日）

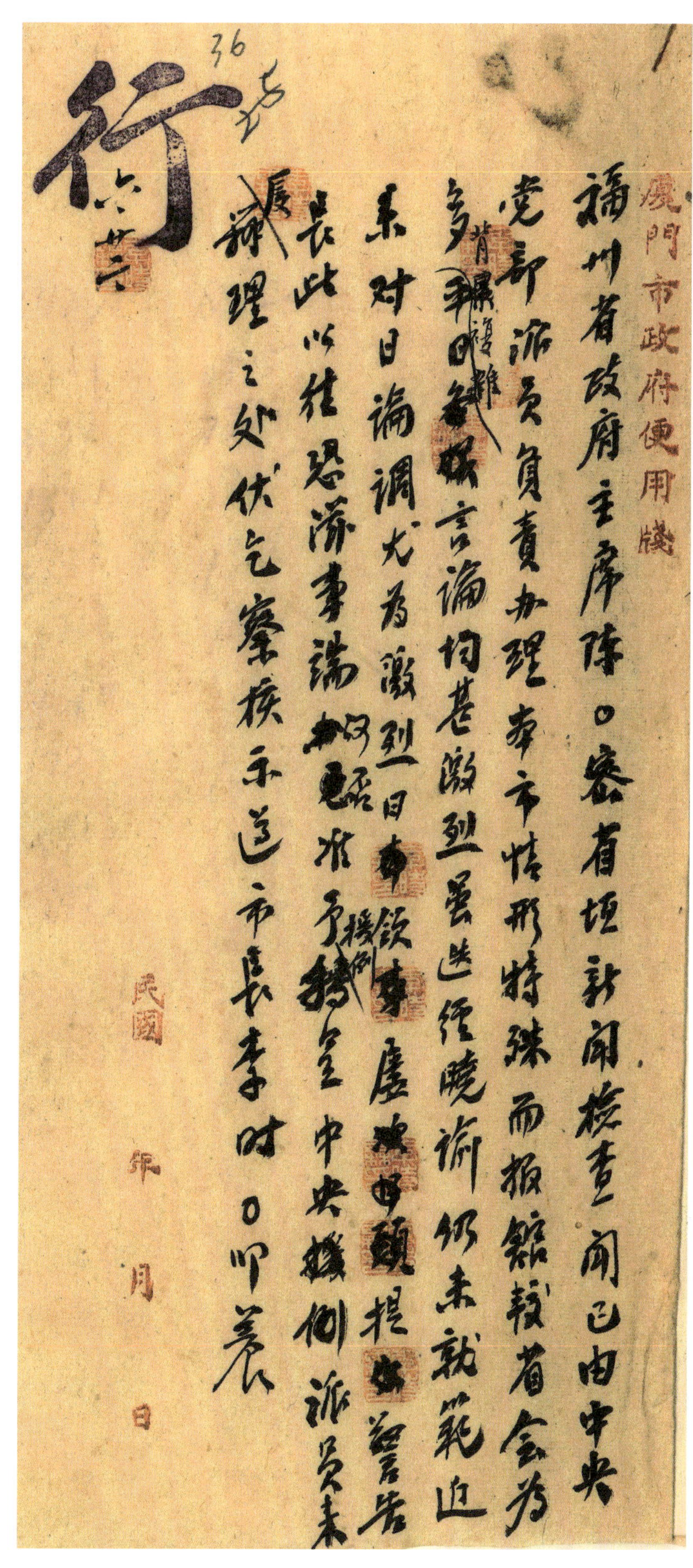
厦門市政府便用牋

福州省政府主席陈○密。省垣新闻检查所已由中央
党部派员负责办理。本市情形特殊，而报馆较省会为
多，各报言论均甚激烈，屡经晓谕，仍未就范。近
来对日论调尤为激烈，日本领事[illegible]提出警告。
长此以往，恐滋事端。拟恳转呈中央迅派员来
厦办理之处，伏乞察核示遵。市长李时○叩。养。

民國　年　月　日

# 厦门市政府关于报纸应审慎对待卢沟桥事件防止事态扩大致厦门市警察局的密令（一九三七年七月十二日）

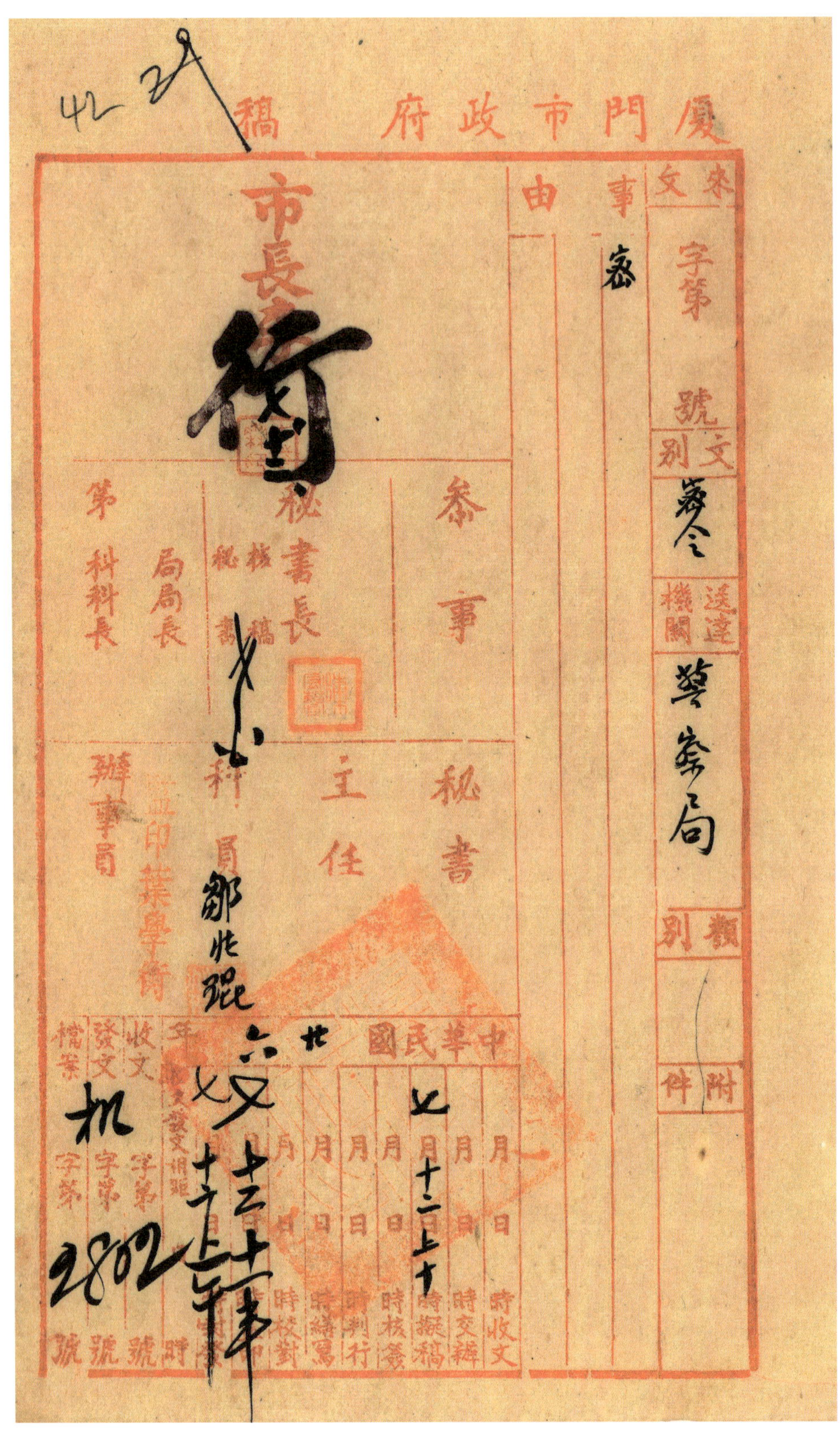

厦門市政府稿

| 來文 | 字第　號 |
| --- | --- |
| 文別 | 密令 |
| 送達機關 | 警察局 |
| 類別 | |
| 附件 | |

事由：密

市長

參事　秘書長　秘書

主任　秘書　機要秘書

局長　科長　科員

辦事員

監印　葉學符

中華民國　年　月　日

收文　交辦　擬稿　核簽　判行　繕寫　校對

收文字第　號　發文字第　號　檔案字第　號

43

全銜密令　　　　機字第　　號

令警察局

查最近自蘆溝橋事件發生，人心憤激，此固為愛國熱誠所驅使，然若不堅持其志，徒囂其氣，無裨實際，況中央政府現正積極交涉，沉着應付，以鎮靜和平之態度，防止事態擴大；此際報紙言論，自應格外審慎，否則不獨增加糾紛，抑且於地方治安有礙，為此令仰該局長遵照轉飭本市各報館一體注意為要

此令

市長李〇〇

## 厦门市政府、福建省政府关于派员办理新闻检查的来往文书（一九三七年七月二十六日至二十九日）

### 厦门市政府致福建省政府的密电（一九三七年七月二十六日）

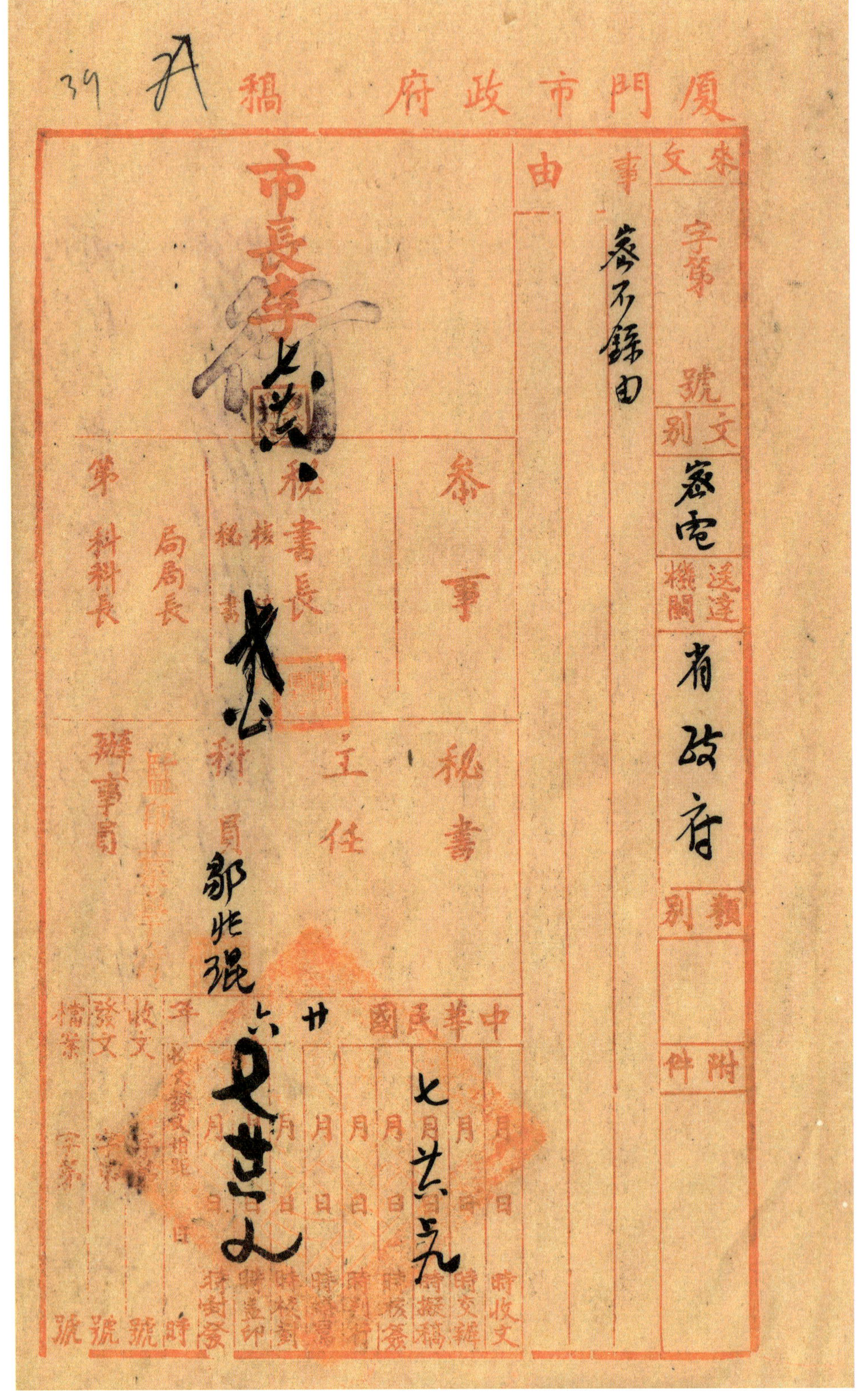
厦門市政府稿

來文字第　號

事由：密不錄由

文別：密電

送達機關：省政府

類別

附件

市長李

秘書長

參事

秘書

主任

科員　鄒兆琨

中華民國廿六年七月廿六日

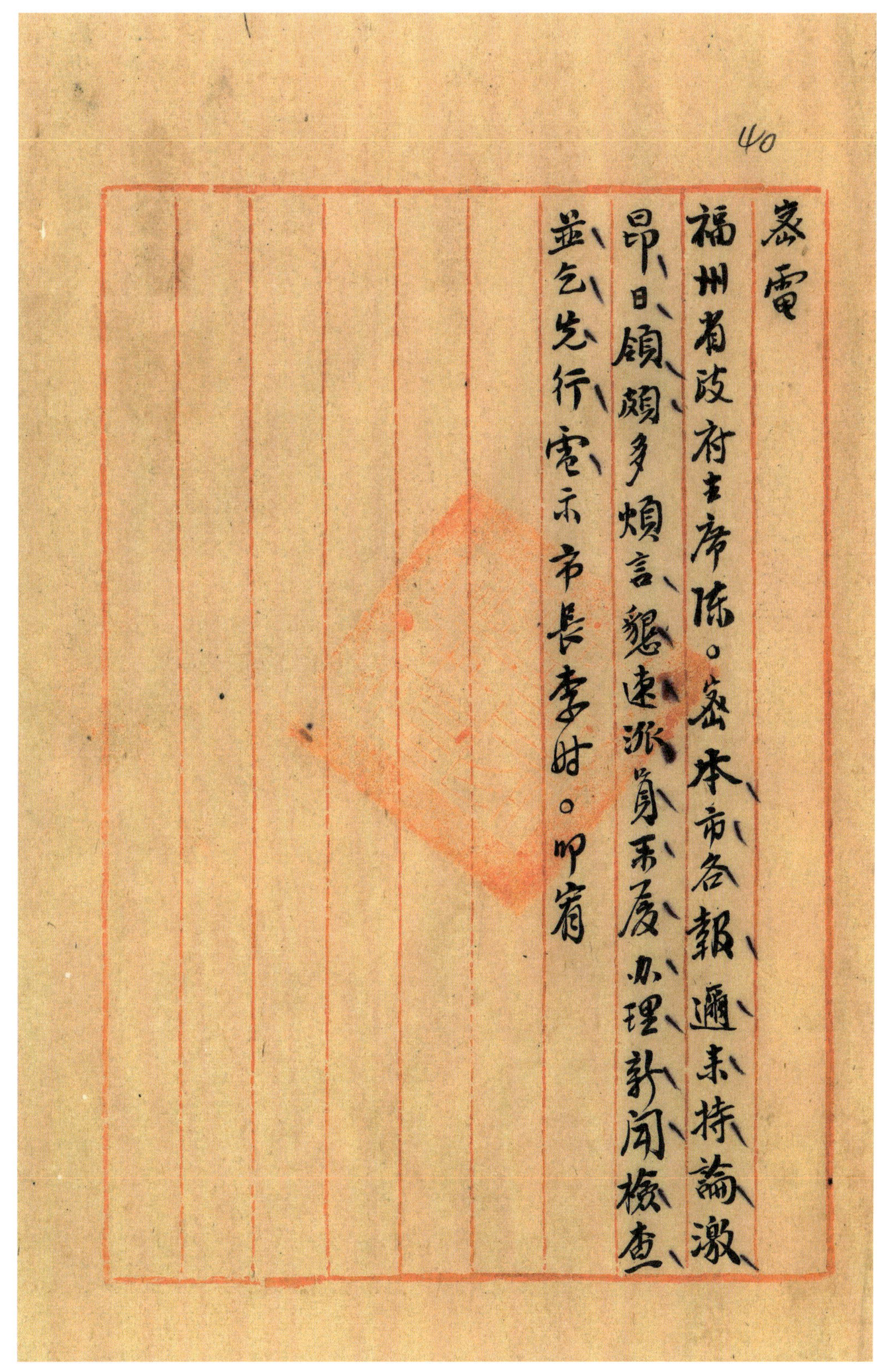

40

密電

福州省政府主席陳。密。本市各報迭來持論激昂，日領頗多煩言，懇速派員來廈辦理新聞檢查，並乞先行電示。市長李時。卯宥

# 福建省政府致厦门市政府的电（一九三七年七月二十九日）

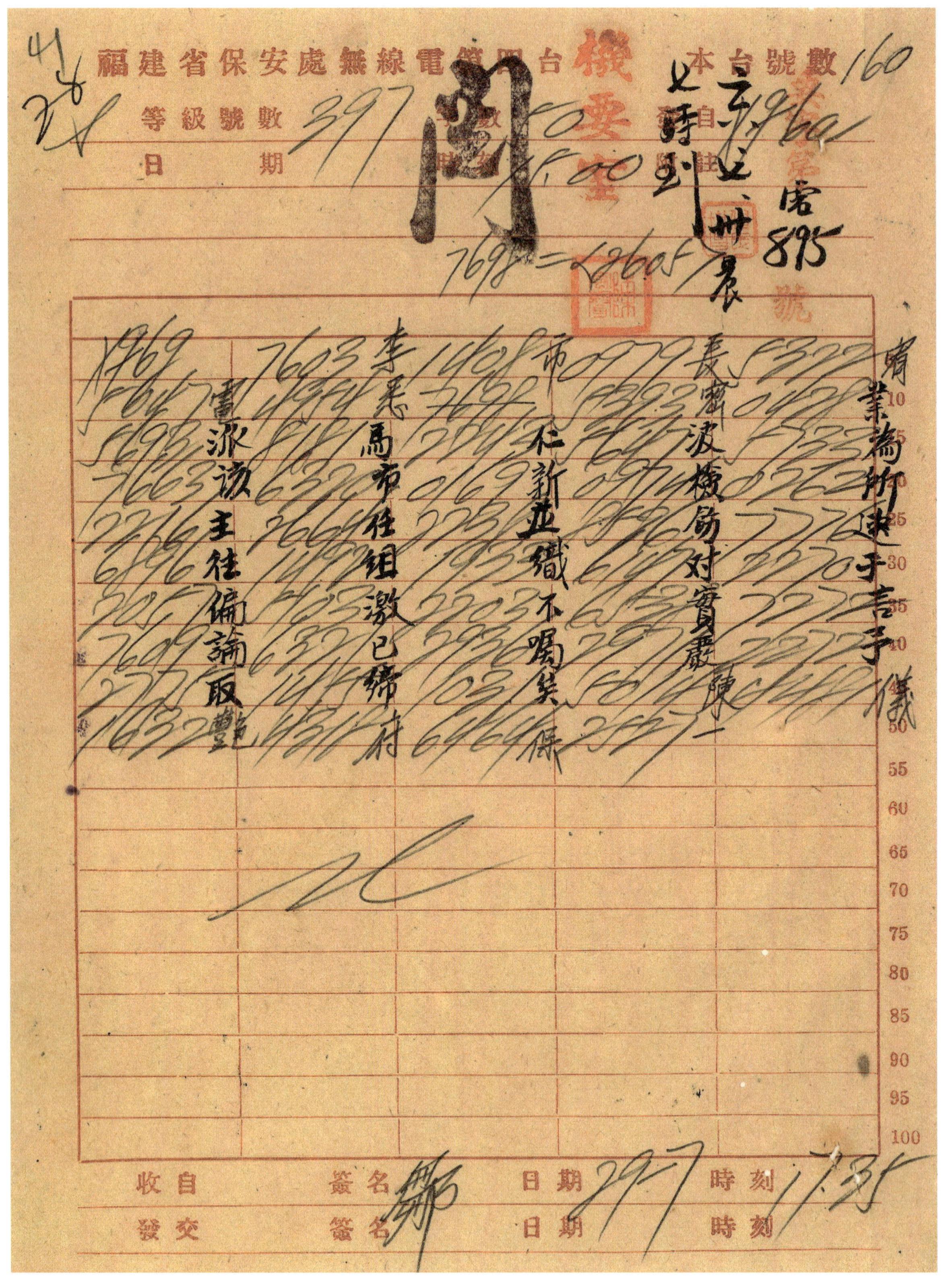

福建省保安處無線電管理台

本台號數

等級號數　　字數　　來自

日期　　時刻　　附註

機要室

收自　　簽名　　日期　　時刻

發交　　簽名　　日期　　時刻

福建省立医院关于举行抗敌自卫战宣誓致中国国民党福建省党部特派员的代电（一九三七年九月二十一日）

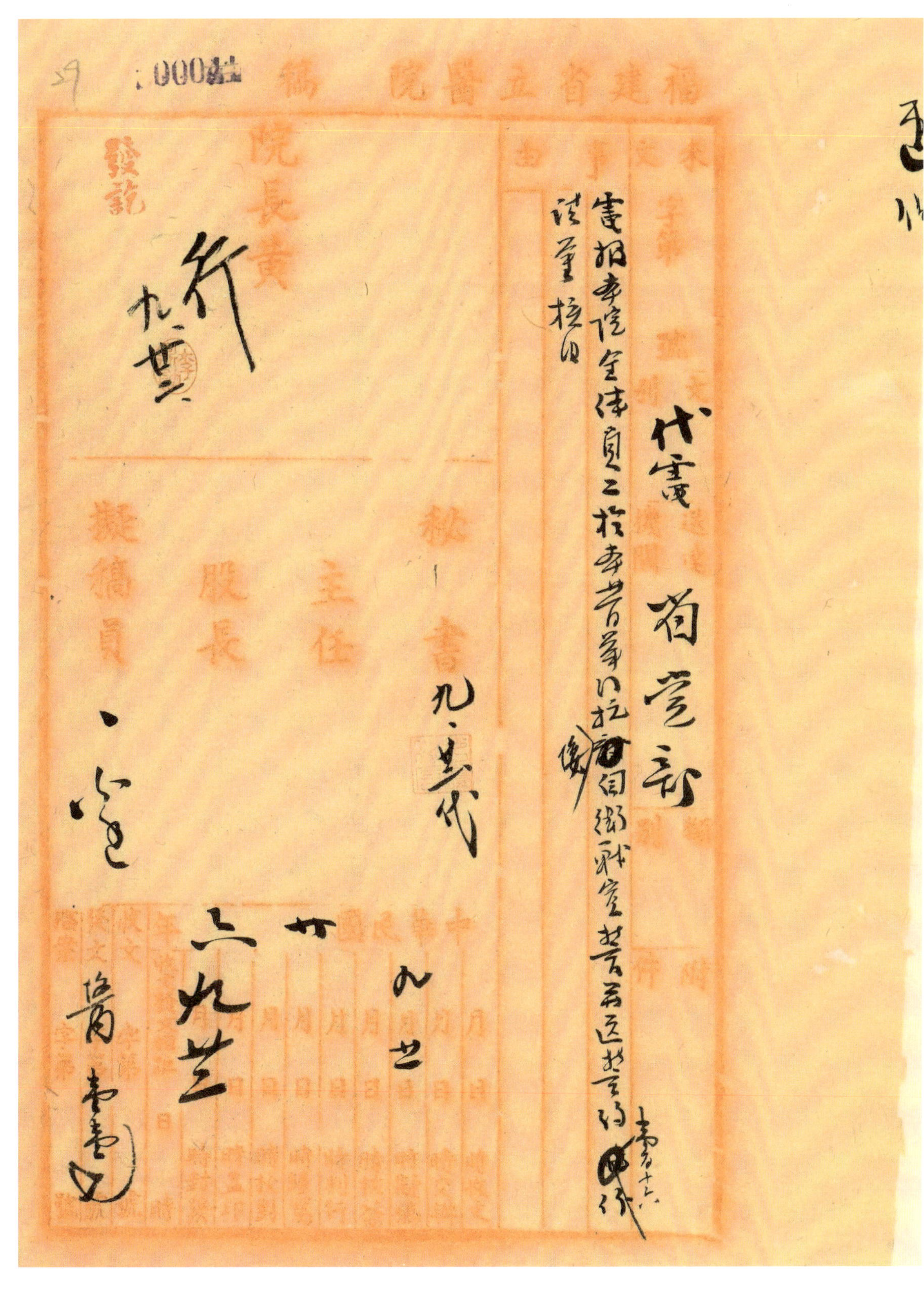
福建省立醫院稿

院長黃

秘書

主任

股長

擬稿員

快郵代電

福建省黨部陳特派委員鈞鑒：暴日肆虐，舉世共憤，凡屬國人莫不痛心疾首，敵愾同仇。本院全體員工爰於本月廿日舉行抗倭自衛戰宣誓，謹將誓詞一頁[illegible]份隨電送請鑒核。福建省立醫院代理院長李〇〇叩馬

附呈誓詞一頁[illegible]份

中国国民党福建省厦门市党务特派员办事处关于举行抗战补宣誓致各学校、机关、团体的函（一九三七年十月八日）

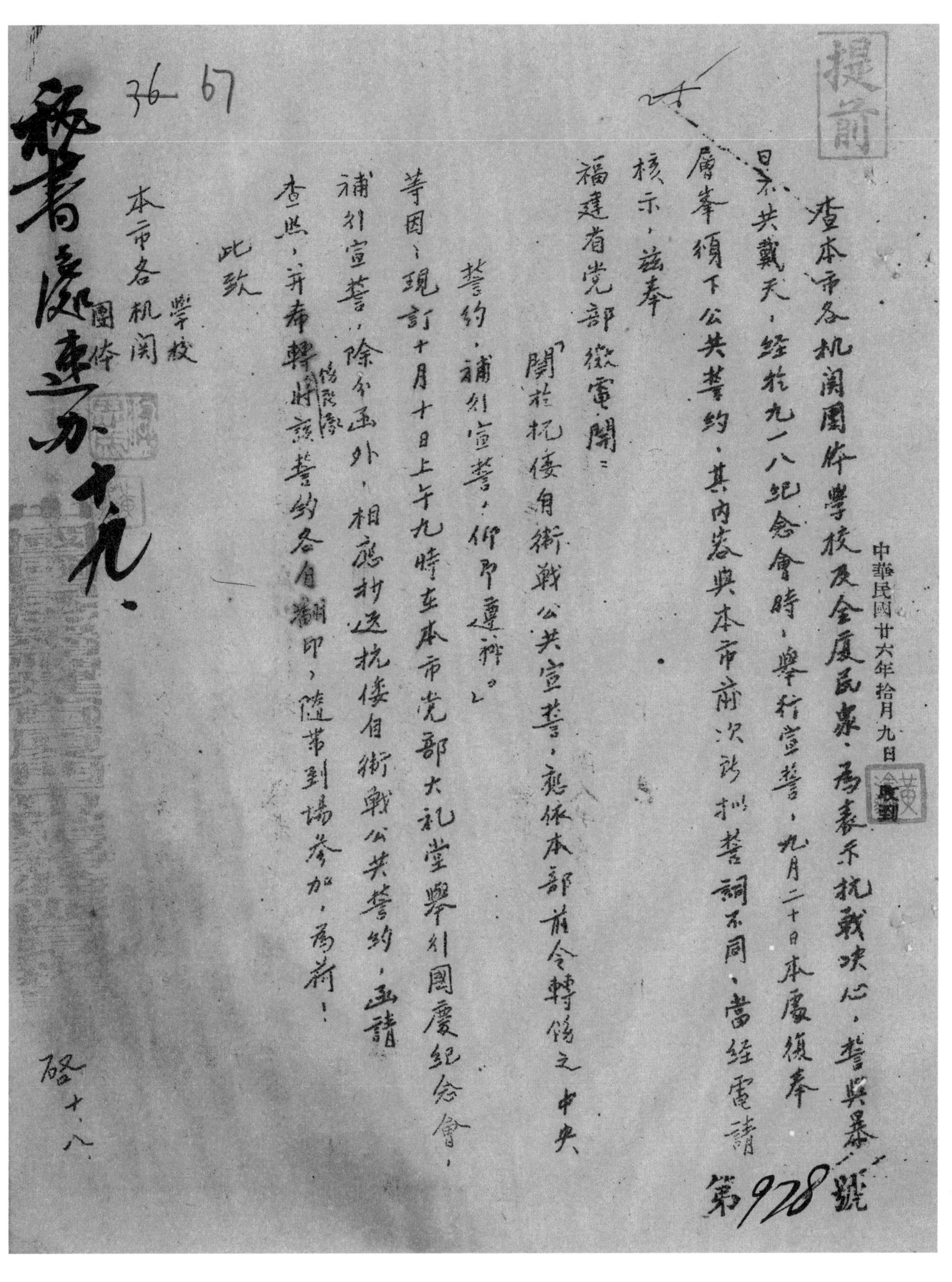
提前

第928號

中華民國廿六年拾月九日 收到

查本市各機關團体學校及全廈民衆，為表示抗戰决心，誓與暴日不共戴天，經於九一八紀念會時，舉行宣誓，九月二十日本處復奉層峯頒下公共誓約，其內容與本市前次所擬誓詞不同，當經電請核示，茲奉福建省黨部徵電開：「關於抗倭自衛戰公共宣誓，應依本部前令轉飭之中央誓約，補行宣誓，仰即遵辦」。等因；現訂十月十日上午九時在本市黨部大禮堂舉行國慶紀念會，補行宣誓，除分函外，相應抄送抗倭自衛戰公共誓約，函請查照，並希轉飭該誓約各自翻印，隨帶到場參加，為荷！

此致

本市各機關團体學校

秘書處速办 十九

啓十八

# 抗倭自卫战公共誓约（一九三七年十月十日）

68

抗倭自衛戰公共誓約

(一)我們誓以至誠，貢獻個人所有一切精神、一切物質的力量，於此次神聖抗倭戰爭，共同服從最高領袖的命令，敬謹受其統率，步伐整齊的前進，抗戰到底，如有違背此旨，甘受國家最嚴厲的處分。

(二)在抗倭期內，有破壞整個民族抗倭統一戰綫者，我們即視彼為漢奸，誓不與之共存。

(三)在抗倭期內，有力而不出力、有錢而不出錢者，我們即不承認其為中華民國國民，誓與國人共棄之。

(四)在抗倭期內，凡中華民國之軍隊，不參加作戰與參加而不努力奮鬥者，我們即不承認其為中華民國之軍隊，誓與國人共棄之。

中華民國二十六年十月十日

中国国民党福建省厦门市党务特派员办事处关于分发抗日救国问答十条及抗敌标语汇编致厦门市政府的函（一九三七年十月十二日）

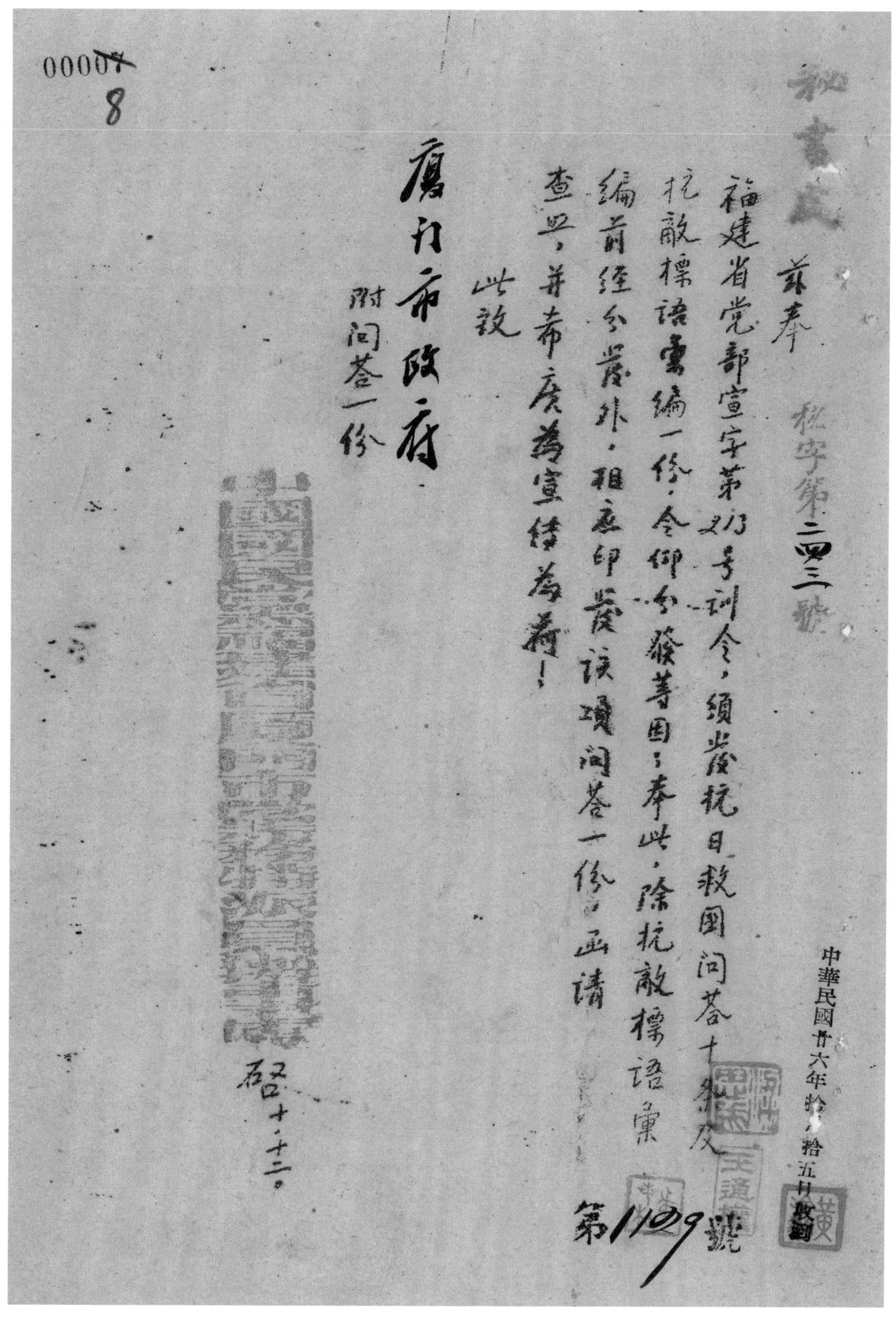

秘書處

秘字第二四三號

逕奉

福建省党部宣字第2113号训令，须发抗日救国问答十条及抗敌标语汇编一份，令仰分发等因；奉此，除抗敌标语汇编前经分发外，相应印发该项问答一份，函请

查照，并希广为宣传为荷！

此致

厦门市政府

附问答一份

启 十．十二

中華民國廿六年拾月拾五日收到

第1129號

## 附：抗日救国问答十条

00008

### 抗日救國问答十條

(一) 我们现在為什么要抗日呢？

日本要滅亡我们的國家，我们已忍無可忍，讓無可讓，非抗牠不能生活了，所以我们非起来抗日不可。

(二) 不抗日可不可以呢？

不可！不抗日就要當亡國奴了。不僅自己當亡國奴，子子孫孫都要當亡國奴的。

(三) 什么叫亡國奴呢？

亡國奴就同高麗台湾人一樣，任人欺侮，任人劫奪，任人宰殺。祖宗的墳墓不能保，田園莊宅不能保，金錢財宝都不能保，生活真是連猪狗都不如！

9

(四)怎樣才能不當亡國奴呢？

只有信仰我們中央政府，幫助我們的國家軍隊，擁護我們的軍事領袖，大家一致起來抗日，才能不當亡國奴。

(五)怎樣才算是信仰政府、幫助軍隊、擁護領袖呢？

我們要不造謠言，不聽謠言，不信謠言，也就是沒有根据的話不說，別人亂說的話不理，凡傳聞不实的話，不再傳給別人。

(六)要大家一致起來抗日該當怎麼樣？

抗日須有錢的出錢，有心的用心，有力的出力。

(七)怎樣才算有錢的出錢呢？

就是把自己所有的一切錢鈔首飾也好，廢銅爛鉄也好，糧食也好，貨品也好，只要是國家需要的，都毫不吝嗇地甘心樂意地甚至於自動地拿出來貢献給國家。

(八)怎樣才算有心的用心呢？

00009
10

為抗日勝利，為國家生存，為子々孫々不做亡國奴起見，我們要用盡我們的心思，想出種々的方法，来維護社会的秩序，制止漢奸的活動，我們更要不怕危險，不怕犧牲，幫助我們的國軍作戰，消滅敵人的力量，寧肯犧牲自己的性命，来換國家千々萬々的生命。

(九)

怎樣才算有力的出力呢？

國家打仗的時候，更需要物資，需要粮食，我們作工的人应该不怕危險，努力作工，多々生產，我們農民，要比平時更加努力耕種，多々生產粮食，我們商人应该維持市面，照常營業，且不可抬高物价，這樣就算是有力的出力，大家共同抗日了。

(十)

我們讀了「抗日救國問答」应该怎樣作呢？

我們要把每一條都記在心裏，照着他去实行，我們不实行便算是对不住國家，不配作中國的國民了。

厦门市政府轮渡管理处关于拟定优待抗敌会宣传队乘轮办法致厦门市政府的呈（一九三七年十一月十七日）

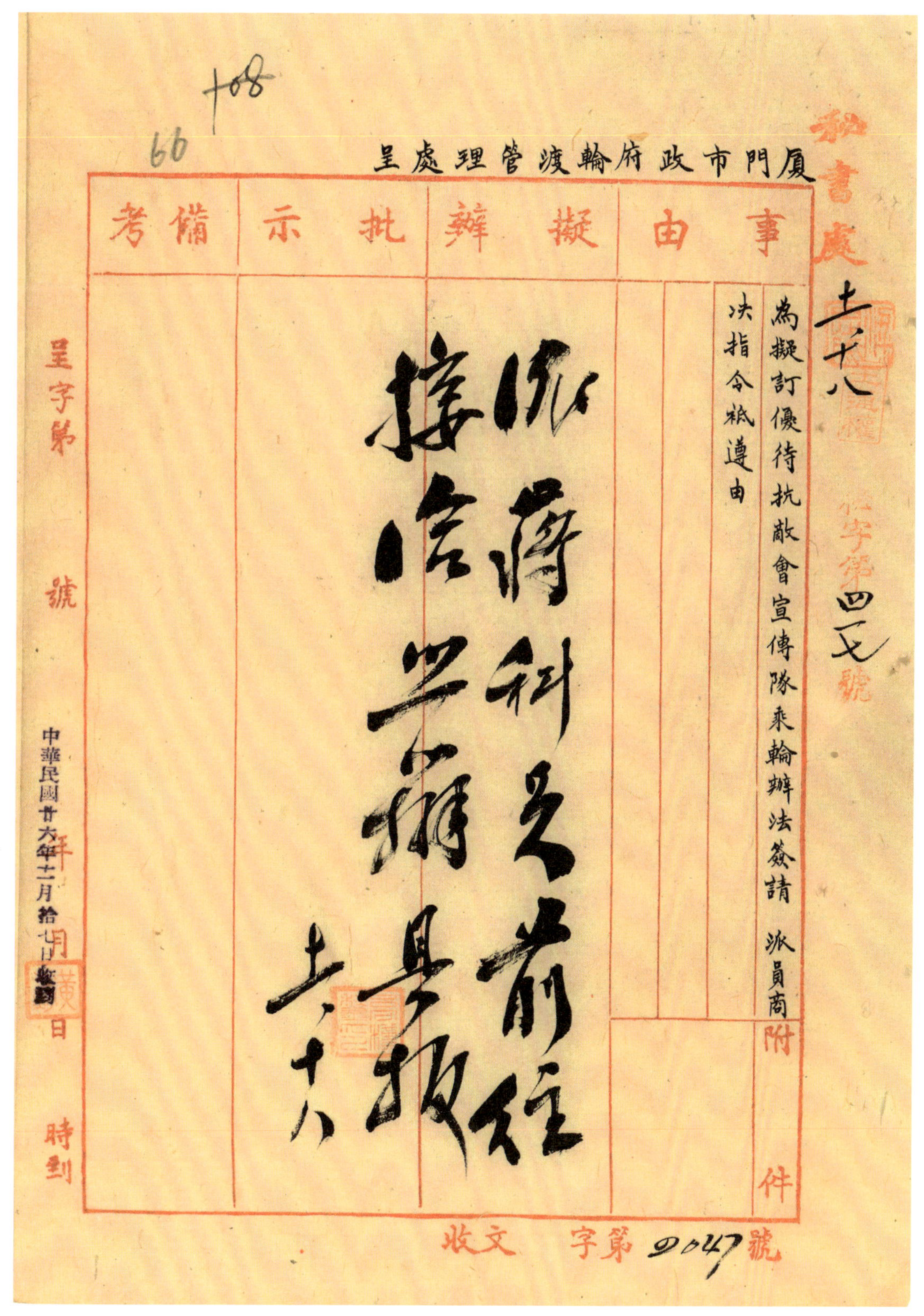
厦門市政府輪渡管理處呈

| 事由 | 擬辦 | 批示 | 備考 |
| --- | --- | --- | --- |
| 為擬訂優待抗敵會宣傳隊乘輪辦法簽請　派員商决指令祇遵由 | | | |

附件

收文　字第2047號

竊以職處輒据本市抗敵後援會函請優待其宣傳人員免費趁輪，來往鼓厦，事關抗敵工作，似應優待。唯該會來函，常不載明過往隊員確數，又不規定時間，每一來往，動輒成隊，究竟有無乘客藉名混什其間，無從稽察，且隊員上下輪，居多未依秩序，於乘客安全，尤堪顧慮。茲為杜絕流弊與爭執起見，特擬訂優待辦法如次：

(1)抗敵會如欵派宣傳隊來往鼓厦工作時，應先一日備函過處，并須載明全隊確數，及來回時間。

(2)宣傳隊抵碼頭時，應推派代表一人，向該碼頭售票員接洽，以便撥輪專載，抑分批趁搭，其辦法完全由售票員斟酌決定，不得喧鬧，妨礙碼頭秩序。

(3)宣傳隊來往，每次每人應津貼油脂費國幣二分五厘，該項津貼費由抗敵會於送函時一併交清。

以上所擬辦法，是否可行，職未敢擅專，為此，理合具文簽請

鈞長察核，派員與抗敵會商決妥善，指令祇遵，實為公便！！

謹呈

厦門市政府市長高

厦門市政府輪渡管理處主任楊天育

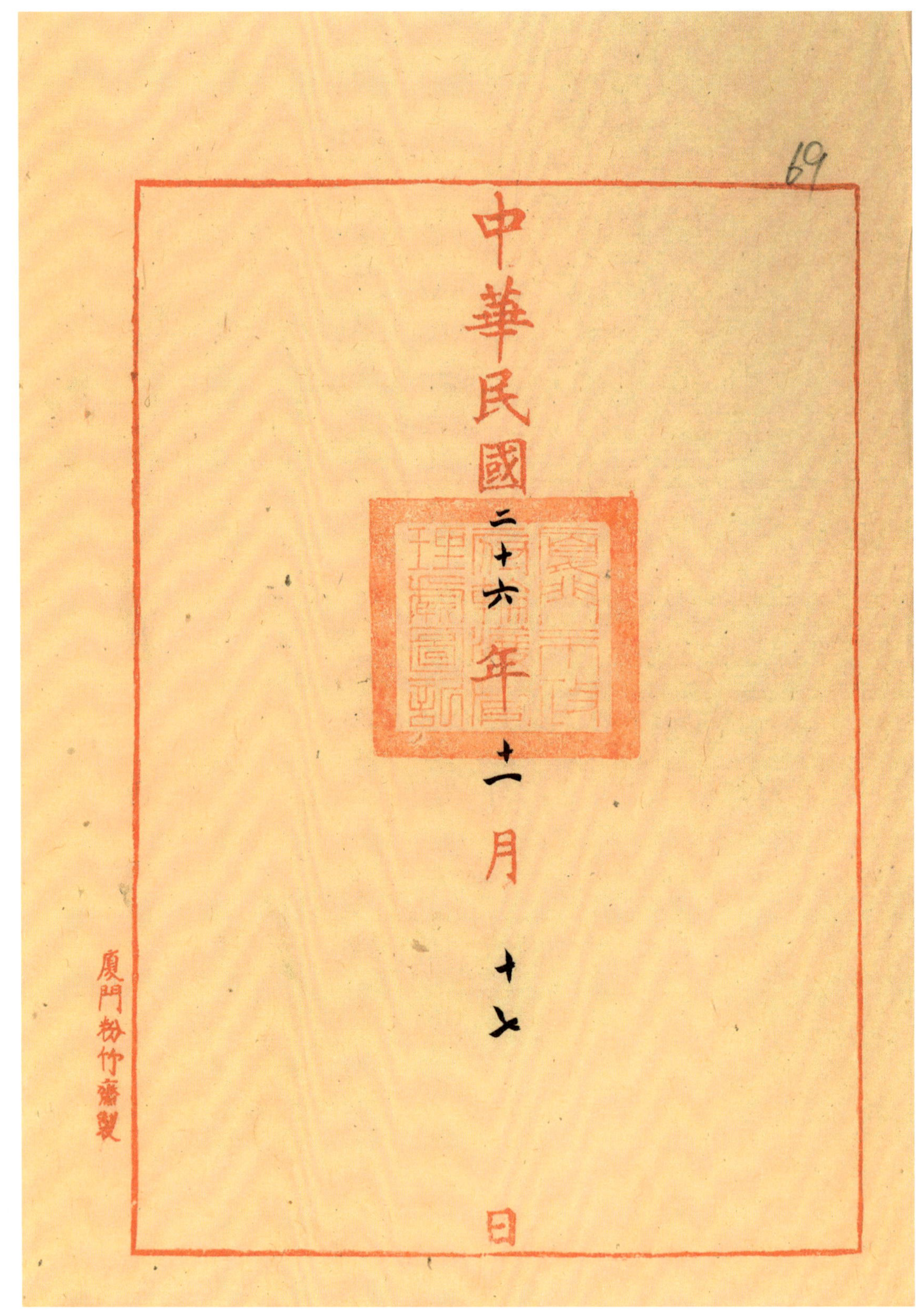

69

中華民國二十六年十一月十七日

廈門粉竹齋製

# 厦门市政府关于举办九国公约会议宣传周活动致厦门市警察局的密训令（一九三七年十一月二十六日）

密件第282號

中華民國廿六年十一月廿六日發

密

厦門市政府訓令　秘机字第704號

令警察局

案准

福建省厦門市党務特派員辦事處函開：「案奉福建省党部真寧代電開：『案奉中央宣傳部寧江電開：此次九國公約會議，希各地應舉行宣傳週，一切遵照中央宣傳方案辦理。等因；奉此，除分行外，合亟電仰該部迅即舉行該項宣傳週，并發動民眾輿論，務期[illegible]以

[illegible]本月二十二日[illegible]

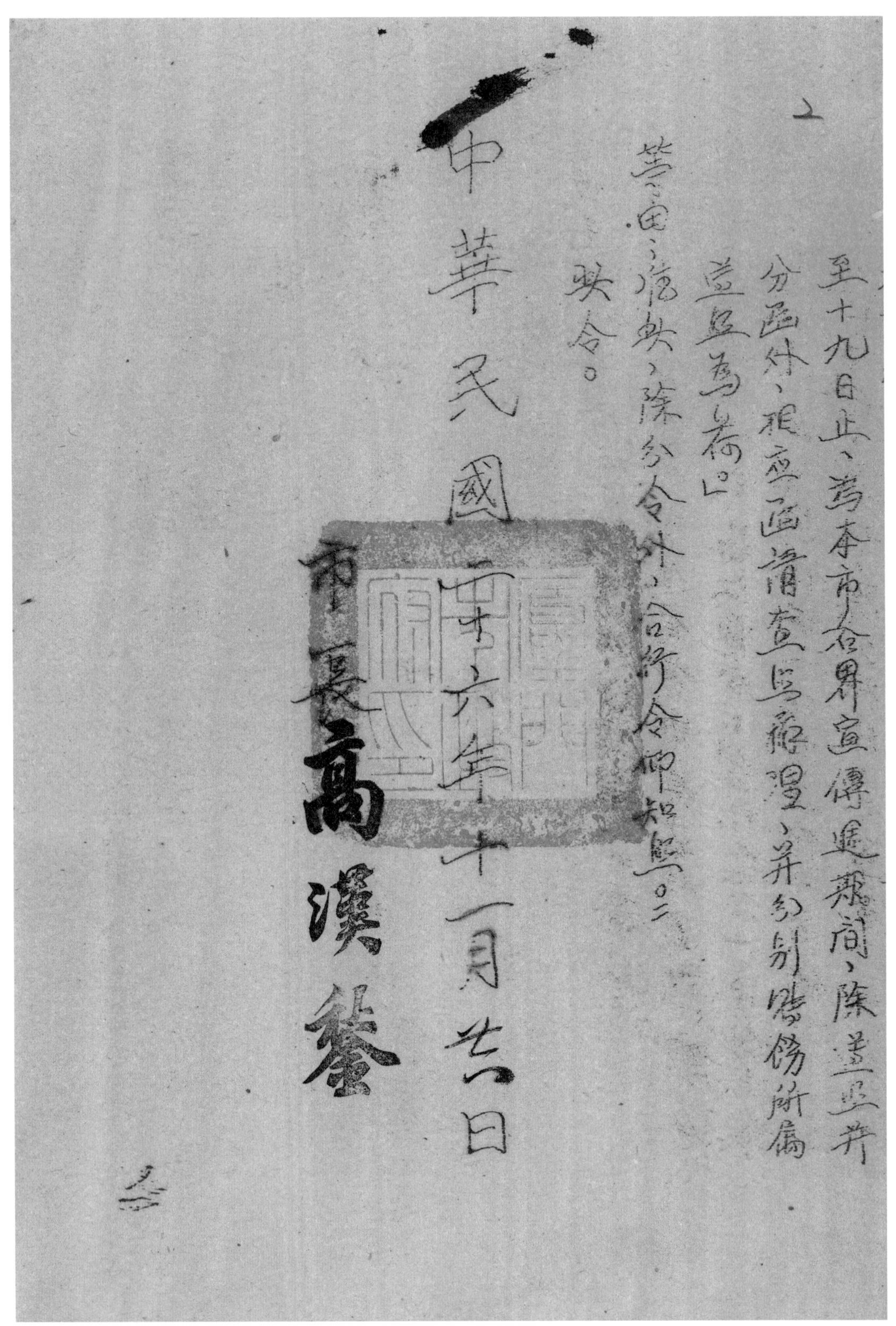

2

至十九日止，为本市各界宣传延期，除并分函外，相应函请查照办理，并分别将所属

等由，准此，除分令外，合行令仰知照。

此令。

市长 高汉鎏

中华民国二十六年十一月廿一日

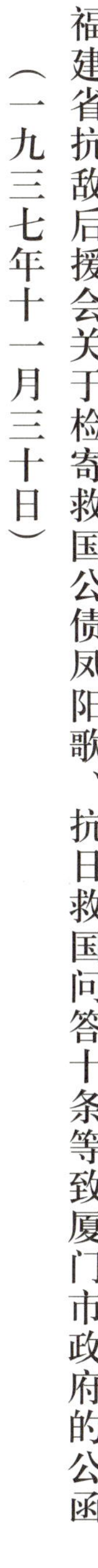

福建省抗敌后援会关于检寄救国公债凤阳歌、抗日救国问答十条等致厦门市政府的公函（一九三七年十一月三十日）

教育科

十二、八

中華民國廿六年十二月八日收到

收文　字第2581號

公函

事由（摘錄文書摘由）

檢寄救國公債凤陽歌、漁情歌、抗日救國問答、抗敵標語彙編，請查收翻印由

附件

交辦擬辦：查收擬辦理　十二、八

批辦：交江科照辦　十二、八

備考

注明敘去文務

意須註明字號

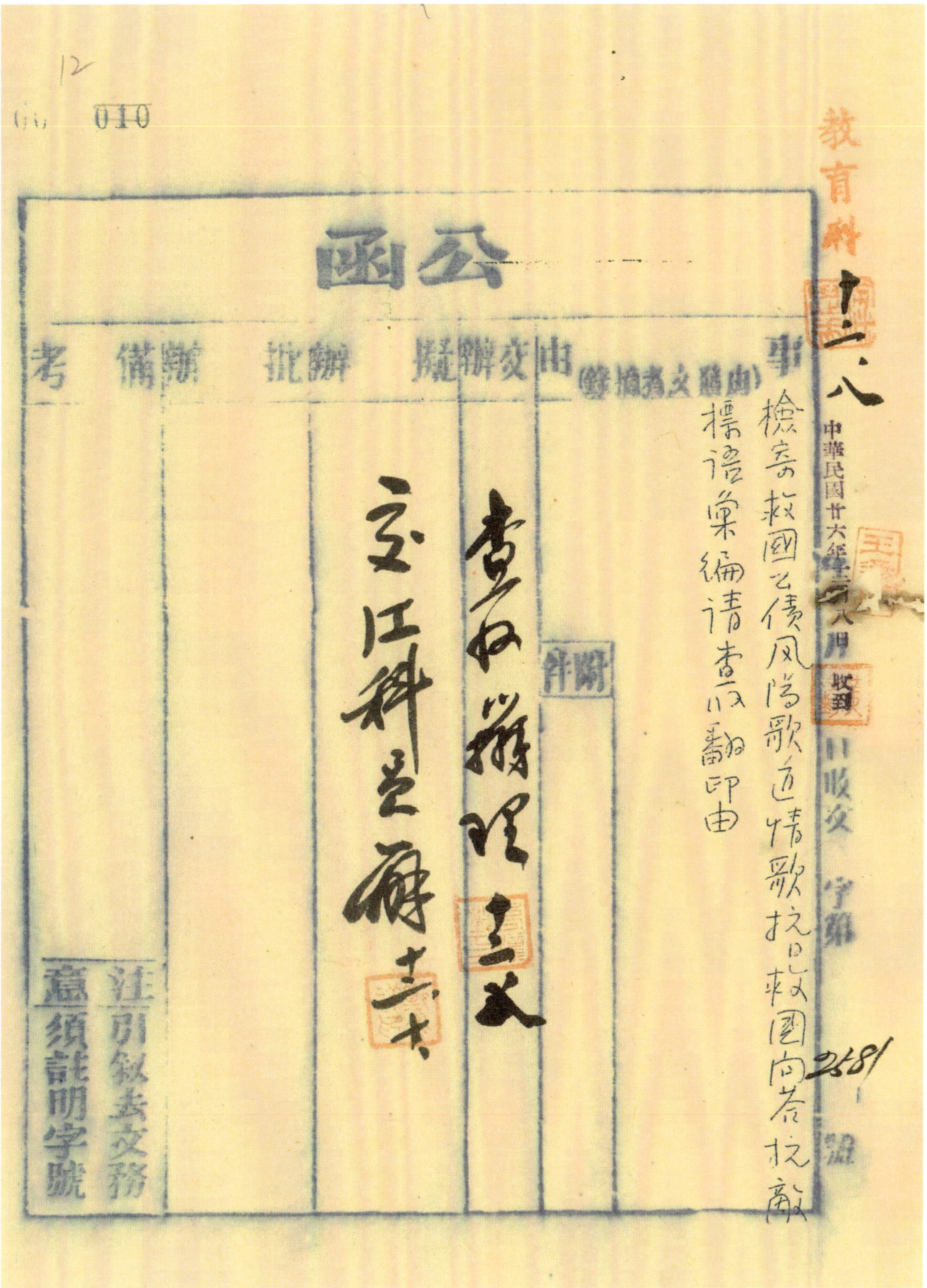

# 福建省抗敵後援會公函

宣字第286號

茲檢寄救國公債鳳陽歌及道情歌各一份抗日救國問答十條一份抗敵標語彙編一份好男要當兵傳單一份請

查收並希

酌量翻印分發所屬社教機關及小學短期簡易小學學塾等其中標語彙編一種並希

酌選若干條儘量製印張貼城鄉各處以廣宣傳為荷

此致

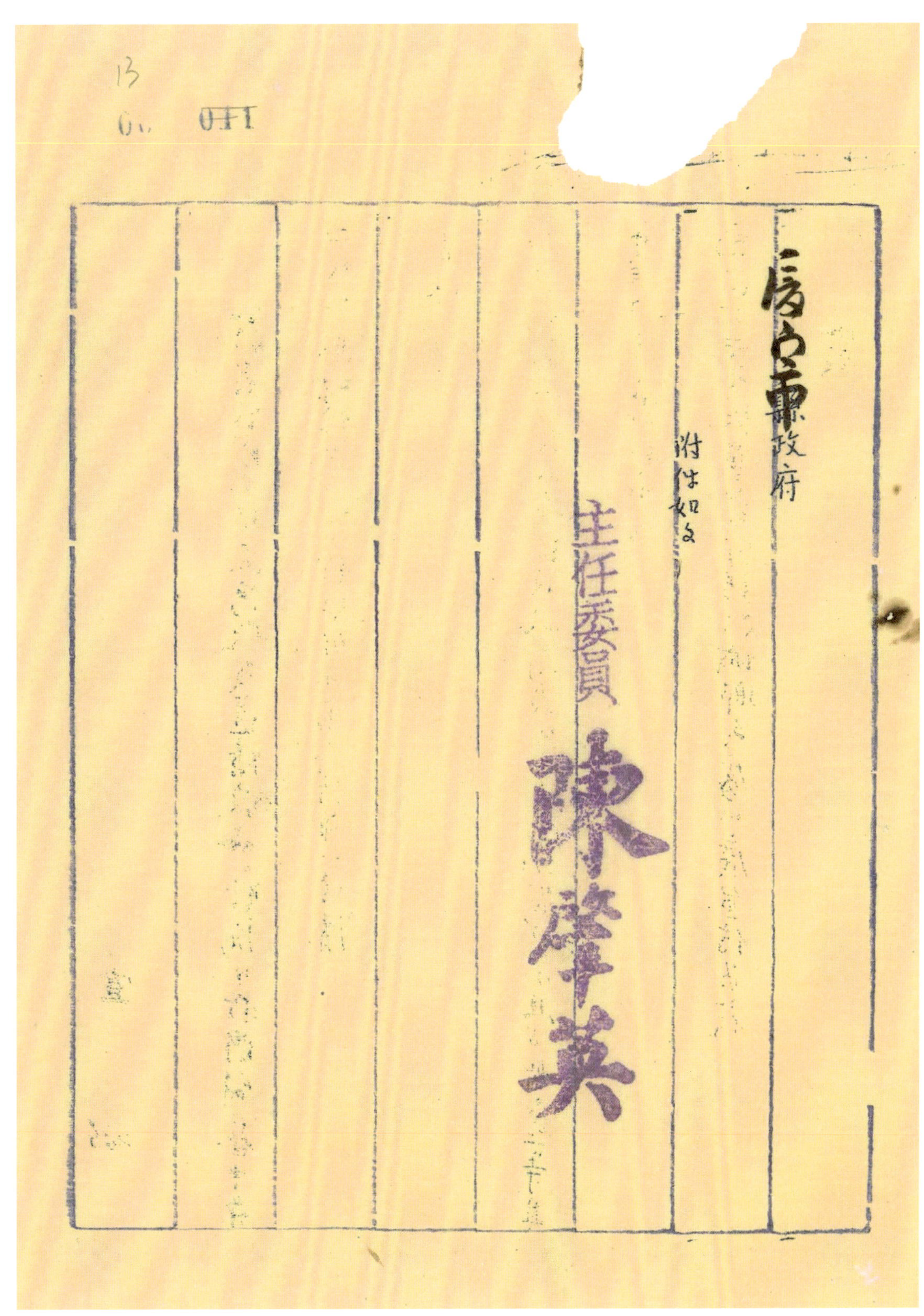

13
011
合江縣政府
附件如文
主任委員
陳肇英

中華民國十七年十二月廿日

廣百城印

# 好男要當兵

## 一 導言

我們自「九一八」事變以來，凌辱我們的外力一天更甚一天的橫暴，被人侵佔的國土，一天更比一天的加多。而國際間則日本撕毀華盛頓海約于前，德國廢棄維加諾條約于後，蘇日備戰，劍拔弩張，義侵阿國，現已兼併。各帝國主義者既爭前恐後的呑食弱小，無限止的擴充侵略軍備，則弱小民族當然時有遭受阿比西尼亞亡國的危險。公理既不敵強權，弱小者當然要力求自衛。因是我國政府毅然決然的公佈施行兵役法，去年五月間在蘇，浙，豫，鄂，皖，贛六省設立兵役等區，今年復於蘇，浙，皖，豫，贛，鄂，湘，閩，粵，黔，川，陝等省擴設兵役管區，辦理兵役事務，然後按步推及全國，但我國社會，素來重文輕武，多數民衆，更不屑當兵，這種嚴重錯誤，若不糾正，必致阻礙救亡禦侮大計。用特寫此傳單，以冀國人羣起破除此習非成是的成見，大家總動員起來，踴躍應徵，充實武力，鞏固國防，以挽救國家民族脫離危亡之境。

## 二 消滅錯誤的舊觀念

我們中國有句俗話說，「好男不當兵」。這句錯謬的話普遍的深印在國人腦裏，當父母的用以訓誡其子，做妻子的拿來勸阻其夫，因而養成「重文輕武」的社會心理，結果是：

(一)國人身體衰弱，性質怯懦；

(二)民族萎靡不振，日趨陵夷；

(三)國家不能建設足夠自衛的武力，抵抗外患。

古人說，「下錯一着棋，滿盤都是輸」。不想我們錯信了一句荒謬的俗話，個人、民族、國家便受害至於此極！我們還不趕快的消滅這錯誤的舊觀念麼？

## 三 糾正不正確的新認識

有人說，『是的，好男不當兵這句俗話確是不對的，但是「當兵的大多數不是好男」這過去的事實也是確實的啊』。這話只是看着表面的現象，可惜未往裏層探討。現在我們進一步來追究爲什麼過去「當兵的大多數不是好男」這事實。

前面說過，我國社會有種「重文輕武」的錯誤心理，因而國民中的優秀份子都不願當兵，而當兵的差不多全是無業遊民，無賴光棍，爲了沒有飯吃，才去「吃糧當兵」，所以一「披上虎皮」，就作威作福，橫行無忌，不但不知道保國衞民，抗禦外侮，維護民族的偉大使命，而且極容易被軍閥驅使去殘害民衆，禍亂國家，割據地盤。這實在是我國目前急需解決的重大問題。

## 四　建立正確的時代精神的社會信念

怎樣才能決這最重要的問題呢？唯一的方法，是要國人在消滅了錯謬的「好男不當兵」的舊觀念後，還要普遍的提倡時代精神的「好男要當兵」的新信念。

蔣委員長曾說：「軍人的服裝，是最高尚尊嚴的，只有健全良好的國民，民族中優秀的分子才配穿了軍服，就應當格外要自尊自重，自勵自奮，以前的種種，都當死了，穿了軍服以後，就要生出新的思想，新的行爲，新的態度」。（憶記廿五年五月十一日蔣委員長對中央軍訓隊訓話之一節）

事實上，軍人生活，素樸勞苦，而對國家人民所負的責任，又非常重大艱辛，若抗禦外侮，保衞國土等等，無不需要軍人用血肉去奮鬥。而軍人的守秩序，有規律，重禮節，和整潔簡明，協同一致，迅速確實的行動；與軒昂的氣概，洪亮的聲音，整肅的儀容．強壯的身體；及奮鬪凌厲，犧牲堅忍，同仇敵愾，勇敢沉着，剛毅果斷，和在極困難危險中去盡忠職責等等的精神；全都值得我們敬佩，也無一不是我們民衆以前所最缺乏而現在應當急須效法的。所以我國現代的新軍人，實在是我們國家民族的健全優秀分子，我們民衆實應尊重愛護這些捍衞國家的優秀青年．不要把我們的長城當做毒蛇樣的厭惡他而又懼怕他；我們社會應當重視鼓勵這些英勇的分子，養成崇武的風氣，並稱軍人的家庭特表愛重，軍人家族，苦有困苦病喪，不問識與不識，大家應善致親切的慰問和援助；父母應以有子弟當兵爲國家民族效命是光榮，婦女應以有英勇丈夫衞國從軍爲嫁得佳婿而愈增愛敬；青年應深切覺悟「我不入地獄，誰入地獄」，而慷慨悲壯的把抗禦外侮，捍衞國家，保護人民，挽救危亡，復興民族的偉大責任，當仁不讓的挺身擔負起來，走上前線，走上禦外侮救危亡的最前線！國家民族之最強壯堅實羣底青年壯年，起來，起來，起來去應徵兵役，是好男兒就當兵去，當兵的纔是好男兒，纔是發奮圖強，義勇愛國的偉丈夫！

**福建省抗敵後援會印行**　廿六年十一月

# 抗日救國問答十條

（一）我們現在爲什麼要抗日呢？

日本要滅亡我們的國家，我們已忍無可忍讓無可讓非抗牠不能生活了，所以我們非起來抗日不可。

（二）不抗日可不可以呢？

不可！不抗日就要當亡國奴了。不僅自己當亡國奴，子子孫孫都要當亡國奴的。

（三）什麼叫亡國奴呢？

亡國奴就同高麗台灣人一樣，任人欺侮，任人刼奪，任人宰殺。祖宗的墳墓不能保，田園莊宅不能保，金銀財寶都不能保，生活真是連豬狗都不如！

（四）怎樣才能不當亡國奴呢？

只有信仰我們中央政府，帮助我們的國家軍隊，擁護我們的軍事領袖，大家一致起來抗日，才能不當亡國奴。

（五）怎樣才算是信仰政府，帮助軍隊，擁護領袖呢？

我們要不造謠言，不信謠言，也就是沒有根據的話不說，別人亂說的話不理，凡傳聞不實的話，不再傳給別人。

（六）要大家一致起來抗日該當怎麼樣？

抗日須有錢的出錢，有心的用心，有力的出力。

（七）怎樣才算有錢的出錢呢？

就是把自己所有的一切錢鈔首飾也好，廢銅爛鐵也好，粮食也好，貨品也好，只要是國家需要的，都毫不吝嗇地甘心樂意地甚至於自動地拿出來貢獻給國家。

（八）怎樣才算有心的用心呢？

為抗日勝利，為國家生存，為子孫不做亡國奴起見，我們要用盡我們的心思，想出種種的方法，來維護社會的秩序，制止漢奸的活動。我們更要不怕危險，不怕犧牲，幫助我們的國軍作戰，消滅敵人的力量，甯肯犧牲自己的性命，來換國家千千萬萬年的生命。

（九）怎樣才算有力的出力呢？

國家打仗的時候更需要貨物，需要粮食。我們作工人的應該不怕危險，努力作工，多多生產。我們農民，要比平時更加努力耕種，多多生產粮食。我們商人應該維持市面，照常營業，且不可抬高物價。這樣就算是有力的出力，大家共同抗日了。

（十）我們讀了「抗日救國問答」應該怎樣作呢？

我們要每一條都記在心裏，照着牠去實行。我們不實行便算是對不住國家，不配作中國的國民了。

中國國民黨福建省黨部印發

二十六年十月

# 救國公債道情歌

芦溝橋一声炮响，同胞个个覺醒了，再不讓倭醜跳梁，此番要兜心一拳，打得七死八活，請听我一段道情歌：

芦溝橋起風雲，炮声响，同胞醒，四萬々人齊奮，热血洶湧向前進。那怕倭寇槍炮狠？抗战到底，下决心，我們要報仇雪恥，再不能苟且因循！

日本兵，心腸狠。燬城市，殺平民。姦淫擄掠逞暴行，槍炮炸彈轟不停，平津京沪遭蹂躪，同胞慘死萬千人。我們要報仇雪恥，再不能忍辱偷生！

記舊恨！報新仇。下决心，摧强寇。東北四省淪亡久，無辜平民遭毒手，白骨山積血成流，千家呼冤萬家愁，我們要报仇雪恥，再不能旁观袖手！

好男兒心一條，不妥協，志氣高，淞沪鏖战血成潮，南口一役氣雄豪，華北一帶烽火高，華南亦傳寇兵到，於今是全面抗战，要把那强敵擊倒！

濫轟炸，是敵机，泣鬼神，驚天地，沪杭路上血肉糜，廣州漢口更惨悽，可憐盡是平民區，屍横遍野數十里。真個是毫無人道，須記取倭奴無理！

濫放火，濫殺人，最毒辣，倭奴心，屋舍為墟民難生，洗劫一城空一城，多少婦女抱長恨，幼童壯丁盡喪命，像這般窮兇極惡 此可忍孰不可忍！

同胞們，齊振奮！我民族好優異，忠勇將士上前陣，後方民众工作勤，努力生產國富增，國防建設好完成。現在是生死關頭，再不能夢死醉生！

17

轟炸高射砲，坦克車，野战砲，手溜弹和青龍刀，机槍威力更不少，軍火樣々要買到，長我抗战氣雄豪，常言道：众力易举，大家去献金納宝！

同胞們須認清！為國家要齊心，集中資財須要緊，四萬萬人同献金，救國公債大家認，充实國力抗強橫，要消滅東洋海盜，要保障世界和平！軍备充足才才好抵抗強暴。現在战争，要靠机械精良，炮口要大，飛机要多，高射砲，机関槍，坦克車，手溜弹樣樣少不得。壕溝上蓋鋼板，就不怕炮火炸弹。要是有了大兵艦，要是有了航空母艦，敵人那裡还敢猖狂無忌憚。大战發生，我國軍人，人々奮勇，个个争先，不屈不撓，視死如歸，可是軍器不够，因此犧牲重大，真是令人懊恼！！現在我们政府發行救國公債，預備擴充軍備，加强國防力量。希望大家捆腰包，去買救國公債票，救國公債五萬萬，救國救己救同胞，你们知道這筆大款子，好買多少大砲？好買多少飛机？好買多少高射炮？好買多少机関槍？好買多少坦克車？好多少手溜彈？好買多少鋼板？好買多少兵艦？好買多少兵器？現在世界只要有錢，要這要那 非常便利，救國公債大家買，積少成多五萬々，救國公債人人買。中華民國萬々歲！！閒話不必嚕囌，貧道歸山去了。

# 救國公債鳳陽歌

你也唱，我也唱，千人萬人齊欢唱，全民抗战開始了。摧强徵暴聲势壮。鼕々鏘，鼕々々鏘，鼕々々鏘，鼕々々鏘。

有力氣的出力氣，拔堅执鋭上战場；有錢財的出錢財，救國公債買幾張，鼕々鏘，鼕々鏘，鼕々鏘，鼕々々鏘。

辦學校，開工廠。復興農村屯口粮，打鐵煉鋼造槍炮，培養國力抗强梁，鼕々鏘，鼕々鏘，鼕々鏘，鼕々々鏘。

有本領的出本領。用手用腦工作忙；有錢財的出錢財，救國公債買幾張。鼕々鏘，鼕々鏘，鼕々鏘，鼕々々鏘。

千人唱，萬人唱，中華男兒血氣剛，婦女一樣知愛國。同心戮力保國強。鼕々鏘，鼕々鏘，鼕々鏘鏘，鼕々鏘。

要用自力圖自強。「自力更生」好主張；毀家紓難大家來。救國公債一銷光，鼕々鏘，鼕々鏘，鼕々鏘，鼕々々鏘。

# 抗敵標語彙編

二十六年九月
中央党部頒發

## 甲 一般

一、中華民國已到了存亡的關頭，二、中華民族已到了生死的關头，三、中華民族，要誓死為独立而战，四、中華民族要誓死为自由而战，五、要種族不滅，祗有抗戰到底，六、要國家不亡，祗有一致抗战，七、誓雪國恥，八、誓復國仇，九、咬緊牙根忍痛吃苦，十、精誠團结，万众一心，十一、節衣缩食捍衛國家，十二、人人出力捍衛國家，十三、有錢的出錢救國，無錢的出力救國，十五、救國不分老少男女，十六、節省無益消費加緊戰時生產，十七、在前方努力殺敵，十八、後方的努力助战，十九、國家存亡在此一戰，廿、人人負起救國的責任，廿一、人人服從政府的命令，廿二、戰死沙場死有光榮，廿三、拿熱血換取民族的独立自由，廿四、拿生命保障國家民族，並我們要做民族的衛士，我們惟有鐵血才可打開民族的出路，也收回已失的土地拯救東北的同胞，我們六百於不回爭取最後勝利，四萬萬众一心爭取最後勝利，我們小勝不可驕矜，小挫不可灰心，我們最後的勝利才是真正的勝利，我們流最後一滴血誓不屈服，我們守最後一寸土誓不屈服，我們不怕敵機大砲，祇怕無勇氣，我們不怕炸彈毒氣，祇怕無熱血，我們服從革命領袖，我們服從最高統帥，我們擁護國民政府，我們全民齊心協力一致抗敵，要打倒倭寇，要中國與倭寇誓不兩立，要當漢奸的殺無赦，要幫助倭寇就是漢奸，要破壞社会秩序的便是漢奸，要擾亂金融的便是漢奸，要高抬物價的便是漢奸，要做漢奸就是出賣祖宗，要做了漢奸不得好死，究做了漢奸遺臭萬年，要做了漢奸子孫不能做人，要

中華民國不要倭寇的金銭收買三中華民國不怕倭寇的
槍炮威脅四中華民國勝利万歲五中華民族解放万歲

乙 告戦区民众

一扶助老弱二救護伤病三帮助我军输送四帮助我军做
工五帮助我军放哨六帮助我军偵探七知道倭寇行踪立
即报告我军八發覺倭寇偵探立即报告我军九密藏粮食
不讓倭寇吃十運開車馬不給倭寇用十一家家設备救火东
西沙包水桶噴水桶十二家々預备防毒材料漂粉肥皂水石
灰水十三敵机投弹躲到地洞裡去十四敵机投弹躲到床下或
桌下去十五毒氣来時站在高處十六毒氣来時对着風走

丙 告前方官兵

一倭寇最怕死二倭寇最怕夜襲三一顆子彈必須打死一
個东洋鬼子四一个士兵必須殺死十个东洋鬼子五倭寇
放大砲我們不理六倭寇到了面前我們再放槍七活捉倭
寇坦克車八生擒倭寇師旅長九沉着描準無不勝利十勇
猛衝鋒無不勝利十一有敵無我有我無敵十二城存與存城亡
與亡十三愛護百姓十四優待夫役十五服從命令十六遵守紀律

## 福建省政府教育厅关于印发《福建青年》《抗敌》二首歌曲致厦门市政府的函（一九三七年十二月九日）

查音樂教育足以陶冶國民德性，發揚民族精神，在此抗戰期中，尤應積極推行。本廳最近編印福建青年及抗敵兩歌，分發全省各級學校及社教機關傳習，藉以激發民衆愛國抗敵之情緒，除分函外，相應檢同前項歌曲各二份函達查照並希印發所屬學校一體傳習為荷！此致

厦門市政府

附發福建青年及抗敵歌曲各二份

福建省政府教育廳啟　十二月九日

福建省政府教育廳用箋

福建青年
鄭貞文作詞
鄧錦屏作曲
端莊嚴肅
山蒼蒼，水泱泱，綠榕丹荔是吾鄉。
山嶙嶙，水粼粼，海濱鄒魯數吾閩。
魚鹽利溥，竹木材良，果熟茶香粳稻黃，更饒煤鐵地中藏。
理學名世，氣節超倫，殲倭抗虜正義伸，血濺黃花十九人。
青年，青年！今日何日？復興民族伊誰任？快起來，努力生產，增進富強！
青年，青年！今日何日？復興民族惟我責！快起來，促進文化，振作精神！

附二：《抗敌》歌曲

8
抗敵
鄭貞文作詞
林嘯餘作調
蔡繼琨和聲
勇敢進取
轟轟轟，趕敵長城；碎碎碎，殺敵滬濱。有力的
拚鉄血，有錢的輸金銀，四萬萬人同一心。
a tempo
轟轟轟，碎碎碎，一舉收平津，再舉復遼寧，台澎朝鮮
舊恨平，中華國耻雪，世界正義伸，東亚獅吼第一聲。
mp. cresc
rit
福建省政府教育廳印

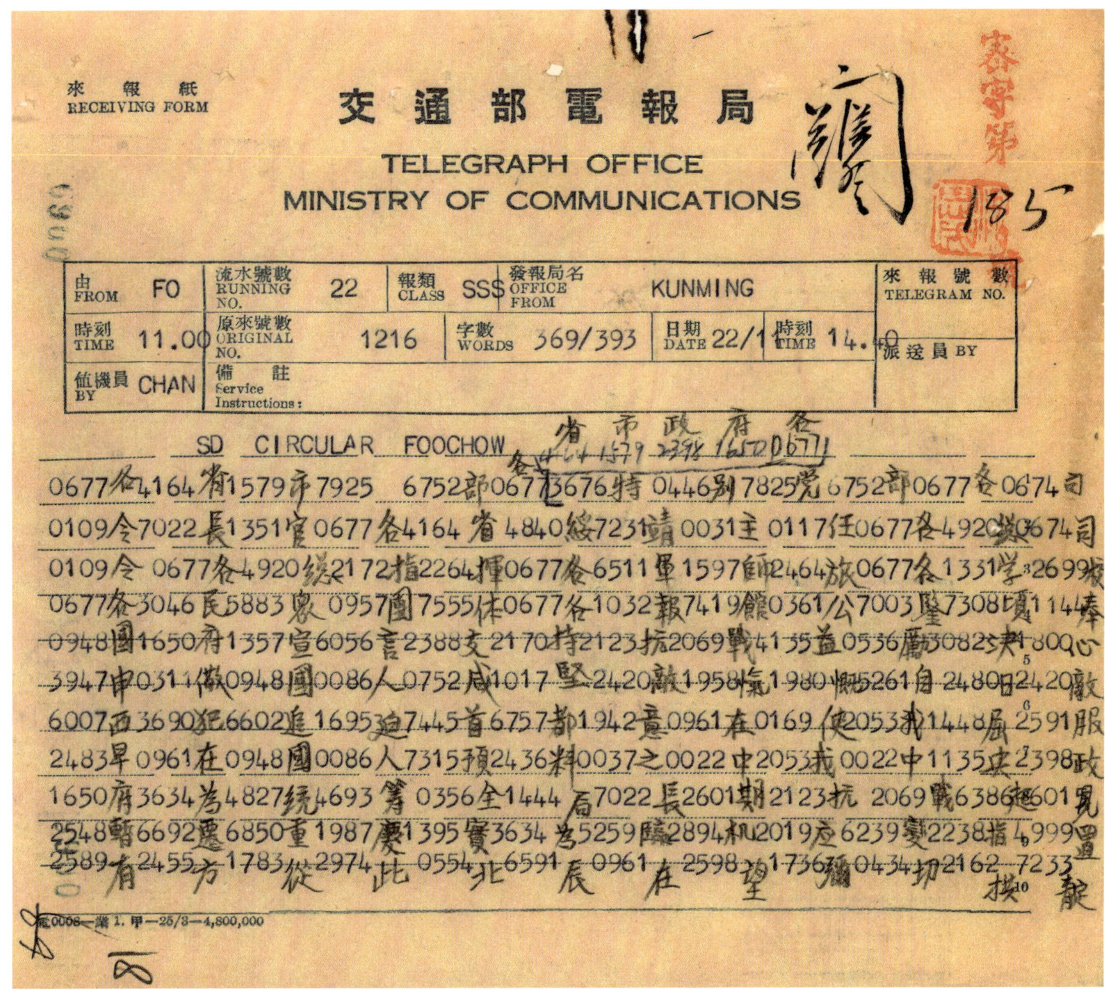

來報紙 RECEIVING FORM

交通部電報局

TELEGRAPH OFFICE
MINISTRY OF COMMUNICATIONS

| 由 FROM FO | 流水號數 RUNNING NO. 22 | 報類 CLASS SSS | 發報局名 OFFICE FROM KUNMING | 來報號數 TELEGRAM NO. |
|---|---|---|---|---|
| 時刻 TIME 11.00 | 原來號數 ORIGINAL NO. 1216 | 字數 WORDS 369/393 | 日期 DATE 22/1 時刻 TIME 14.40 | 派送員 BY |
| 值機員 BY CHAN | 備註 Service Instructions: | | | |

SD CIRCULAR FOOCHOW 省市政府各

0677各4164省1579市7925 6752部0677各3676特0446别7825党6752部0677各0674司
0109令7022長1351官0677各4164省4840綏7231靖0031主0117任0677各4920總0674司
0109令0677各4920總2172指2264揮0677各6511軍1597師2464旅0677各1331學3269校
0677各3046民5883衆0957團7555体0677各1032報7419館0361公7003鑒7308頃1144奉
0948國1650府1357宣6056言2388支2170持2123抗2069戰4135到0536底3082決1800心
3947申0311儆0948國0086人0752咸1017堅2420毅1958慷1980慨5261自2480日2420敵
6007西3690犯6602進1695迫7445首6757都1942意0961在0169使2053我1448屈2591服
2483畢0961在0948國0086人7315預2436料0037之0022中2053我0022中1135央2398政
1650府3634為4827統4693籌0356全1444局7022長2601期2123抗2069戰6386起0601見
2548暫6692遷6850重1987慶1395實3634為5259臨2894机2019应6239變2238措4999置
2589有2455方1783從2974此0554北6591辰0961在2598望1736爾0434切2162挨7233敵

電0008—叢1.甲—25/3—4,800,000

滇黔绥靖公署主任、云南省政府主席龙云关于同仇敌忾抗战到底的通电（一九三八年一月二十二日）

來報紙
RECEIVING FORM

# 交通部電報局

## TELEGRAPH OFFICE
## MINISTRY OF COMMUNICATIONS

| 由 FROM | 流水號數 RUNNING NO. | 報類 CLASS | 發報局名 OFFICE FROM | | 來報號數 TELEGRAM NO. |
|---|---|---|---|---|---|
| 時刻 TIME | 原來號數 ORIGINAL NO. | 字數 WORDS | 日期 DATE | 時刻 TIME | |
| 值機員 BY | 備註 Service Instructions: | | | | 派送員 BY |

0037之5877血1820憤0340兆3046民2589有6067誓4135首1017堅1788復5281與0037之
0207信1819念0122伊0657古0948國1367家5281興5905衰0528勞0961在0355肉6752帝
7180酬0678合0093今2053我0006上0007下0001一1800心5282舉0948國0001一5268致
1156奠1788復5281與0037之1015基4342礎2347操2069戰0524勝0037之2742條0115件
0400況1788復0948國7139際0681同1906情1885悉2981歸2456於2053我2504春4428秋
1129大1788復0046九0013世0037之0092仇0657古6064訓0412宣0008不0364共2071戴
0037之5030義3634考0948國7139際2973正5030義6060討3634考0948國3046民0086人
2706格0060[illegible]2480日2420敵5280與2053我0528勢0008不0357兩4539立1764彼7173雖
0502加2053我0001一0008不2451斷0037之1090壓1695迫2053我0463則3082決606[illegible]
2123抗2069戰0451到1646底4815絕3541無1448屈2591服1185妥0588協0037之7411餘
0966地4164肯5280與0366其0649受3541無4522窮4147盡0037之1448屈6592辱3541無
1380甯0155作2367擲1324孤3137注0037之3686犧3673牲0028凡2589有5877血3051氣
4247矢1807志0681同0092仇0467前XXXX 0091仆1775後4949繼6129誓2984死0008不

10

電0008—義1.甲—25/3—4,800,000

来報紙
RECEIVING FORM

# 交通部電報局

## TELEGRAPH OFFICE
## MINISTRY OF COMMUNICATIONS

| 由 FROM | 流水號數 RUNNING NO. | 報類 CLASS | 發報局名 OFFICE FROM | | | 來報號數 TELEGRAM NO. |
|---|---|---|---|---|---|---|
| 時刻 TIME | 原來號數 ORIGINAL NO. | 字數 WORDS | | 日期 DATE | 時刻 TIME | 派送員 BY |
| 値機員 BY | 備註 Service Instructions: 緊 | | | | | |

1448屆3329滇7170緊0306俘5710虜6708邊6678遠5898衛0948國5030義3541無6604返
7357顧0536勵0365兵4438栋7456馬0574國0122伊2600朝1119夕0005三1439尺1326孩
2251提5280共4249知1129大5030義5417茲6210謹2609本0356全4164省0001一0578千
0003七4102百5502萬3046民5883衆4920總0520動0765員0037之0361公1942意5282举
0966地2455方0361公4424私2076所2589有0086人0500力XX 3670物0500力6300貢XXX
3759獻0948國1367家3294準0271備5280共0948國0364共0730同3686犧3673牲0451到
1646底6210謹6300貢6375赤6134誠0126伏1585希2507照9215鑒3329滇7816黔XXX
4840綏7231靖0031主0117任7189雲0589南4164省2398政1650府0031主1598席7893龍
7189雲9502羑4434秘 SEAL

電0008—溯1，甲—25/8—4,800,000

# 厦门市政府关于上海中国电影服务社请给照放行抗战宣传影片致社会科的训令（一九三八年二月四日）

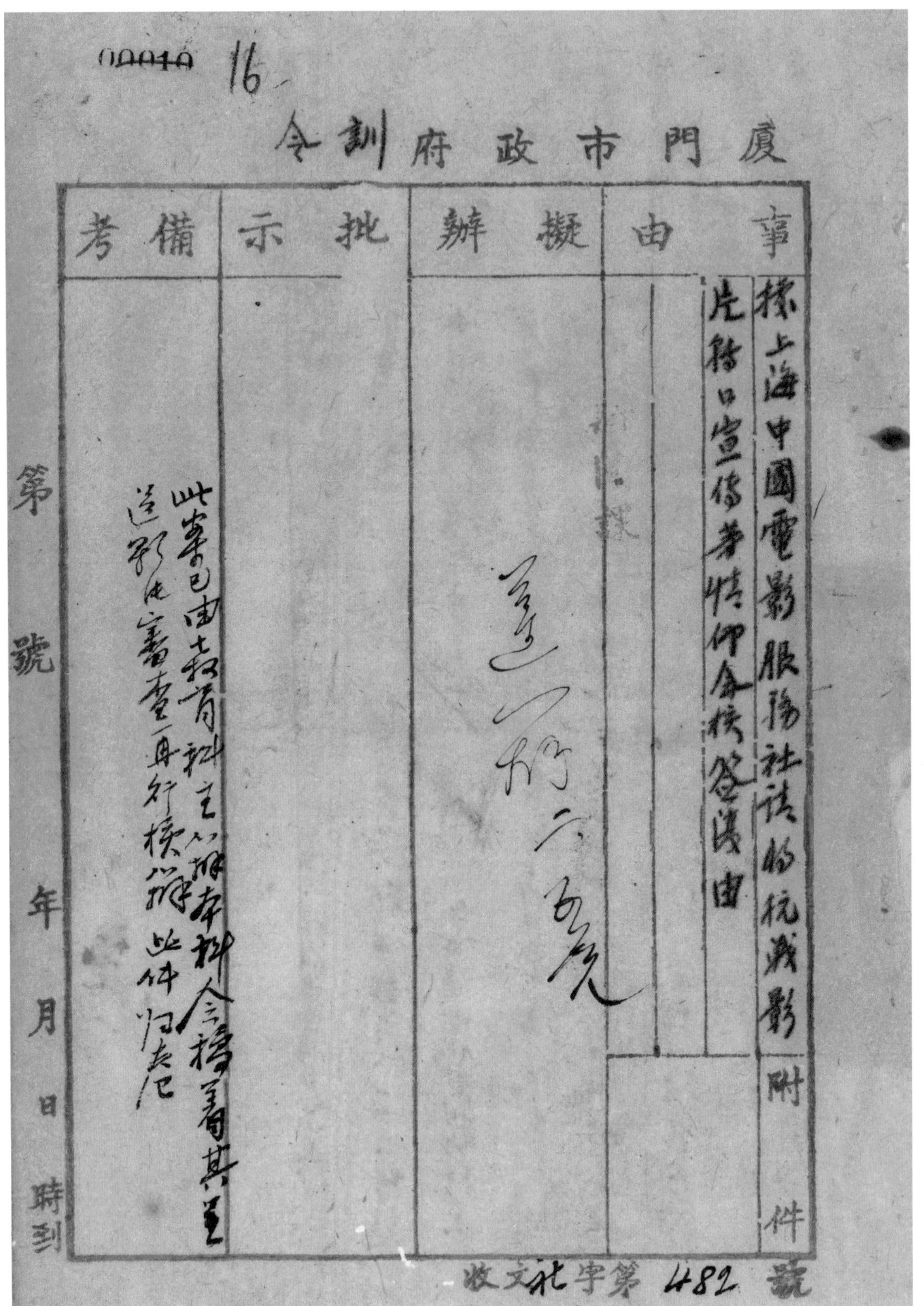

00010 16

厦門市政府訓令

| 事由 | 擬辦 | 批示 | 備考 |
| --- | --- | --- | --- |
| 據上海中國電影服務社請給抗戰影片輸入宣傳等情仰會核簽復由 | 送社 二 五 |  | 此案已由教育科主以本科人名簽請其呈送影片審查再行核辦 此件歸卷 |
| 附件 |  |  |  |

第　號　年　月　日　時到

收文社字第482號

17

# 厦門市政府訓令

秘字1114號

令社会科

案據上海中國電影服務社趙鴻恩呈稱：

「呈為抗戰影片未得轉口懇請給照轉赴

者垣開演以資宣傳而利商業事竊民服務上

海中國電影服務社有年自全面抗戰開始

之後本社攝有抗戰影片五本回國同時上海

失守該片被敵偽仇視在滬被迫冒險隨身帶

厦門中華民族抗戰史三本連同國貨宣傳影片二本為

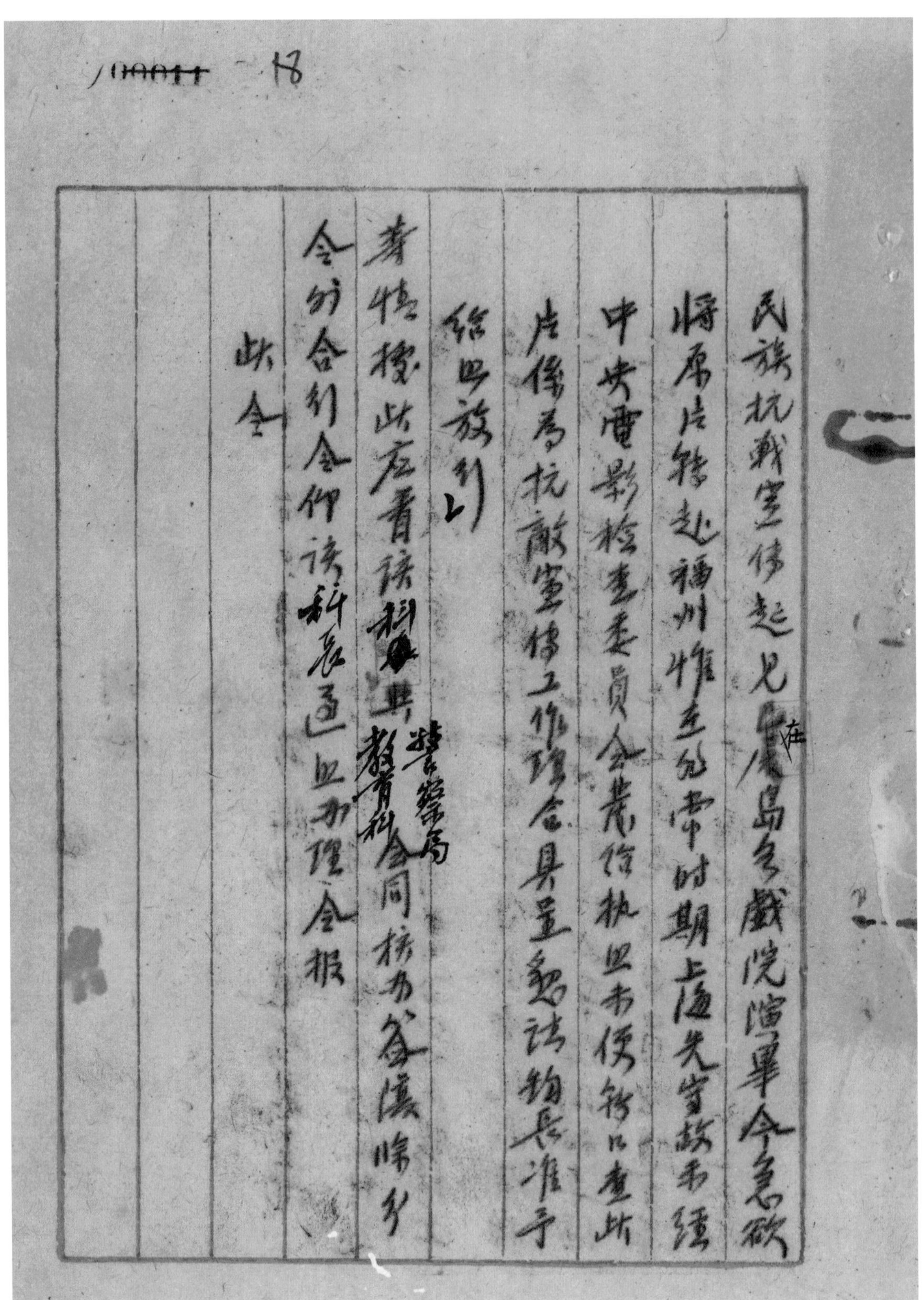



民族抗戰宣傳起見在鷺島各戲院演畢今急欲
將原片轉赴福州惟在非常時期上海先曾放未經
中央電影檢查委員會審驗以本市便能以查此
片係為抗敵宣傳工作理合具呈懇請鈞長准予
給照放行
等情據此應責該科與警察局教育科會同核辦簽擬除分
令外合行令仰該科長遵照辦理令報
此令

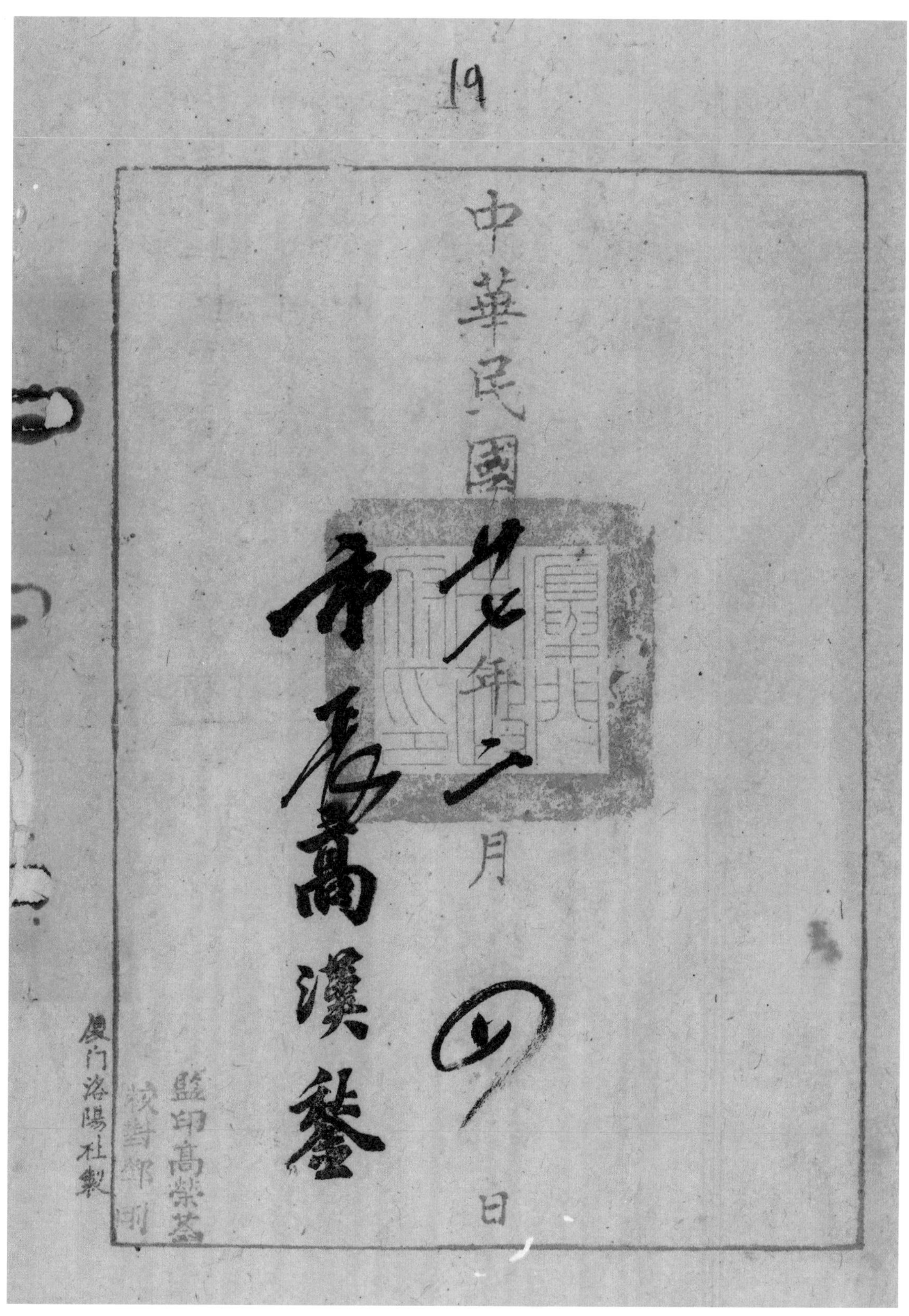

19

中華民國廿七年二月　日

監印高榮蒸
校對鄭明

廈门洛陽社製

# 福建省抗敌后援会厦门市分会关于宣传队不宜以《最后一课》作为宣传材料致厦门市政府的公函

（一九三八年二月七日）

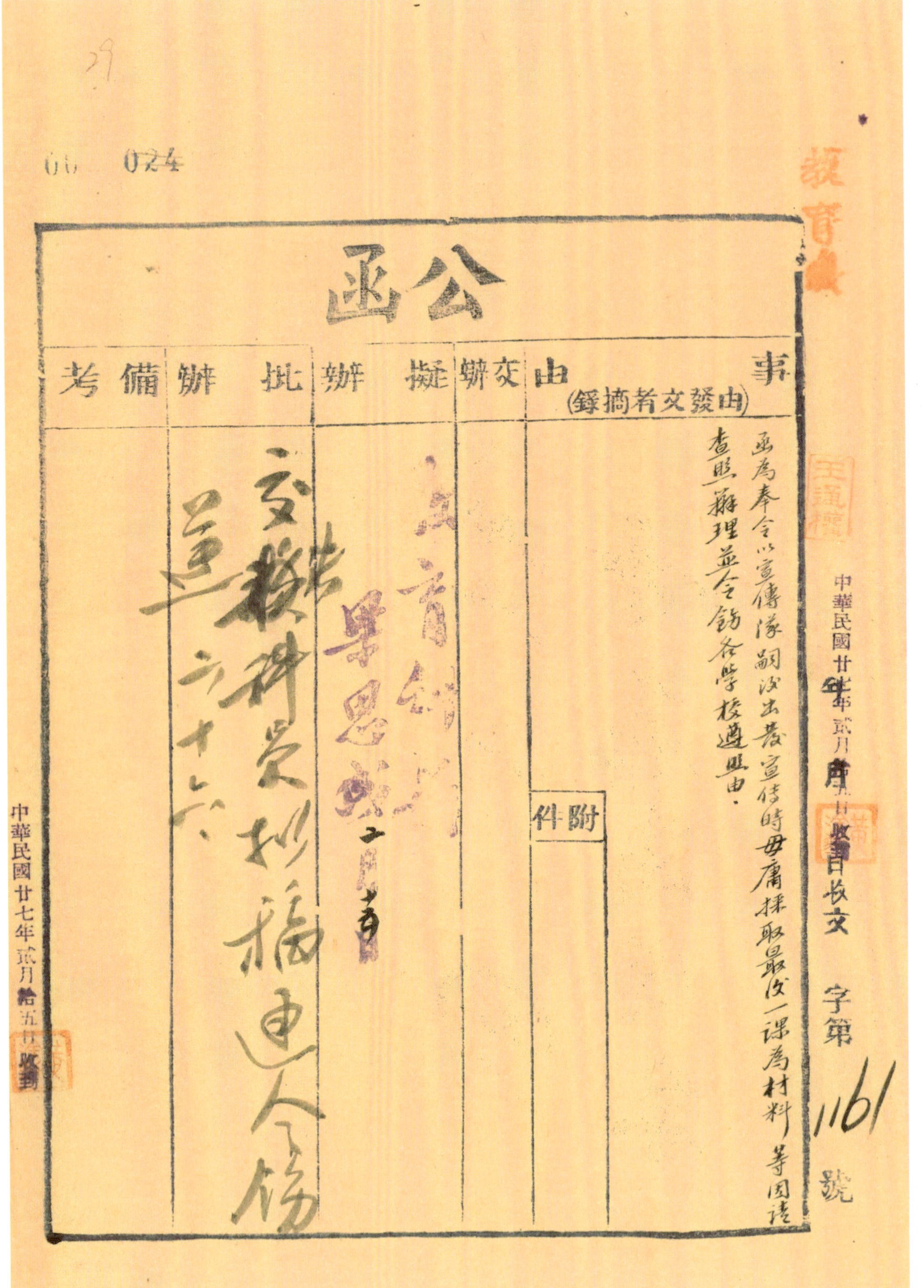

公函

事由（發文者摘錄）

函為奉令以宣傳隊嗣後出發宣傳時毋庸採取最後一課為材料等因請查照辦理並令飭各學校遵照由。

中華民國廿七年貳月七日長文字第1161號

交辦

擬辦

批辦

備考

附件

中華民國廿七年貳月拾五日收到

# 福建省抗敵後援會廈門市分會公函 宣字第392號

案奉 福建省抗敵後援會訓令宣字第二十號開：

「案據仙遊縣縣立中學教員謝炳鰲呈稱：『自全面抗敵開始以來，後方智識份子，本政府主張，甚能負宣傳之責，惟聞有一般教員之演說材料及救亡劇本，多採取最後一課 La dernière classe 之事實為題，似為未妥。查最後一課是西曆一八七〇年，法蘭西和普魯士開戰，後來法國大敗，割了兩省地，賠了極大款給他講和，普國政府下令，不許該兩省再教法文法語之事，反觀我們五個月抗戰，雖在軍事上一時因種種關係，有所退卻，然不能以寸尺地讓割敵人，且全國民衆，正在準備長期抗戰，集中物力人力，爭得最後勝利，與法國割地講和之事實，完全相反，我政府近尚禁止用敵人旗幟標記，暫被敵陷之地圖，況此係屬宣傳材料，似應函飭糾正，管見所及，是否有當，理合具文呈請鈞會鑒核飭轉解釋，藉收宣傳實效。」等情。據此，查該員所稱各節，尚有見地，除分令外，合行令仰該分會，嗣後派隊出發宣傳，勿庸採取最後一課為材料，並轉飭所屬，一體知照為要。」

等因。奉此，相應函請

查照，并令飭各學校遵照為荷！

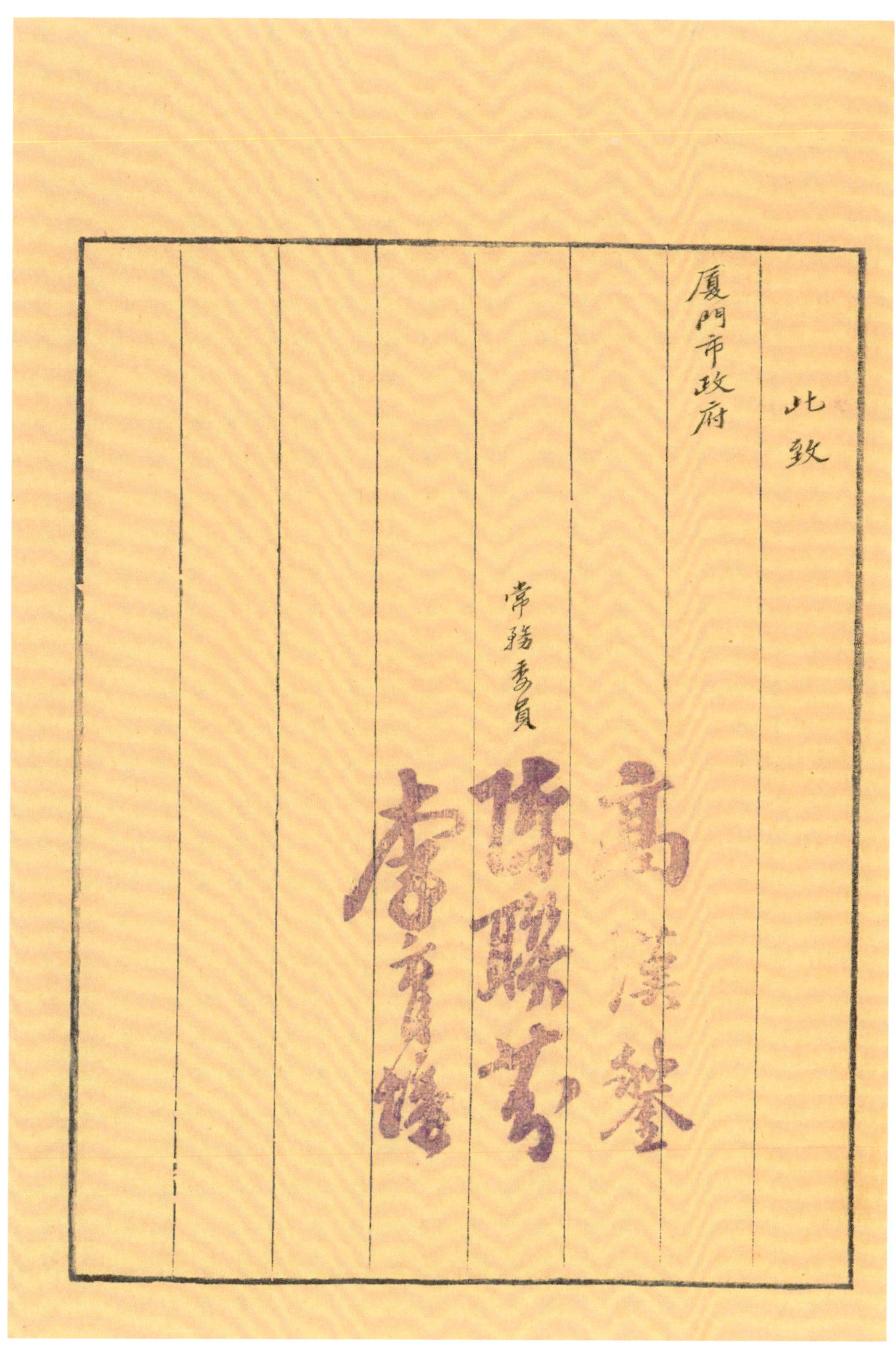

此致

廈門市政府

常務委員　高漢鑾　陳聯芬　李有鐘

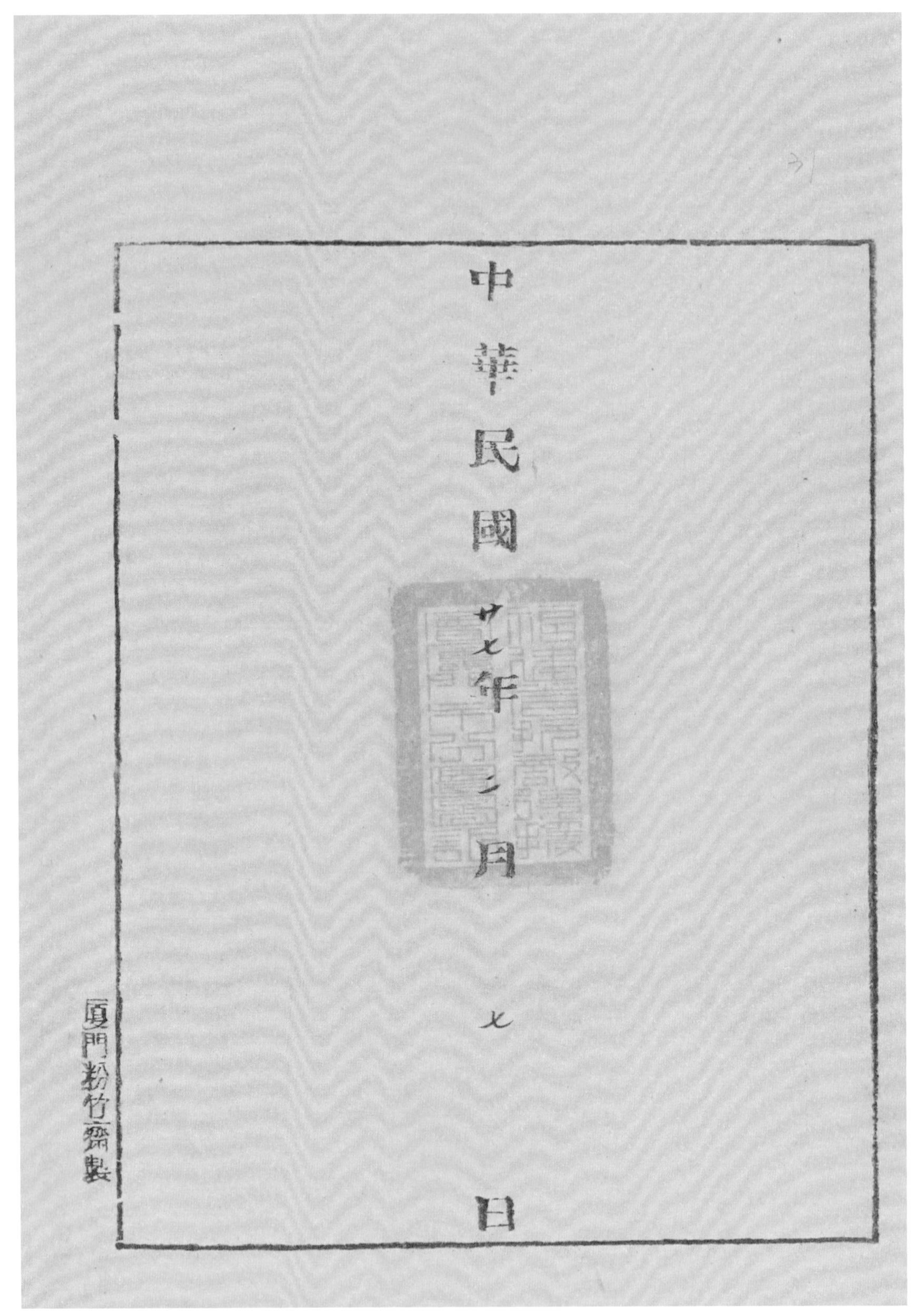

中華民國廿七年二月七日

廈門粉竹齋製

福建省抗敌后援会厦门市分会关于召开该市妇女界反侵略宣传大会致厦门市政府的函（一九三八年二月二十日）

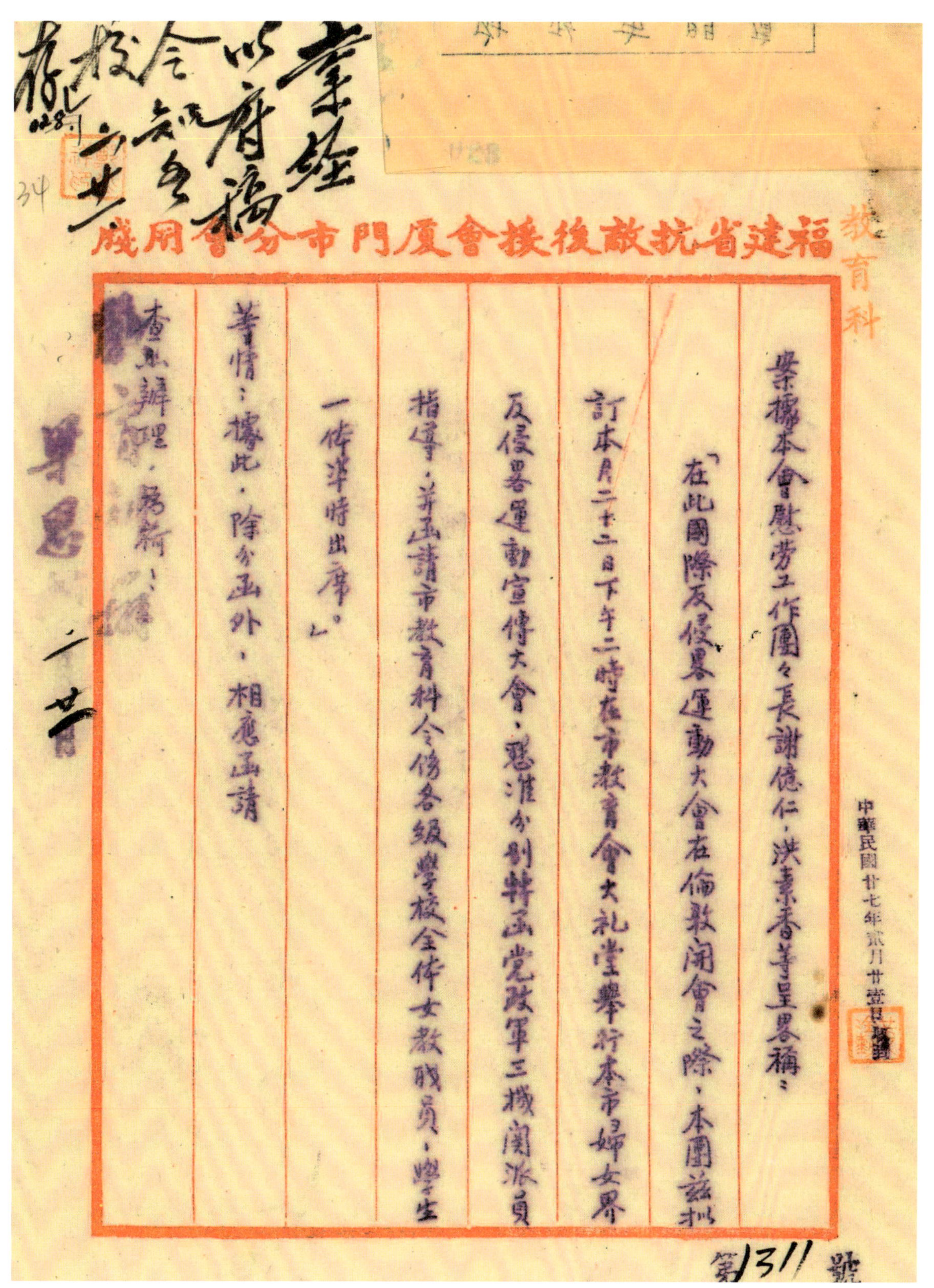

福建省抗敵後援會廈門市分會用箋

教育科

案據本會慰勞工作團々長謝德仁、洪素香等呈略稱：「在此國際反侵略運動大會在倫敦開會之際，本團茲擬訂本月二十二日下午二時在市教育會大禮堂舉行本市婦女界反侵略運動宣傳大會，懇准分别轉函黨政軍三機關派員指導，并函請市教育科令飭各級學校全体女教職員、學生一体準時出席。」等情，據此，除分函外，相應函請查照辦理，為荷。

中華民國廿七年貳月廿壹日

第1311號

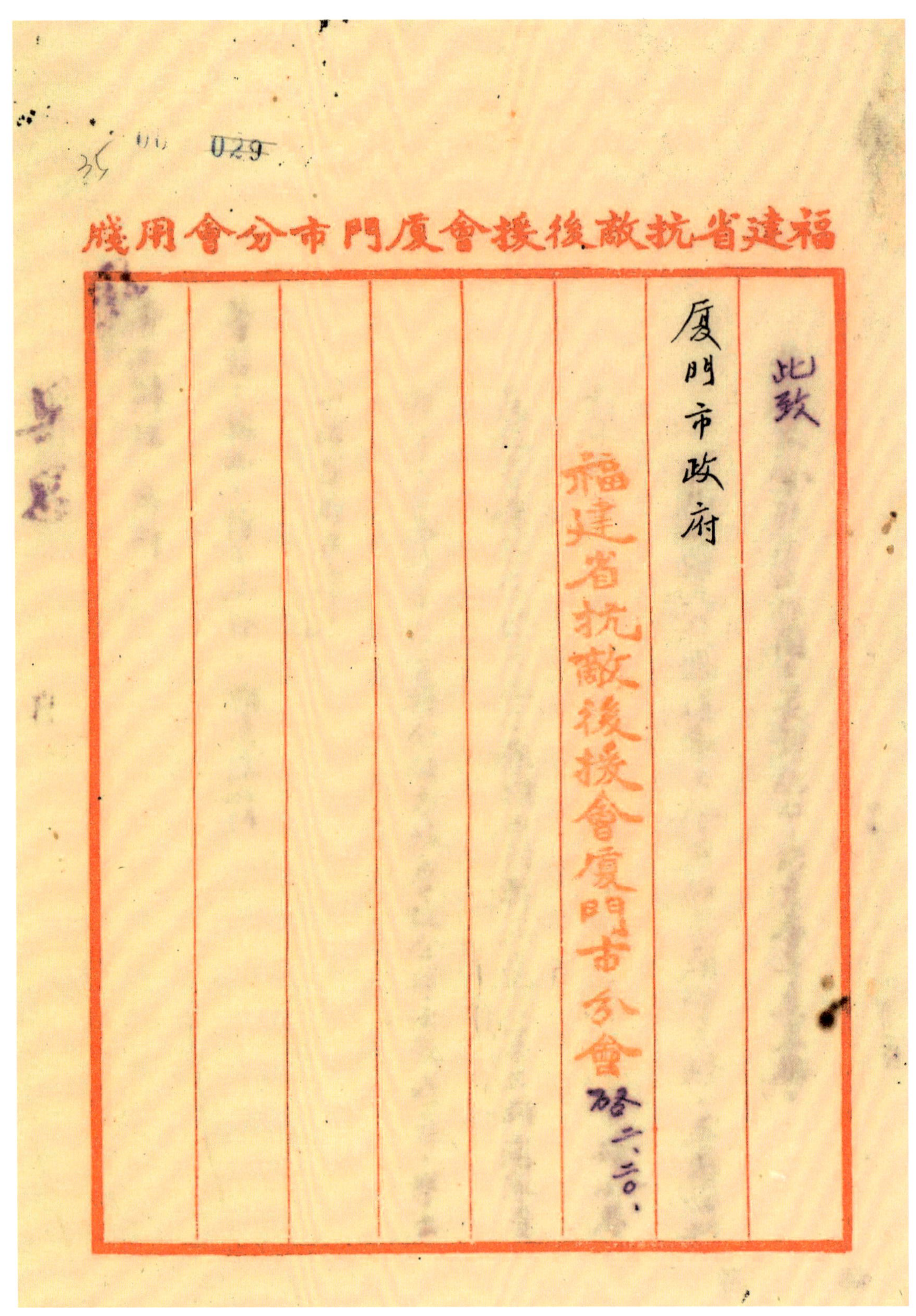
福建省抗敌后援会厦门市分会用笺

此致
厦门市政府
福建省抗敌后援会厦门市分会
廿六、二、二〇、

厦门市政府关于组织战地妇女宣传队等事宜致私立毓德中学等的训令（一九三八年二月二十五日）

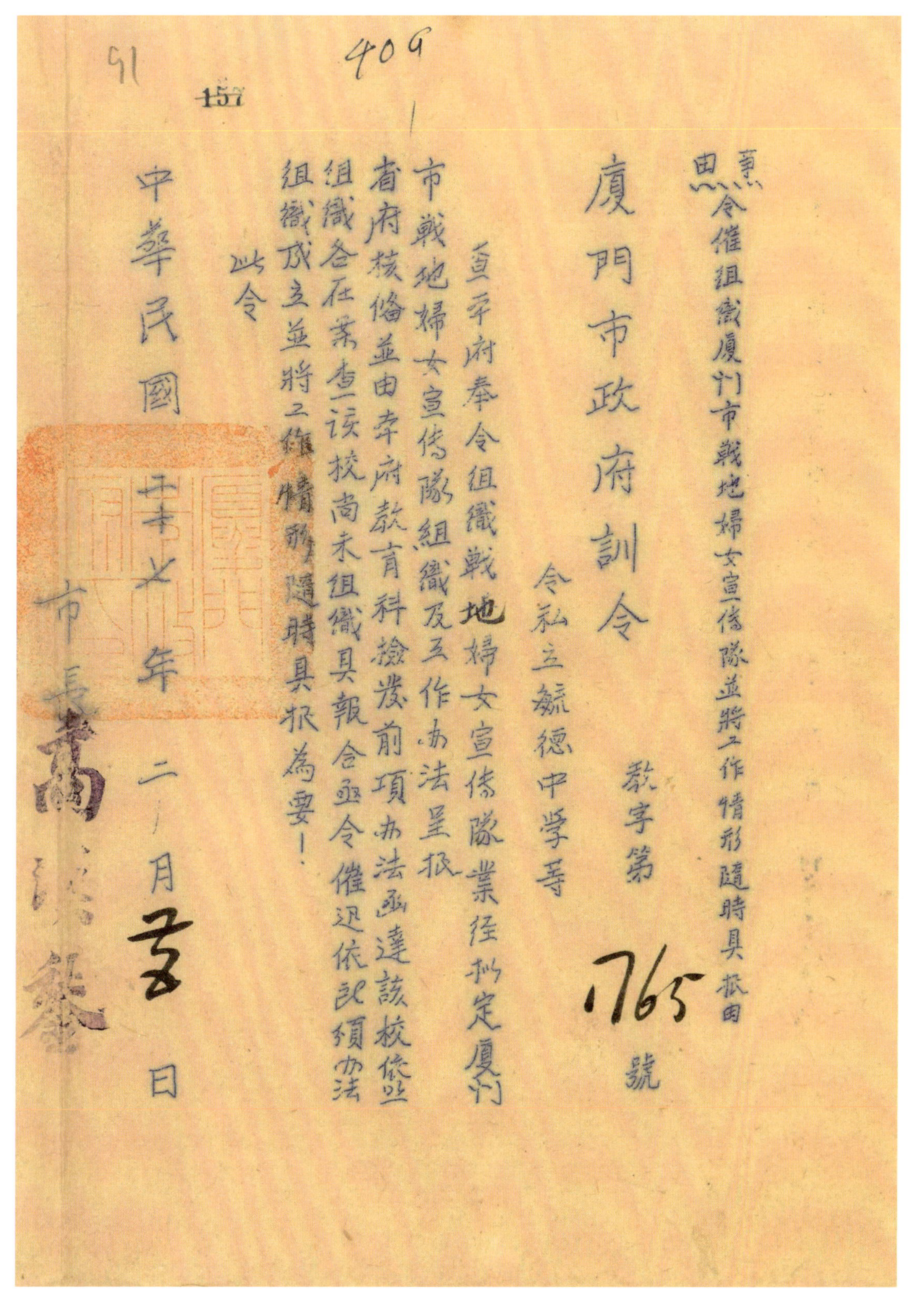

令催組織廈門市戰地婦女宣傳隊並將工作情形隨時具報由

廈門市政府訓令

教字第1765號

令私立毓德中學等

查本府奉令組織戰地婦女宣傳隊業經擬定廈門市戰地婦女宣傳隊組織及工作辦法呈報省府核備並由本府教育科擬發前項辦法函達該校依照組織各在案查該校尚未組織具報合亟令催迅依照須辦法組織成立並將工作情形隨時具報為要！

此令

中華民國二十七年二月廿五日

市長 高鑫

# 附：厦门市战地妇女宣传队组织及工作办法



廈門市戰地婦女宣傳隊組織及工作辦法

一、廈門市戰地婦女宣傳隊根據軍事委員會第六部頒發之戰地婦女宣傳隊組織及工作綱要之規定組織之。

二、婦女宣傳隊以深入家庭普及抗敵救亡宣傳使民眾曉諭抗戰意義而堅定必勝信念為目的

三、婦女宣傳隊由廈門市政府教育科發動全市市私立中小學校之女教師女學生組織之

四、婦女宣傳隊隊名以次數定之——如廈門市戰地婦女宣傳隊第　隊——隊次則以其成立之先後而定

五、每隊設隊長一人由隊員互選或由女教師充任之其任務如下：

1. 接受有係邊指導機關之工作意見
2. 規劃宣傳工作之進行
3. 製定宣傳品及蒐集宣傳材料
4. 主持全隊經常之訓練和隊員生活之指導事項

5、関於工作檢查考核批評事項
6、関於領導出席工作事項
7、填報工作報告
8、其他

六、隊之組織包括演講歌詠話劇三小隊，其系統如下、

隊長—演講隊—小隊長—隊員
　　—歌詠隊—小隊長—隊員
　　—話劇隊—小隊長—隊員

每隊人数由各校自定之

七、市私立中小学校分組下列各隊

1、市私立中小学女教職員合組一隊
2、私立毓德女中学生分組五隊
3、私立慈勤女中学生分組四隊
4、私立怀德女中学生分組三隊
5、私立怀德幼師学生分組三隊
6、私立英華中学女生分組二隊

93

160

7、私立中華中學女生合組一隊

8、私立同文中学女生合組一隊

9、私立大同中学女生合組一隊

八、婦女宣传隊為工作便利計列為廈門市教育会員戰時工作團宣傳工作隊之一故須受党政机関及本市最高抗敵團体之监督与廈門市教育会員戰時工作團之指揮

九、每隊工作除臨時指定聯合出發深入農村宣傳外每週規定工作時间如左：

1、星期三下午三時以後（利用下課時间）

2、星期日上午半天

十、各隊長应指導隊员尽量利用課餘時间個别深入家庭实施挨户宣傳並採用訪问谈話講述故事教授識字等諸般方式使易啟发民众抗敵爱國意識

十一、各隊应随時自製宣傳品如圖畫標語傳单等分发民众以加深听众了解

十二、各隊應酌察時地及聽衆教育程度職業興趣實施各式
各樣之適切宣傳方式
十三、每次出發宣傳須由隊長須送工作報告其表格由戰時工
作團擬發之
十四、各隊長每週應聯合舉行工作討論會一次以檢查批評各隊
工作及解決困難問題並編定下週宣傳綱要
十五、關於宣傳工作部份除本辦法規定外悉依軍委會第六部
頒發之戰地婦女宣傳隊組織及工作綱要第九第十兩項辦
理之
十六、各隊費用除遇聯合出發宣傳時臨時預算呈請市府核
撥外其經常宣傳費（印刷品）概由各隊自行籌撥之

## 厦门市政府关于购买《中国国民党抗战建国纲领》《临时全国代表大会宣言》单行本致福建省政府的呈（一九三八年四月二十日）

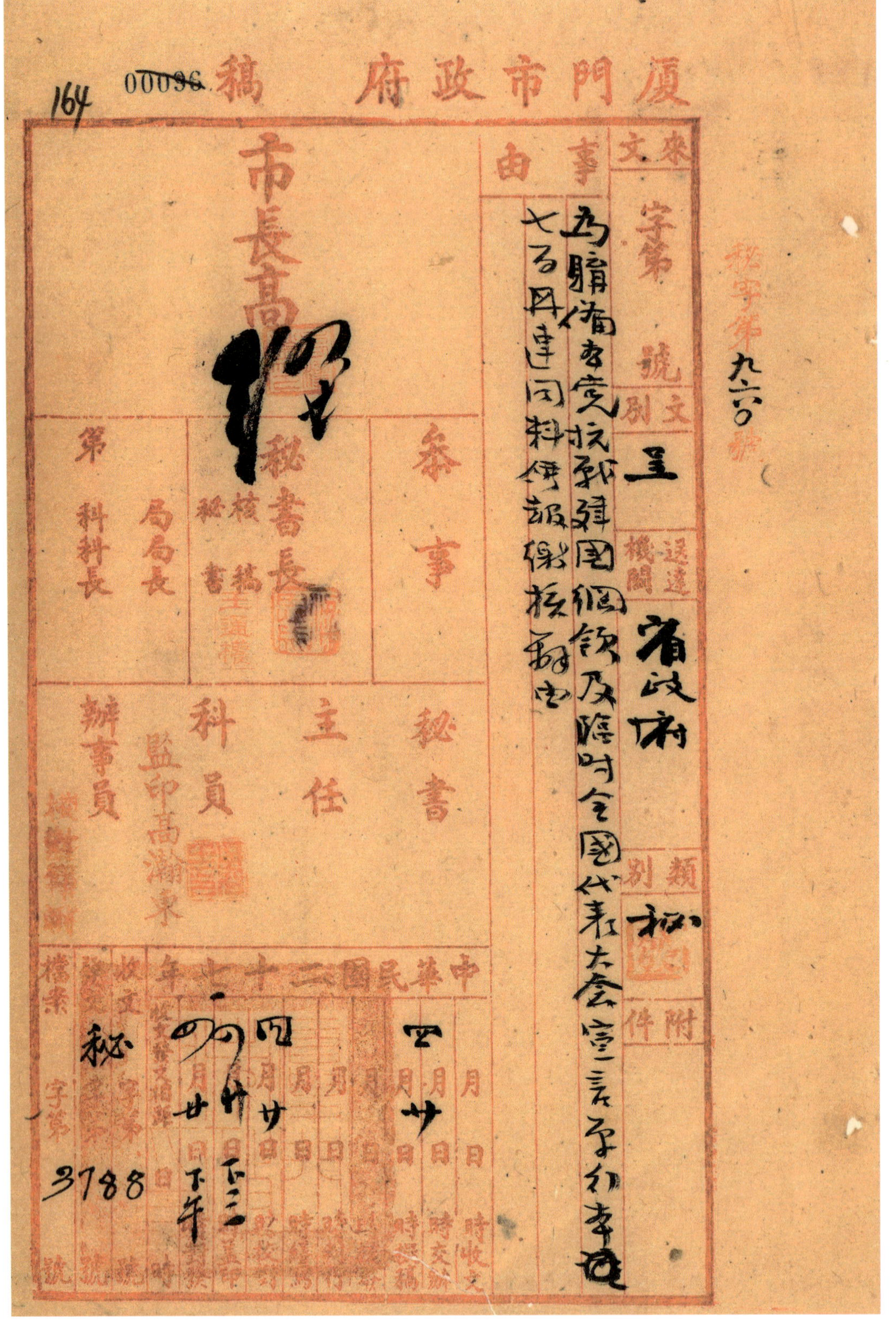
厦門市政府稿

164 00098

來文字第 號

文別 呈

送達機關 省政府

類別 秘

事由 為購備本黨抗戰建國綱領及臨時全國代表大會宣言單行本七百冊連同料價請撥核銷由

市長高

秘書長

中華民國二十七年四月廿日

秘字第九六〇號

檔案 秘 字第3788號

165

案奉

钧府成都处秘和公三〇一九二号训令，以中国国民党临时全国代表大会通过之本党抗战建国纲领及临时全国代表大会宣言已印成单行本，每本收纸张费国币一分五厘，各机关职员及学校员生均须备价领购，等因。奉此，遵即具领，当将应缴费价拨付，由本会本年度经临费项下拨所属职员共有员额七百名，照应领七百份，合连同料价国币一十元零五角，业经[illegible]核转领到，请签核备。谨呈市长陈

计送缴书价款一纸一十元五角

衔名

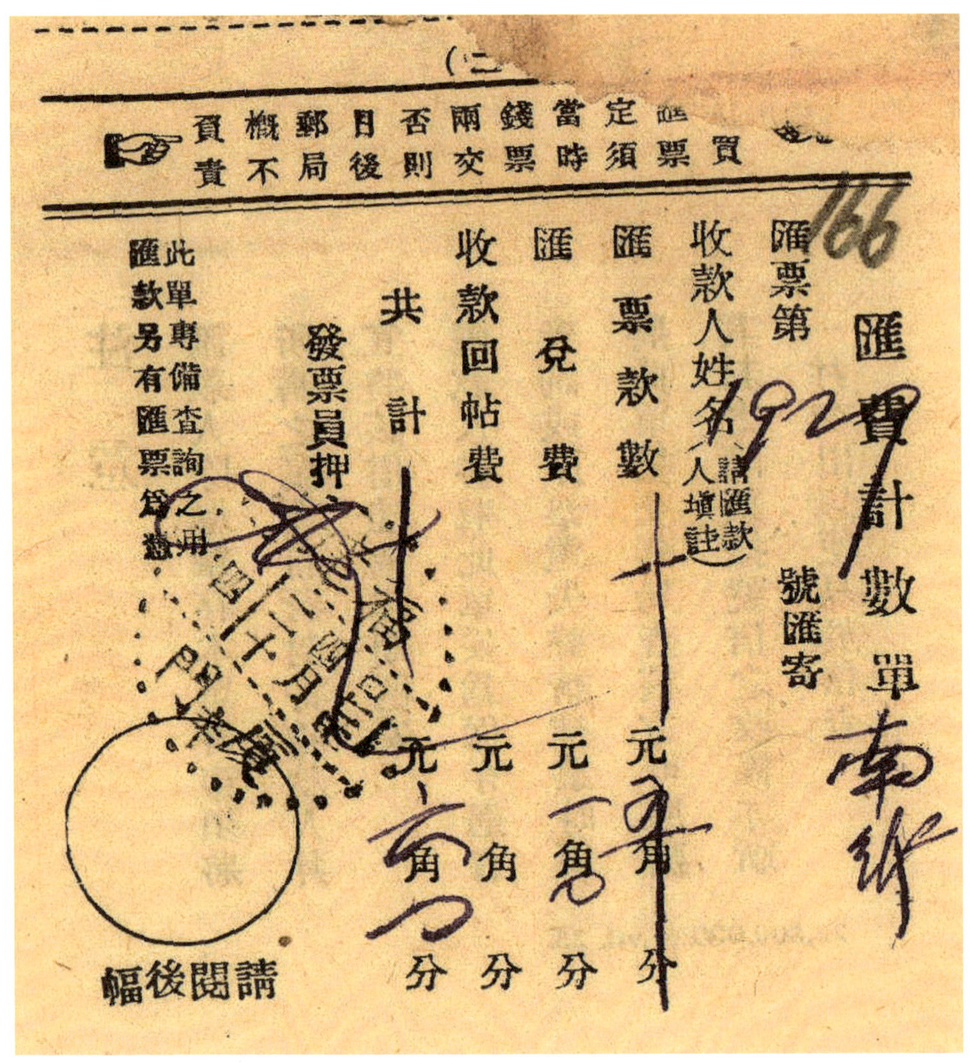

（二）

買票時須當定匯款數目概由郵局負責交票後則否當面點清

匯費計數單

匯票第　號匯寄

收款人姓名（請匯款人填註）

匯票款數　元　角　分

匯兑費　元　角　分

收款回帖費　元　角　分

共計　元　角　分

發票員押

此單專備查詢之用匯款另有匯票發給

請閱後幅

厦门市各界拥护抗战建国暨祝捷大会筹备会为送《抗敌建国》小册致厦门市政府的函
（一九三八年四月二十三日）

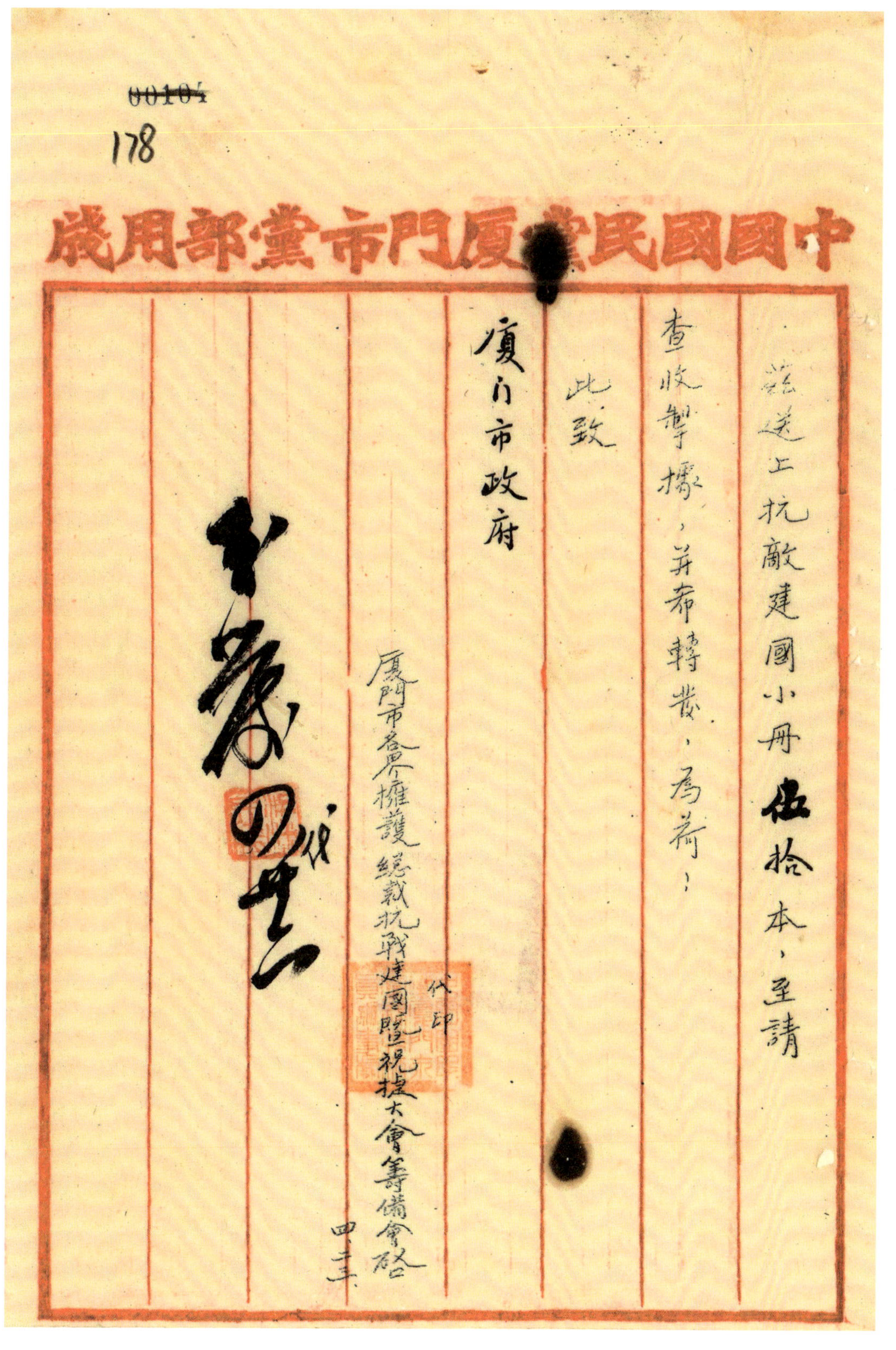

00104
178

中國國民黨厦門市黨部用箋

兹送上抗敵建國小册伍拾本，至請
查收擊據，并希轉發，爲荷！
此致
厦门市政府
厦門市各界擁護總裁抗戰建國暨祝捷大會籌備會啓
四、二三

## 厦门市禾山区区署、厦门市政府关于兵役宣传费由地方预备费开支的一组文书（一九三八年五月二十三日）

### 厦门市禾山区区署致厦门市政府的呈（一九三八年五月二十三日）



簽請前借兵役宣傳費五十元准在地方預備費支用由

查本市於月前舉行兵役宣傳是項宣傳經費依照規定厦門得支九十元禾山得支五十元當因禾山五十元未准前任移交並[illegible]舉行時間迫促未能久待特向鈞府請借五十元交警察局統收應用現准前任來函以特區時代所領五十元宣傳費業已支用應請另行籌用等語為此簽請鈞府察核准予將前借兵役宣傳費五十元在地方預備費項下開支俾資歸還實為公便

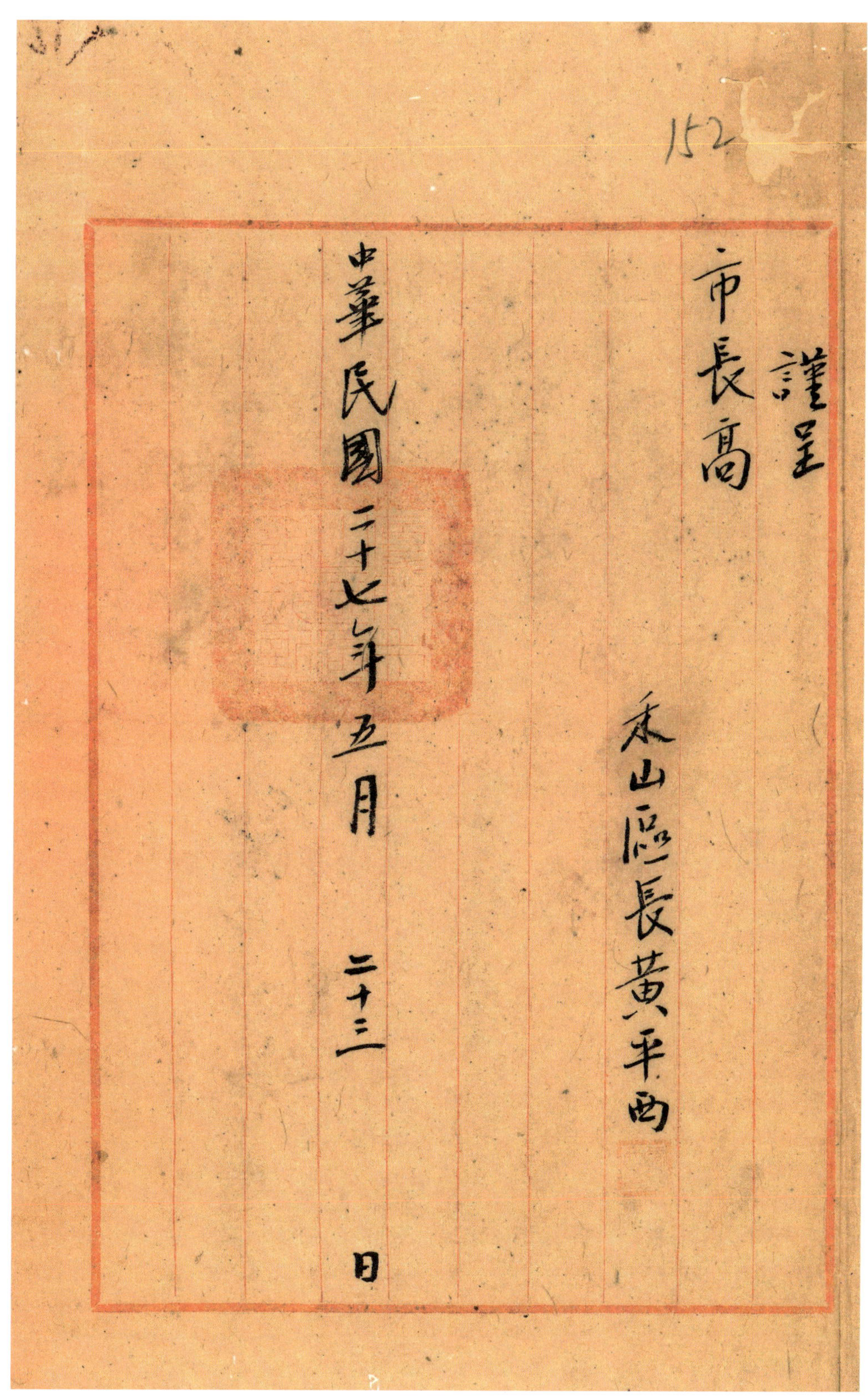

152

謹呈

市長高

禾山區長黃平西

中華民國二十七年五月二十三日

## 厦门市政府致福建省政府的呈（一九三八年五月二十三日）

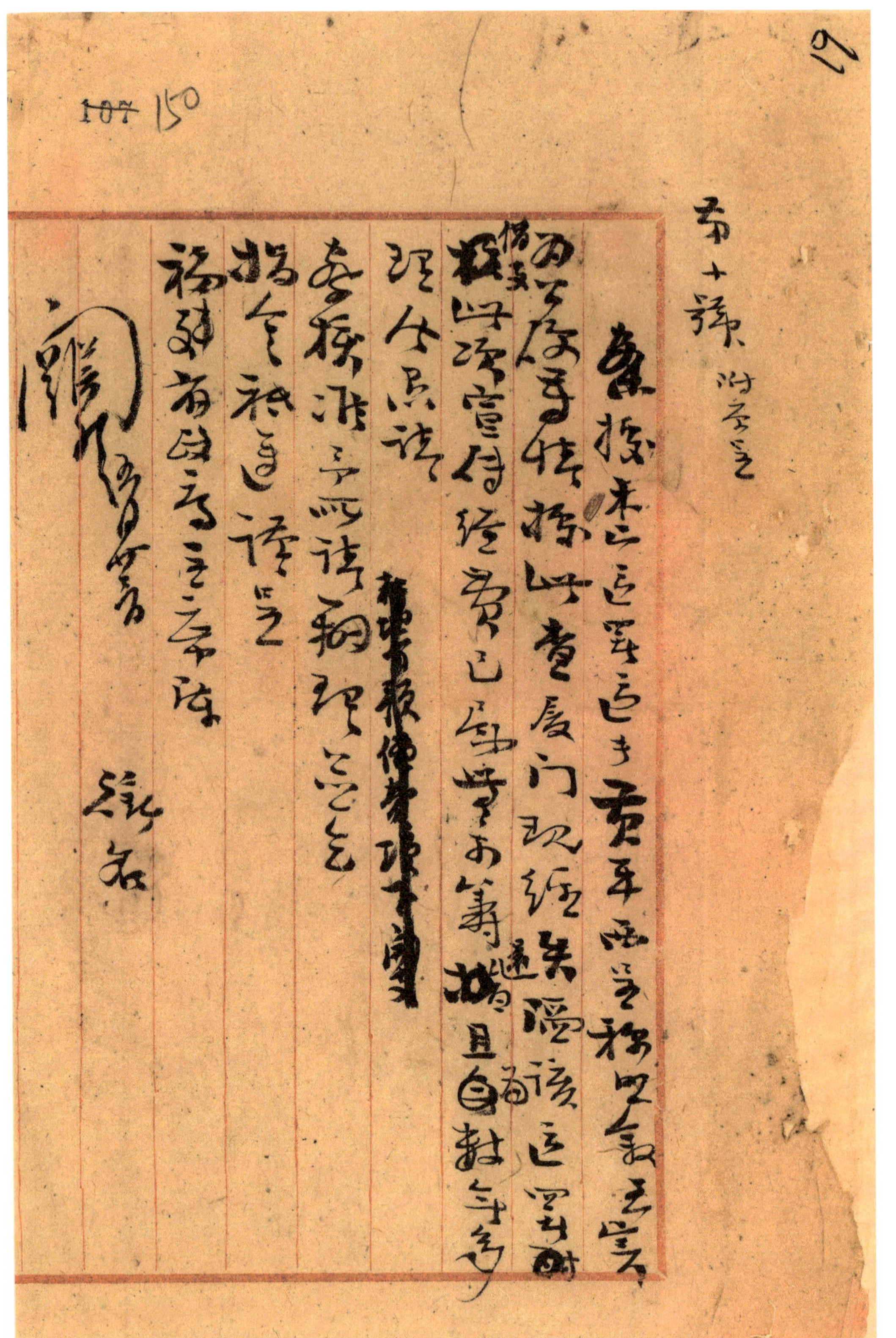

中国国民党晋江县党部关于纪念上海「八一三」抗战致交通部广州航政局厦门办事处的函
（一九三八年八月十日）

74

| 事由 | 批辦 | 指示 | 備考 |
| --- | --- | --- | --- |
| 为八月十三日係上海抗战纪念日兹定是日上午九时在党部举行纪念希派代表准时参加纪念大会由 | | 派刘事务员前往 | |

二十七年八月十二日

114

121

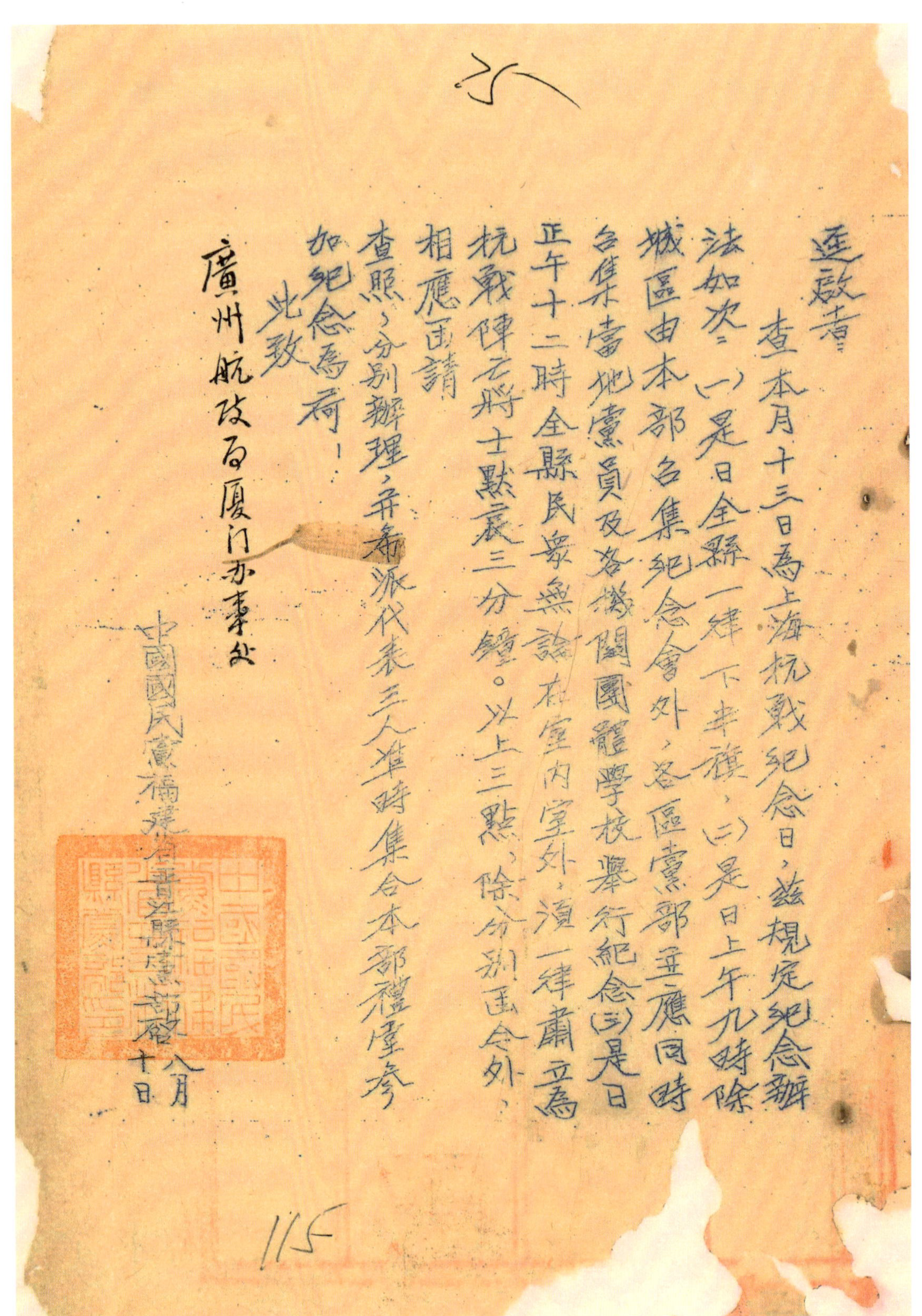

逕啟者：

查本月十三日為上海抗戰紀念日，茲規定紀念辦法如次：㈠是日全縣一律下半旗，㈡是日上午九時除城區由本部召集紀念會外，各區黨部並應同時召集當地黨員及各機關團體學校舉行紀念，㈢是日正午十二時全縣民眾無論在室內室外，須一律肅立為抗戰陣亡將士默哀三分鐘。以上三點，除分別函令外，相應函請

查照，分別辦理，并希派代表三人準時集合本部禮堂參加紀念為荷！

此致

廣州航政局廈门办事处

中國國民黨福建省晉江縣黨部啟 八月十日

抗战建國与司法（此民國二十八年六月八日在龍岩省立简易師範学校演講）

李校长各位教授各位学員今天承李校長函邀要兄弟来演講並指定抗战建國与司法這個題目兄弟学識浅薄沒有好的意見貢獻各位希望各位加以研究加以補充有人說司法工作與抗战沒有關係司法雖屬五權之一但其工作與其他四權工作為輕與建國方面亦無重要性此種觀念未免錯誤兄弟認定司法與抗战建國均有莫大之關係試分兩點来說明

一、司法與抗战之關係本来司法工作的人固不能執戈衛國陷陣衝鋒但其工作與抗戰實有莫大之関係先以精神総動員之綱領而言精神総動員之結晶就是要公務員領導民衆身體力行並要有深刻認識國家至上民族至上軍事第一勝利第一意志集中力量集中這幾個口號兄弟以一句話来包括這幾個口號就是要全國同胞把整個的

34

人力財力貢献國家来抗战争取最後勝利以求永久之生存我们認清楚了这個精神総動員的结晶則司法工作之方針就有幾點最關緊要之處向各位報告第一點司法要愛惜訴訟人之財力例如民事訴訟要速和速訊速判因民事訴訟當事人要負擔訴訟上一切費用第二審負擔較第一審為重第三審負担較第二審更重最好在第一審為之和解則第二審負擔可以免除第二審和解則第三審負担可以免除其次就要速訊多訊一次則訴訟人多負担一次之旅費再其次就要速判遲判一月則訴訟人多一月之拖累故速和速訊速判就是減轻訴訟人之負擔盖訴訟人少一分之負擔即抗战集團多一分之財力所以我司法最高當局三令五申要厲行和解且對於民事訴訟之遲延監督最嚴其用意即在於此第二點司法要愛惜訴訟人之人力例如刑事訴訟之人犯除婦女老幼外多半合于兵役之年齡雖全國人犯合于兵役年齡者無從統計但依兄弟推想

恐要居十之六七假使司法人員不為抗戰打算愛惜訴訟人之身体徒憑法律予以押禁則不特合乎兵役年齡之人犯不得去服兵役即婦女老幼之人犯亦多因犯罪之故不得在精神總動員原則之下而予以活動故对於刑事案件不但要速訊速判以解決被告之痛苦且對于輕微犯罪者屬行保釋屬行服役屬行緩刑其應科罰金及合乎易科罰金者均科以罰金俾合於兵役年齡之人犯得服兵役及未服兵役之人犯亦可於農工商各方面從事於生產之推進培養一分的人力即抗战集團多一分的力量第三點就抗战後司法的狀況而論查我將屆二年在此二年中以福建司法情形来观察各法院訴訟案件並未見減少但積案減少得多因犯亦減少得多由此推想則全國之積案及人犯亦必減少現聞全國監獄人犯軍事犯約占十之六七司法人犯僅十之三四總以上各點足見司法與抗战之關係不得謂非重要而司法工作有貢獻於抗战者亦不無可观

36

二、司法與建國之關係

查五權憲法乃　先總理所創之五個治權的來實施憲政，这五個治權自然要一律臻於健全，則憲政方能獲有效果。司法既屬五個治權之一，則司法之建設也要臻於健全，才配得上其他四個治權，然後治權始能整個的完備。究竟司法上建設如何使其健全？大概分為二点向各位報告。第一点，司法对內要完成最新的制度，以合於現時代之要求。解決这個问題，試以三點說明於下：（甲）完整司法机構。吾國司法机構之缺点在第一審級。民國成立以来，連年多故，經費不充，故將第一審司法寄託於行政之下。現在雖將承審制改立司法處，以縣長兼檢察職務，比較承審制固然略優，然其發生弊態不是縣長消極的檢察職務完全付託於審判官，即是縣長積極对於審判權橫加干涉。故第一審非完全設立縣法院，使其純粹獨立，脫离行政權之羈絆，不足以除此病根。此應完整司法机構者一。監獄制度重在感化，並於感化之下而教以技能，現查各省新監

37 098

最多者不过三五所其餘均係舊監而舊監每因經費短絀既乏教誨又無作業不特失監獄精神且集多數莠民群居終日祗有增加其惡性造成累犯即新監雖有教誨之實施但亦多有缺乏基金無業可作致犯人不能得到相當之技能其所獲裨益亦甚微薄故今者非將舊監改設新監及擴充基金厲行作業則不足以表現監獄制度之精神而收其效果此應完整司法机構者二

國民中重要份子厥為少年近来世界各文明國家对于少年之保護特别注意因之司法方面亦以撲滅少年犯罪之原因為其重要工作蓋少年若一失其教養則其生活勢必不守規律致犯罪之机会較多但少年正是智識開發之際若於開始犯罪即將其犯罪之原因予以撲滅使其意識容易矯正就可轉為良好的國民故歐美多數國家均設有少年法院與少年監獄使犯罪的少年在法律制裁之下得有特別良好的教育吾國刑事政策近已趨重於社会防衛主義將来少年法院少年監獄並

38

為司法上最重要之建設此应完整司法机構者三(乙)調整司法經費司法上建設之重要已於甲点說明但是沒有經費就談不上建設以前國內多故因对於司法經費無從調整各省的司法經費均仰給於省庫而各省財政盈絀不同致所負担司法經費厚薄不一就三年以前的狀况而論照預算实支者不过一二省其餘有支九成八成七成六成甚至五四成者如此而欲使司法之建設達於健全不啻南轅而北轍故欲調整司法經費不但須國庫直接負擔且应按其建設之需要而予以擴充庶司法建設方能進於完備(丙)培植司法人材有了完備的机構有了充裕的經費而無良好的人材則司法仍無達於完善之望所謂良好人材者須有最优的学識最富的經驗固不待言但除学識經驗以外尤須具有六個重要條件即廉明慎勤勇及道德廉則心無所蔽人格纔乃清正明則智足以致知是非方得正確慎則辦事謹嚴舉動方無錯誤勤則時少间断事件方無積壓勇則遇事果断困難方無

顧慮假使以上五個條件俱備而無道德以濟之則必流於苛酷結果必使訴訟人生命財產在法律上受过分之損失而失其裁判之公平故道德尤為司法人員必要之修養我司法最高當局訓練司法人材素極注意將來自足以供司法建設之需第二点司法對外要本其完善的建設達到國際上平等之地位吾國以清室積弱之故致受列強不平等條約之縛束領事裁判權允係不平等條約之一為司法上最大的耻辱自現行民刑法施行以後撤廢領事裁判權之呼聲遍於全國嗣因七七事變突起遂行擱置吾國正努力於三民主義之推進使我中華民國地位在國際上一律平等所有各國強迫吾國所締結一切不平等條約應予廢除如果司法上的建設照以上甲乙丙三点所述達到目的兄弟相信領事裁判權可以撤廢達到領事裁判權撤廢的程度則司法權即已健全那纔配得上其他四個治權那纔可以完成五權憲法建國之使命此司法關於建國重要之点大畧如此

40

還有一点意見要貢献各位吾國刑事政策已由报應主義而進於感化主義就是要犯人得有深刻之感化不至再犯而變為善良微論犯人既已犯罪染有悪性感化難收效果縱使犯人皆能得到感化但所收感化的效果仍僅限於全國民中之一部分犯人查近年來各省刑事案件激增國民犯罪有加無已兄弟研究犯罪激增之原因固有由於種種環境所造成但使國民人人能知禮義廉恥仁愛和平固有的美德則無論如何之悪劣環境亦不至不守規律自損人格而甘罹法網乃知因環境所迫而犯者必係下愚之徒如受有相當教育者必不皆然故犯罪激增之原因並非盡由於環境所造成乃由於教育未普及之故自可斷言然則感化已犯罪之人使不致再犯責在司法而防範未曾犯罪之人使不致初犯則責在教育諸君今日是学生畢業後即為師表希望諸君將來推廣教育對於禮義廉恥種種美德發揚而光大之俾

41 102 ~~095~~

多數國民得到春風化雨之薰陶以撲滅國民犯罪之因素司法所希望於教育者在此兄弟所貢獻於各位者亦在此

## 从国际公法上证明日本是一最野蛮国家（在龙岩文化座谈会演讲）（一九四〇年五月十日）

從國際公法上證明日本是一最野蠻國家（此民國二十九年五月十日在龍巖文化座談會演講）

剛才各位研究這個題材的意義發揮盡致兄弟研究國際公法差不多在三十年以前嗣因國際上時有變化而國際公法學當亦日新月異以三十年前之學理來研究現時代之國際狀況恐多不合時宜故就兄弟所能記憶國際公法學上之大致來講幾句話希望各位加以指正及補充日本民族之野蠻在四十年以前於國際上即已表現當甲午之役吾國因戰敗而迫於議和日本指定議和地點在馬關並指定吾國全權大使須李鴻章負責李鴻章抵馬關談判尚未開始因出寓拜會日本代表而日人即攔路開槍擊中李鴻章面部顴骨李鴻章得以不死李鴻章既係吾國議和之全權大使且係日本所指定乃日人竟不顧信義擅敢槍

敎開國際上未有之惡劇此日本民族之野蠻在四十年前即已表現於世界嗣後日人連年在吾國內所發生事件曷可勝數無一件不是狡賴無一件不是欺詐無一件不是違背信義茲就國際公法來講蓋國際公法之產生乃維持全世界國家人類生存安全自由平等之和平依據道德與人道主義為基礎因各個國家均自有其立場同時對於其他國家之立場亦應尊重於是國際公法有權利與義務之規定所謂根本權利者即生存權維持權自由權獨立權皆屬之其他一切之權利無不歸納於以上各種權利之內所謂義務者即不干涉之謂不干涉之種類約對其他國家之內政外交領土宗教財政及其戰爭等項不得過問如各個國家行使自身權利并履行對於其他國家之義務則其互相獨立自由平等全世界人類之生存安全可以持久日本自甲午以後掠奪吾國之領土干涉吾國之內政破壞吾

國之主權侵畧吾國之经濟種種企圖曷可勝數無一不違背國際公法之規定此以平時國際公法証明日本國家之野蠻已屬達於極點再就战時國際公法論夫國際间之權利義務有衝突而不得解决時勢必發生战爭雖战爭時使失其平等自由生存安全之常態亦應憑战時國際公法以資維繫故戰時國際公法之出發點亦不得離開道德與人道主義於是戰時國際公法上規定有禁止之方法即不得殺傷無戰鬥力之敵人不得暗殺敵國之要人不得使用殘酷之軍器不得毀壞敵國之財產不得偽降或於停战期内襲擊不得煽惑敵軍或敵人反叛不得濫用敵制服旗徽或標章等皆是自七七事變以来日軍侵入我國已經三年在此三年中日軍殺死吾國無战鬥力之平民炸毀吾國未設防之城市炸毀吾國文化公益之建設施放毒氣殺死吾國軍隊投燃燒彈焚毀吾國平民之住宅姦殺吾國婦女

擄去吾國幼童運回本國強搶吾國公私財產運回本國劫掠淪陷區內之難民補充其軍隊此種違背道德與人道之殘酷行為致我國同胞之被害財產之損失其數不可勝計甚至煽動漢奸成立偽組織使其反叛吾國民黨反叛國民政府凡戰時國際公法所不許可者俱施之吾國而無所不用其極不但此也如英美法均係中立國家乃日軍竟敢炸傷英駐吾國之大使炸沉美在吾國之商輪封鎖英美法在吾國之租界封鎖吾國揚子江不許英美法之商輪在吾國內地通商將中立國家應有之權益一掃而盡此日本之野心不特想吞併我國家滅絕我民族且妨害世界文明國家人類之生存與安全此就戰時國際公法證明日本國家之野蠻尤屬罪大惡極似此形同禽獸之醜類決無任其生存於現代文明世界之理故吾國抗戰不僅求自身之生存並負有殲此醜類促進世界和平以達於大同之責任歐洲先進學者如麥斯脫等每

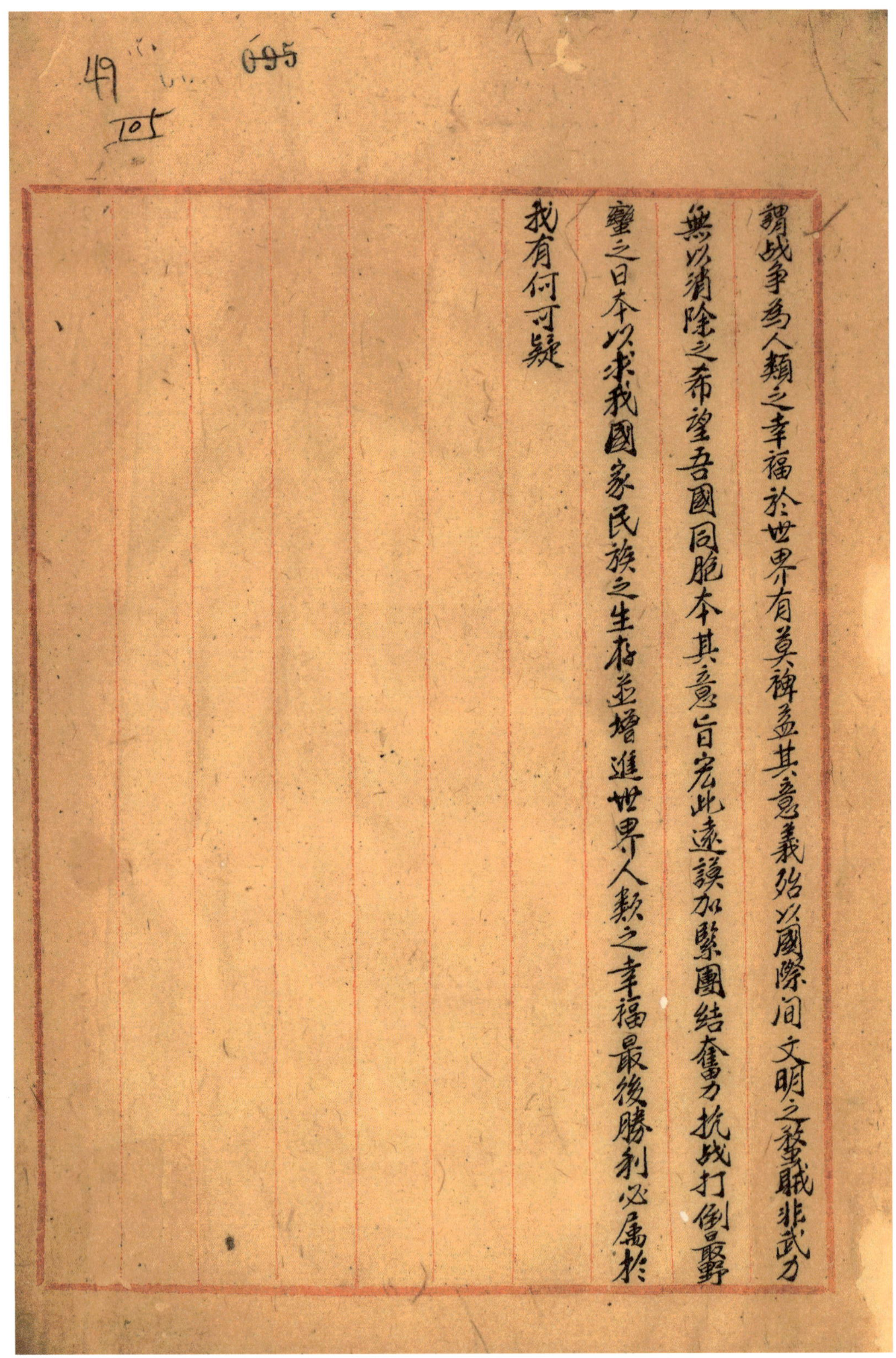

49 095
105

謂战爭為人類之幸福於世界有莫裨益其意義殆以國際间文明之蟊賊非武力
無以消除之希望吾國同胞本其意旨宏此遠謨加緊團結奮力抗战打倒野
蠻之日本以求我國家民族之生存並增進世界人類之幸福最後勝利必属於
我有何可疑

国立第一侨民师范学校关于请发给参加国防科学征文竞赛获奖学生奖金致福建省文化运动委员会的公函（一九四三年五月二十一日）

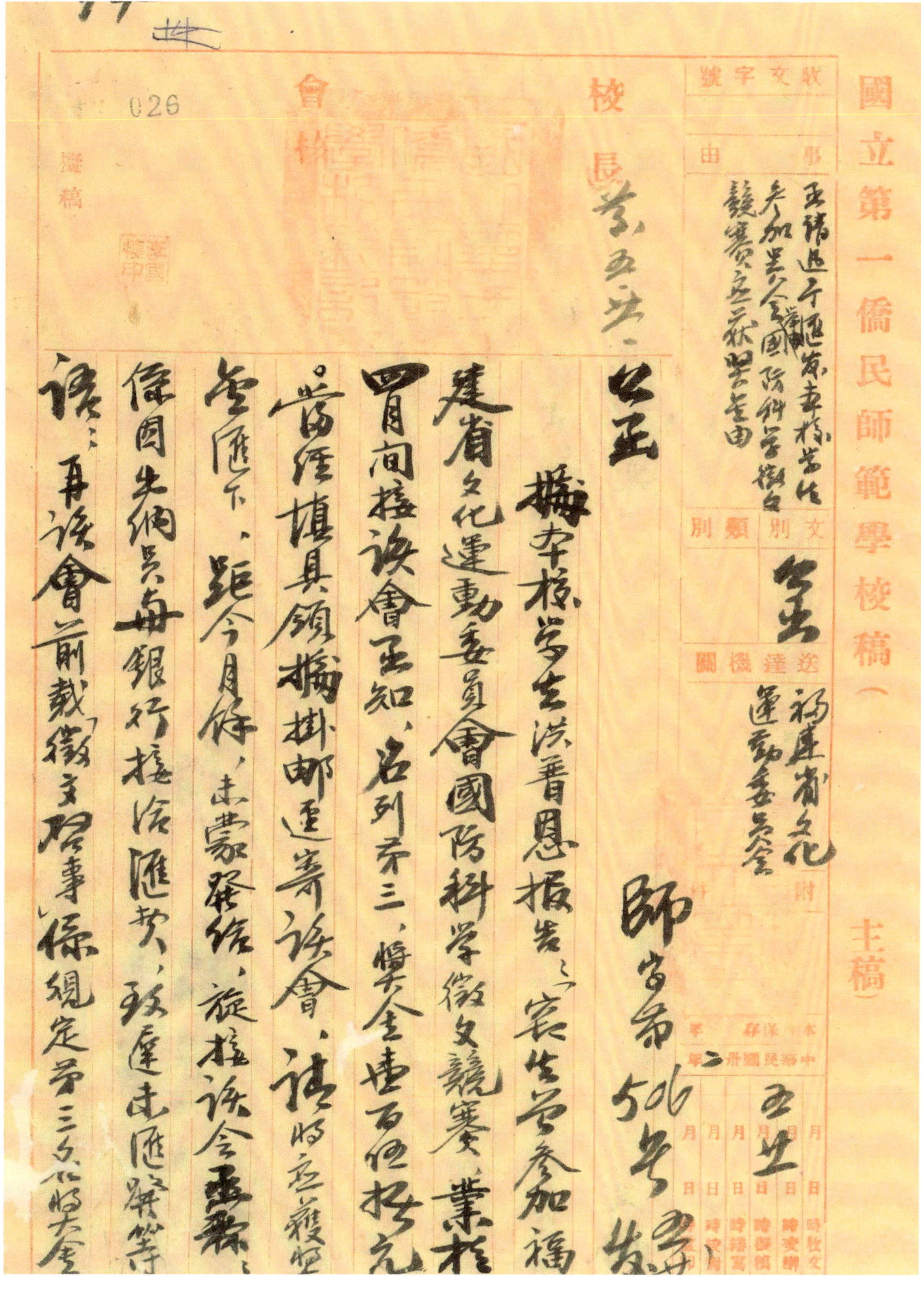

叁百元，今只領得奖金數減為壹百伍拾元，且逾月不將款寄下，其中似有曲折，懇請飭令該會負責查究，以明真相，並飭令該會迅將應得奖金如數匯下，以昭信譽。又據學生候培元報告：一、生於去年參加福建省文化運動委員會國防科學徵文競賽，業於本年三月廿九日接到該會通知，名列第六，應得奖金壹百元，業經填具收據，掛郵寄奉該會，迄今月餘，該款未見匯來，而廈大同學應徵所獲奖金，業已收到，誠恐該會出納室誤寄他校學，請飭令該會查明究竟，並飭該會迅將應得奖金匯下，以免等情。到校，查該生所稱，確屬實情，究竟其中情形如何，

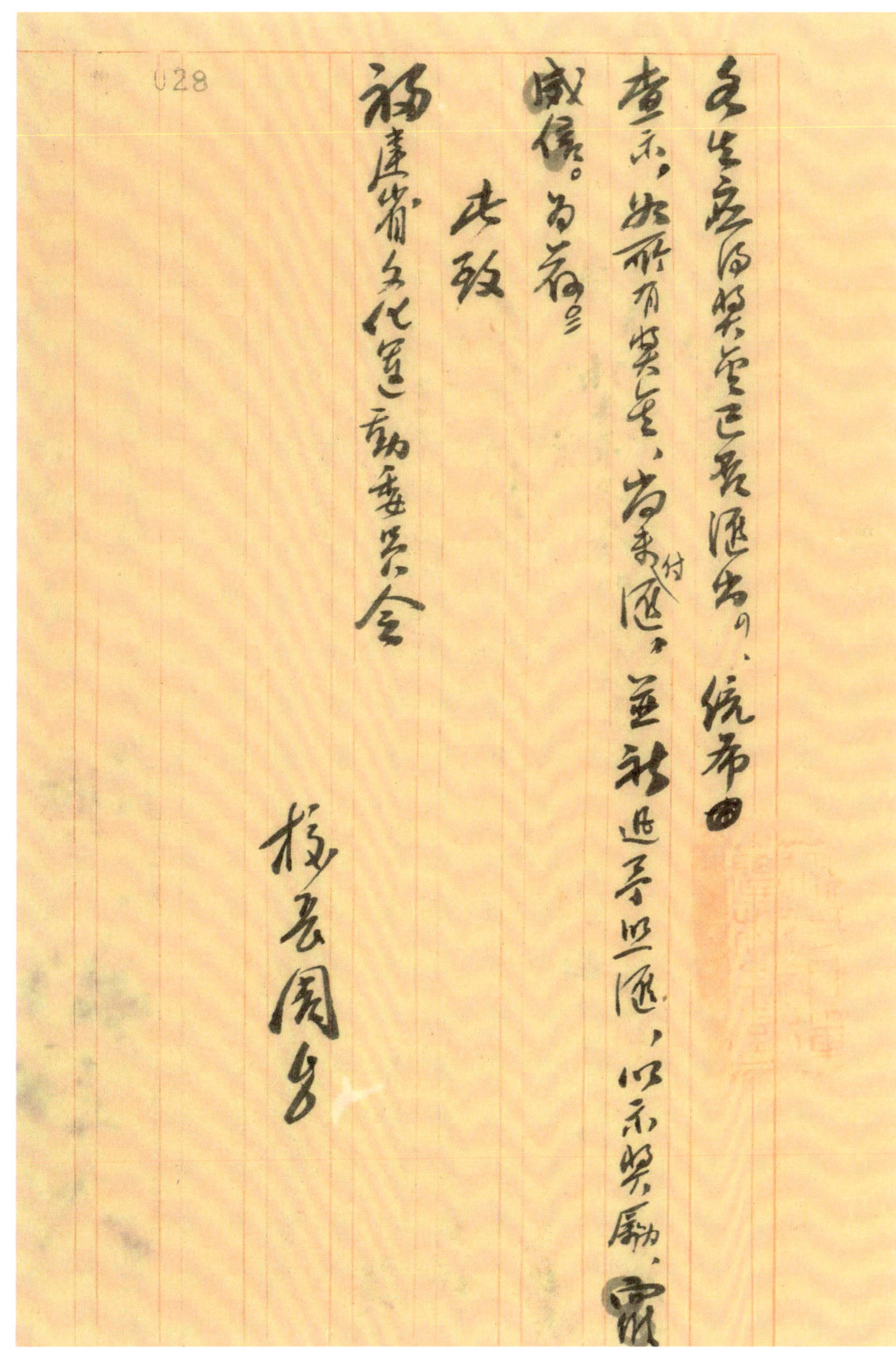

028

先生應得獎金已否匯出者，統希
查示，如所有獎金，尚未付匯，並請速寄照匯，以示獎勵，[illegible]
威信。為荷。
此致
福建省文化運動委員會

校長周[illegible]

国立第一侨民师范学校关于参加「七七」抗战建国纪念大会的布告（一九四三年七月六日）

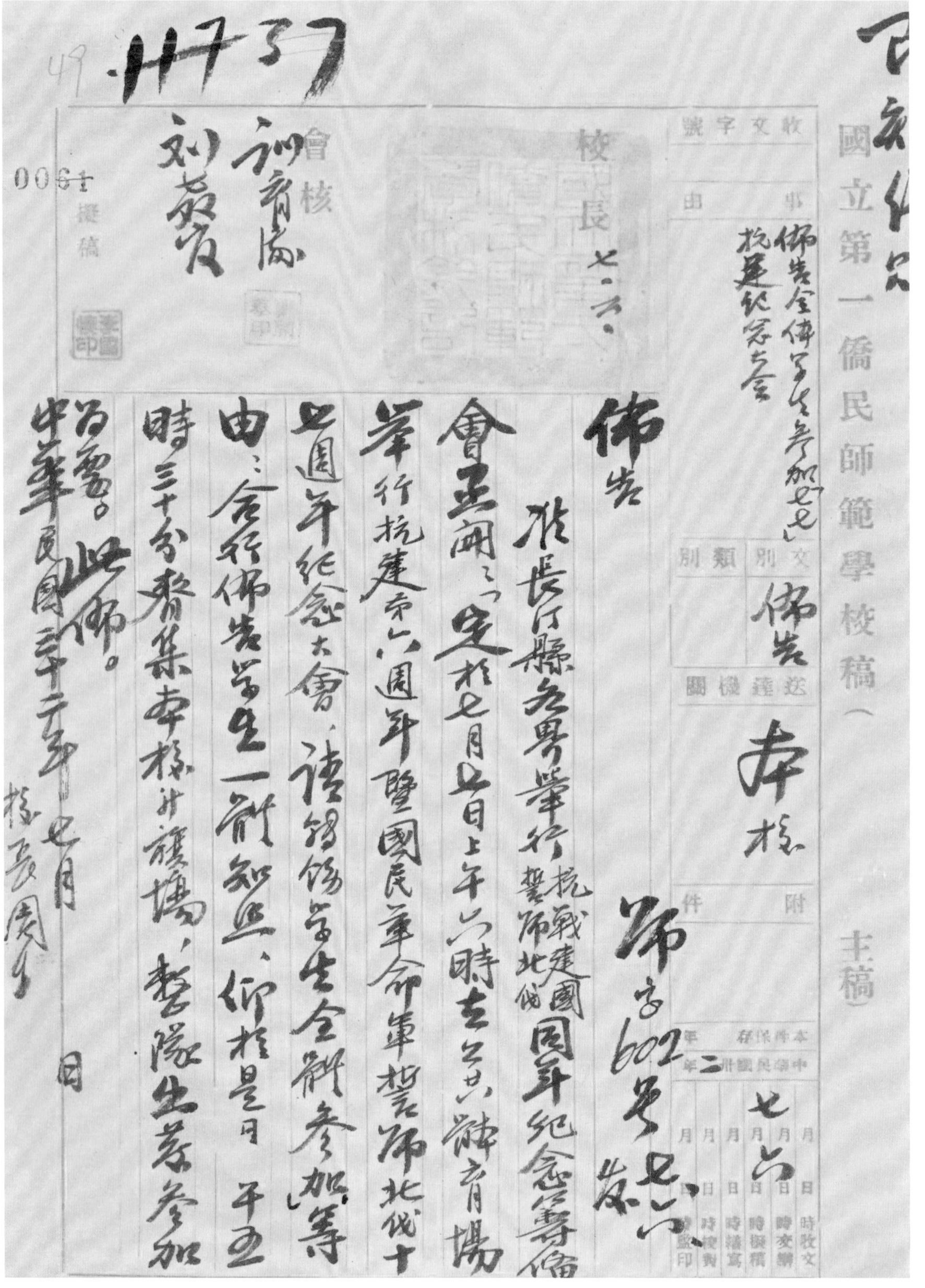

长汀县政府关于召开淞沪抗战及空军节纪念大会致国立第一侨民师范学校的公函（一九四三年八月）

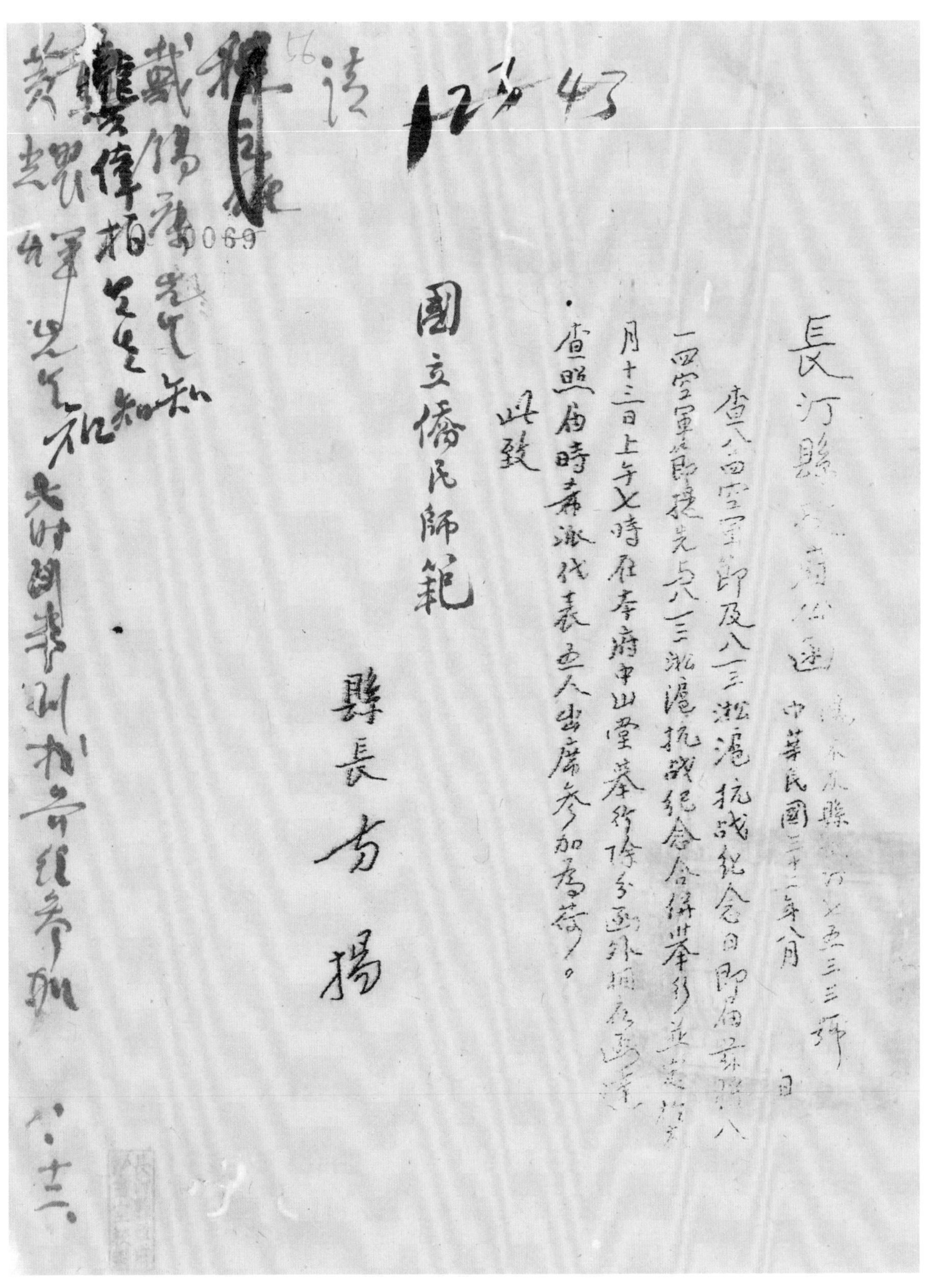

# 国立第一侨民师范学校关于报送青年国防科学演讲竞赛演讲稿致三民主义青年团汀州分团的公函

（一九四三年十月十二日）

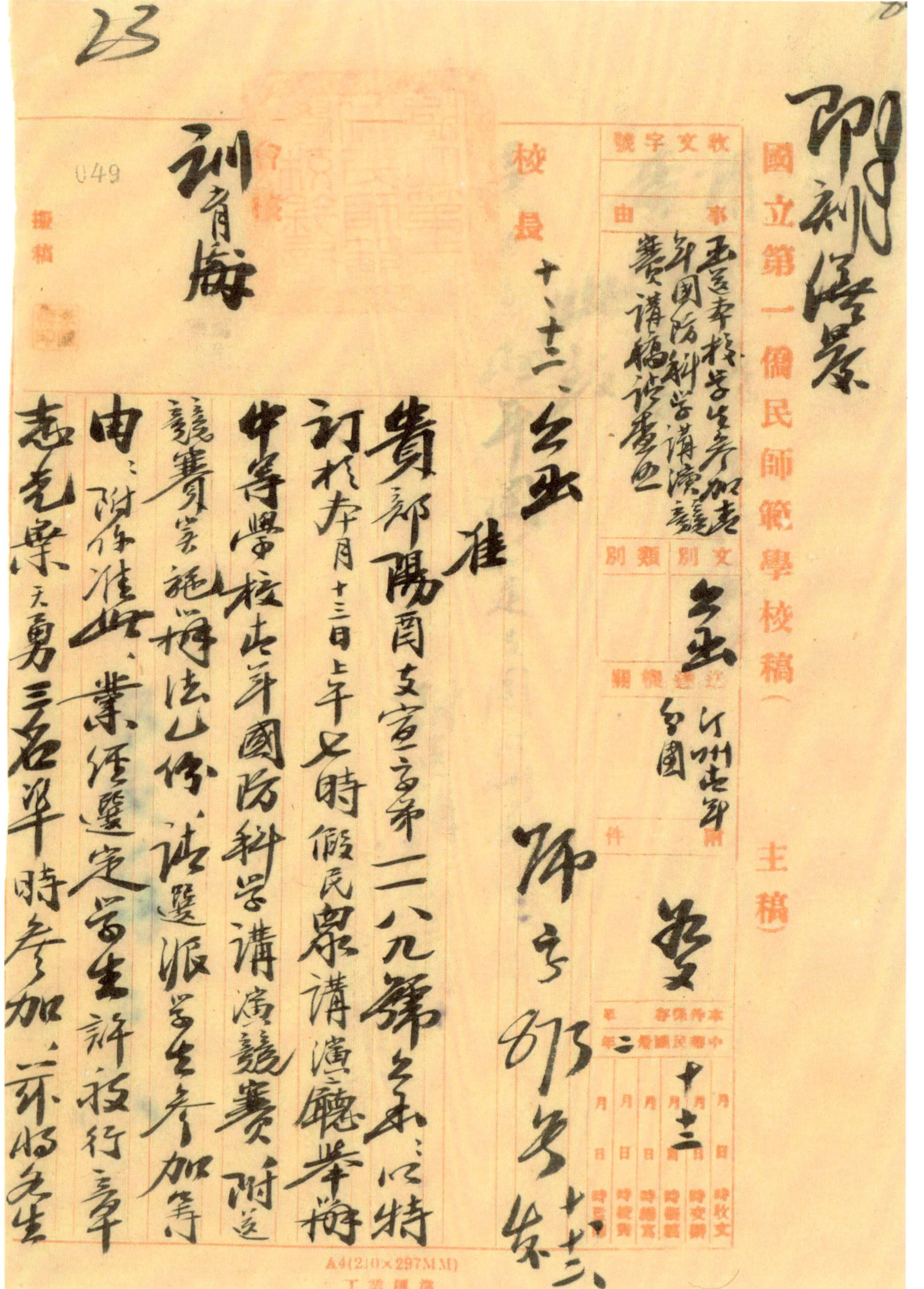

國立第一僑民師範學校稿（主稿）

事由：函送本校學生參加青年國防科學講演競賽講稿請查照由

文別：公函

送達機關：汀州青年團

校長 十、十二、

訓育處

公函

准

貴部陽酉支宣字第一一八九號公函，以特訂於本月十三日上午八時假民衆講演廳舉辦中等學校青年國防科學講演競賽，附送競賽實施辦法，請選派學生參加等由，附件准此。業經選定學生許敎行、章志彪、樂天勇三名準時參加，亦將各生

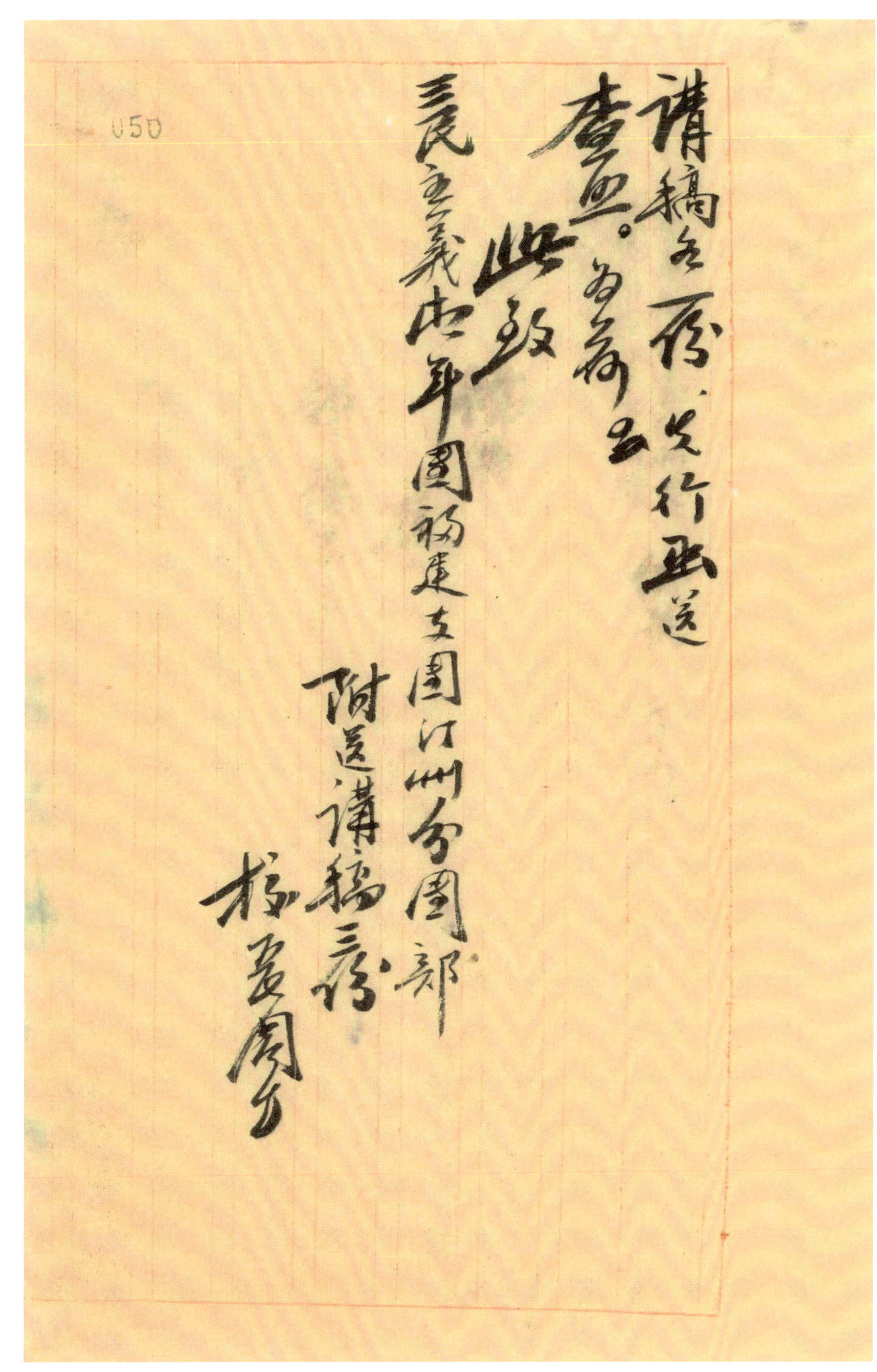



講稿各一份，先行函送

查照。為荷為要

此致

三民主義青年團福建支團汀州分團部

附送講稿壹份

楊炭周分

# 厦门市政府关于清除敌伪标语致鼓浪屿区区公所的训令（一九四五年十月）

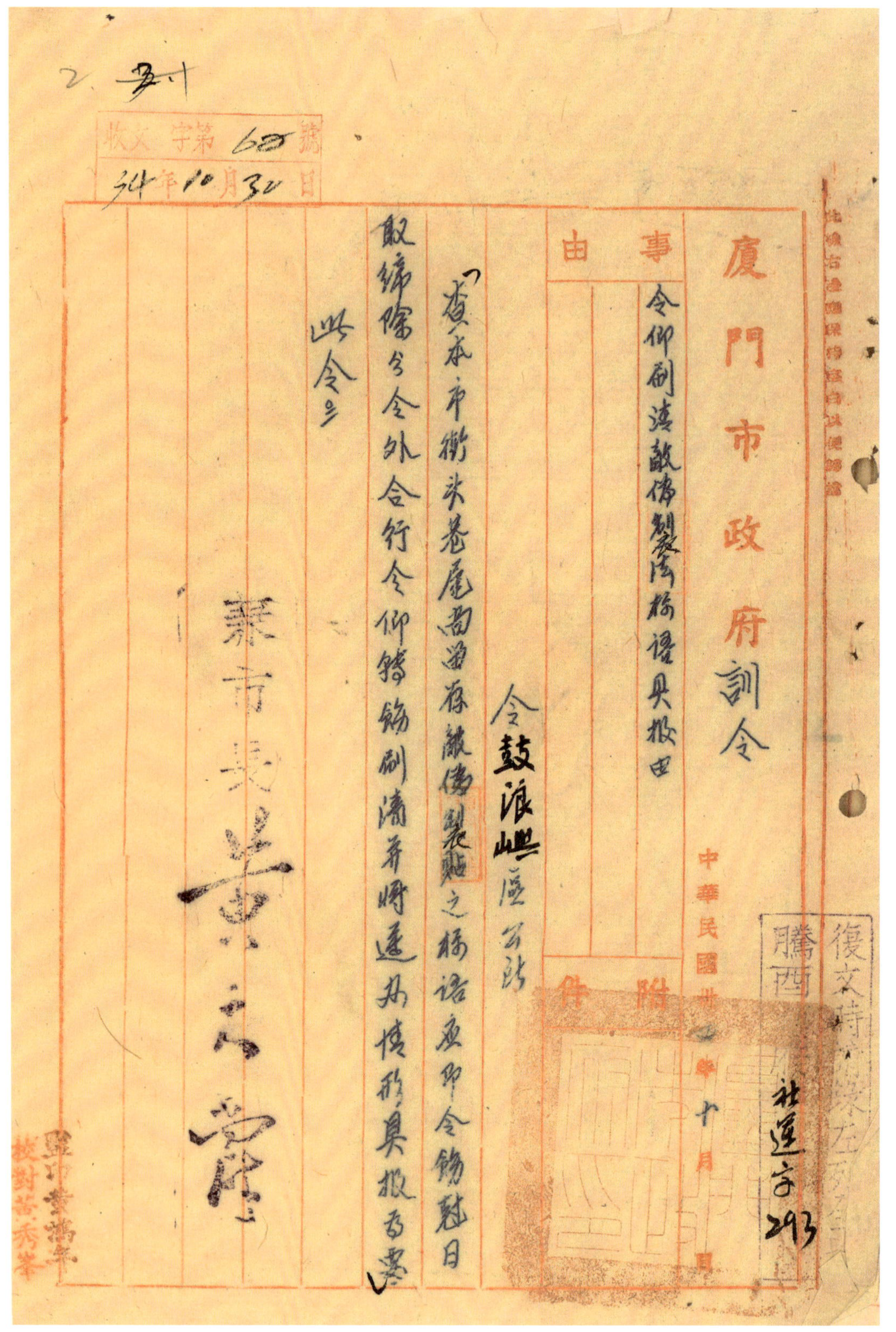

收文　字第[illegible]號
34年10月30日

廈門市政府訓令

事由：令仰剷清敵偽製發標語具報由

令鼓浪嶼區公所

查本市街头巷尾尚留存敵偽製貼之標語應即令飭剋日取締除分令外合行令仰轉飭剷清並將遵辦情形具報為要

此令

兼市長　黃天爵

中華民國卅四年十月　日

# 三、抵制日货

厦门市临时消费合作社关于储户提取存款购买本社拍卖仇货充实国防经费致中国银行厦门分行的函

（一九三七年十二月十一日）

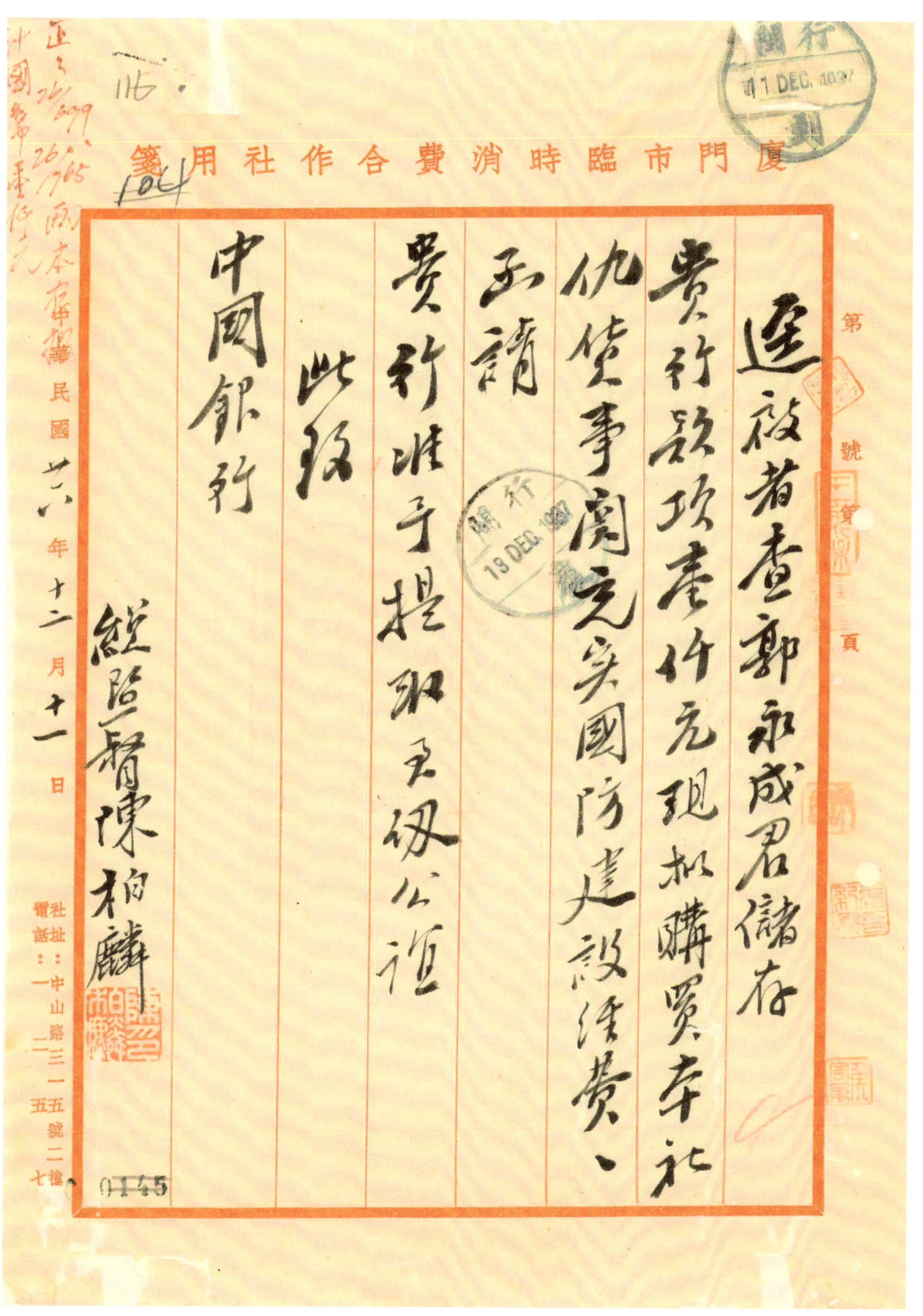
厦門市臨時消費合作社用箋

逕啟者：查郭永成君儲存貴行款項產什元，現擬購買本社仇貨事，闗充實國防建設經費，

函請貴行准予提取，至級公誼。

此致

中國銀行

經理 陳柏麟

中華民國廿六年十二月十一日

社址：中山路三一五號二樓

電話：一一二五七

## 厦门市肃清仇货委员会、中国银行厦门分行关于检查中国银行厦门分行仓库仇货的一组文书（一九三八年四月十八日至二十日）

### 厦门市肃清仇货委员会致中国银行厦门分行的函（一九三八年四月十八日）

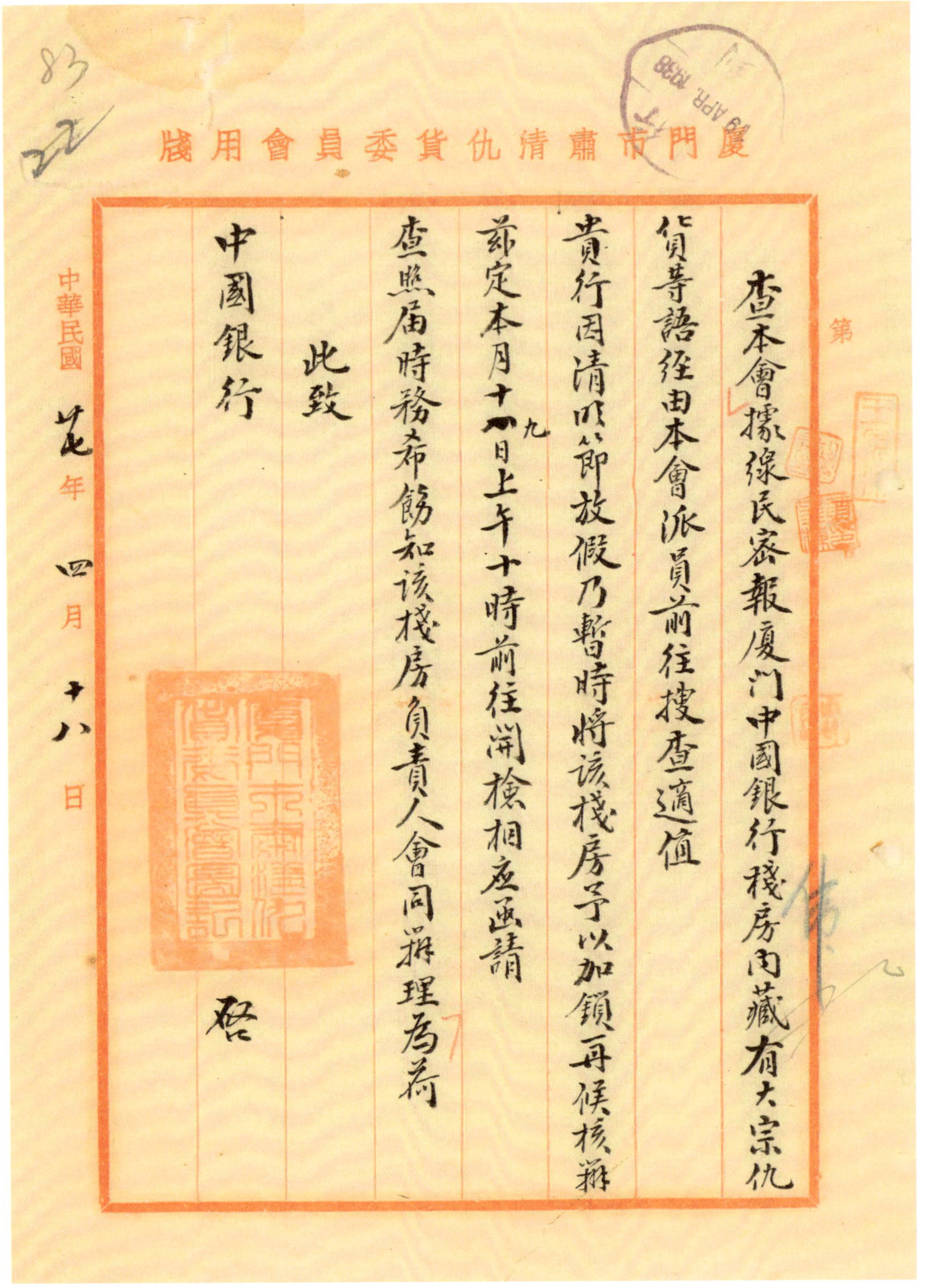

厦門市肅清仇貨委員會用牋

第

查本會據線民密報厦门中國銀行棧房內藏有大宗仇貨等語经由本會派員前往搜查適值貴行因清明節放假乃暫時將該棧房予以加鎖再候核辦茲定本月十九日上午十時前往開檢相應函請查照屆時務希飭知該棧房負責人會同辦理為荷

此致

中國銀行

啓

中華民國廿七年四月十八日

## 中国银行厦门分行致厦门市政府的函（一九三八年四月二十日）

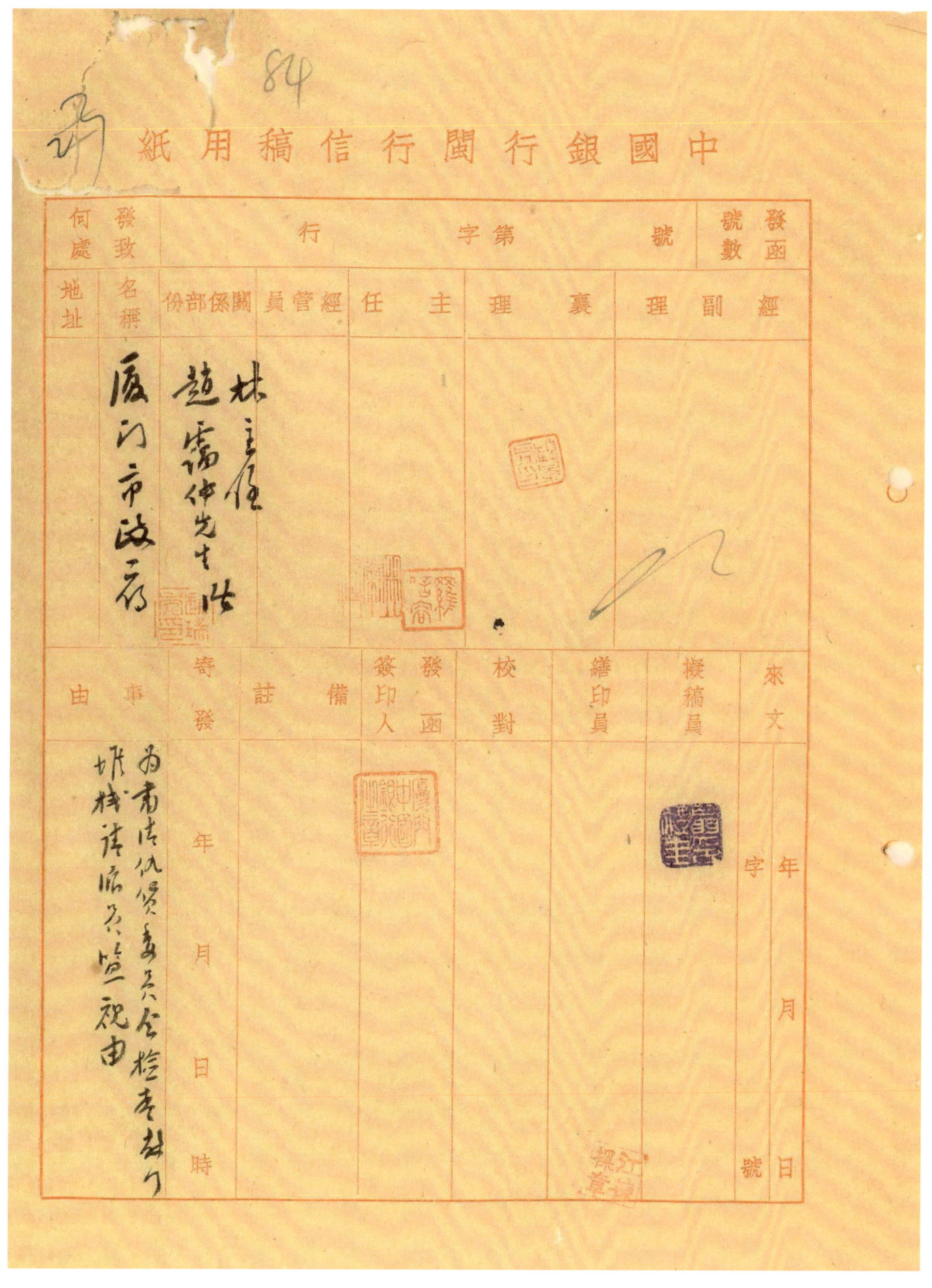

中國銀行閩行信稿用紙

| 發致何處 | 行　第　字　號 | 發函號數 |
|---|---|---|
| 名稱：厦門市政府 | 關係部份：林主任 趙需仲先生 收 | |
| 地址 | 經管員 | 主任 | 襄理 | 經副理 |

| 事由 | 寄發 | 備註 | 發函簽印人 | 校對 | 繕印員 | 擬稿員 | 來文 |
|---|---|---|---|---|---|---|---|
| 為前[illegible]委員會捐[illegible]收據請府台[illegible]照由 | 年　月　日　時 | | | | | | 年　月　日　字　號 |

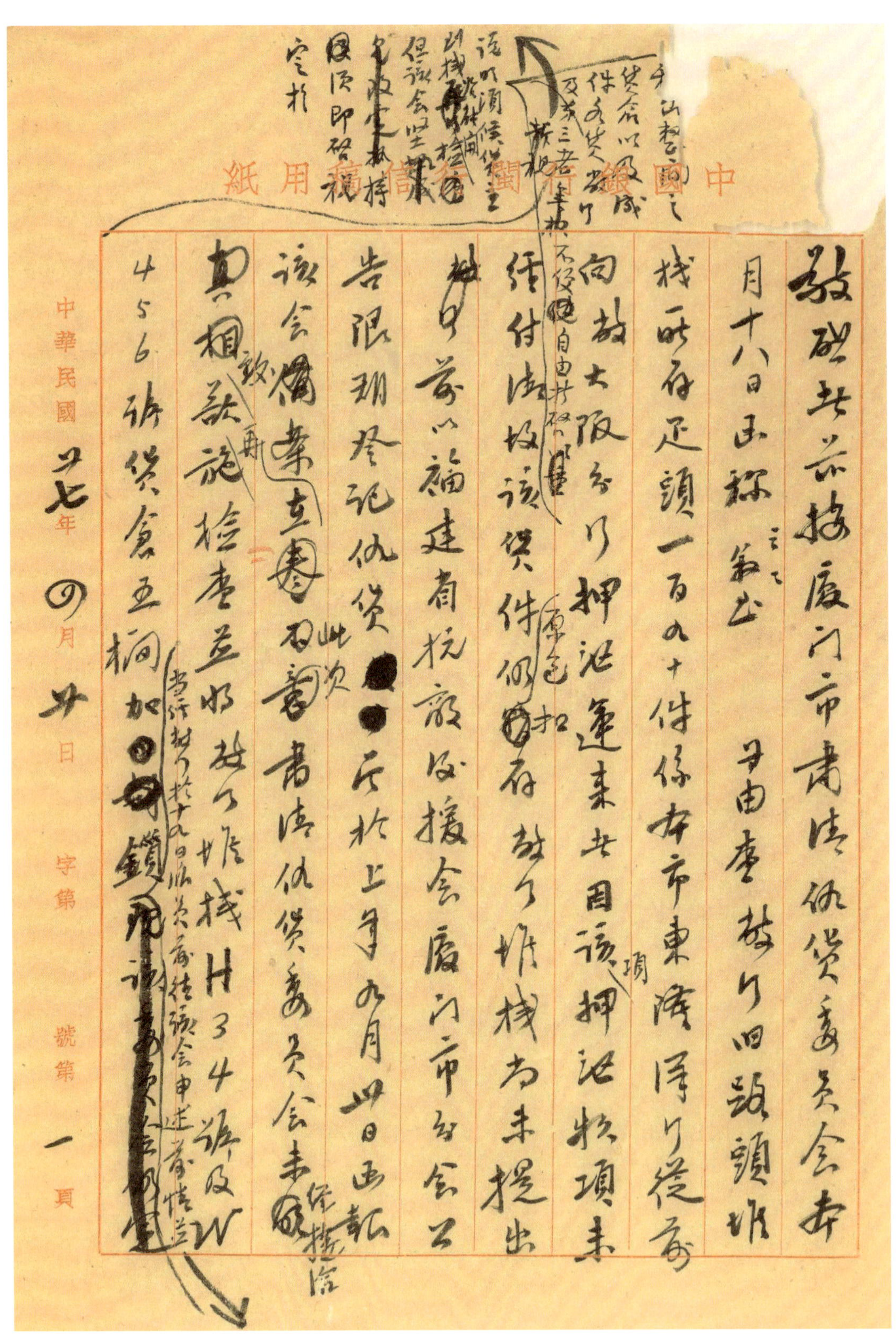

中国银行闽行信稿用纸

敬启者：兹接厦门市肃清仇货委员会本
月十八日函称（第三七号公函），由本行四号码头堆
栈所存疋头一百九十件，系本市东港洋行从前
向敌大阪分行押汇运来者，因该项押汇款项未
经付清，故该货件仍存敌行堆栈，尚未提出。
兹以福建省抗敌后援会厦门市分会公
告限期登记仇货，应于上年九月卅日函报
该会备案，并奉此次该会书，肃清仇货委员会来函
其相款，检查并将敌行堆栈H34号及W
456号仓五栋加封锁

中华民国廿七年四月廿日　字第　号第一页

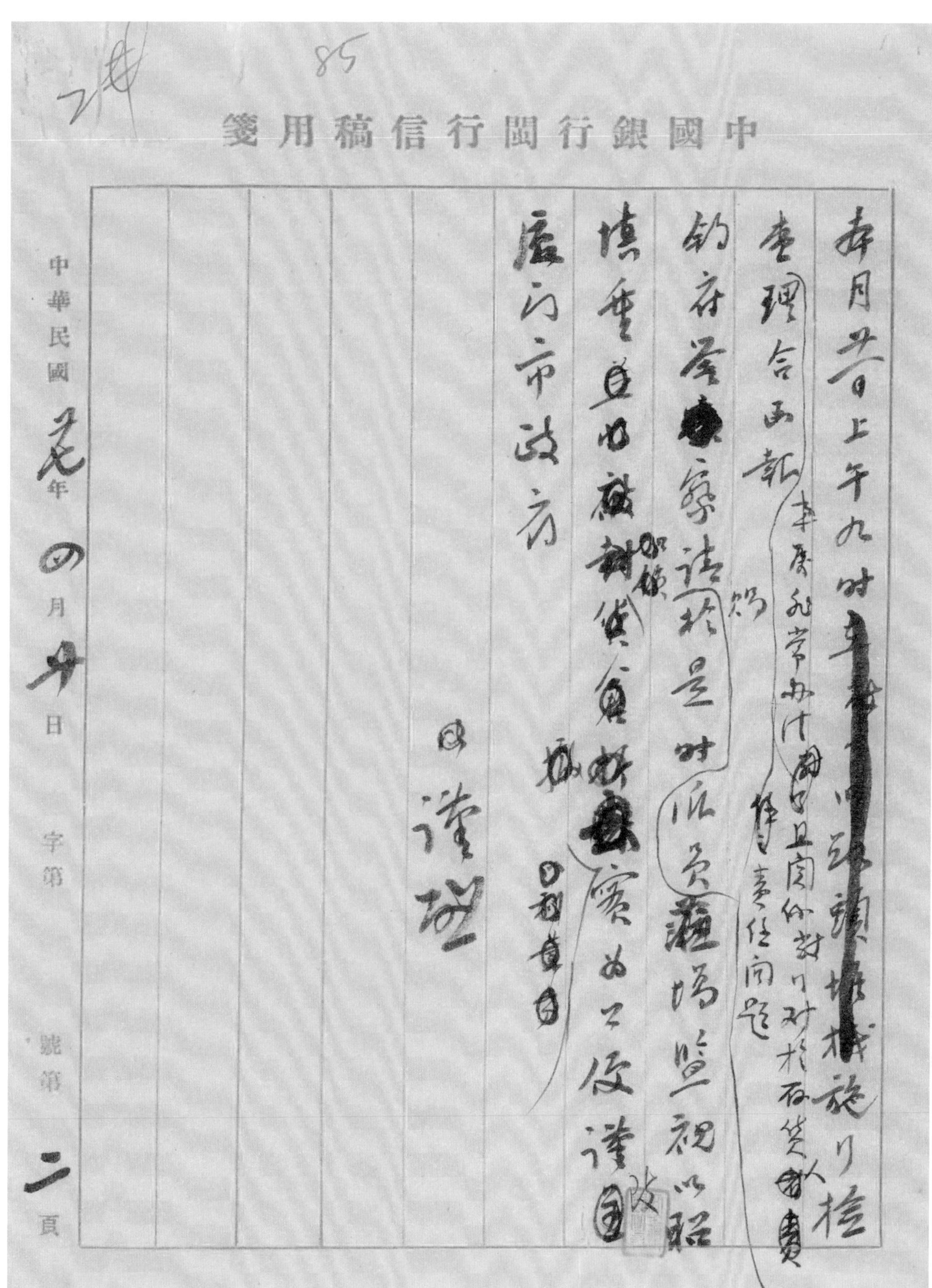

中國銀行行閩信稿用箋

本月廿日上午九時……施行檢

查，理合函報

鈞府鑒察，請於是時派員蒞場監視，以昭

慎重，且以……封貨負責，實為不便，謹

廳乃市政府

中國……謹啟

中華民國　年　月　日　字第　號第二頁

# 交通部广州航政局关于注意查禁仇货及禁运资敌物品致厦门航政办事处的代电（一九三九年十一月二十一日）

交通部廣州航政局代電

事由：奉部電准軍委会軍法執行總監部函據報湘閩粵贛各省運銷仇貨情形[illegible]查禁等因仰遵办由

中華民國二十八年十一月　日發

厦门辦事處覽：案奉交通部廿八年十月世運業渝代電開：「頃准軍事委員會軍法執行總監部廿八年十月廿日法督渝字第一五三號公函內開：案據本部派充軍風紀第一巡察團委員上校軍法官谷宗瀛報告略称：湘閩粵贛各省運銷敵貨者仍有人在，甚而至於利用公用車輛滿載土產東來，而以敵貨運銷內地，此舉影響抗戰至大，且鉅不異協助敵人完成其以戰養戰之毒計。二期抗戰後敵人軍事上一籌莫展，遂改變方略，希圖以我國之物力財力助成其侵畧之迷夢。政府有鑒於此，遂有查禁敵貨及禁運資敵物品條例之頒佈，國民公約第十一第十二條並有不買敵人的貨物之誓詞，惜乎尚未能普及，遂來[illegible]

2

俾利之徒争以運銷敵貨為致富捷徑國家民族之利害不計焉職东来浚
嘗見此及認為最痛心者莫過於敵貨之充斥也茲情擬此查該員報告該
稱閩係抗戰前途至深且鉅亟應注意查禁以免資敵除分函外相應函達即
希查照辦理除分電外合行電仰遵照辦理並轉飭所屬一體遵照為要茲
因。奉此，除分電外合行電仰遵照辦理為要。局長盧逢泰馬梧一印

校對

# 泉州大通船务行担保「永源」轮不载敌人不运仇货的保结书（一九三九年十二月十七日）

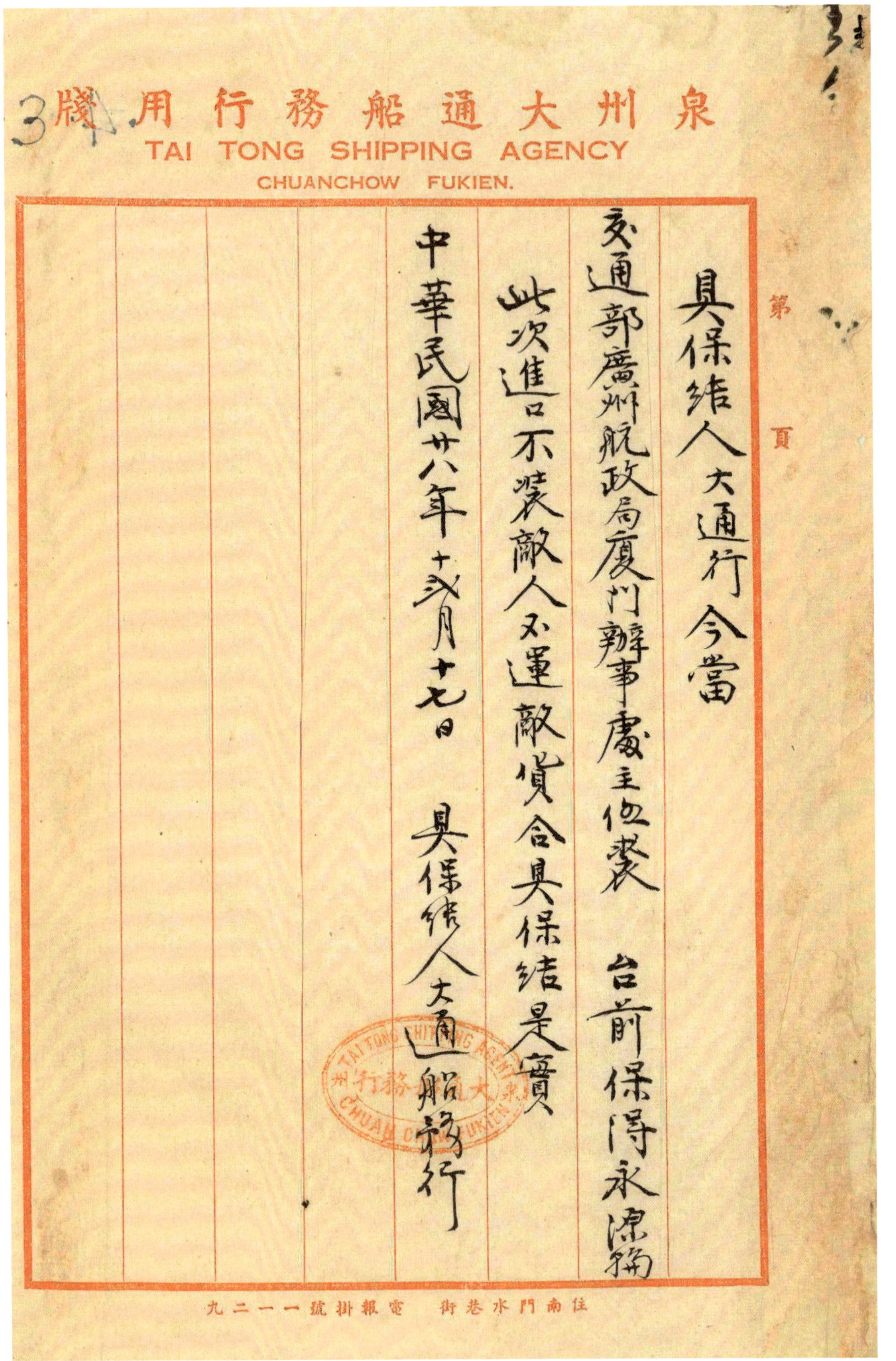

泉州大通船務行用牋
TAI TONG SHIPPING AGENCY
CHUANCHOW FUKIEN.

第　頁

具保結人大通行今當
交通部廣州航政局廈門辦事處主任袁　台前保得永源輪
此次進口不裝敵人不運敵貨合具保結是實
中華民國廿八年十弍月十七日
具保結人大通船務行



住南門水巷街　電報掛號一一二九

# 德福号店东担保「圣罗沙」船不载敌人不运仇货的保结书（一九四〇年一月二十一日）

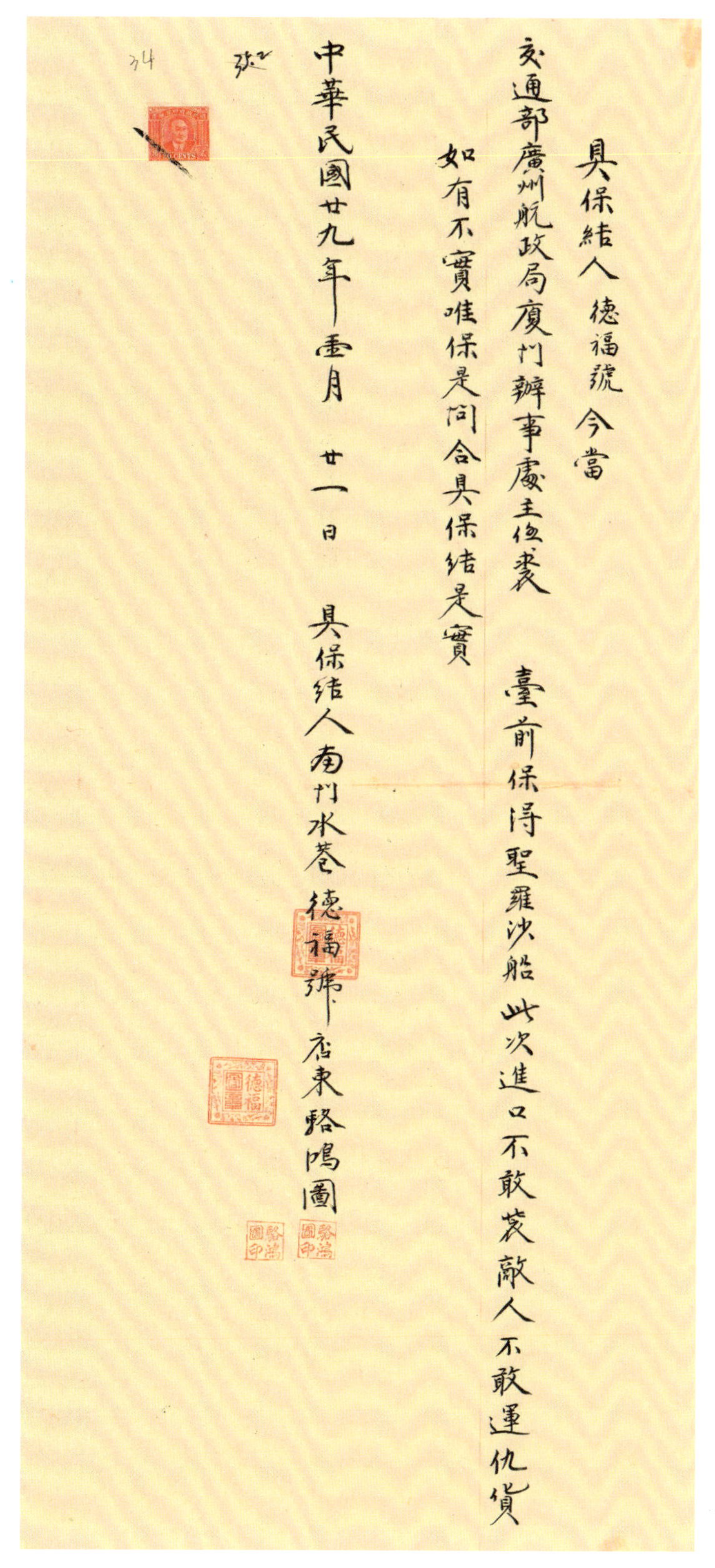

具保結人 德福號 今當

交通部廣州航政局廈門辦事處主任袁

臺前保得聖羅沙船 此次進口不敢載敵人不敢運仇貨

如有不實唯保是問合具保結是實

中華民國廿九年一月 廿一日

具保結人南門水巷 德福號 店東駱鳴圖

# 德福号店东担保「永源」轮不载敌人不运仇货的保结书（一九四〇年一月二十五日）

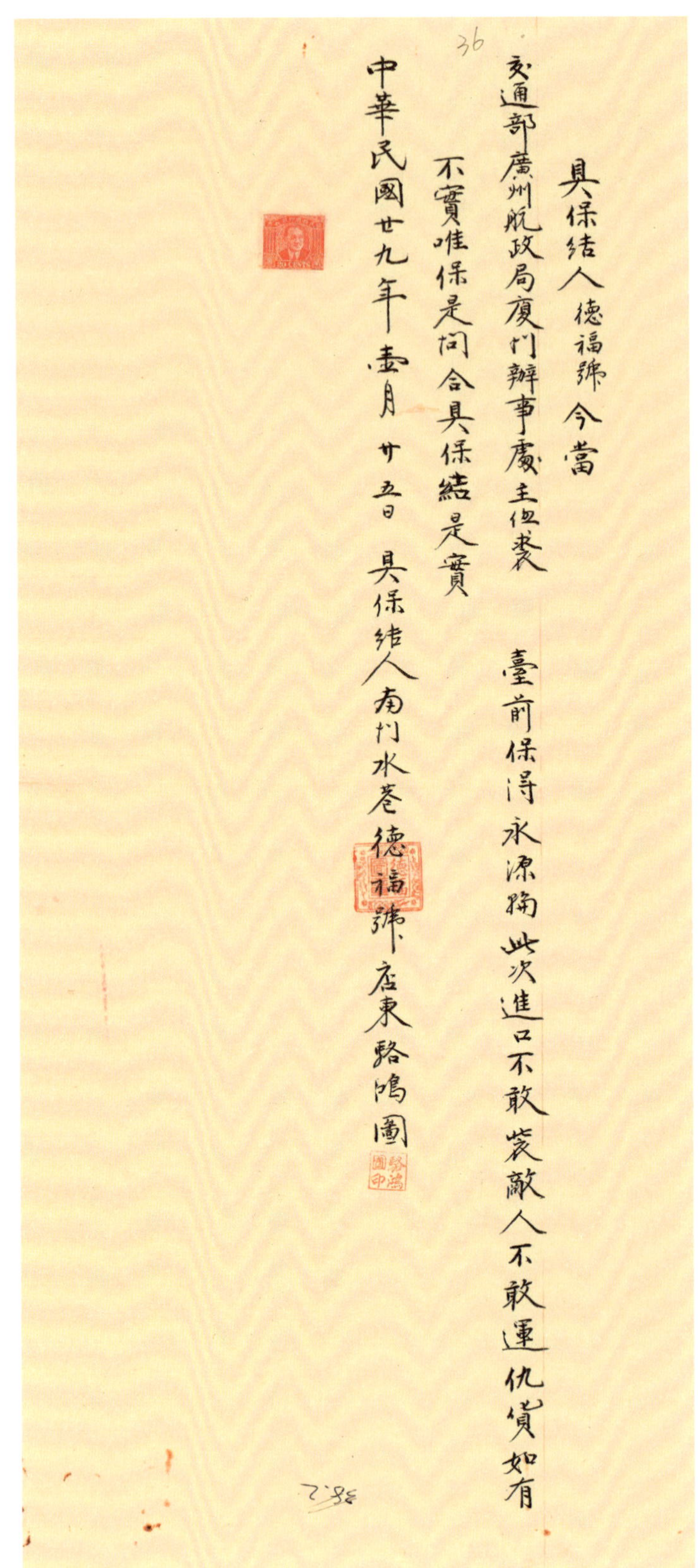
36

具保结人德福号今當

交通部廣州航政局厦门辦事處主任裘　臺前保得永源輪此次進口不敢裝敵人不敢運仇貨如有

不實唯保是問合具保結是實

中華民國廿九年壹月廿五日　具保結人南门水巷德福號店東駱鴻圖

泉州捷益昌记船务行关于申请发给「新祥泰」轮通行证致交通部广州航政局厦门办事处的呈
（一九四〇年二月一日）

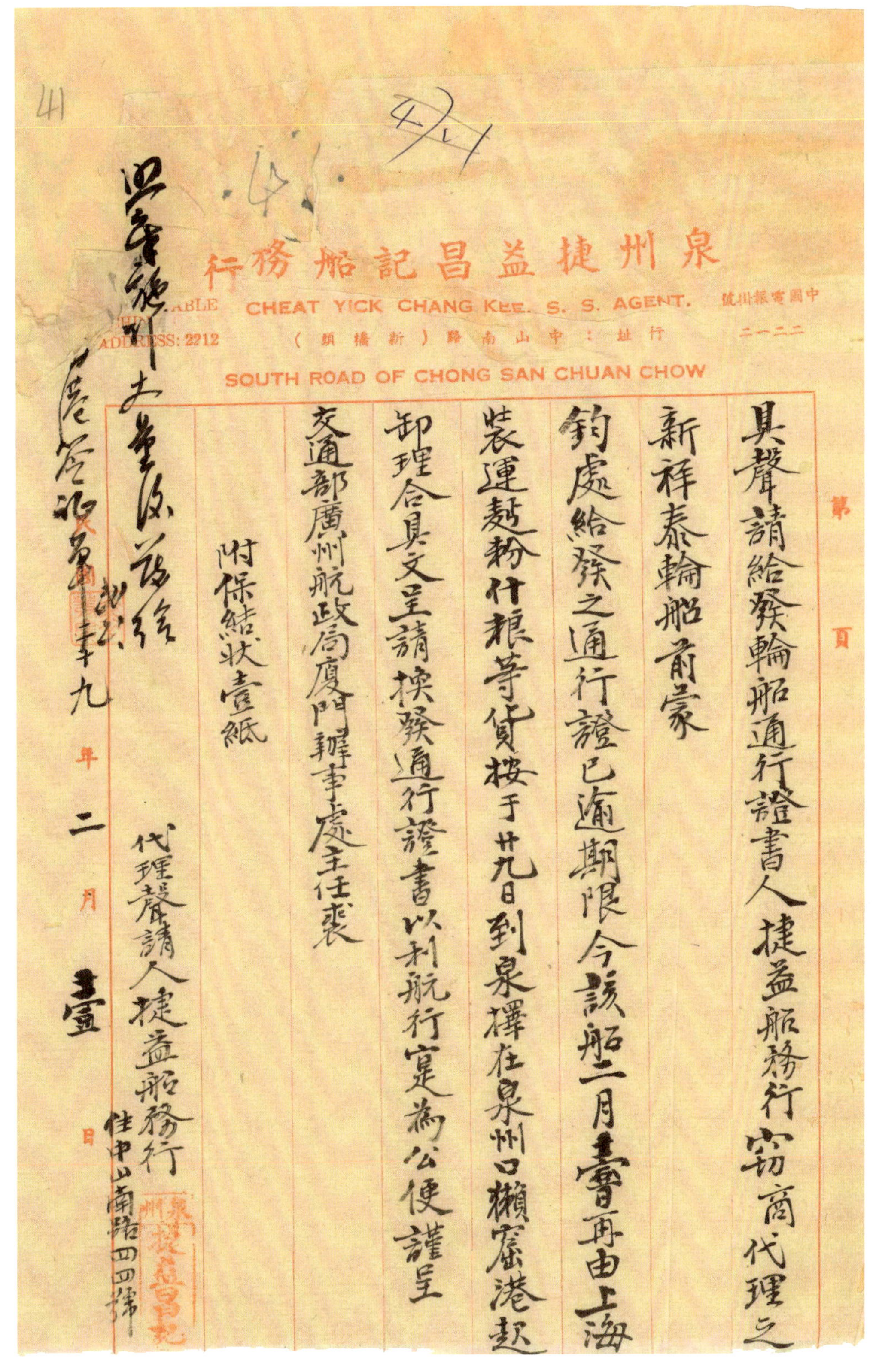

泉州捷益昌記船務行

CABLE ADDRESS: 2212　CHEAT YICK CHANG KEE. S. S. AGENT.　中國電報掛號 二二一二

行址：中山南路（新橋頭）

SOUTH ROAD OF CHONG SAN CHUAN CHOW

第　頁

具聲請給發輪船通行證書人捷益船務行竊商代理之
新祥泰輪船前蒙
鈞處給發之通行證已逾期限今該船二月壹再由上海
裝運麵粉什粮等貨按于廿九日到泉擇在泉州口瀨窟港起
卸理合具文呈請換發通行證書以利航行寔為公便謹呈
交通部廣州航政局廈門辦事處主任裘

附保結狀壹紙

代理聲請人捷益船務行
住中山南路四四號

民國二十九年二月壹日

附：泉州新美的商号担保「新祥泰」轮无混装仇货的保结书（一九四〇年二月一日）

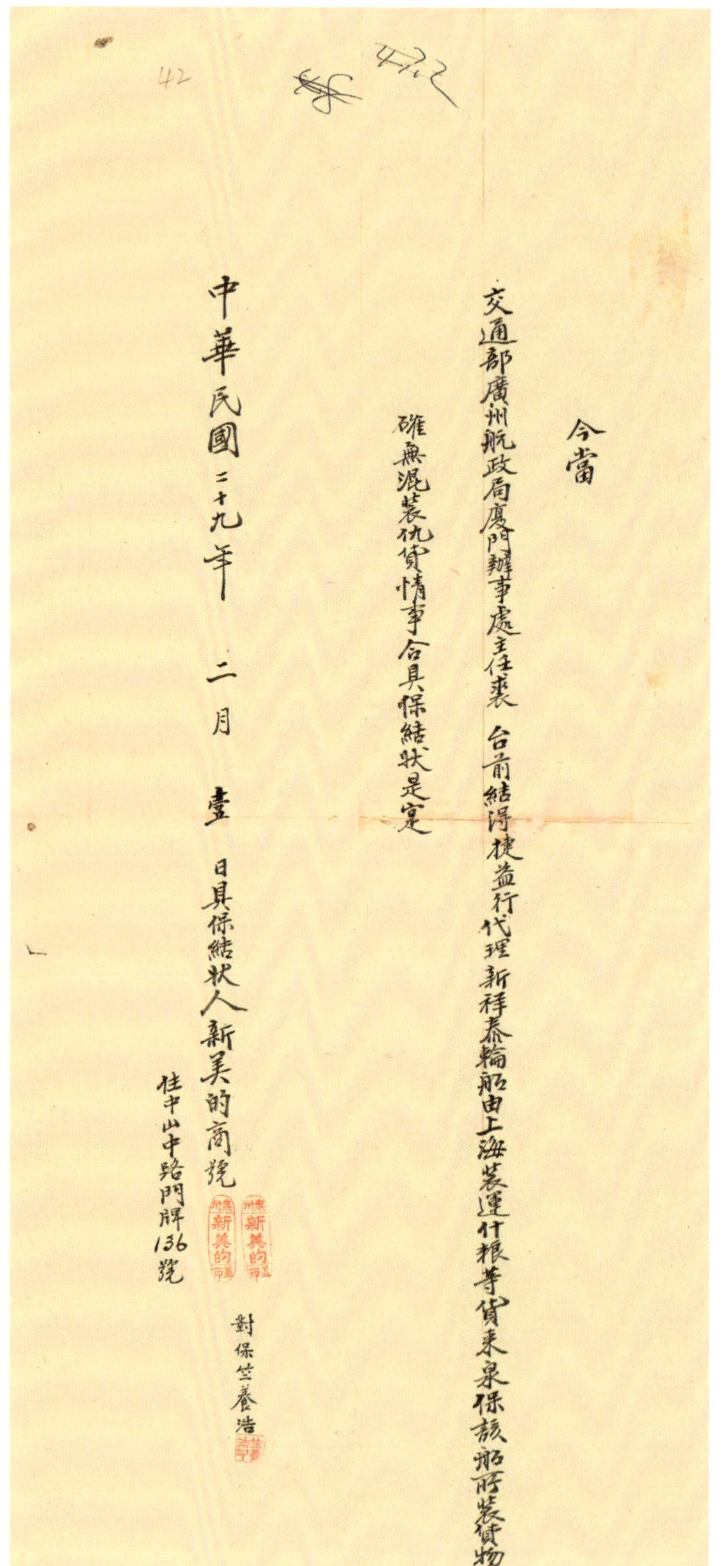

今當

交通部廣州航政局廈門辦事處主任裘　台前結得捷益行代理新祥泰輪船由上海裝運什糧等貨來泉保該船所裝貨物確無混裝仇貨情事合具保結狀是寔

中華民國二十九年　二月　壹　日具保結狀人新美的商號

住中山中路門牌136號

對保竺養浩

# 泉州新美的商号侯庆纪担保「永和」轮不运仇货的保结书（一九四〇年二月二十五日）

具保結狀人新美的商號侯慶紀今當

交通部廣州航政局廈門辦事處主任裘　台前保得捷益船務行代理永和輪船由上海運侢麵粉什粮等貨來泉並收裝客貨回申請領通行執照保該輪確係正當商輪並無混裝仇貨如有上項情事惟保是問今具保結狀是寔

中華民國二十九年二月廿五日具保結狀人（新美的號）侯慶紀

住址中山中路一三六號

## 泉州新美的商号担保「新安纳」轮确系正当商轮并无混装仇货的保结书（一九四〇年二月）

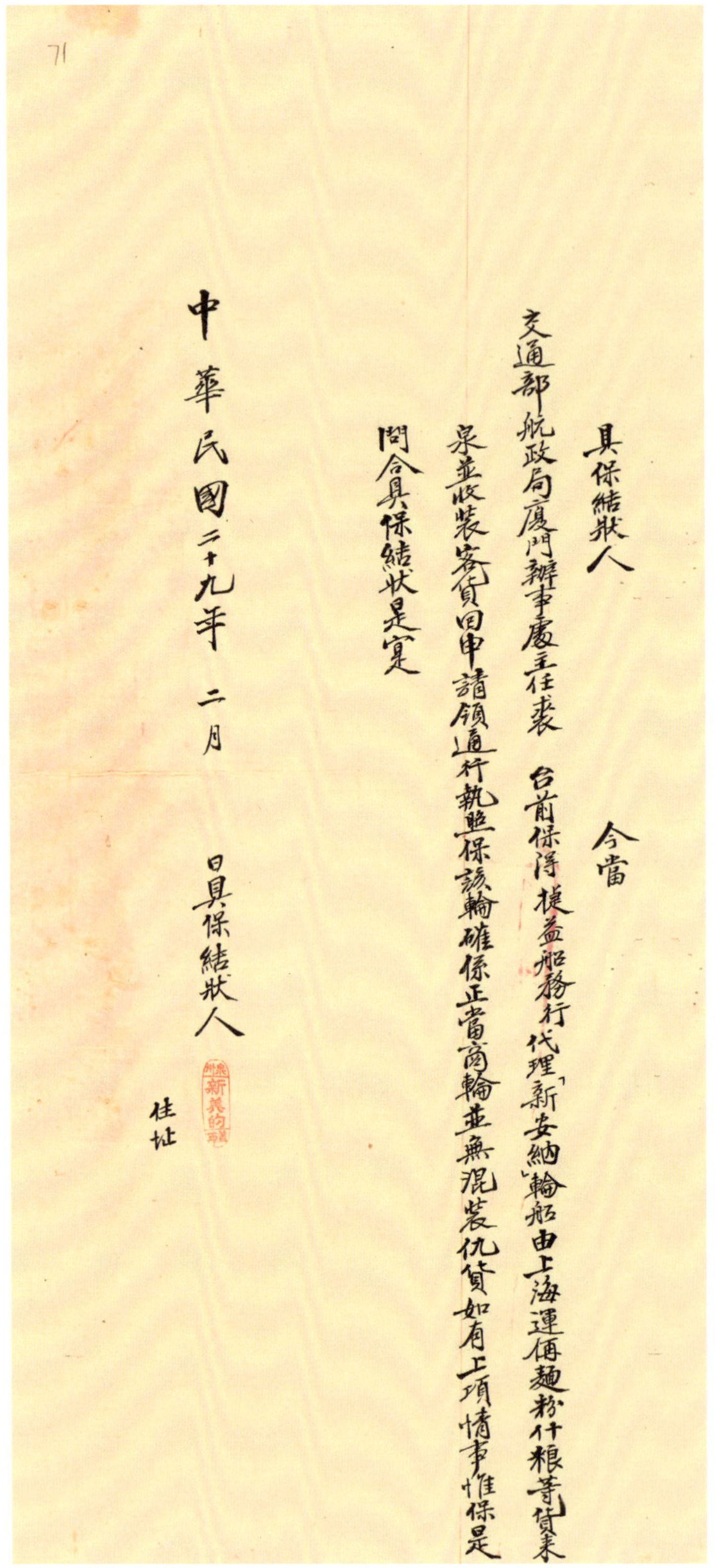
71

具保结状人　　　　今当

交通部航政局厦门办事处主任袁　台前保得捷益船务行代理「新安纳」轮船由上海运俪麺粉什粮等货来泉并收装客货回申请领通行执照保该轮确系正当商轮并无混装仇货如有上项情事惟保是问合具保结状是实

中华民国二十九年　二月　　日具保结状人（泉州新美的商号）

住址

# 泉州新美的商号侯庆纪担保「永泰」轮确系正当商轮并无混装仇货的保结书（一九四〇年二月）

具保結狀人新美的商號侯慶紀今當

交通部航政局廈門辦事處主任袁　台前保得捷益船務行代理永泰輪船由上海運倆麵粉什粮等貨來泉

並收裝客貨回申請領通行執照保得該輪確係正當商輪並無混裝仇貨如有上項

情事惟保是問合具保結狀是實

中華民國二十九年二月　日具保結狀人新美的商號侯慶紀（印：泉州新美的號）

住址中山中路打錫巷口

# 泉州新美的商号侯庆纪担保「永利」轮确系正当商轮并无混装仇货的保结书（一九四〇年三月一日）

110 .93.

具保結狀人新美的商號東侯慶紀今當

交通部廣州航政局廈門辦事處主任裘　台前保得捷益船務行代理英籍永利輪船由上海運侢麵粉竹根等貨來

泉並收裝客貨回申請領通行執照保該輪確係正當商輪並無混裝仇貨如有上項情事惟保是

問合具保結狀是寔

中華民國二十九年三月一日具保結狀人新美的商號侯慶紀

住泉州中山中路門牌136號

陆军第八十师第二三九旅关于结束稽查处成立敌货查禁处致交通部广州航政局厦门办事处的公函（一九四〇年三月十七日）

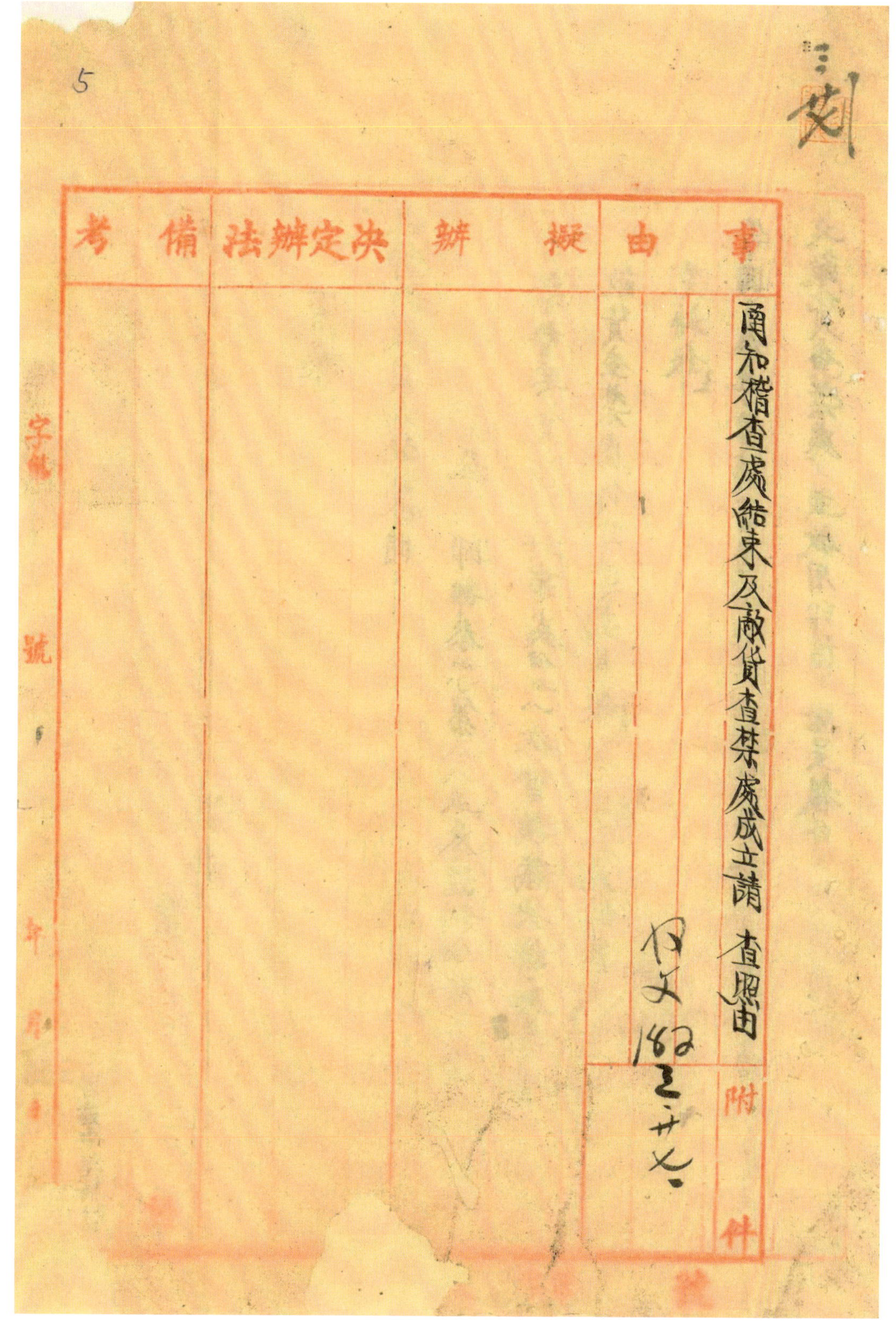

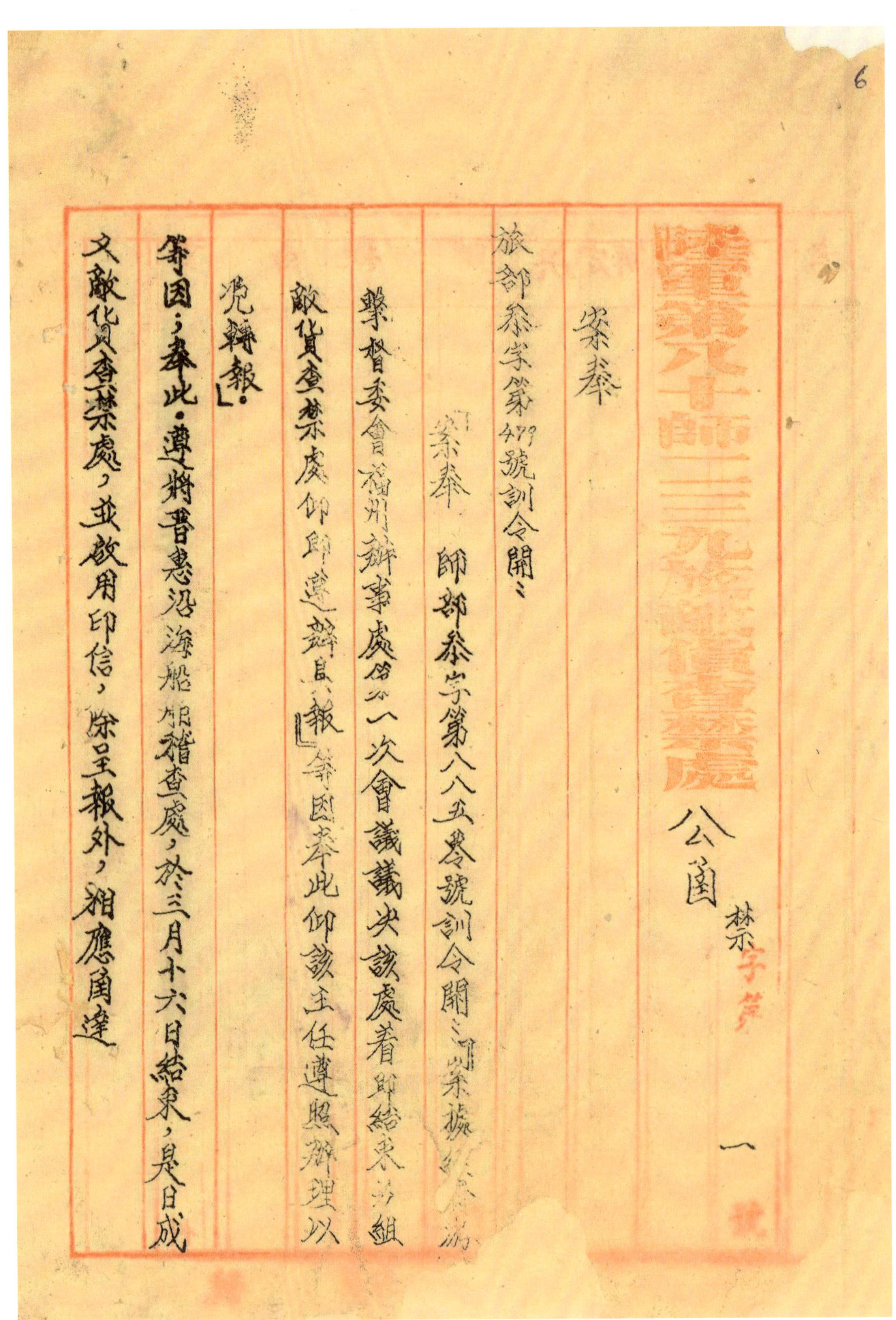

陸軍第八十師二三九旅敵貨查禁處公函　禁字第　號

一

案奉

旅部參字第479號訓令開：「案奉師部參字第八八五叁號訓令開：「案據[illegible]擊督委會福州辦事處呈以第一次會議議決該處着即結束，另組敵貨查禁處，仰即遵辦具報」等因，奉此，仰該主任遵照辦理，以憑轉報。」

等因，奉此。遵將晋惠沿海船舶稽查處，於三月十六日結束，是日成立敵貨查禁處，並啟用印信，除呈報外，相應函達

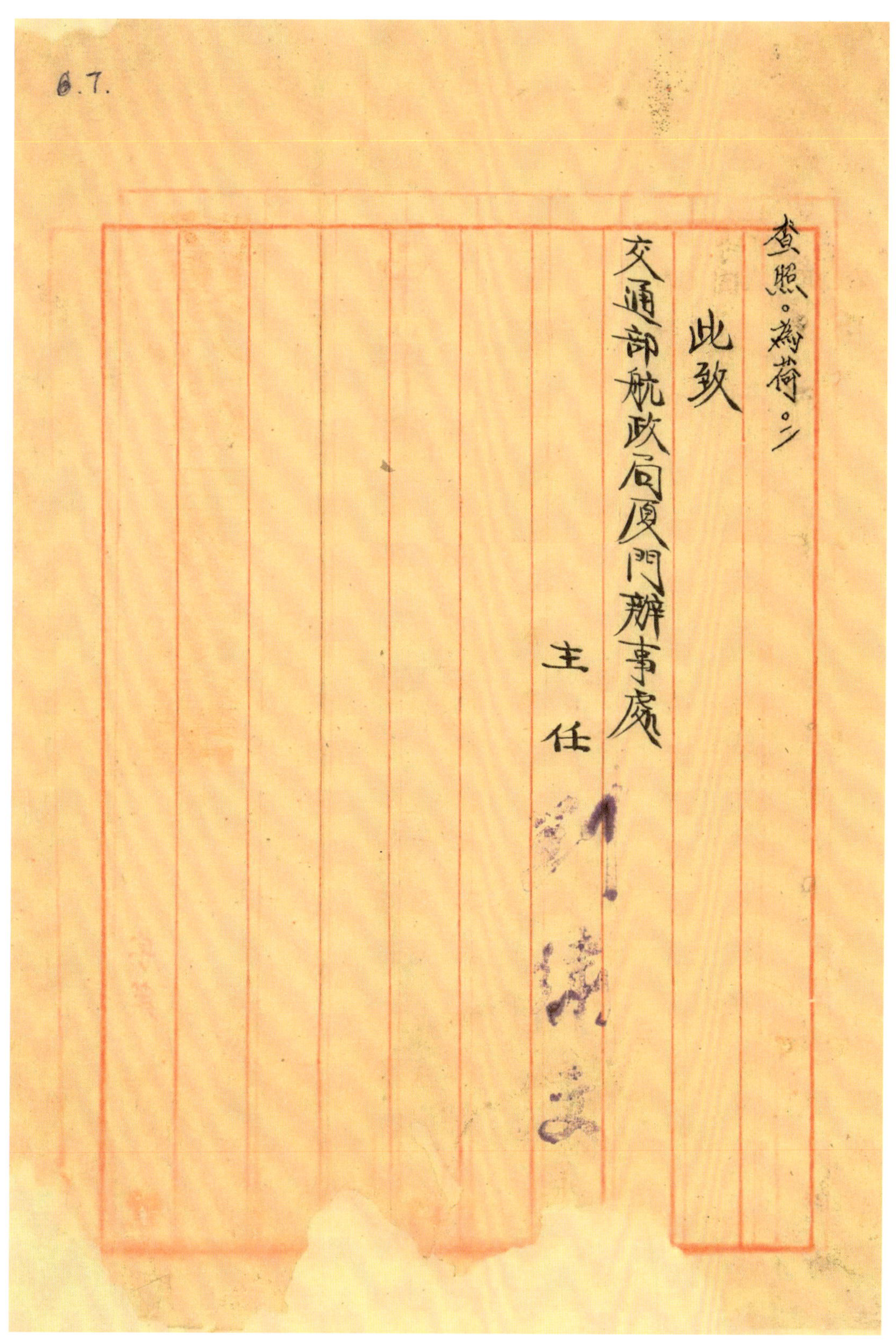
6.7.

查照。為荷。

此致

交通部航政局廈門辦事處

主任 劉浩 □

8

中華民國二十九年三月十七

# 晋江新美的商号关于「永升」轮确系正当商轮无混装敌货的保结书（一九四〇年三月）

具保結狀人晋江縣在城新美的商號今當

交通部廣州航政局廈門辦事處主任袁　台前保得捷益船務行代理英籍「永陞」輪船由上海裝運麵粉豆餅等貨來泉請領通行執照該輪確係正當商輪無混裝仇貨如有上項情事惟保是問合具保結狀是寔

中華民國二十九年三月　日具保結狀人新美的商號

住中山中路136號

# 四、抗战捐募

福建省抗敌后援会厦门市分会募捐部关于国防房铺捐征收工作致厦门市财政局的函（一九三七年九月十日）

000017

查国防房铺捐经由大会付交本部会同

貴局及警察局徵收在案為此函請

貴局將各徵募隊收条簿冊送交本部俾便徵收為荷

此致

厦門市财政局

福建省抗敵後援會厦門分會募捐部啟 九月十日

本部辦公地点假市商會内

# 福建省立医院、福建省抗敌后援会关于该医院员工捐献纪念「九一八」素食节余的一组文书（一九三七年九月二十二日）

## 福建省立医院致福建省抗敌后援会的公函（一九三七年九月二十二日）

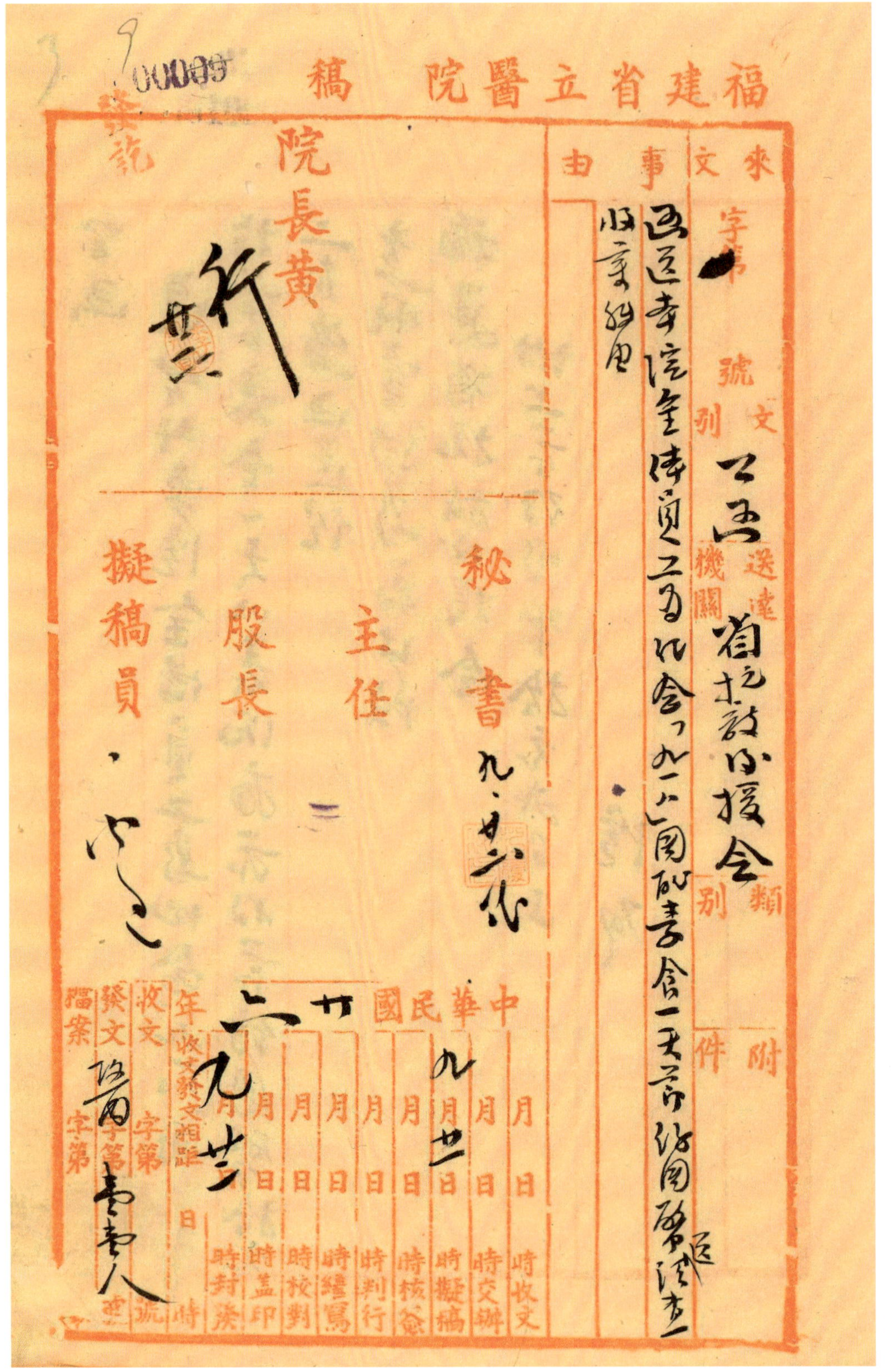

公函

逕啓者本院全體員工為紀念「九一八」國恥特於是日素食一天以表沉痛並將節省國幣拾元二角具函匯送請

貴會查轉為荷此致

福建省抗敵後援會

附上匯票國幣拾元弍角正

院啓

# 福建省抗敌后援会收据（一九三七年九月二十二日）

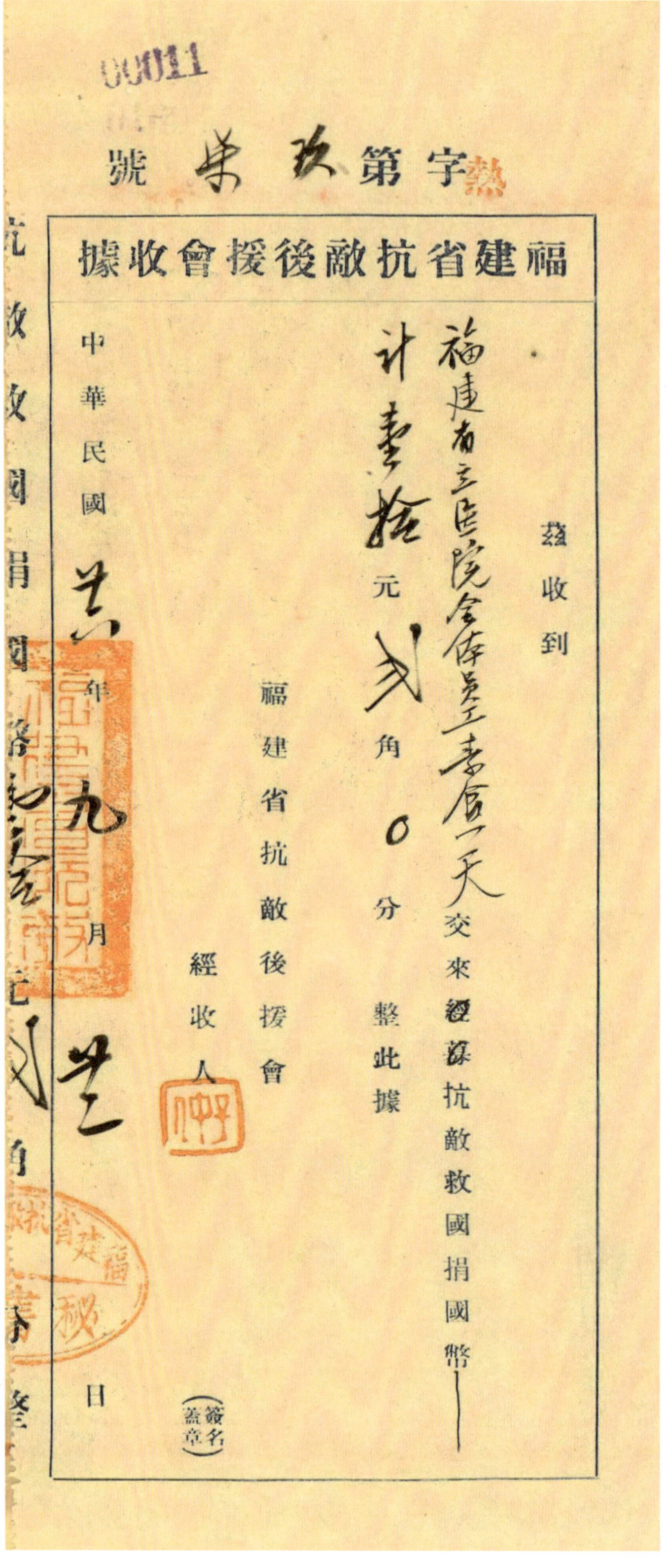

熱字第玖柒號

福建省抗敵後援會收據

茲收到

福建省立醫院全体員工壹天交來經募抗敵救國捐國幣——

計壹拾元〇角〇分整此據

福建省抗敵後援會

經收人（簽名蓋章）

中華民國廿六年九月廿二日

福建省抗敌后援会厦门市分会关于筹助防御工事经费办法致厦门市警察局的公函（一九三七年十月十三日）

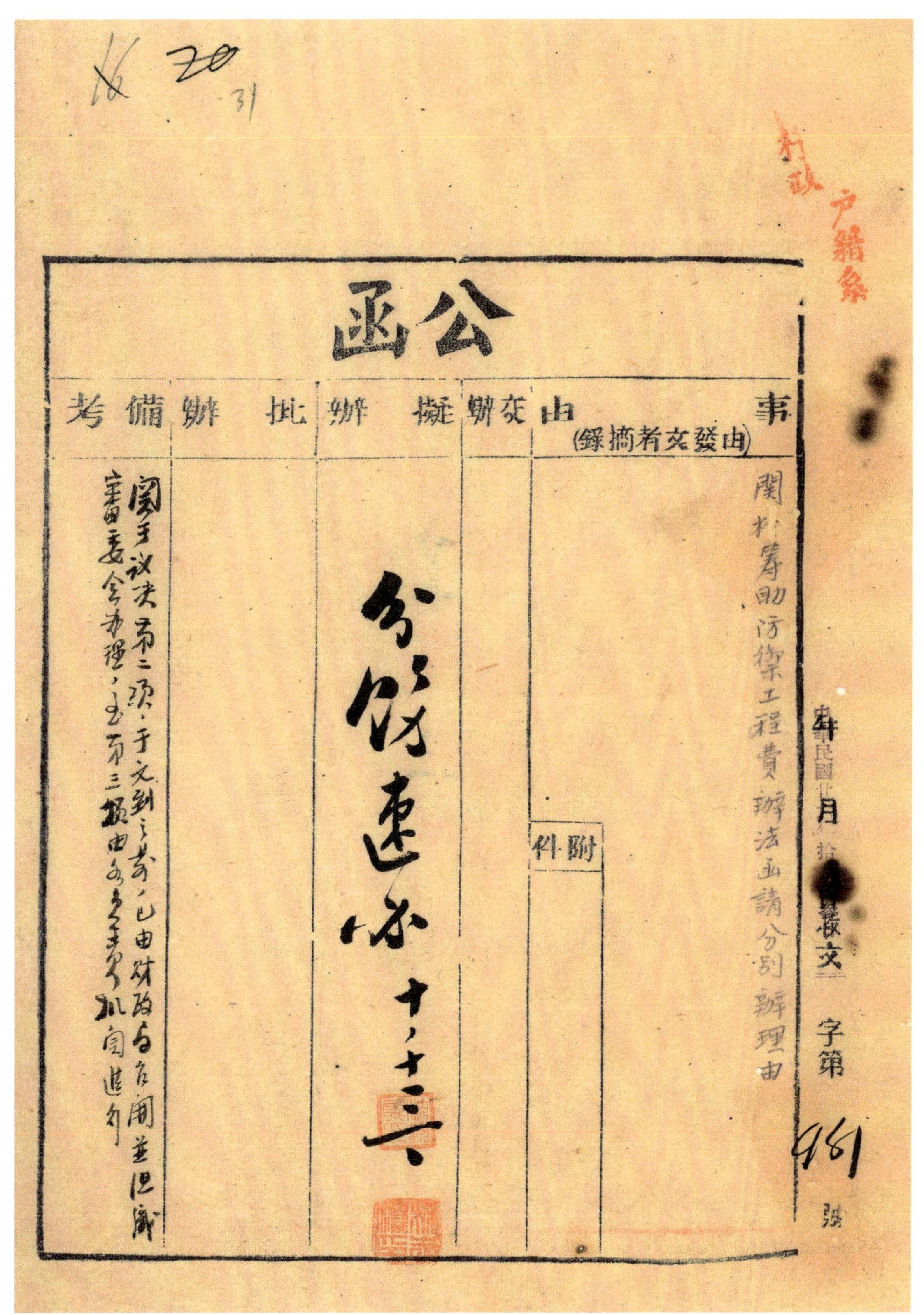
公函

事由（发文者摘录）：関于筹助防御工程费办法函请分别办理由

二七九

# 福建省抗敵後援會廈門市分會公函 秘建字第89號

案查本會第五次各部處聯席會議關於市政府函以「奉警備司令部令請本會籌助建築防禦工事費十萬三千四百九十六元九角七分應如何籌措一案當經議決(一)于本會現有存款下由常務委員酌量提撥(二)請市政府將籍民及冒牌華商之國防獻金迅速辦理(三)本市房鋪租金請財政局市商會警察局加緊勸募(四)鼓浪嶼救國獻金令該區支會加緊勸募并按日送交本會財務部轉存中央銀行」等詞紀錄在卷，除分函外，相應錄案函請

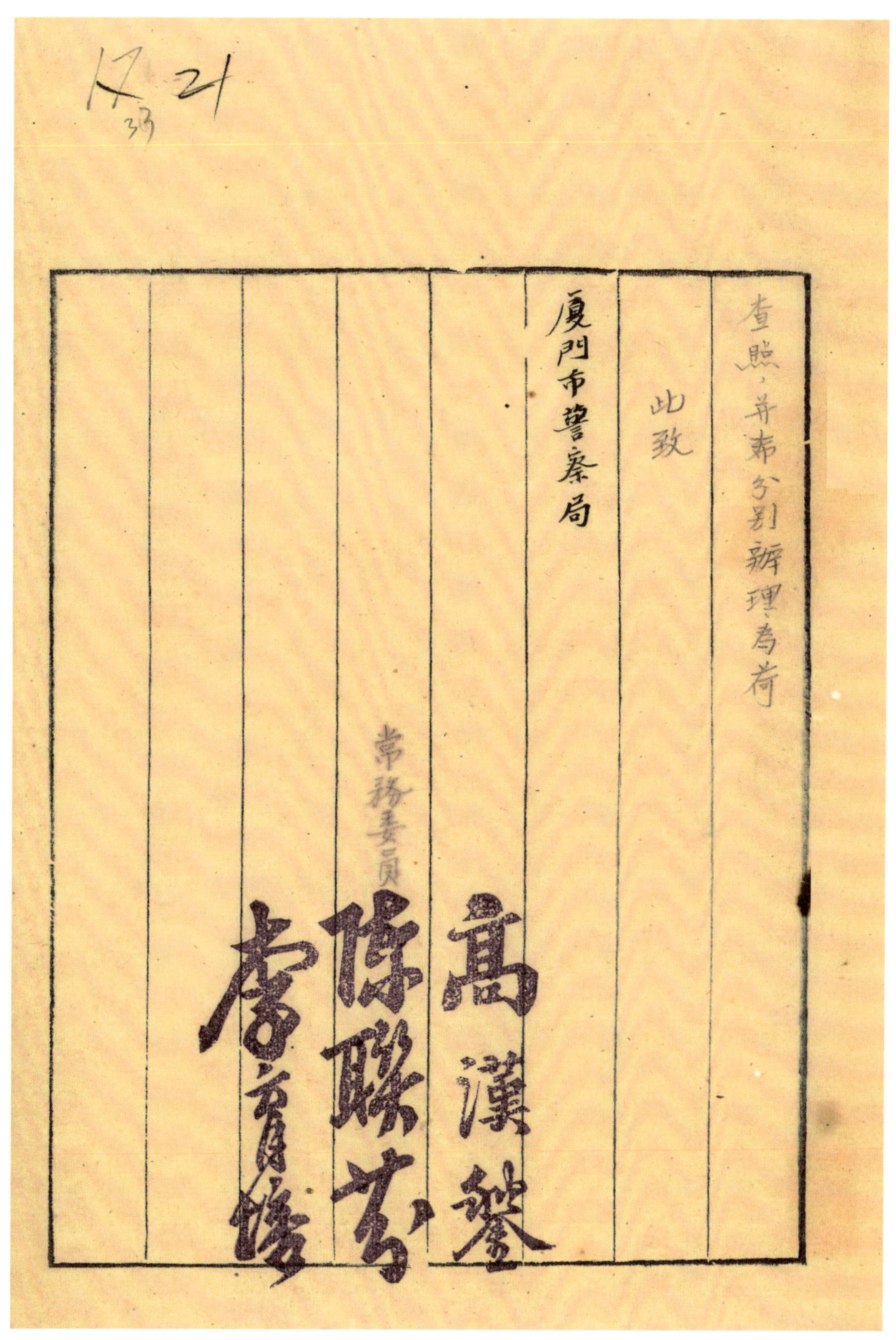

K 21
33

查照，并希分別辦理為荷

此致

廈門市警察局

常務委員 高漢鑾 陳聯芬 盧育[illegible]

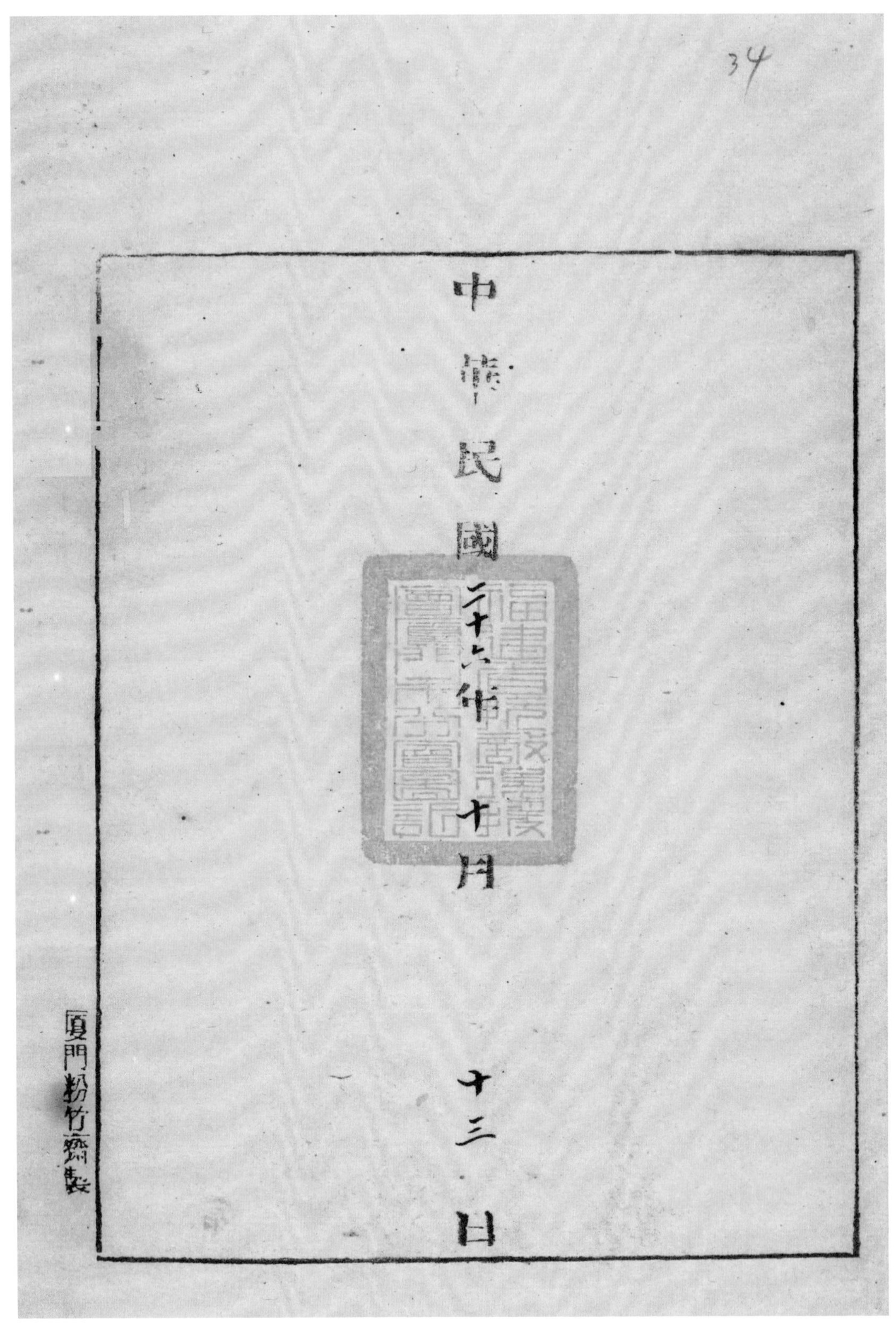

34

中華民國二十六年十月十三日

厦門粉竹齋製

# 福建省厦门市新生活运动促进会关于开展一日一分运动致厦门市政府的公函（一九三七年十月二十六日）

秘書處 第三一三號

中華民國廿六年拾月廿七日 收到

第1490號

公函 新字第一八號

案奉

福建省新生活運動促進會新字第七六號通告内開：

「查暴日猖獗，舉世同憤，吾國為救亡圖存計，唯有全國人民站在唯一之抗敵陣線而奮鬥，以求最後之勝利。然抗敵陣線，不外前方與後方兩方面，前方則由忠勇將士浴血抗戰，以捍衛國土為責任，後方自應由我愛國民衆貢輸財力物力，以增厚抗戰之力量。本會爰特依照總會一日一分運動意旨，継起倡行，以表現國民最低限度之犧牲精神，對政府作可能而有效之援助。此種運動，單位捐額極微，大衆均能為力，若肯普遍持久，不難積成鉅數，以此貢献國家，則前方軍需，應多利賴。用特檢發一日一分運動告民衆書暨辦法各十份，通告各市縣特種區新運會切實辦理，並將辦理情形，及所徵款項，按期繳報為要！」

等因，奉此，業經本會第二十次幹事會議提出討論，當經議決：「依照省新運會頒發一日一分運動辦法，函請各機關團体學校，依法組織各該機關

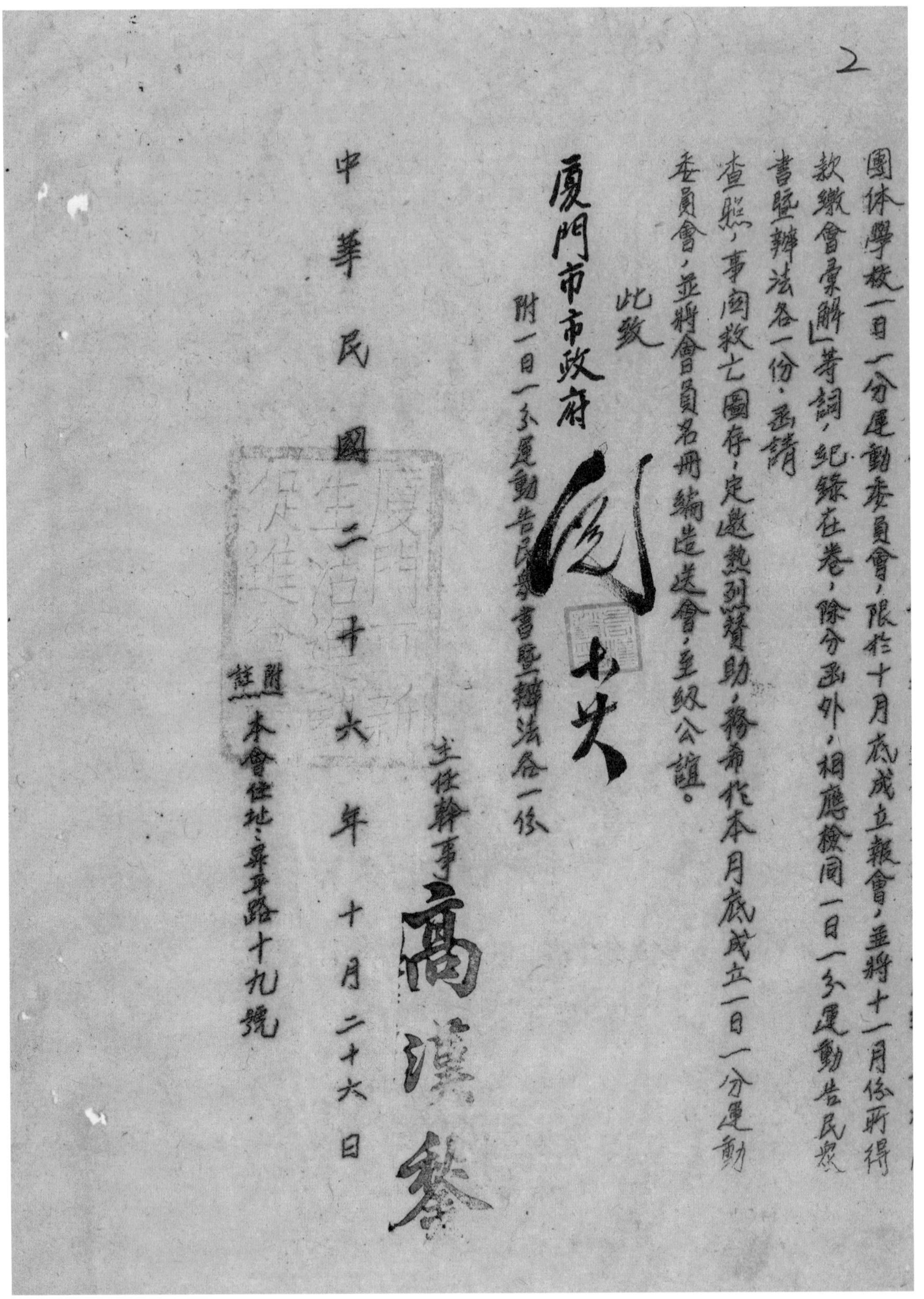

2

團体學校一日一分運動委員會，限於十月底成立報會，並將十一月份所得款繳會彙解」等詞，紀錄在卷，除分函外，相應檢同一日一分運動告民衆書暨辦法各一份，函請

查照，事関救亡圖存，定邀熱烈贊助，務希於本月底成立一日一分運動委員會，並將會員名册編造送會，至紉公誼。

此致

厦門市市政府

附一日一分運動告民衆書暨辦法各一份

主任幹事 高漢黎

中華民國二十六年十月二十六日

附註 本會住址：昇平路十九號

# 一日一分運動辦法

一，每機關，學校、團體及，聯保(或警區)，各組一日一分運動委員會，負該機關，學校，團體及該區的推行，經收，保管的責任，其組織如下：

1、機關，團體由主管人指派職員組織並監督之。

2、學校由學校當局聯合教職員學生組織之。

3、聯保由聯保主任聯合紳士兩人，保董兩人組織之，

二，各一日一分運動委員會(以下簡稱一日一分會)(應負責向本機關，本學校，本團體，或本聯保所轄之住民徵求永久性之會員，登錄名冊，發給會員證，按月以一次收繳捐款國幣三百文，即給予收據為憑。(名冊會員學收據等式樣等附後)

三，各日一分會應將所徵會員名冊送當地新運會登記，隨時如有增加或變動，亦須通知當地新運會更改備核。

四，一日一分運動繳款辦法：

1、省會各機關，會校，團體及聯保一日一分會每月終須開具收款清單，連同所收數額送交省新運會轉解南京新運總會，

2、各市縣及特種區之機關，學校，團體，聯保一日一分會，每月終須開具收款清單，連同所收數額，送交該市縣特種區新運會，由該市縣特種區新運會每月終登報公佈一次，同時將現款及清單滙送省新進會核轉、

3、省新運証收到省會各一日一分會及各地新運會所彙送款項，應每月一結，託由福建省銀行匯解南京新運總會，同時將經收數目列表請各報義務公佈。

五，各級新運會每收到款項後，應即製發正式收據(收據格式尺寸另有規定附樣)

六，各一日一分會應備專册逐項詳細登記收解款項數目，以備考核。

七，一日一分會所有極省之正當用途如紙張，印刷，郵遞等費，概由該會自行籌用，不得在捐款項下動支分文。

八，本運動應由各機關，學校，團體首先發動，為民衆之倡，並於委員會成立時，多作宣傳，(如演講標語等)以引起民衆之注意。

九，公務員教職員，保甲長等社會之優秀份子，應以身作則，努力倡行運動，幷隨時誥誡子弟，勸勉戚屬，熱誠奉行。

（甲）一日一分運動委員會徵求會員名册式樣：

某某機關（或學校社團某區某聯保）一日一分運動委員會會員名册

| 姓名 | 性別 | 籍貫 | 年齡 | 住址 | 加入爲會員日期 | 附記 |
|---|---|---|---|---|---|---|
| | | | | | | |
| | | | | | | |
| | | | | | | |
| | | | | | | |
| | | | | | | |
| | | | | | | |
| | | | | | | |

（乙）一日一分會會員證式樣（六市寸正方形）

會員證

茲有　　君關懷國難，贊同一日一分運動宗旨，從本年　月起參加本會為會員，願在對日抗戰期內，月納國幣三百文，以充政府戰費。熱誠愛國，深堪嘉許，特給此證。

某某一日一分運動委員會（印）

中華民國　年　月　日給

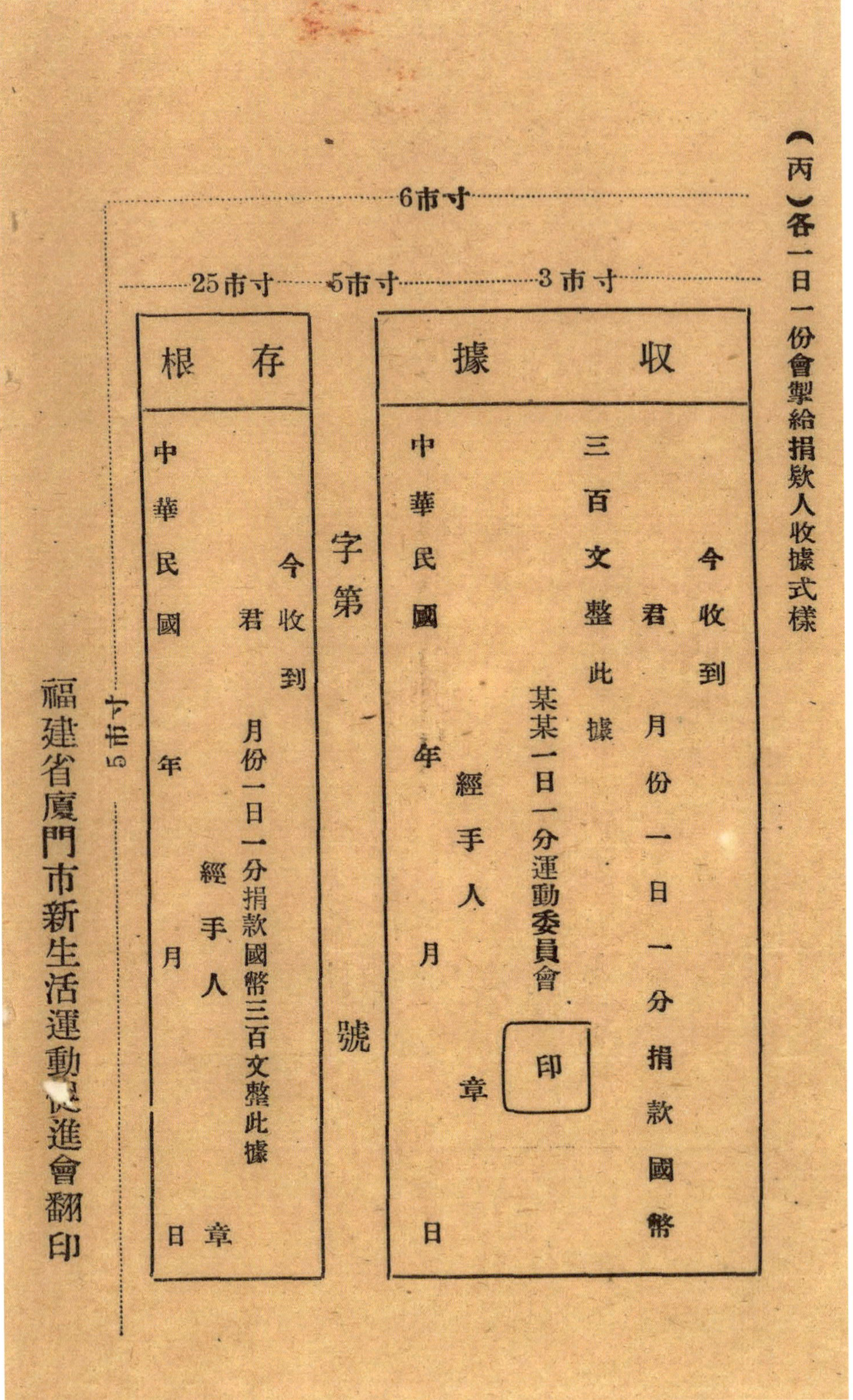

（丙）各一日一份會掣給捐欵人收據式樣

6市寸

25市寸 5市寸 3市寸

收據

今收到

君 月份一日一分捐款國幣

三百文整此據

某某一日一分運動委員會

印

經手人 章

中華民國 年 月 日

字第 號

存根

今收到

君 月份一日一分捐款國幣三百文整此據

經手人 章

中華民國 年 月 日

5市寸

福建省廈門市新生活運動促進會翻印

# 福建省厦門市新生活運動促進會

## 「發起一日一分運動告民衆書」

此次中日戰爭，是典型的帝國主義向外侵略與民族主義自求解放的戰爭，日本帝國主義此幾年來尤以自蘆溝橋事件發生以來，對中國爲全面的侵略，已毫無忌憚地揭開其帝國主義的猙獰面目，而我國在受敵人武力侵略的時候，自然發動全民族的力量，予打擊者以打擊，如南口，上海等處的壯烈抗戰，便表示我們要圖生存，除了抗戰到底，別無生路！

「國家興亡，匹夫有責」。吾國在此全民抗戰的時候，所有守土抗戰的責任，不單屬於前線將士，而是需要舉國民衆，一致起來參加這「全民族抗戰的陣線」，分擔救亡禦侮的工作。但是所謂抗戰的要素，不外人力財力兩種，除有人力者能在前線作戰外，在後方的民衆，自應以財力貢獻國家，爲作戰的援助。雖然關於財力方面，各人的力量頗有不同，在富有資財者固易於輸將，在財力較爲薄弱者每有有心無力的苦衷。然此種情形，是屬於小範圍的募集戰費的特有現象，若就全民族而論，便無這種困難的情形，其理由如下：

因爲在小範圍的募集戰費，各人非出相當數目，則不足以濟事，而若欲其出相當數目，又非貧乏之者所能堪，如在全民族中募集戰費則不然，因人數既衆，各人雖擔負如何小的數目，而統計起來，便成一宗很大的戰費，此不但在富者易於爲力，即貧者亦不難負担，現在新生活運動促進總會發起的一日一分運動，便是這個意思，就是：在對日抗戰的期間內，每人每日捐助一分錢給國家，作爲戰費，這個運動是全民族的運動，本省自然要負責推行，查本省人口有一千二百萬，如實施起來，每日便有一十二萬元，每月就有三百六十萬元，即以半數計算，每月亦有一百八十萬元，再就全國四萬萬五千萬的人口而論，每日有四百五十萬元，每月有一萬萬三千五百萬元，以半數計，亦有六千餘萬元。像這樣龐大的款目，無論拿來補充軍械，購買飛機，或是準備糧食，都足以加强抗戰的力量，而制敵人的死命！

所有大家不要誇大，有若何援助救亡的大本領，只要能夠從每天少抽兩條紙烟，少吃一點東西，少坐一回車子的消耗里，便能省下這一分錢，再下一個决心，忠實地實行，不容一天間斷，一時疏忽，那末，由這一分錢的積聚，對於抗敵救亡的工作，便算盡一個非常得力的貢獻了，大家何憚不爲！

福建省厦門市新生活運動促進會製

新民智印

# 厦门市新生活运动促进会关于开展献枪运动致各机关、团体、学校的公函（一九三七年十一月六日）

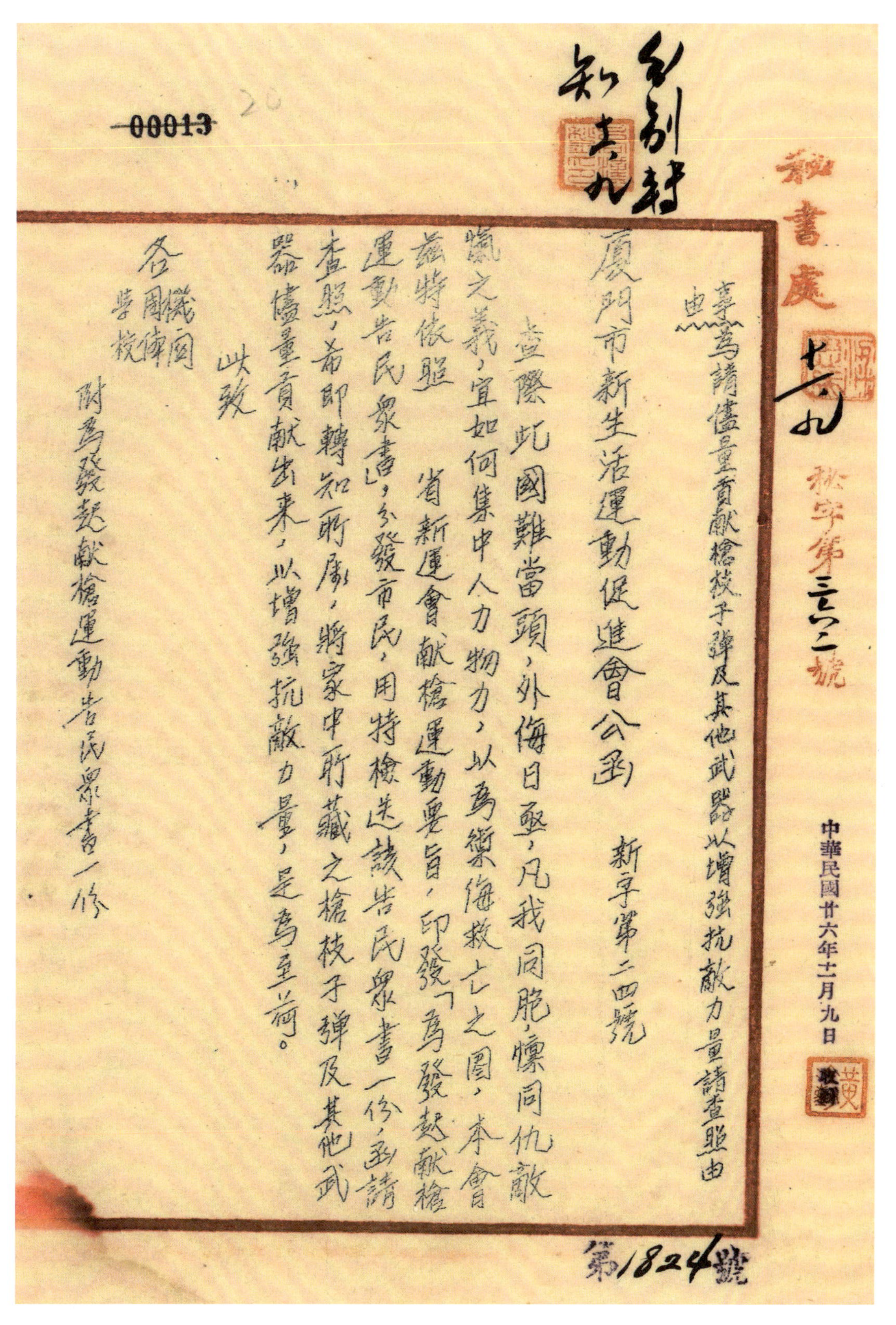

事由：為請儘量貢獻槍枝子彈及其他武器以增強抗敵力量請查照由

厦門市新生活運動促進會公函　新字第二四號

查際此國難當頭，外侮日亟，凡我同胞，懔同仇敵愾之義，宜如何集中人力物力，以為禦侮救亡之圖。本會茲特依照省新運會獻槍運動要旨，印發「為發起獻槍運動告民眾書」，分發市民，用特檢送該告民眾書一份，函請查照，希即轉知所屬，將家中所藏之槍枝子彈及其他武器儘量貢獻出來，以增強抗敵力量，是為至荷。

此致

各機關 團體 學校

附為發起獻槍運動告民眾書一份

秘書處　十一月九

秘字第三六二號

中華民國廿六年十一月九日

第1824號

20

中華民國二十六年十一月六日

厦門市新生活運動促進會章

主任幹事

# 爲發起獻鎗運動告民衆書

慨自蘆案發生以來，平津失陷，敵人肆其豺狼之心，攻我淞滬，炸我都邑，壞我建設，殺我同胞，兇燄慘况，言之痛心！當此之時，凡我同類，懷同仇敵愾之義，宜如何集中人力物力，以爲禦侮救亡之圖、是在每一國民，胥應共負其責。

本省各地民衆，尤以閩南等處，往昔爲自衛計，多購備鎗枝子彈，以防不虞，或由歷來軍事時期士兵之手，零散鄉間，就全省計算，其數不爲尠少，值玆危難，與其藏諸家中等於無用，孰若獻充國有，以厚抗敵力量，本會有見及此，特發起民衆獻鎗運動，先從本省做起，並誠懇願望全國同胞，如響斯應，一致贊同，所有家備鎗械，慨然呈獻當地市縣政府，由市縣政府報請省保安處統籌支配，或用以補充軍實，或撥歸地方防衛，則聚沙成城，結桿堵决，禦侮救危，豈曰小補？

噫嘻！皮之不存，毛將安附？國若殘破，何有於家？吾儕國民，其各共諭斯旨，奮發大義，努力輸將勿後！茲擬定辦法如左：

（一）各市縣新運會應竭力勸告當地民有槍枝子彈，不論新式舊式，長槍短槍以及其他武器准其自動呈獻當地政府。

（二）各市縣政府收到呈獻槍彈後應掣給收據，並收呈獻人姓名及槍彈種類數量轉報保安處以資統籌支配。

（三）一人呈獻槍枝其數量在十枝以下者，由當地政府酌予獎勵。十枝至五十枝由保安處給予獎章，五十枝以上由保安司令部轉請 國民政府嘉獎之。

（四）各市縣新運會對於此項運動應熱烈宣傳勸導，俾民衆樂於輸將。

（五）各區署各新運會倡行此項運動，應注意無使屬員近於強迫，以免誤會。

附註：槍枝子彈及其他武器請交警察局

福建省廈門市新生活運動促進會印

厦门市新生活运动促进会关于一日一分运动捐款汇缴时间致各机关、团体、学校的公函
（一九三七年十一月二十日）

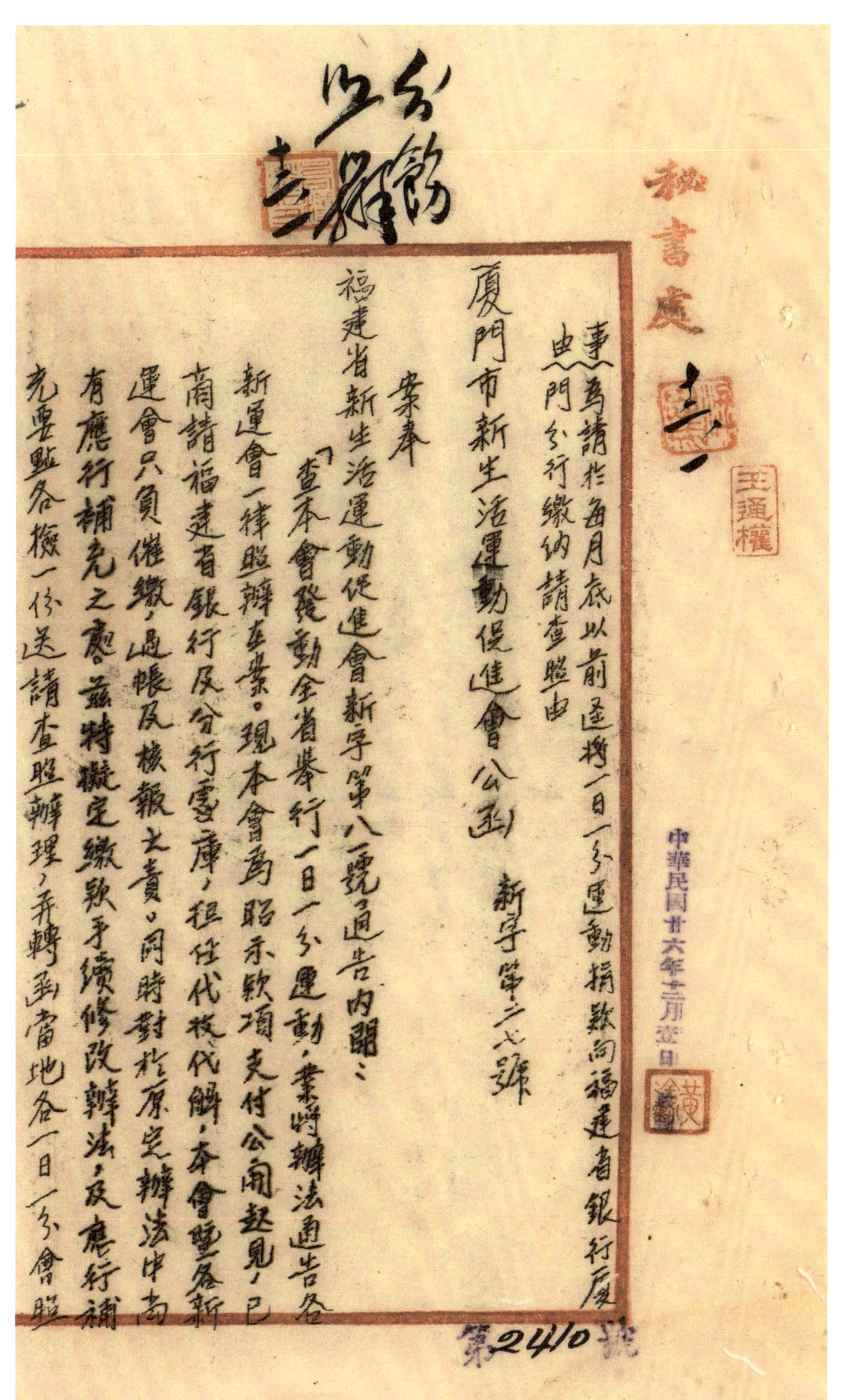

秘書處

事由：為請於每月底以前逕將一日一分運動捐款向福建省銀行廈門分行繳納請查照由

廈門市新生活運動促進會公函　新字第二七號

案奉

福建省新生活運動促進會新字第八一號通告內開：

「查本會發動全省舉行一日一分運動，業將辦法通告各新運會一律照辦在案。現本會為昭示款項支付公開起見，已商請福建省銀行及分行處庫，担任代收代解，本會暨各新運會只負催繳、過帳及核報之責。同時對於原定辦法中尚有應行補充之處，茲特擬定繳款手續修改辦法，及應行補充要點各條一份，送請查照辦理，并轉函當地各一日一分會照

中華民國廿六年十一月廿日

第2410號

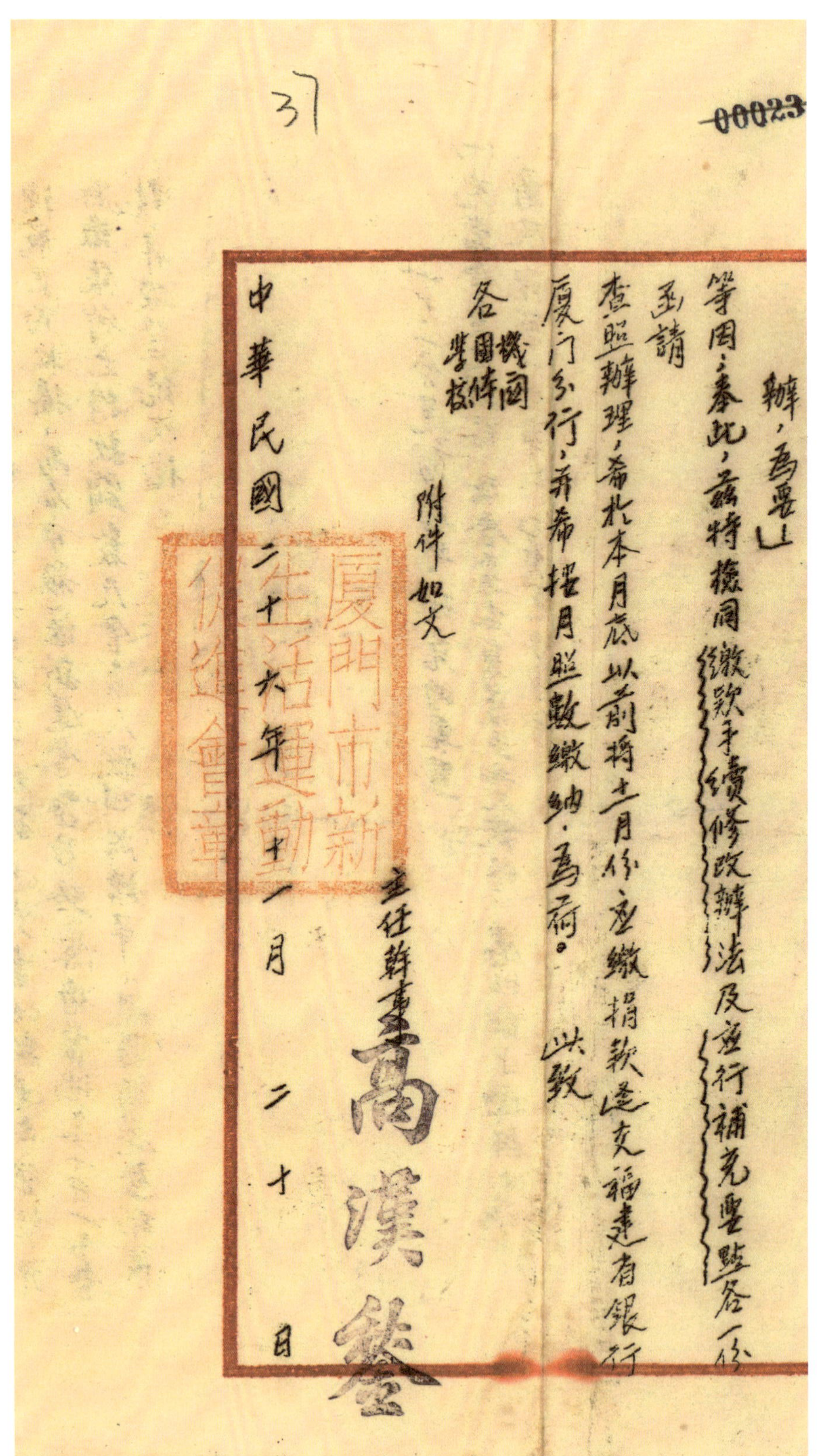
37

00023

辦，爲要」

等因，奉此，兹特檢同繳歀手續修改辦法及應行補充要點各一份

函請

查照辦理，希于本月底以前將十一月份應繳捐欵逕交福建省銀行

厦门分行，并希按月照數繳納，爲荷。此致

各機關團體學校

附件如文

主任幹事高漢

中華民國二十六年十一月二十日

厦門市新生活運動促進會章

38

# 一日一分運動繳款手續修改辦法

(一)省會方面繳款，由各一日一分會逕將捐款向福建省銀行繳納，以銀行收據，送省新運會登記，并換取正式收據。

(二)各市縣特種區繳款，由各一日一分會逕向當地福建省銀行分行或經征處、金庫等繳納，以所取銀行等收據送交當地新運會登記，并換取正式收據，而各市縣區新運會每月終應將當地各一日一分會所繳銀行之捐款額數及會員人數列成清單，送省新運登記核對，并換發總收據。

## 附二：一日一分运动应行补充的要点

一日一分運動應行補充的要點

(一)充當會員之期限，除會員本身發生變故外，應以對日抗戰的期間為限，戰事一旦停止，此項運動同時宣告結束。

(二)充當會員應免重複，如公務員教職員已參加本機關本學校本團体之一日一分會為會員者，則免參加聯保所組織之一日一分會為會員，但須以會員証為憑。

(三)會員尚有失去經濟能力及失業等，可以暫免繳納捐款，但須得該一日一分會之認可證明，商報當地新運會。

(四)歡迎每户全眷參加為會員，其有財力薄弱者，亦希有一二人參加，赤貧無力之户可以全免。

(五)各機關學校社團聯保一日一分會會員，如因職業變動或住宅遷徙時，應向原一日一分會聲明移轉他之一日一分會為會員。

(六)各一日一分會當事人員應以和平誠懇態度徵求會員，不得有壓迫之行動，而受徵者亦應体念時艱，欣悅接受。

中国航空建设协会福建省分会厦门支会关于在年底前完成会员会费征募致陈运生分队长的函
（一九三七年十二月八日）

160

00093

逕啟者：本會業於本月二日下午五時，假青年會舉行談話會，議決「限定各分隊隊長，在十二月底以前，應徵募最低額二百元」在案。查本市奉省令額定乙萬元，自推行勸募以來，截至現在僅募得一千餘元，相差太遠；而省分會會字第八九八號代電，對勸募期間，僅限至本年底結束。在此短促期間，非積極廣事勸募，必無成效。事關航空建設，關係抗戰前途甚鉅，素仰

貴隊長熱忱愛國，當仁不讓。奉令前因；除分令外，相應檢同徵求會員函及宣傳標語各乙份，函請查照，務祈

鼎力積極盡量勸募，俾達額定數目，以憑彙報為荷。

此致

陳運生分隊長

計送徵求會員函及宣傳標語各乙份

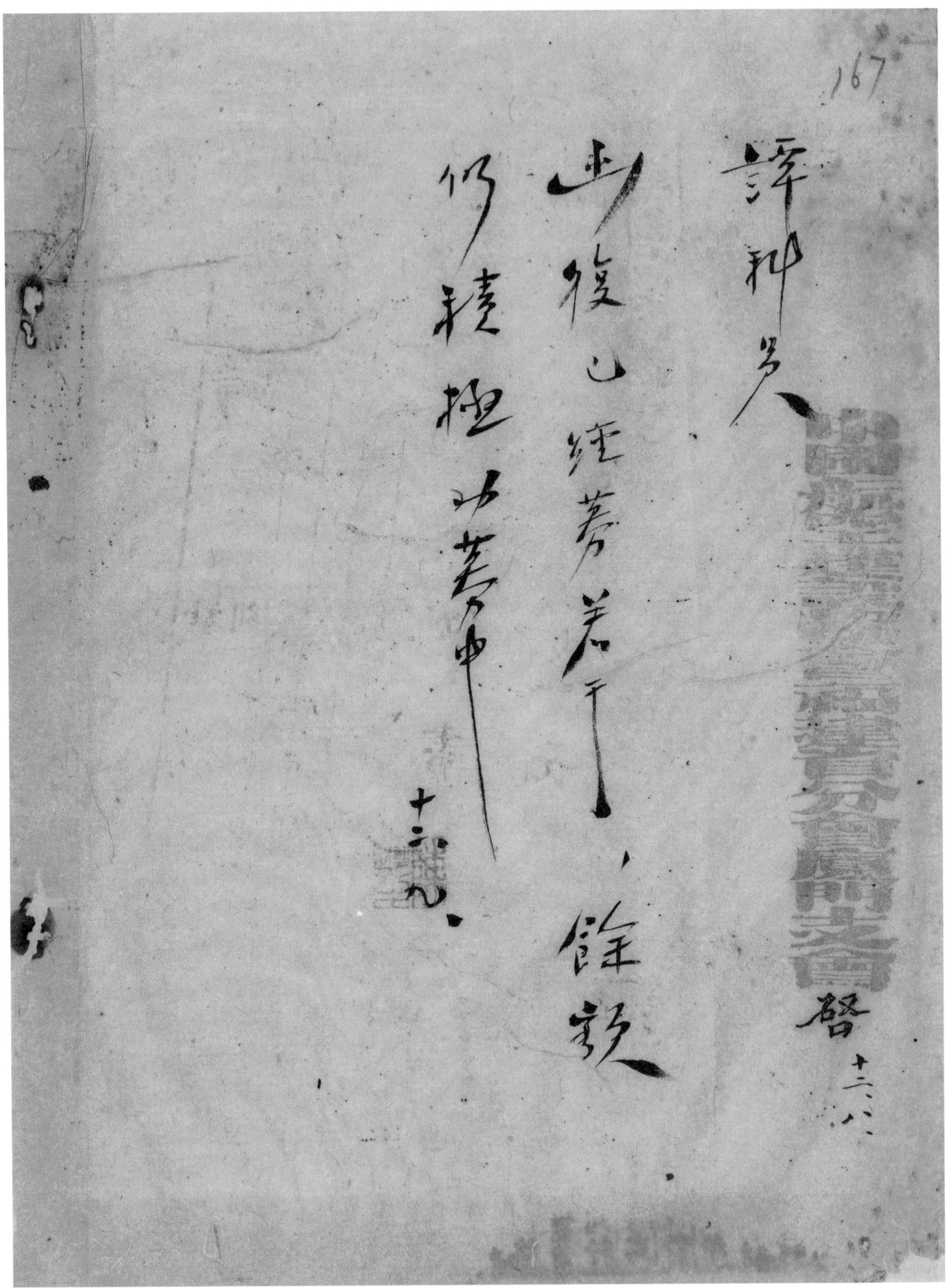

167

許耕男兄

此復已經募若干、餘款仍積極勸募中

十二、九

啓 十二、八

## 厦门市政府、厦门市募集国难防务捐委员会关于限期筹缴防务工事款五万元的一组文书

（一九三七年十二月十六日至十八日）

### 厦门市政府致厦门市募集国难防务捐委员会、厦门市警察局等的令（一九三七年十二月十六日）

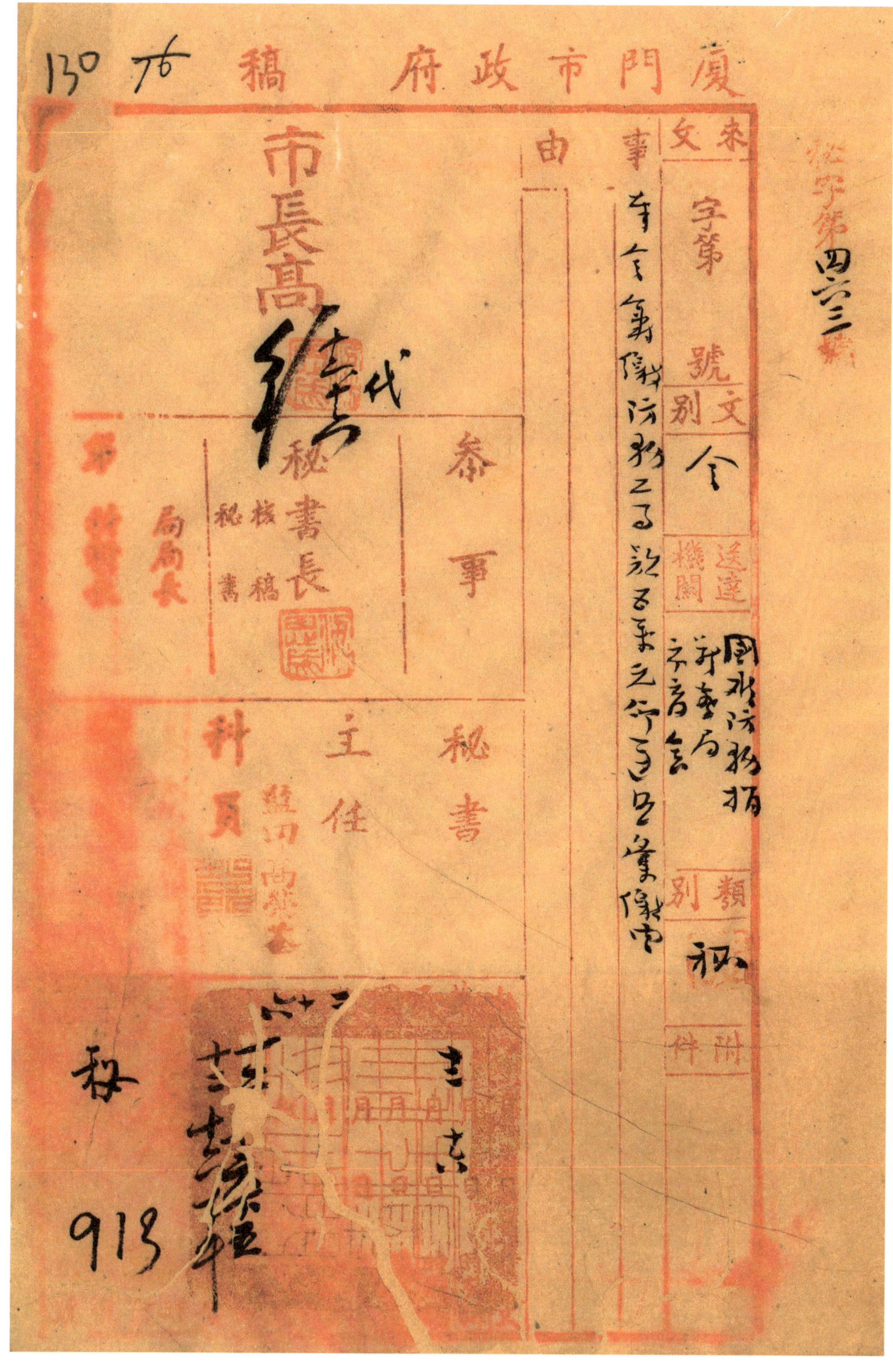

厦門市政府稿

來文　字第　號

文別　令

送達機關

類別　秘

附件

事由

市長

秘書長

參事

核稿

秘書

局長

秘書

主任

科員

131

华

厦门筹备处月今部令以洋一星期筹备防务之用款五千元，前因本埠分行会饬该会迅(?)限筹足(?)款实(?)为〔如数筹备具报〕勿稍延误为要。

令国难防务捐委员会

华

厦门筹备处月今部令以洋一星期筹备防务之用款五千元，前因本埠分行会饬该会为(?)来(?)协助由商会征收二成〔大宗(?)……〕月底缴拨〔组垒(?)〕以应急需为要。〔速限筹备具报〕

令打(?)商(?)局(?)……

华

厦门筹备处月今部令以洋一星期筹备防务之用款项

78 133

而美之商團等，此查本市未備之個月房鋪租金為數尚多。此項房鋪租經本市抗敵後援支會議決，集於團體防務捐範圍，除令該防務捐委員會如數籌足外，所有房鋪租項下，除劃收足二美之逕由該防務委員會（希）案特備令行，令仰該會協同財務局認真辦理。如數籌足，倘有短少，應由該會設法籌墊交[illegible]防務委員會，勿得延誤為要。

右令　市商會

# 厦门市募集国难防务捐委员会致厦门市警察局的公函（一九三七年十二月十八日）

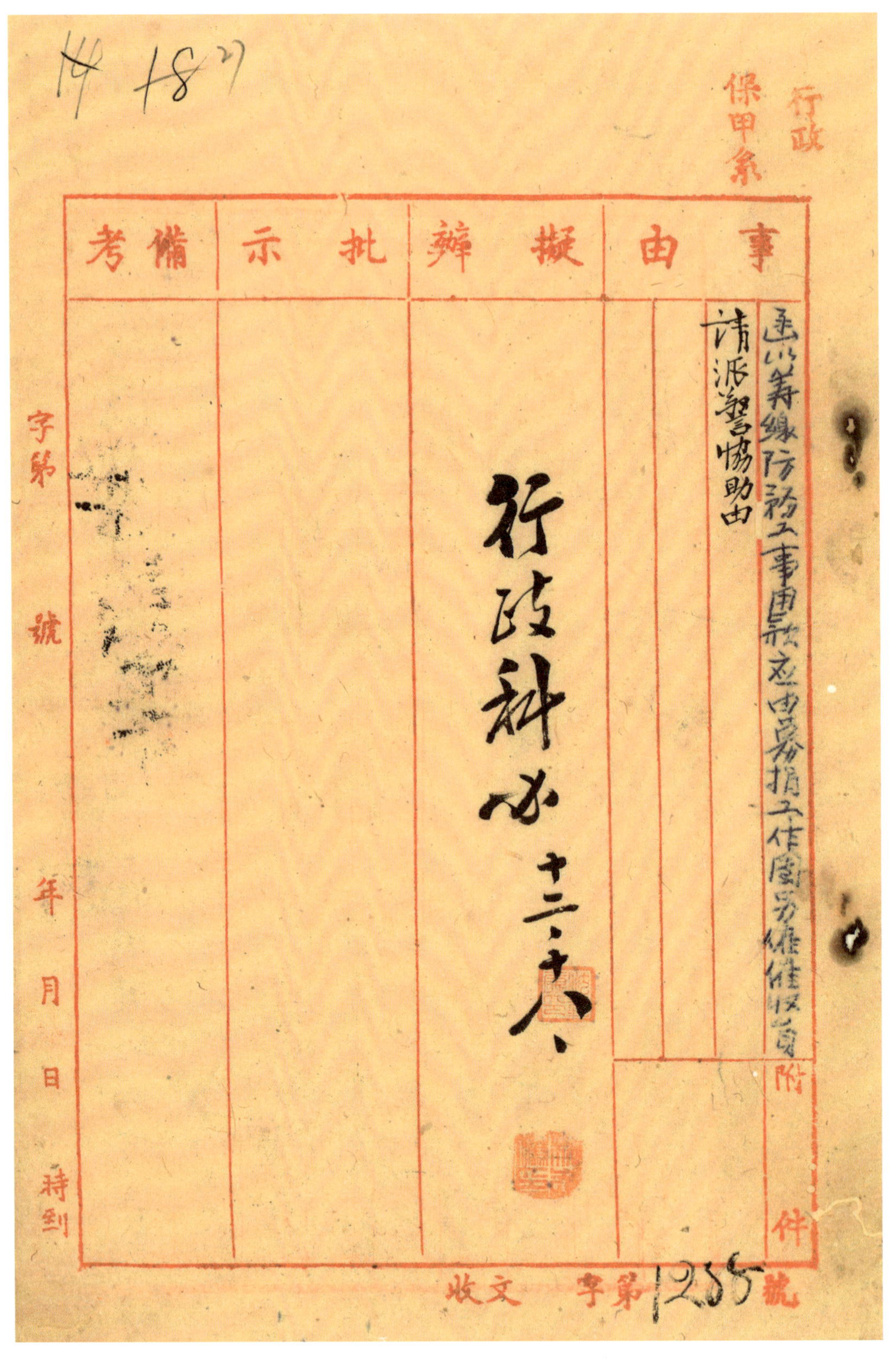
14 18 27

保甲系 行政

| 事由 | 拟办 | 批示 | 备考 |
| --- | --- | --- | --- |
| 函以筹缘防务工事需款应由募捐工作团另组催收员请派警协助由 | 行政科办 十二、十八 | | |

附件

字第 号 年 月 日 持到

收文 字第1258号

廈門市各界抗敵後援會

公函

奉

市長十二月十六日手令開：奉

廈門警備司令部令以一星期籌繳防務工事用款五萬元等因，奉此，合行令仰該會遵限如數籌足繳具報，案關軍事，勿稍延誤為要等因，奉此，遵經召集會議討論籌劃辦法，由劉委員鞠民提議，查抗敵會募捐工作，因所經收之房鋪租金，據估量結果，如即僱用臨時催收員並派警協助催收，儘一週內或可收至萬元左右，此項工作由會函請抗敵會迅飭辦理一案，經議決應由該會另僱臨時催收員十五人，分作十五隊，每隊仍由警察局

派警員一名保甲長一人協助催收至僱用人員姓名應即抄全備查並另編
預算由會開支等語在錄除分函外相應函請
查照即希指派武警並保甲長各十五人協助進行至何日出發當由募
捐工作團先期電達至紉公誼此致
廈門市警察局局長沈

委員劉鞠民
陳柏麟
洪鴻儒
蔡振英
王酌卿

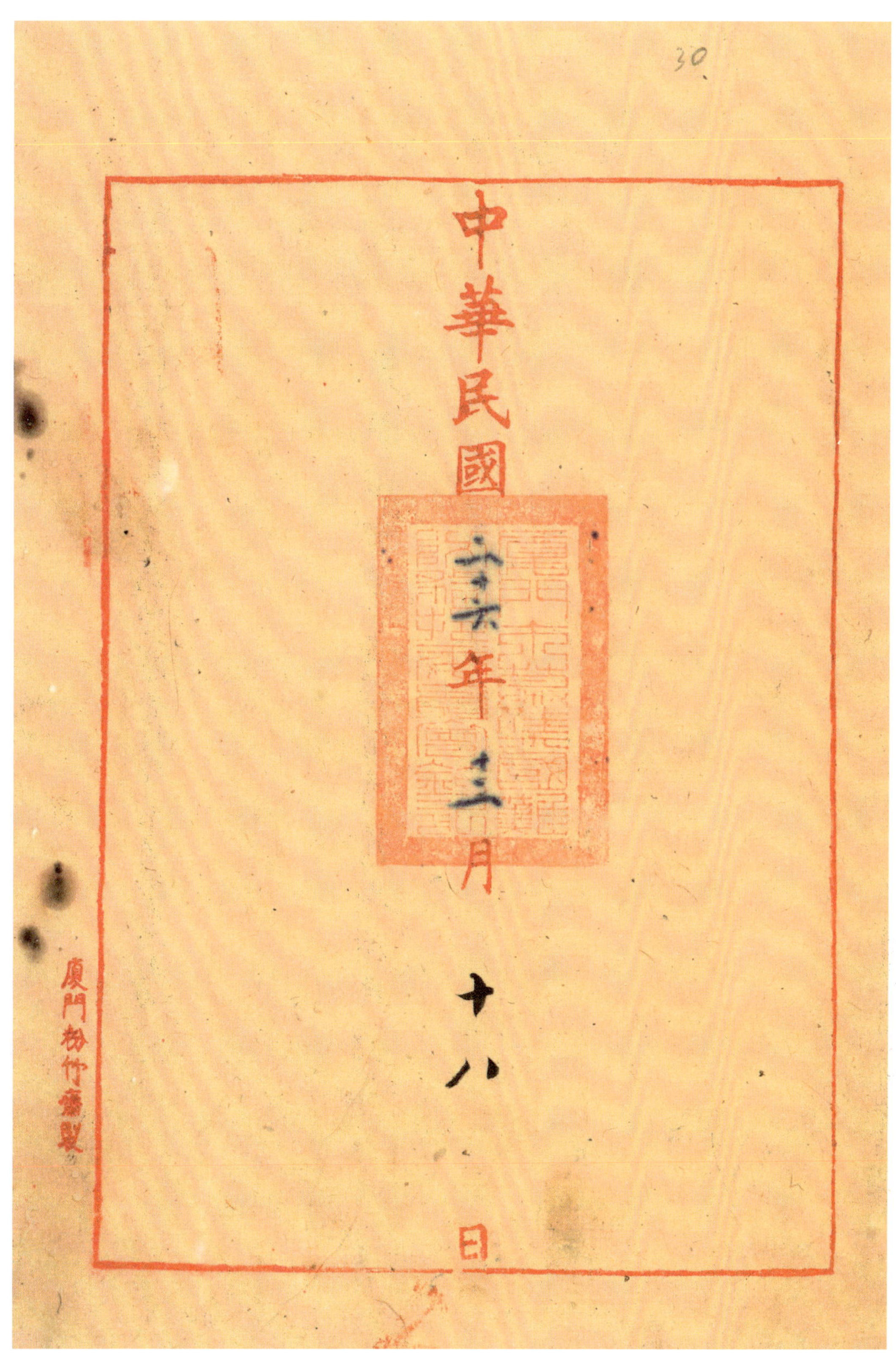

30

中華民國二十六年十二月十八日

廈門粉竹齋製

## 厦门市政府关于国难防务捐捐募额及办法致厦门市募集国难防务捐委员会的训令（一九三七年十二月十七日）

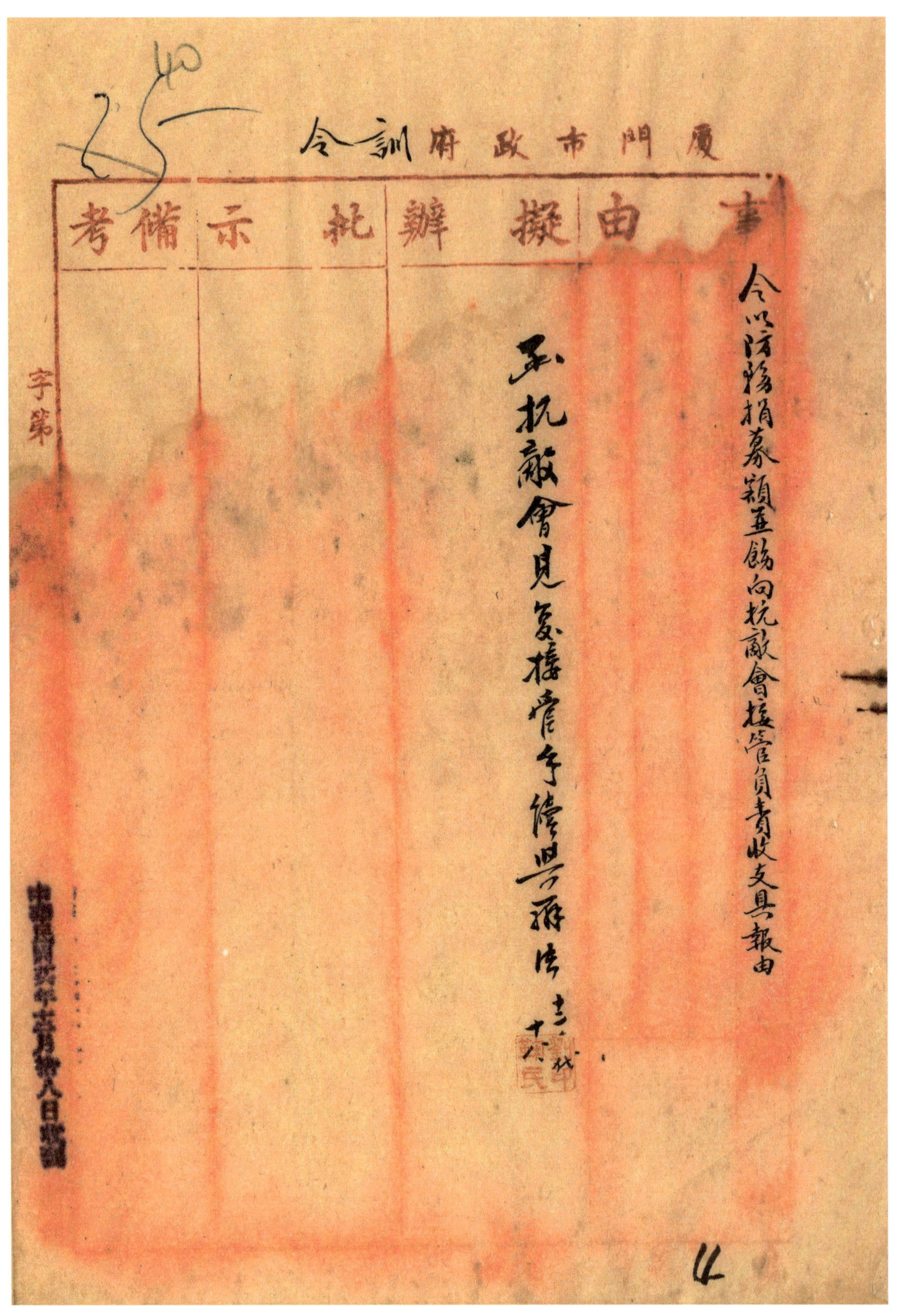
厦門市政府訓令

字第　號

| 事由 | 擬辦 | 批示 | 備考 |
| --- | --- | --- | --- |
| 令以防務捐募額並飭向抗敵會接管負責收支具報由 | 函抗敵會見復接管手續與辦法 | | |

中華民國廿六年十二月廿八日收到

41

# 厦門市

訓令 財一 934

令厦门市募集國難防務捐委員會

查本府前奉

省政府饒戌歌府財乙九二一五八號代電，略以本府應募國難防務捐數目為壹拾柒萬弍千元等因；並准

厦门市抗敵會函以本會征收房舖租金、登記台民及冒籍華商獻金與其他雜款，統稱為國難防務捐等由；此項捐款應由該会向抗敵分会接管。以作本市防禦工事費用，統由該会呈准撥付，隨呈報查知外，合行令仰遵照辦理具報察核。

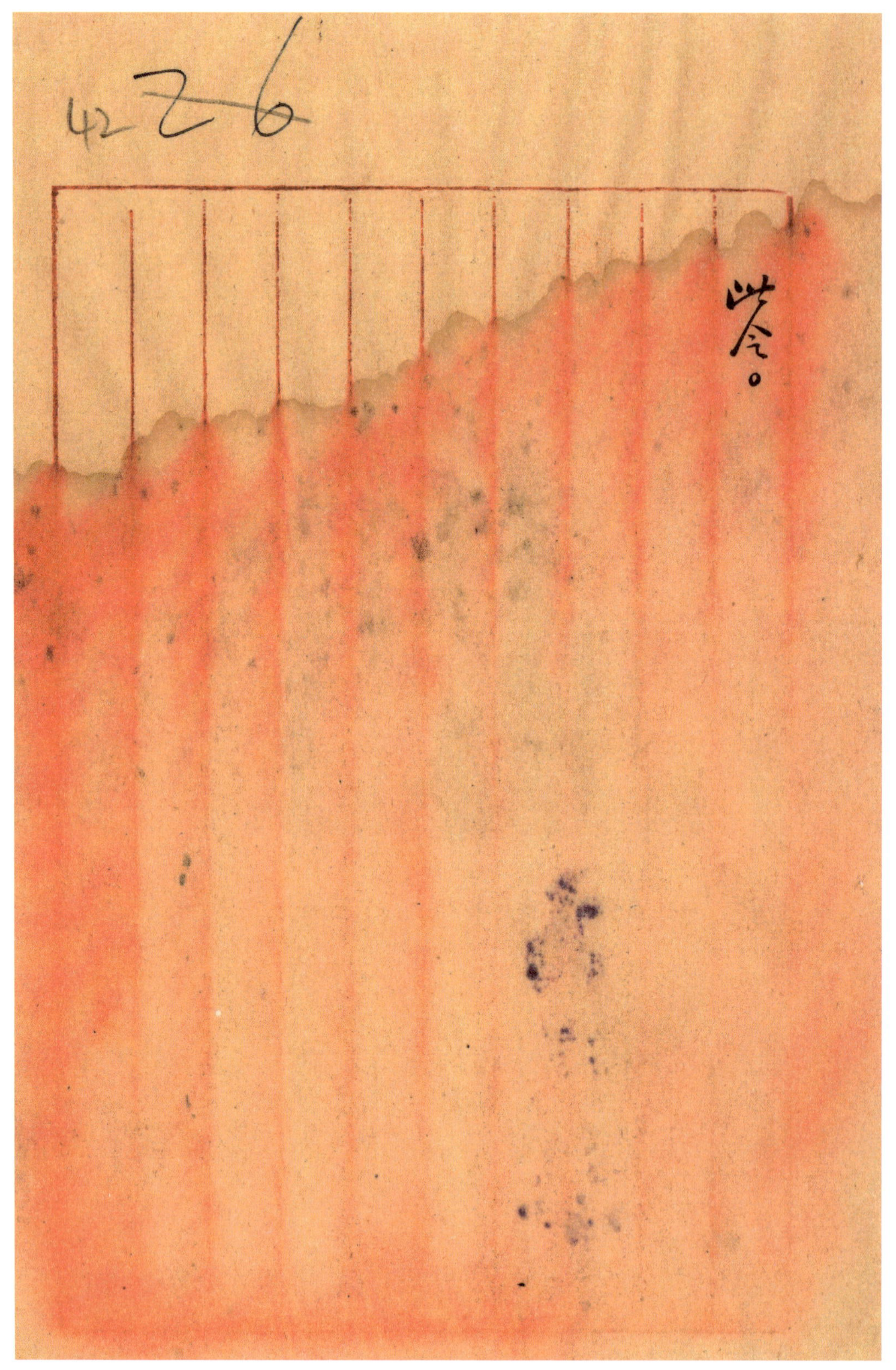

42 乙 6

此令。

中華

廿

十二

七

市長 高凌霨

監印 高棻森

## 厦门市民叶孙仁、厦门警备司令部关于捐献房屋充国防工事费的一组文书（一九三七年十二月二十三日至二十九日）

### 叶孙仁致厦门市政府的呈（一九三七年十二月二十三日）

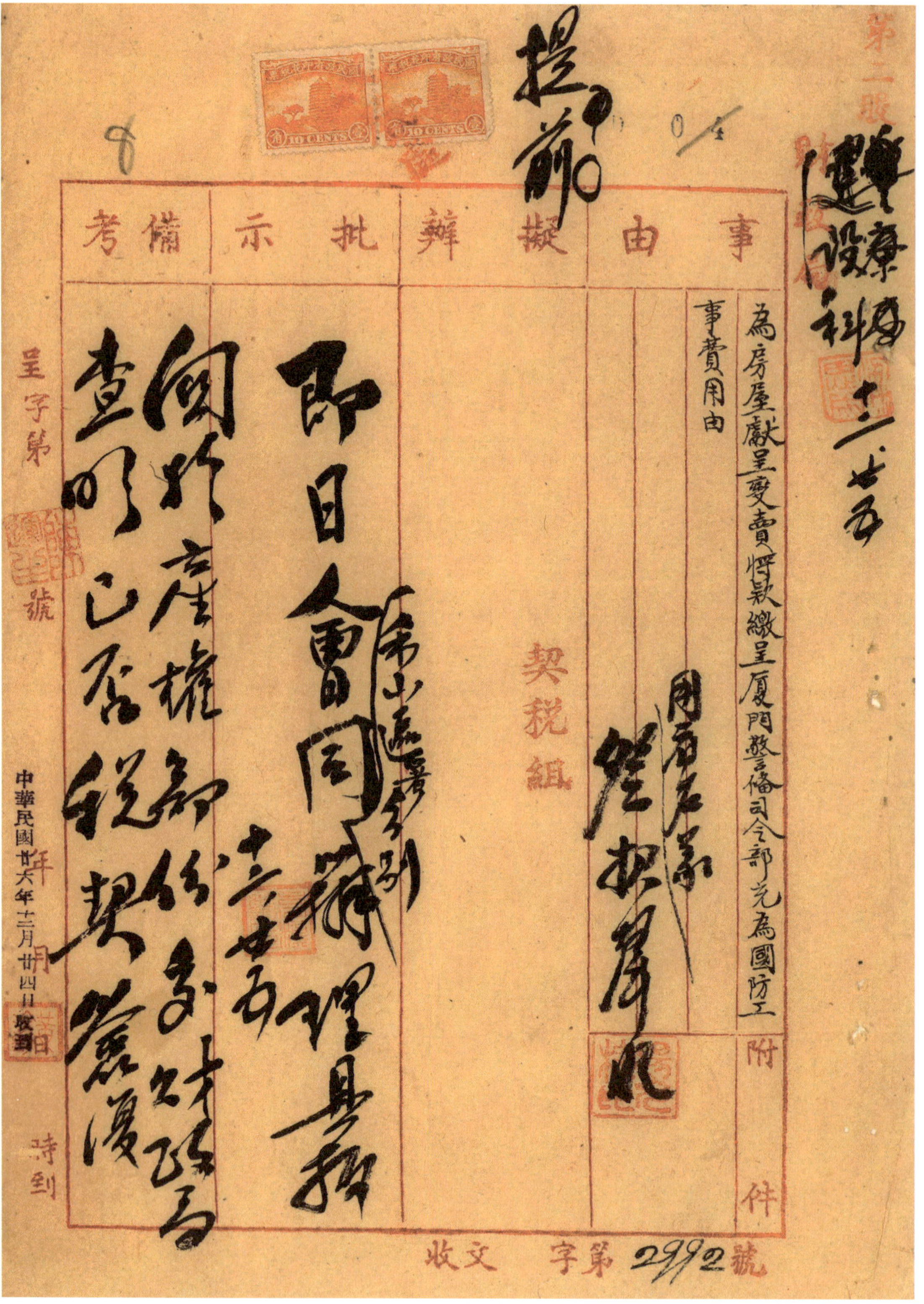

事由：為房屋獻呈變賣將款繳呈厦門警備司令部充為國防工事費用由

擬辦

批示

備考

附件

契稅組

呈字第　號

中華民國廿六年十二月廿四日收到

收文　字第2992號

添加弍字

9

呈為之款獻金悳將房屋獻呈變賣轉送厦門警備司令部事竊民乃中華民國國民一份子痛自蘆變發生全民抗戰以來民尚未盡貢獻國家之責對於國民義務負疚良深茲商得全家上下人等同意願將本市禾慶街禾祥街二處店屋十四間計值四萬（五千）元（另具献業杜絕契詳明）獻呈

鈞府變賣將該項掃數轉繳厦門警備司令部充為國防工事費用聊表微忱以固國防謹呈

厦門市市長高

具呈人葉孫仁 十八歲 同文學生

原住禾山劉坂埔南社

現住鼓浪嶼南靖路四〇一号

連署人葉孫義 十五歲 同文學生

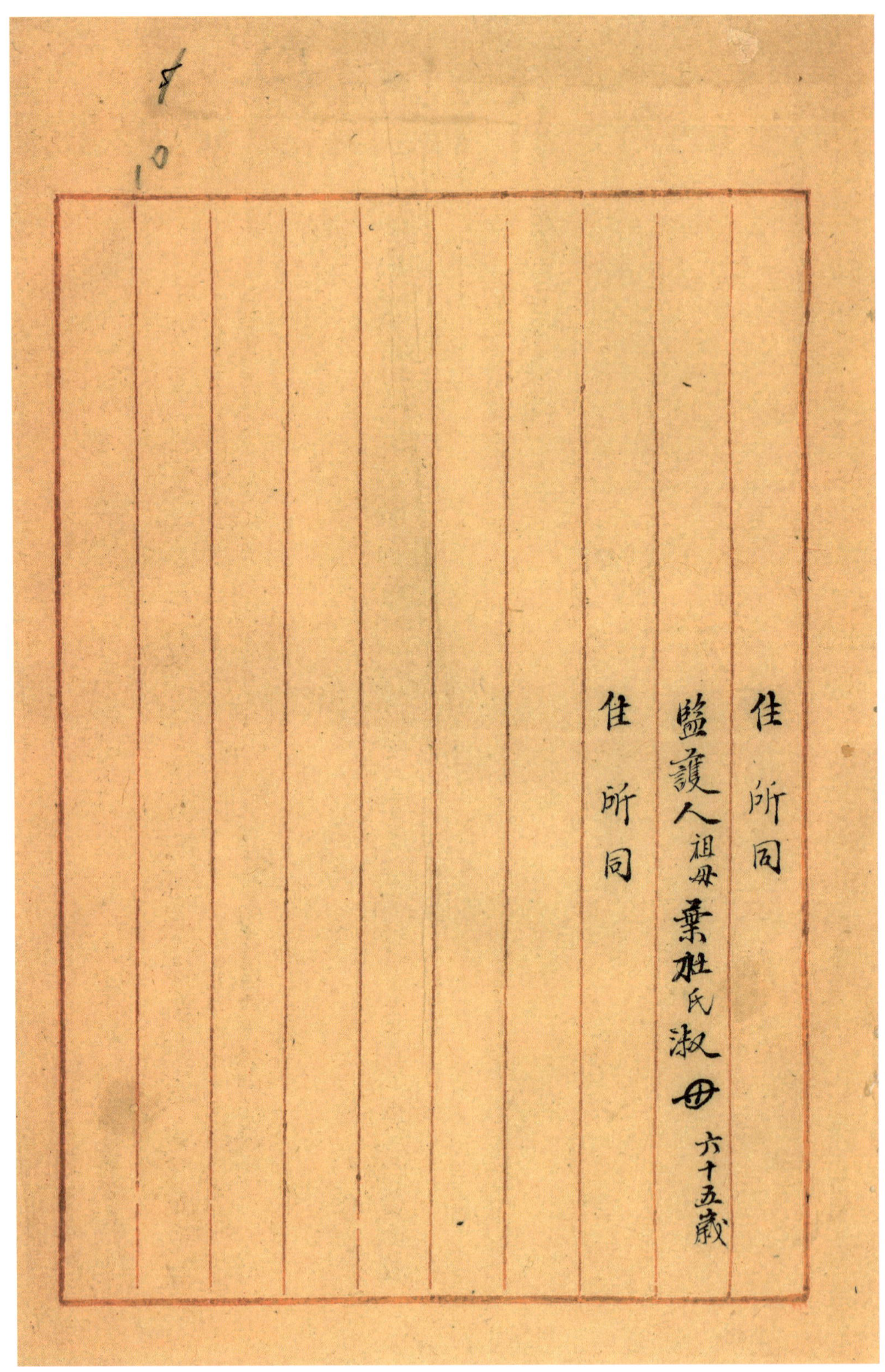

8
10

住所同

監護人祖母葉杜氏淑 ㊞ 六十五歲

住所同

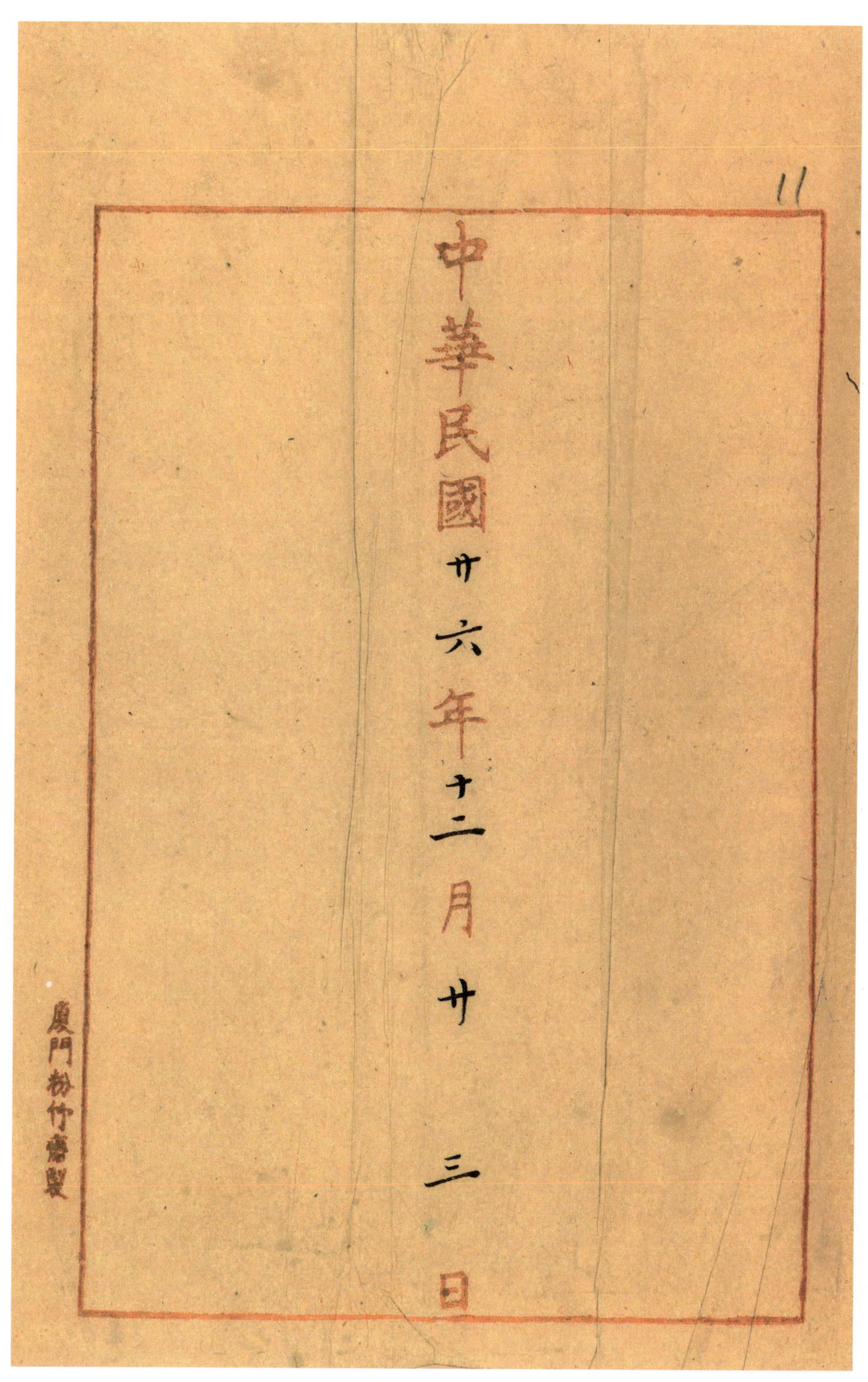

11

中華民國廿六年十二月廿三日

廈門松竹齋製

## 厦门警备司令部致厦门市政府的训令（一九三七年十二月二十九日）

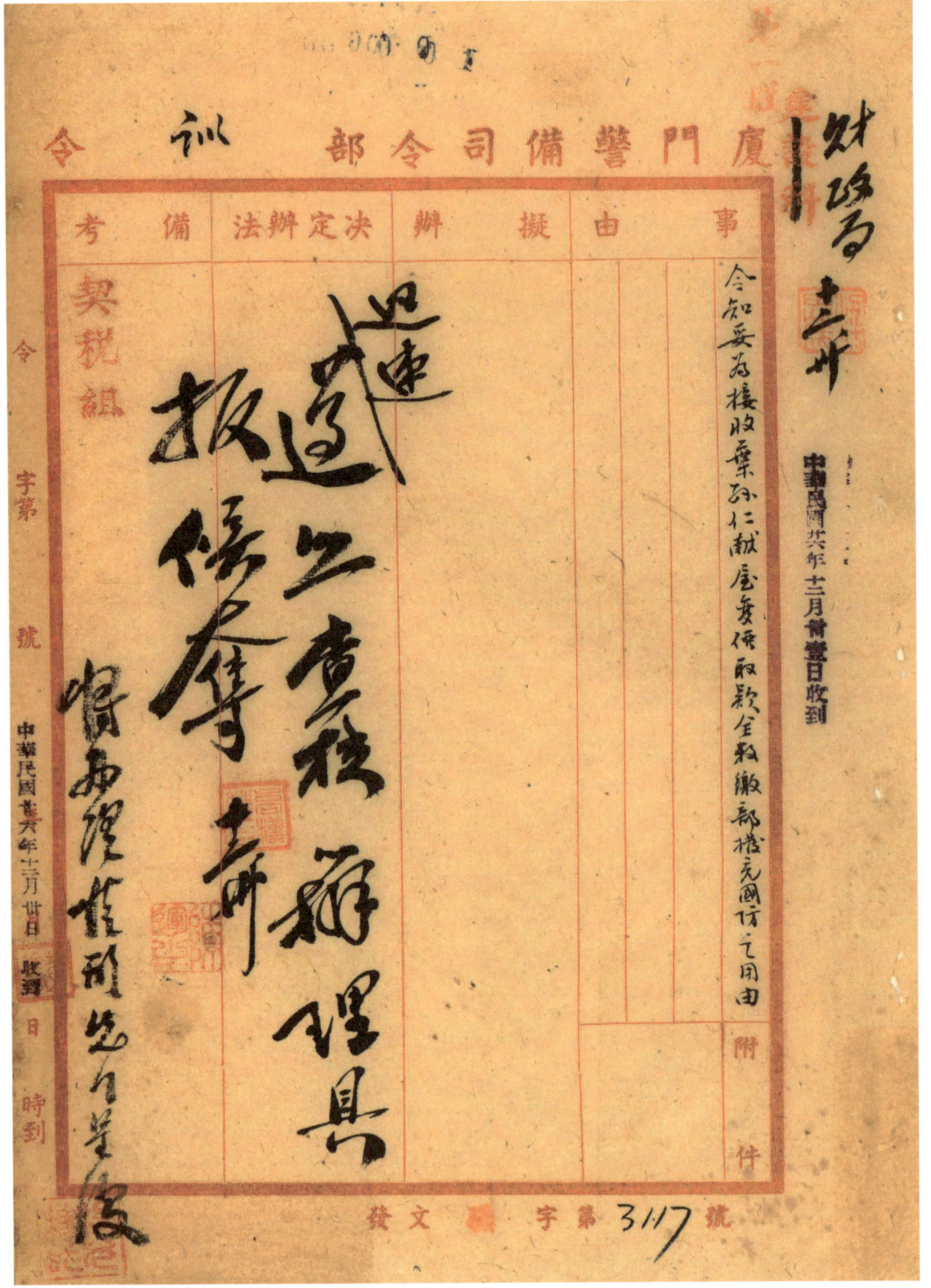

厦門警備司令部訓令

| 事由 | 擬辦 | 決定辦法 | 備考 |
| --- | --- | --- | --- |
| 令知妥為接收葉孫仁獻金委員會取款全數繳部撥充國防之用由 | | | 契税組 |

中華民國廿六年十二月卅壹日收到

發文　字第3117號

廈門警備司令部 訓令 法字第272號

令廈門市市長高漢鍪

案據市民葉孫仁等呈稱：

「呈為乞項獻金應將房屋獻呈廈門市政府變賣藉繳鈞部充作國防工事費用事竊民乃國民一份子此次暴日侵擾全民抗戰舉國上下無不同仇敵愾民因父清和不在尚未有相當貢獻目下經濟雖頻於破產狀態然國民義務所在慚愧無已茲商得家中上下人等同意應將本市禾山特區禾祥路及禾慶路兩座店屋共十四間（另詳

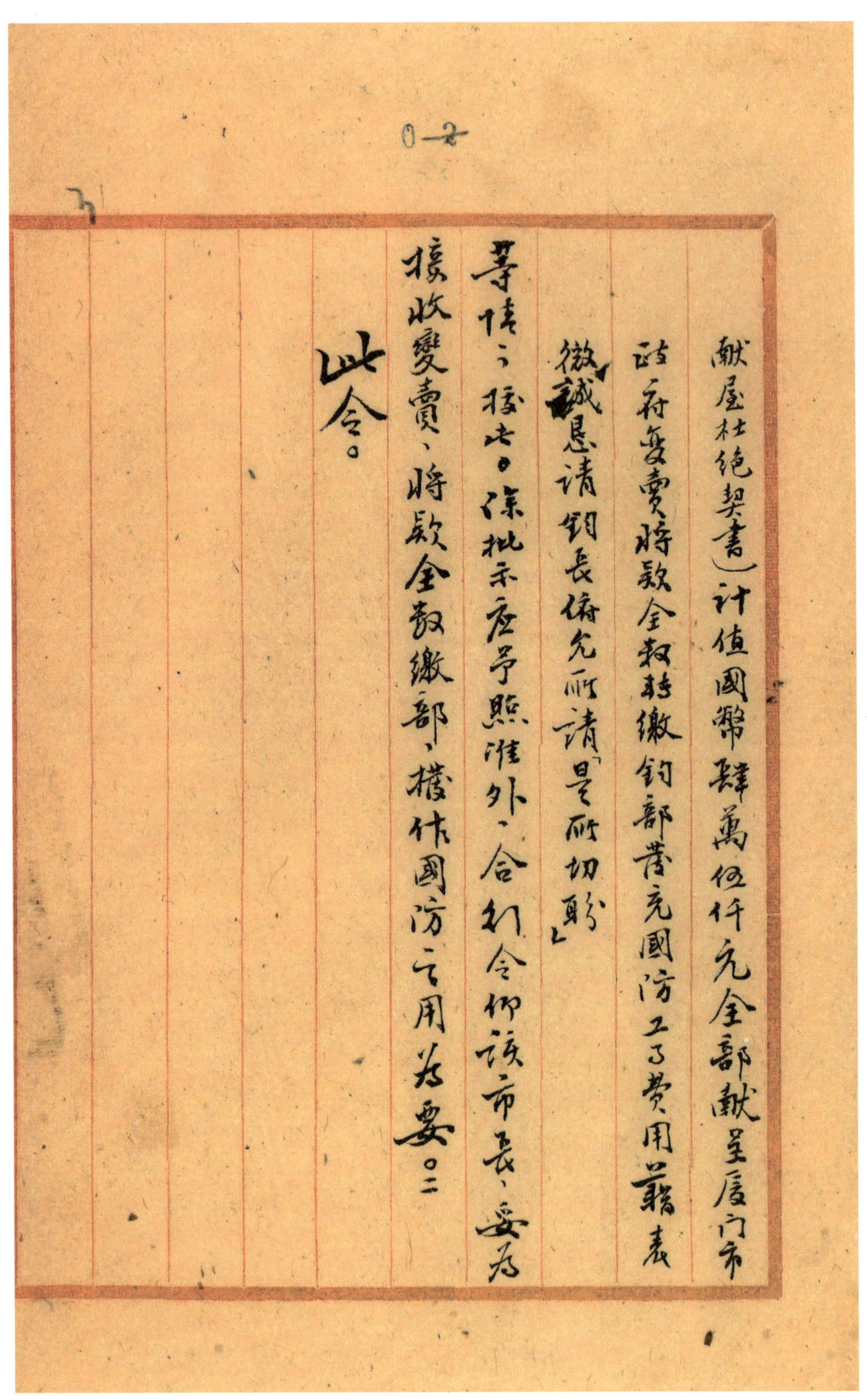

獻屋杜絶契書）計值國幣肆萬伍仟元全部獻呈厦门市
政府變賣將款全數轉繳鈞部藉充國防工事費用藉表
微誠懇請鈞長俯允所請「是所切盼」
等情。據此。除批示應予照准外，合行令仰該市長，妥爲
接收變賣，將款全數繳部，撥作國防之用爲要。
此令。

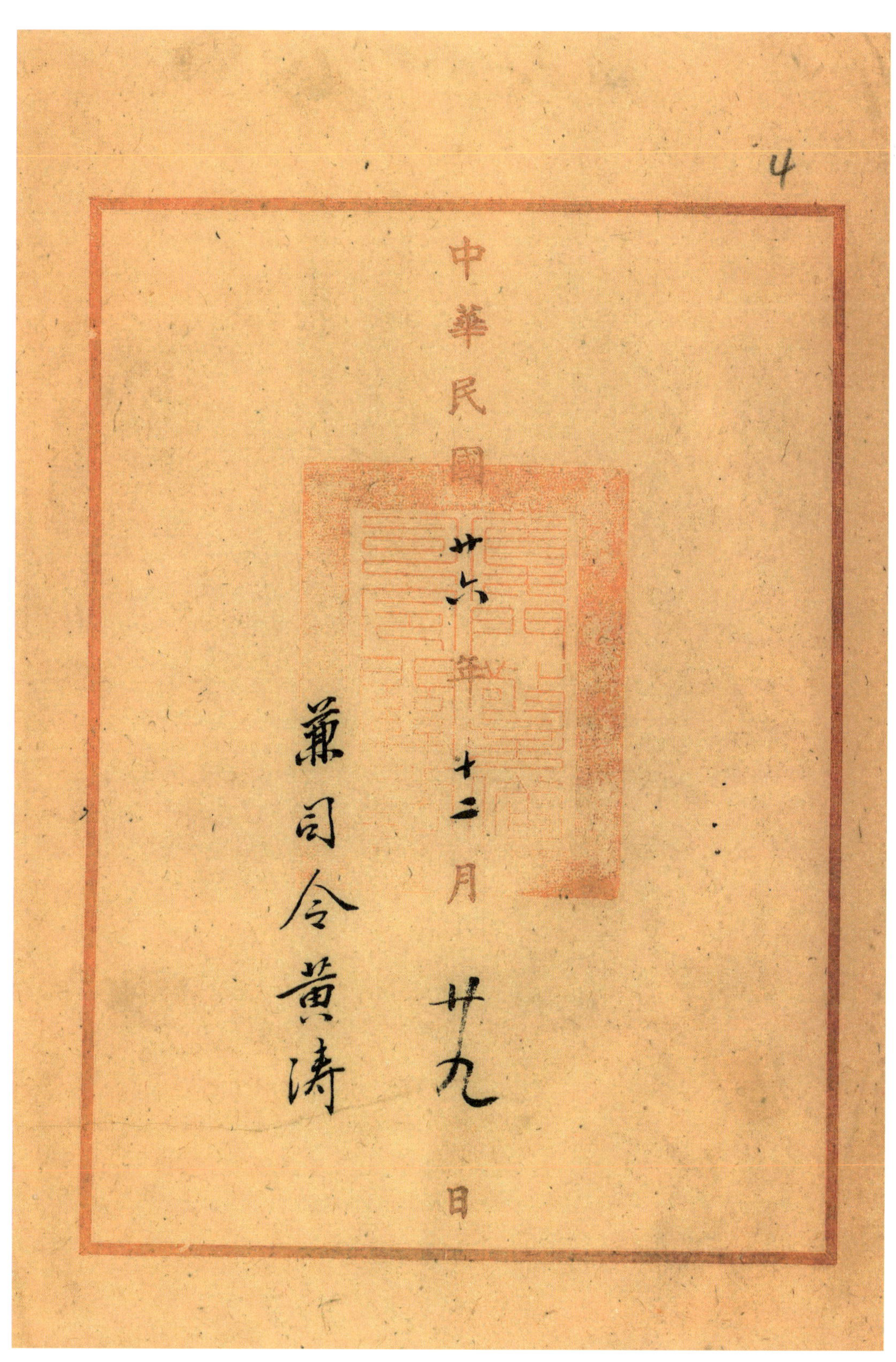

4

中華民國廿六年十二月廿九日

兼司令黄涛

福建省政府关于督促推进一日一分捐款运动致厦门市政府的训令（一九三七年十二月）

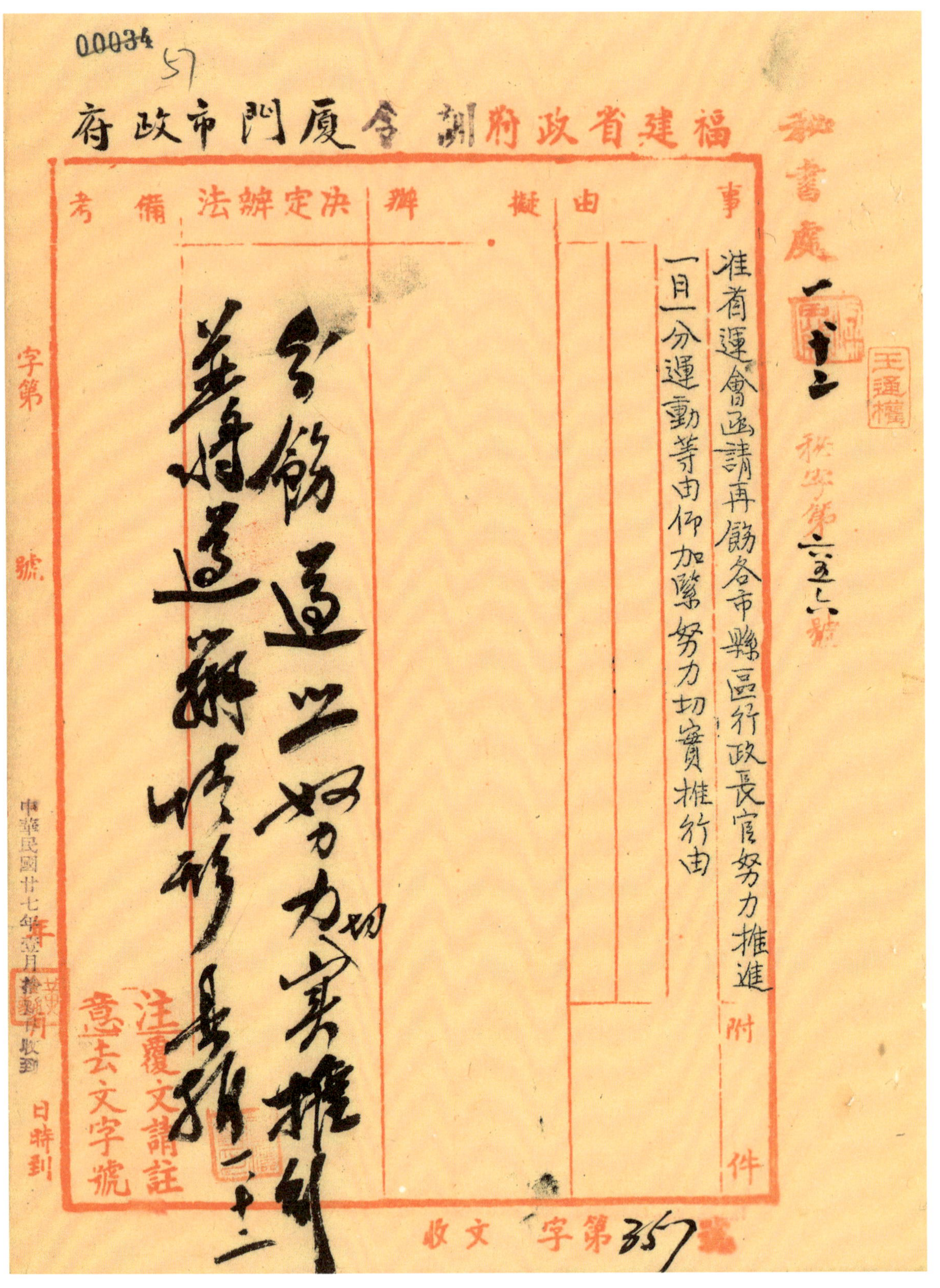
00034
57
福建省政府训令　厦门市政府
秘书处　一、十二
秘字第六五二六号
事由：准省运会函请再饬各市县区行政长官努力推进一日一分运动等由仰加紧努力切实推行由
附件
拟办
决定办法：令饬遵照努力切实推行
并将遵办情形具报 一、十二
备考
字第　号
中华民国廿七年壹月拾壹日收到
注意：去文字号　注覆文请注
收文　字第357

# 福建省政府訓令

令廈門市政府



案准

福建省新生活運動促進會新字第七六七號公函開「查本會鑒於倭寇日深國難日急救亡工作莫要於輸財而一日一分運動實為大多數民力所均能做到若專普遍推行定能收穫鉅款溯自推動此項運動以來業經三月省會方面由本會極力催促會員人數漸達一萬七千餘人但各縣方面前由本會以新字第六九一號公函開各市縣特種區行政長官應行推進新運工作五項並以一日一分

運動列入五項之一請煩貴府轉飭負責辦理列為行政考成在案惟現據各縣報告組成一日一分運動委員會者尚屬寥寥與本運動所預期目的相差遠甚查各市縣特種區行政長官多屬本會指導員或又兼當地新運會主任幹事對于此項工作實屬責無旁貸尤應按照本會規定辦法加緊推進俾使此項運動深入民間為此相應將各縣報告推行一日一分運動情形列表再函查照希為通飭各市縣特種區行政長官切實督促當地各機関團体學校聯絡組成一日一分運動委員會廣徵會員并按彙滙捐款以應急需為荷等由附各縣推行一日一分運動情形一覽一份准此查本府前為普遍推行是項運動曾以餘酉梗府民

甲八七七〇號訓令通飭各縣市及特種區長官認真督促隨時
協助在案迄今逾多日尚無顯著成績殊有未合准函前由除
函復外合行抄發各縣推行一日一分運動情形一覽一份令仰該
市長加緊努力切實推行毋稍玩延爲要此令
附抄發各縣推行一日一分運動情形一覽一份

61
中華民國廿六年十二月　日
主席　陳儀
監印　何佐仁
校對　魏遂良
校對　林尤煃

# 各縣進行一日一分運動情形一覽

廈門市　成立一日一分會十四單位會員六百二十四人款亦繳到

漳平縣　徵求會員一百四十三人款亦繳到

永定縣　徵求一日一分會員一百十一人款亦繳到

尤溪縣　成立一日一分會二十一單位會員一百十五人款亦繳到

附註：報告正在推動此項運動者計有詔安、惠安、同安、漳浦、長樂、晉江、南平、壽寧、永安、平潭、泰寧、沙縣、將樂、華安、南靖、福安、仙遊、寧化、東山、閩侯、古田、閩清、南安、二十三縣峯市、南日、柘洋三特種區，其餘尚未據報（以上係截至十二月二十五日止）

## 福建省抗敌后援会厦门市分会、厦门市募集国难防务捐委员会关于国难防务捐征收工作移交的来往文书（一九三七年十二月至一九三八年一月）

### 福建省抗敌后援会厦门市分会致厦门市募集国难防务捐委员会的公函（一九三七年十二月二十九日）

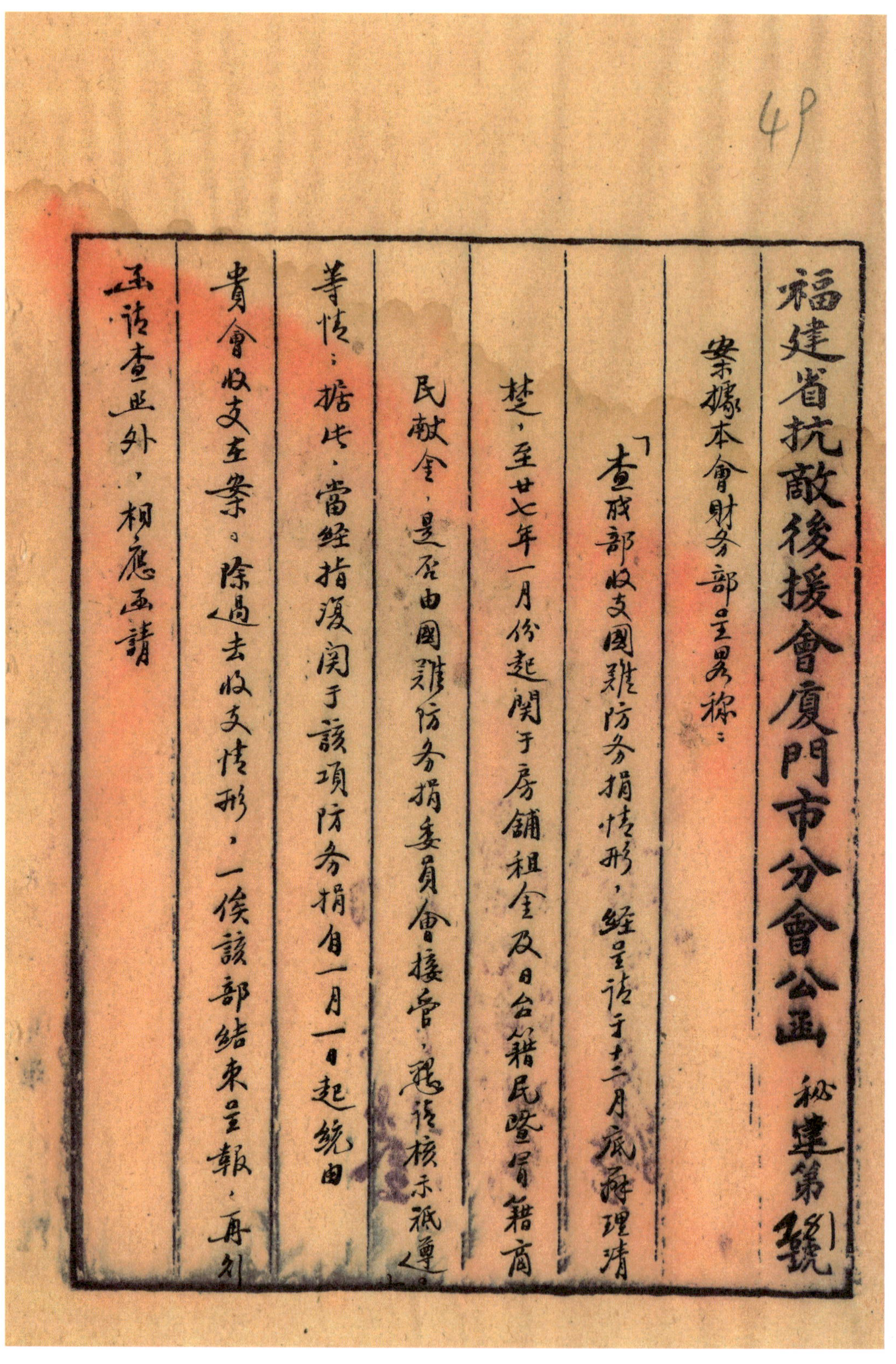

福建省抗敵後援會廈門市分會公函　秘建第　號

案據本會財務部呈略稱：

「查該部收支國難防務捐情形，經呈請于十二月底辦理清楚，至廿七年一月份起關于房舖租金及日台籍民暨胥籍商民獻金，是否由國難防務捐委員會接管，懇請核示祇遵等情」。據此，當經指復關于該項防務捐自一月一日起統由貴會收支在案。除過去收支情形，一俟該部結束呈報，再行函請查照外，相應函請

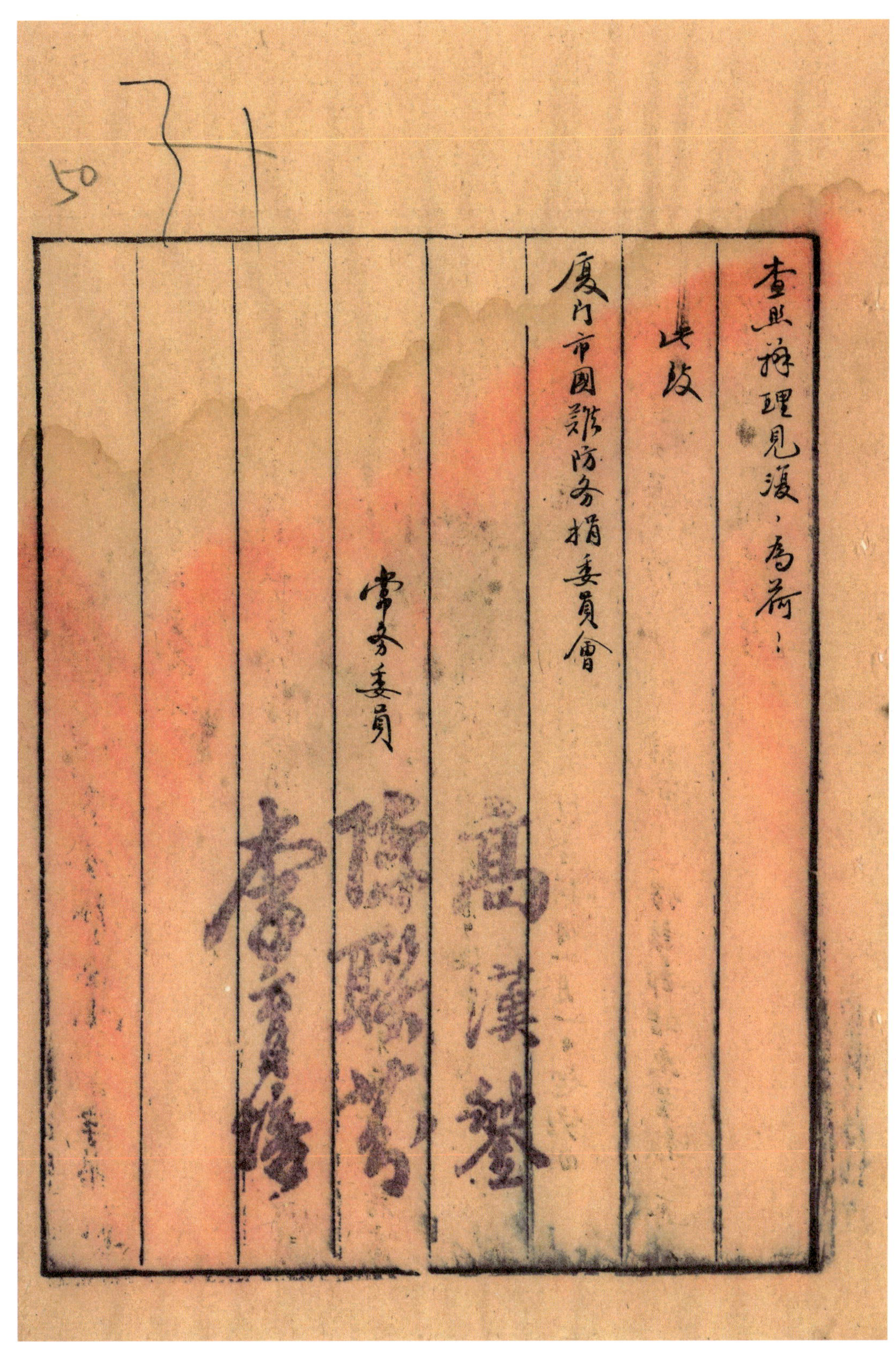

查照办理见复，为荷！

此致

厦门市国难防务捐委员会

常务委员

高汉鉴

陈联芳

李青修

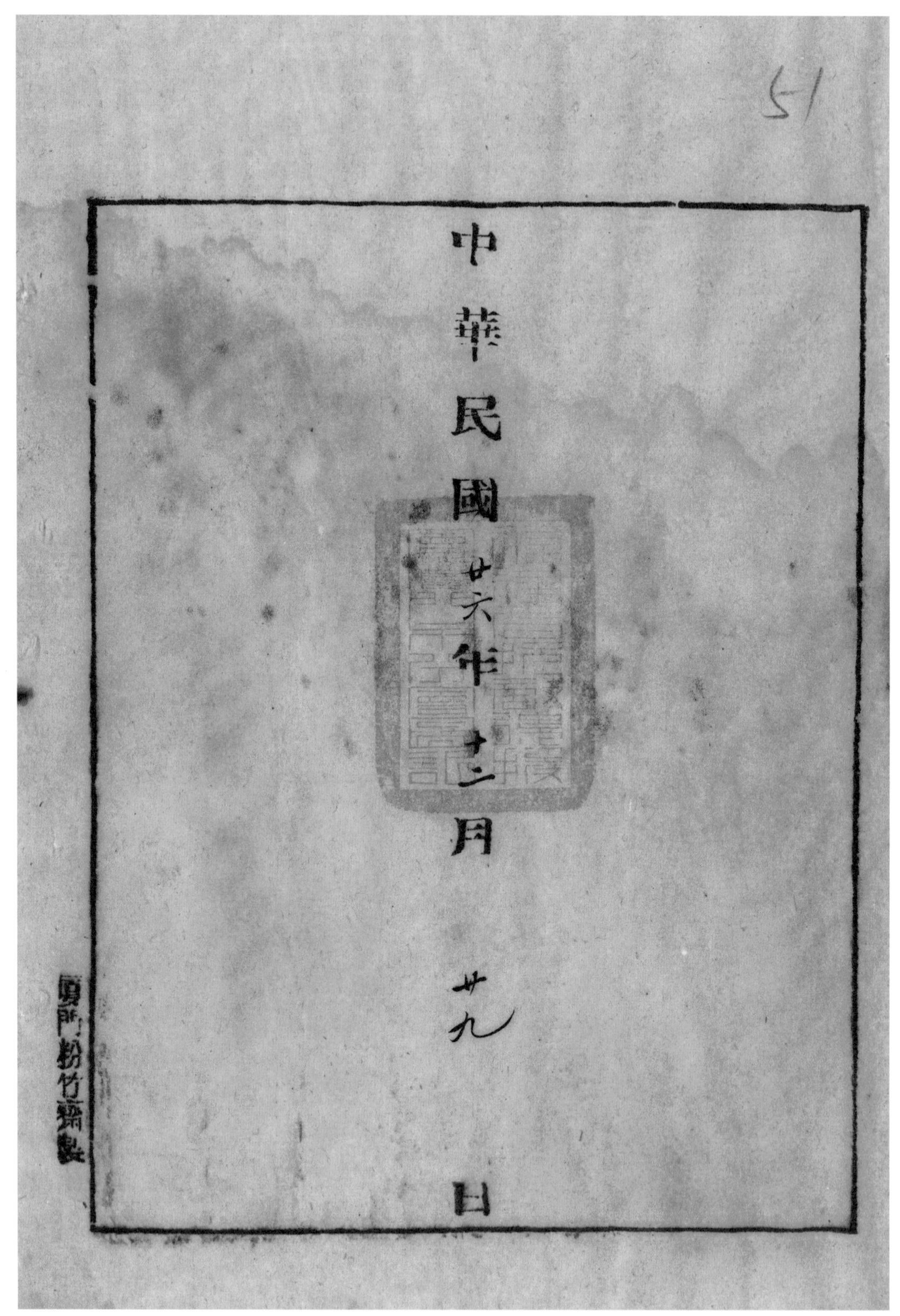

51

中華民國廿六年十二月廿九日

厦門粉竹齋製

# 厦门市募集国难防务捐委员会致福建省抗敌后援会厦门市分会的公函（一九三八年一月五日）

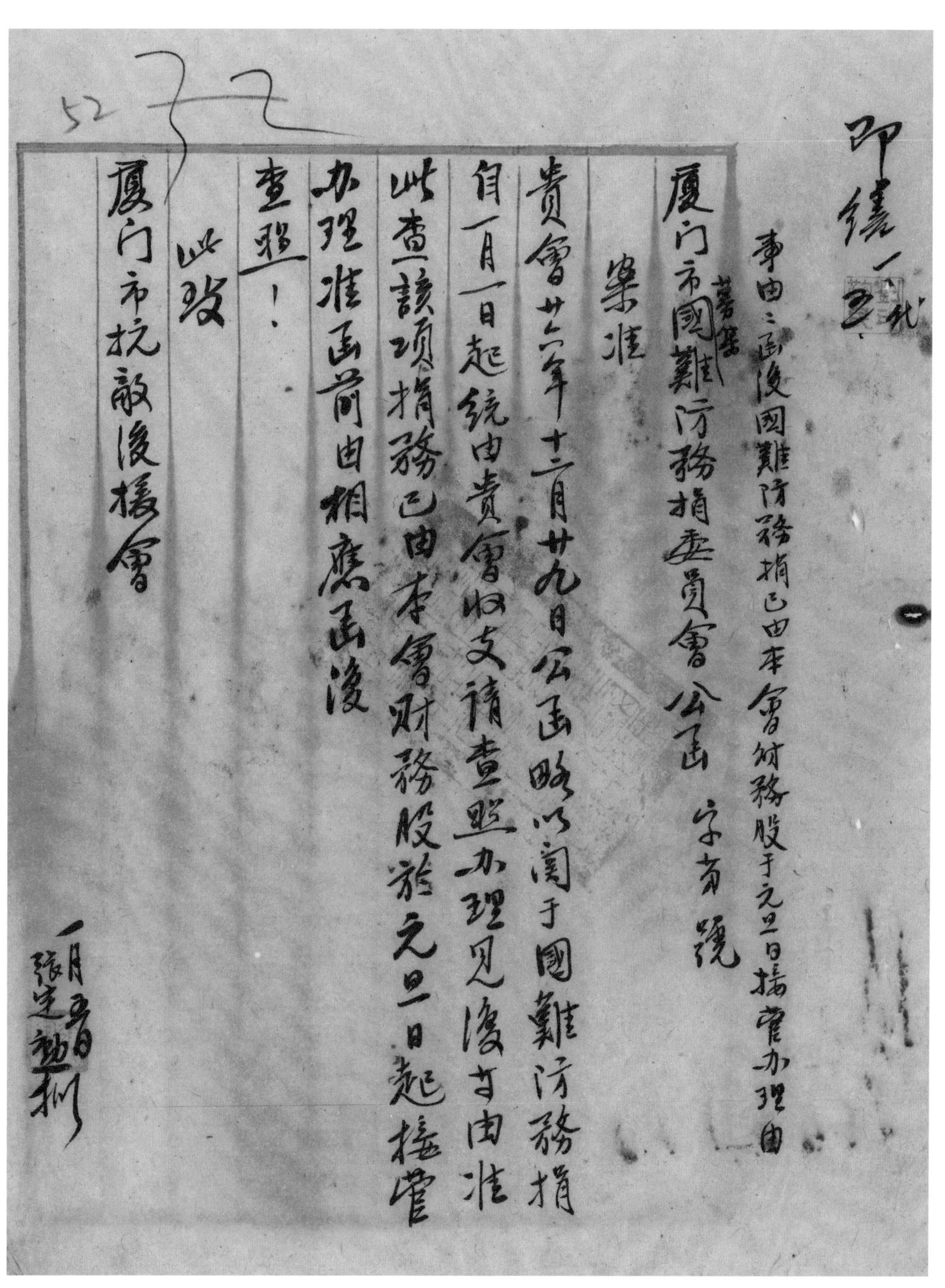

事由：函復國難防務捐已由本會財務股于元旦日接管办理由

厦门市募集國難防務捐委員會公函　字第　號

案准

貴會廿六年十二月廿九日公函略以關于國難防務捐自一月一日起統由貴會收支請查照办理見復等由准此查該項捐務已由本會財務股於元旦日起接管办理准函前由相應函復

查照！

此致

厦门市抗敵後援會

一月五日

# 福建省政府、厦门市财政局关于侨民林朝茂父子将房屋租款捐助军费的一组文书（一九三八年一月至六月）

## 福建省政府致厦门市政府的训令（一九三八年一月十二日）

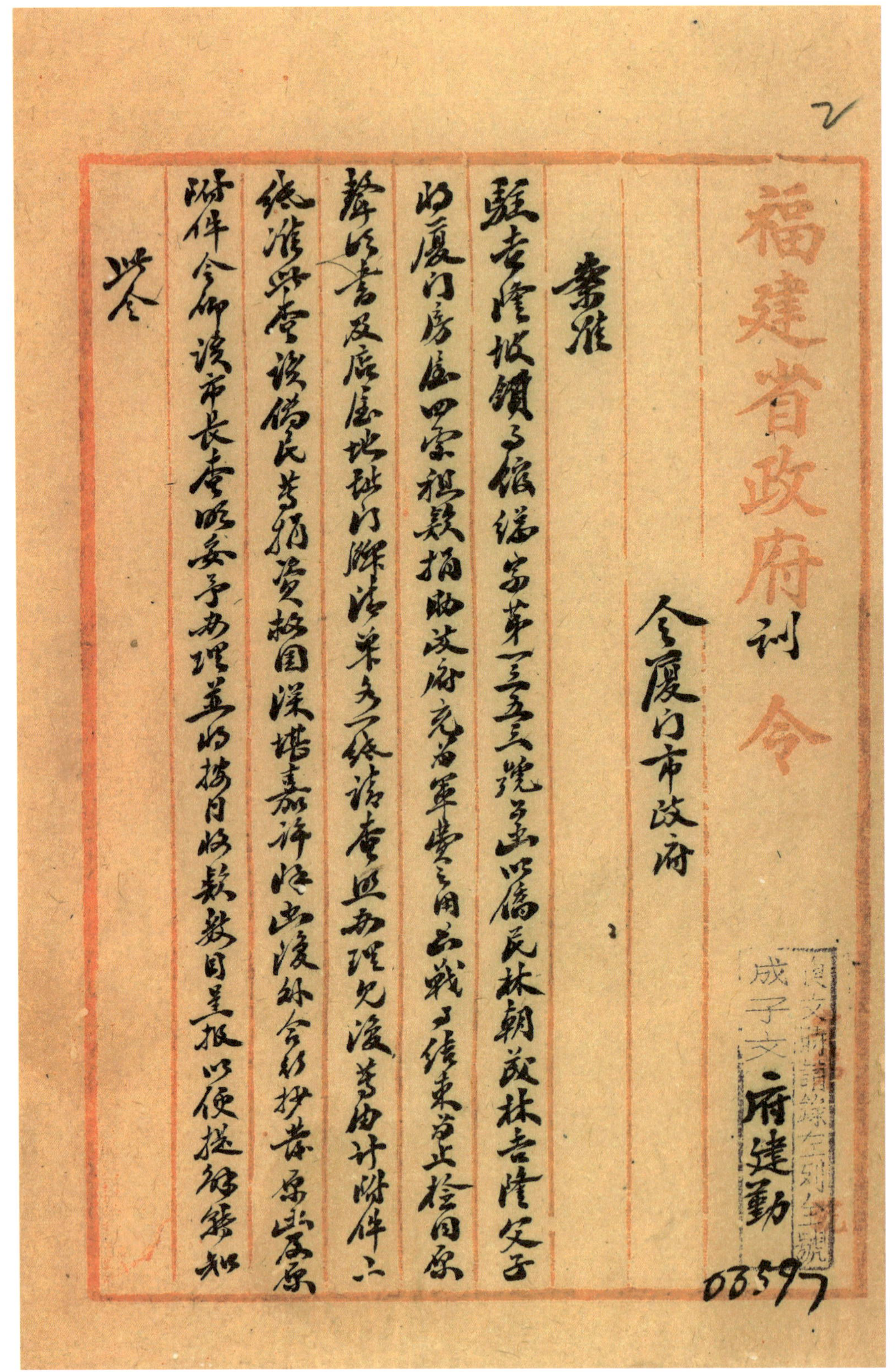
福建省政府训令

令厦门市政府

案准

驻吉隆坡领事馆馆字第一三五三号函以侨民林朝茂林吉隆父子将厦门房屋四家租款捐助政府充当军费之用至战事结束为止检同原声明书及房屋地址门牌清单各一纸请查照办理见复等由计附件二纸准此查该侨民等捐资救国深堪嘉许除函复外合行抄发原附件令仰该市长查照妥予办理并将按月收款数目呈报以便提解[illegible]知

此令

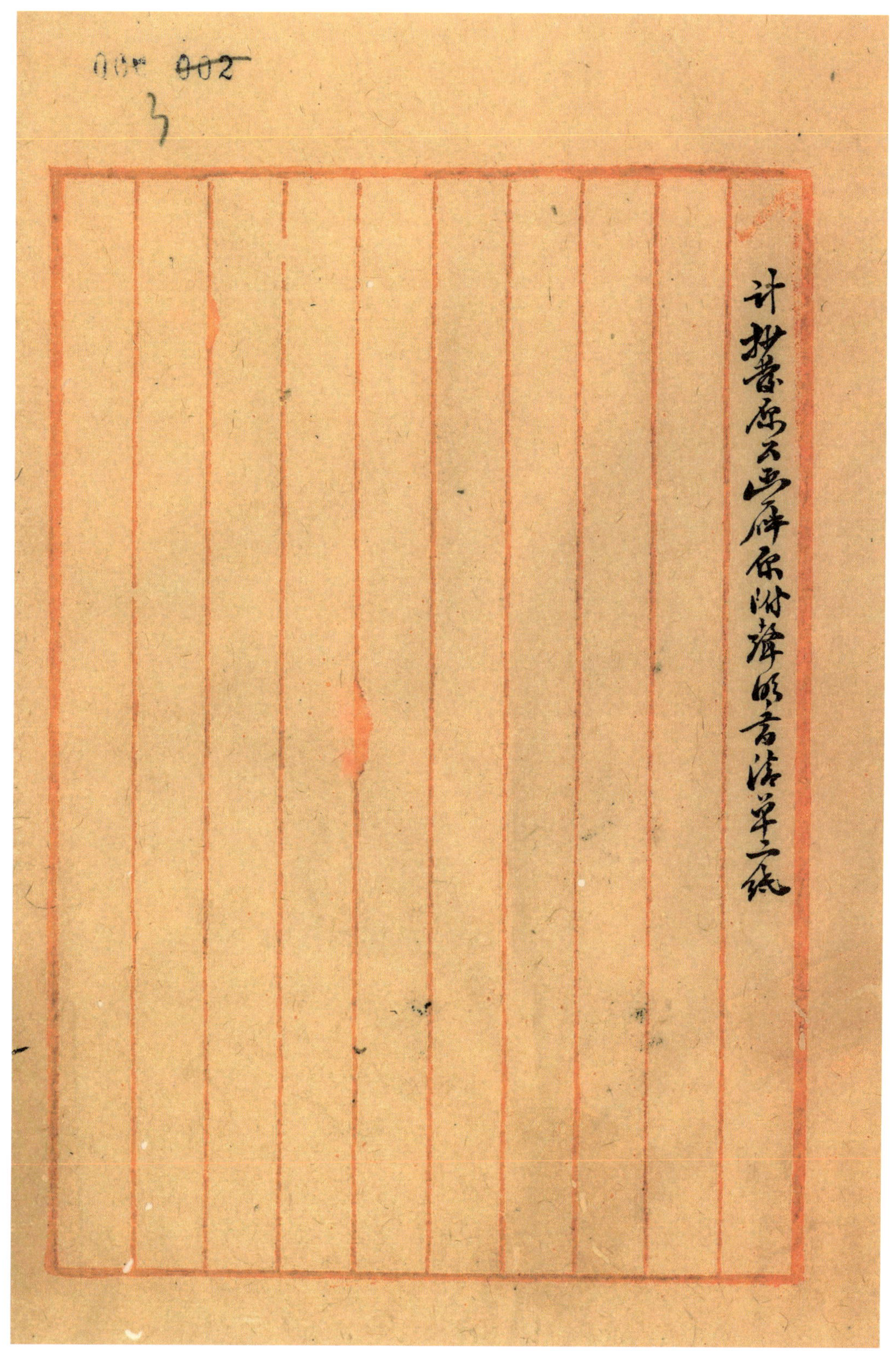

計抄粘原文函件原附譯照會清單二紙

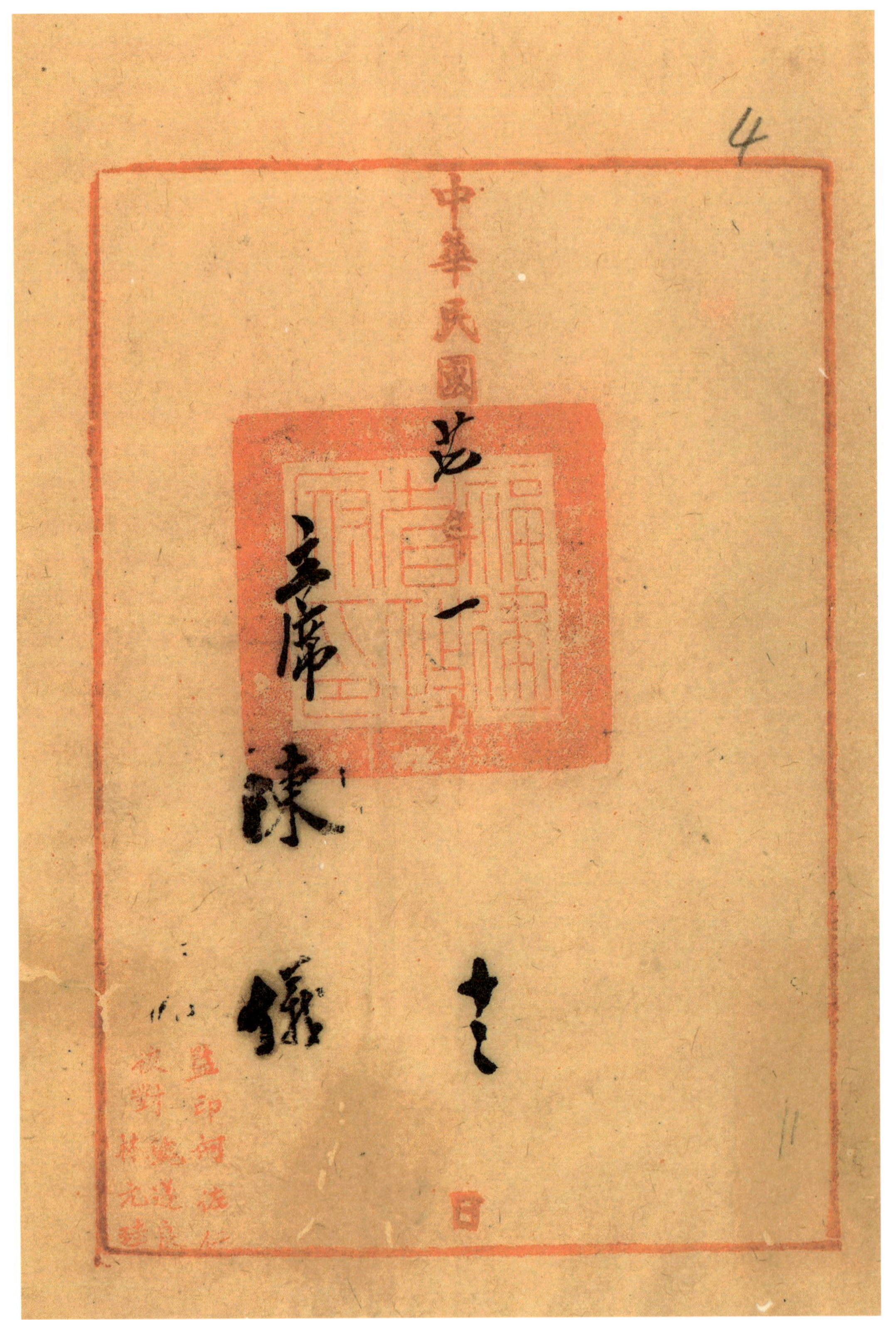
中華民國廿一年　月十七日
主席陳儀
監印何逸仁
校對林範乾

抄發原函

案據吉隆坡僑民林吉慶來函面稱暴敵侵凌國難嚴重海外僑民業務
於籌款克敵執戈衛土亦應輸財以盡人民之責任伊父朝茂母施春亡弟長吉芳
在廈門思明南路龍船礁新填區地間來號及典寶街四家置有鋪屋廿八間
出租收息全部月租可達國幣二千餘元因時局影響民衆內移現每月能收租
費一千餘元前開來號之房屋之三四層係供該林甲居住外此後所有租金並
免讓租戶以前欠租概捐交政府撥收（不願領受救國公債）作為補助軍費之用
至戰事結束為止茲因房產契據並有具申明書及房屋地址清單各一紙呈
請核現在政府西遷交通阻梗為迅捷計請將聲明書及清單逕送福建
省政府先行收租一面呈報中央撥款應用並請飭遞省府勿將該聲明書

6

寄往厦門以免遺失本人已同時通知族親林甲派員收租時可向接洽至各該住户欠租款額以及各屋租價林甲派員當據實報告嗣後按月收款數目懇隨時知照等語查該僑等所捐的款供政府長期抗戰之需殊堪嘉許除函予嘉獎並呈報外交部轉達主管機關向貴省政府接洽提款外相應檢同原具聲明書及清單各一紙函請查照按據該僑等所告辦法妥予辦理見復並將按月收款數目隨時開寄本館轉示以慰僑望至紉公誼此致

福建省政府

附件

領事施

抄附件

溯自芦沟桥之变以来敌人恃其武器目空一切驱其兽兵蹂躏国境残杀同胞之惨酷举世共愤烽烟所至惨不忍闻国难之严重已不容忽视矣民等身为国民宜当执戈捍卫以为国家争胜利为民族求生存方无愧憾乃福居侨安托足海外诚无以对于国人矣然中实有种种环境所为而人力既缺物质莫可以补充国用民等在厦门思明南路龙船礁新填区地开禾路及典宝街四宗有房屋共十八间若每月全能租出可收月租贰千余元现已租出者每月尚可收租金一千余元内除开禾路三层楼四层楼係族叔林甲及林多贰人居住不收租金外所余每月计收租金由即日起至战事结束截止计得收入若数缴交政府代收以为补助军费之用虽杯水车薪无济于事而亦可达聊尽国民天职耳

8

幸祈察纳。再，为该房屋租户尚共欠租金一千余元，应请政府收取。每租户所欠数额及各房租价，请即与林甲楼洽商，询由林甲陈报。今保陈明谢许

查照察酌施便

附陈店屋门牌号及地址列下

一、厦门思明南路四层楼五座门牌卅四号、卅六号、卅八号、四十号 业主林朝葳

一、厦门龙船礁新填区地三层楼五座门牌失忆 业主施春祺

一、厦门开禾路三层楼五及四层楼四共九座门牌失忆 业主林朝葳、長寿、長龄三人

一、厦门典宝街九条巷口三层楼一座门牌卅号 业主林佩彦、文茂

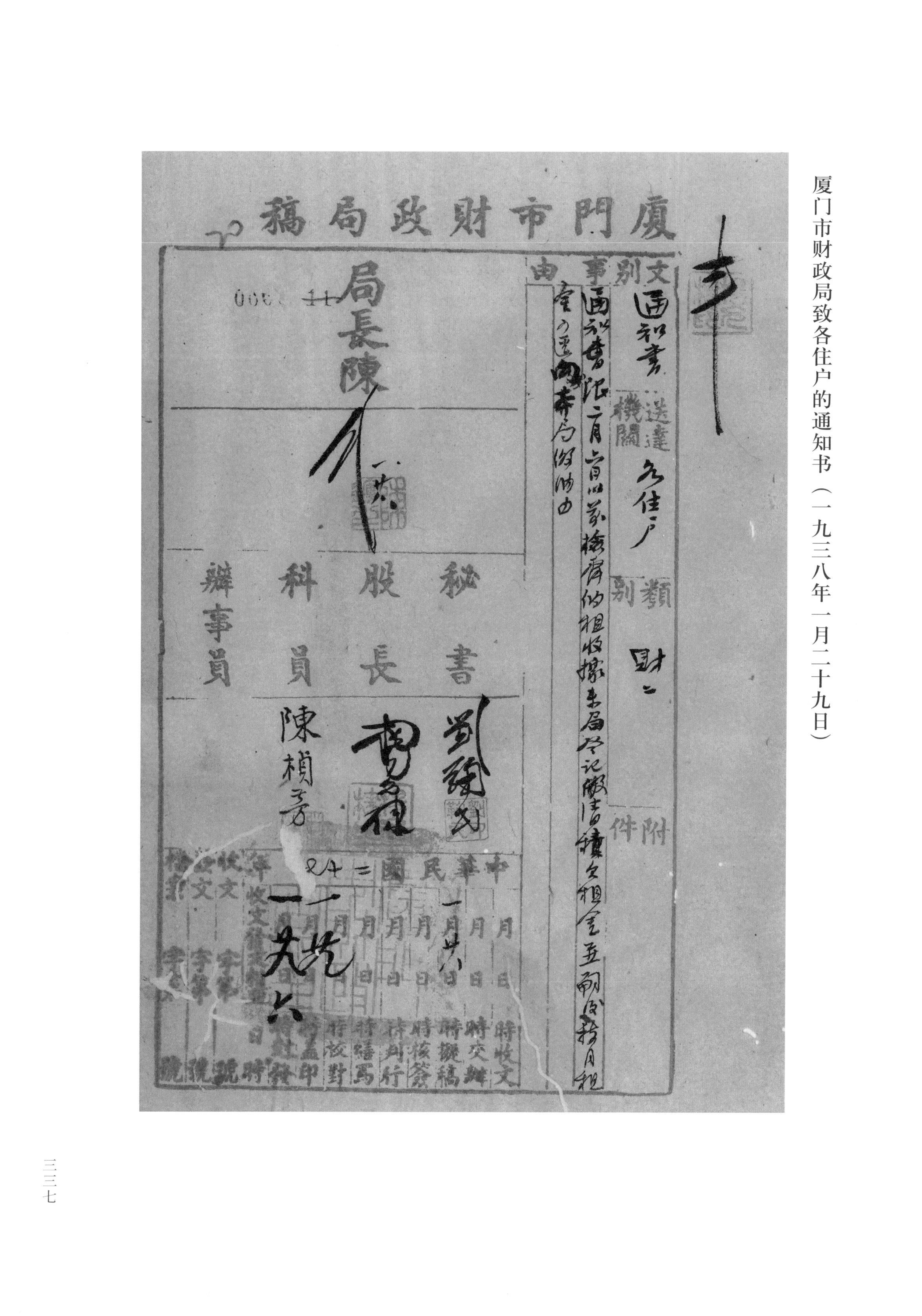

厦门市财政局致各住户的通知书（一九三八年一月二十九日）

# 仝衔通知書

財字第　　号

為通知事奉

廈門市政府財[illegible]令奉　福建省政府令准駐吉隆坡領事館函以僑民林朝戊林吉隆父子將廈門房屋四處租款捐助政府充為軍費之用至戰事結束為止等由　仰查照妥予辦理等因飭局辦理合行通知該住戶知照仰儘二月十日以前檢齊納租收據來局登記辦清積欠租金並自即按月租金逕向本局繳納領取收據倘有違延辦法行派警趕搬不貸特此通告

右通知

路　　門牌　　號住戶

# 福建省政府致厦门市政府的训令（一九三八年六月二十五日）

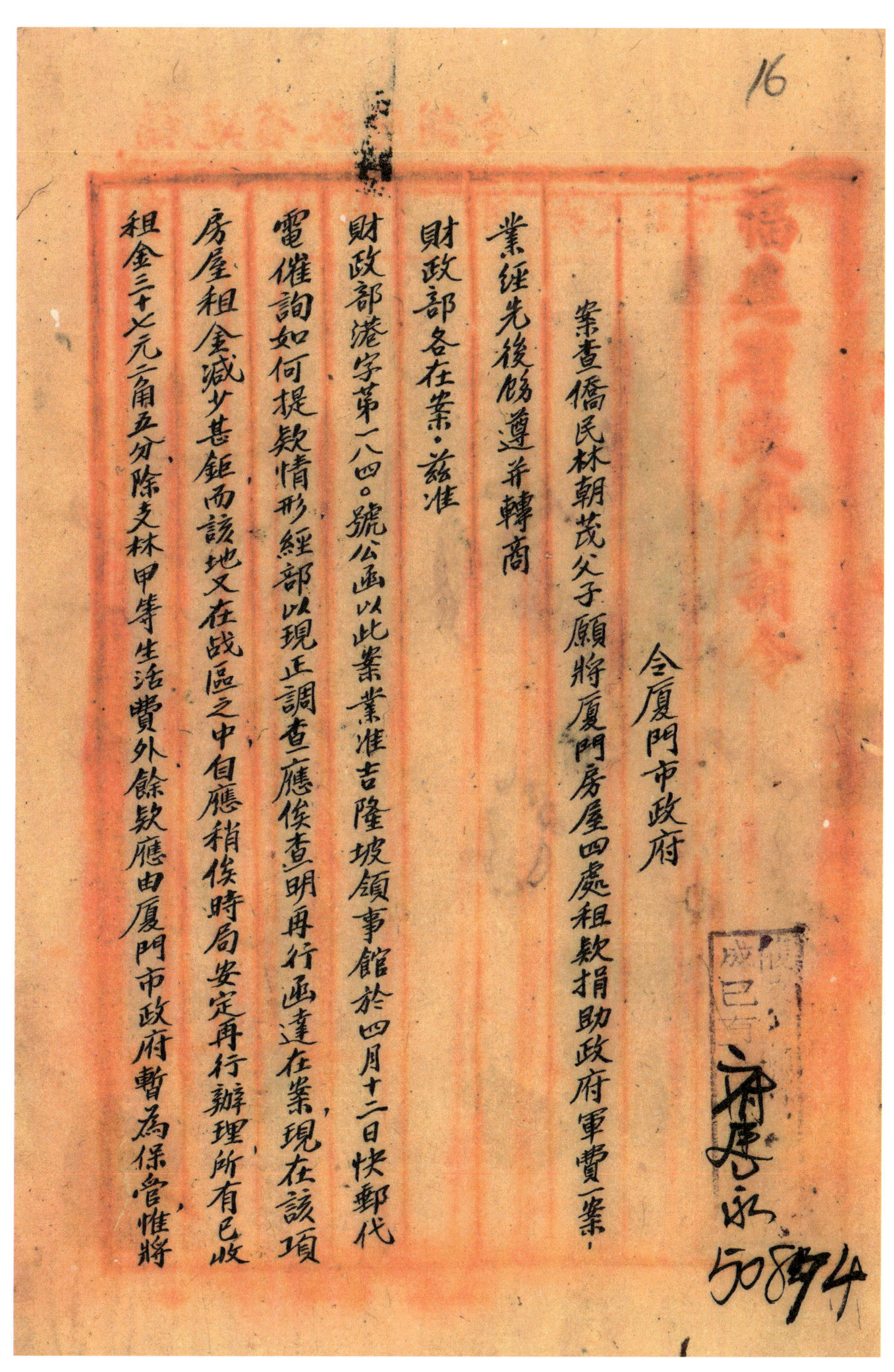

令厦門市政府

案查僑民林朝茂父子願將厦門房屋四處租款捐助政府軍費一案，業經先後飭遵并轉商財政部各在案。茲准財政部港字第一八四〇號公函以此案業准吉隆坡領事館於四月十二日快郵代電催詢如何提款情形經部以現正調查，應俟查明再行函達在案，現在該項房屋租金減少甚鉅而該地又在戰區之中自應稍俟時局安定再行辦理所有已收租金三十七元二角五分除支林甲等生活費外餘款應由厦門市政府暫為保管惟將

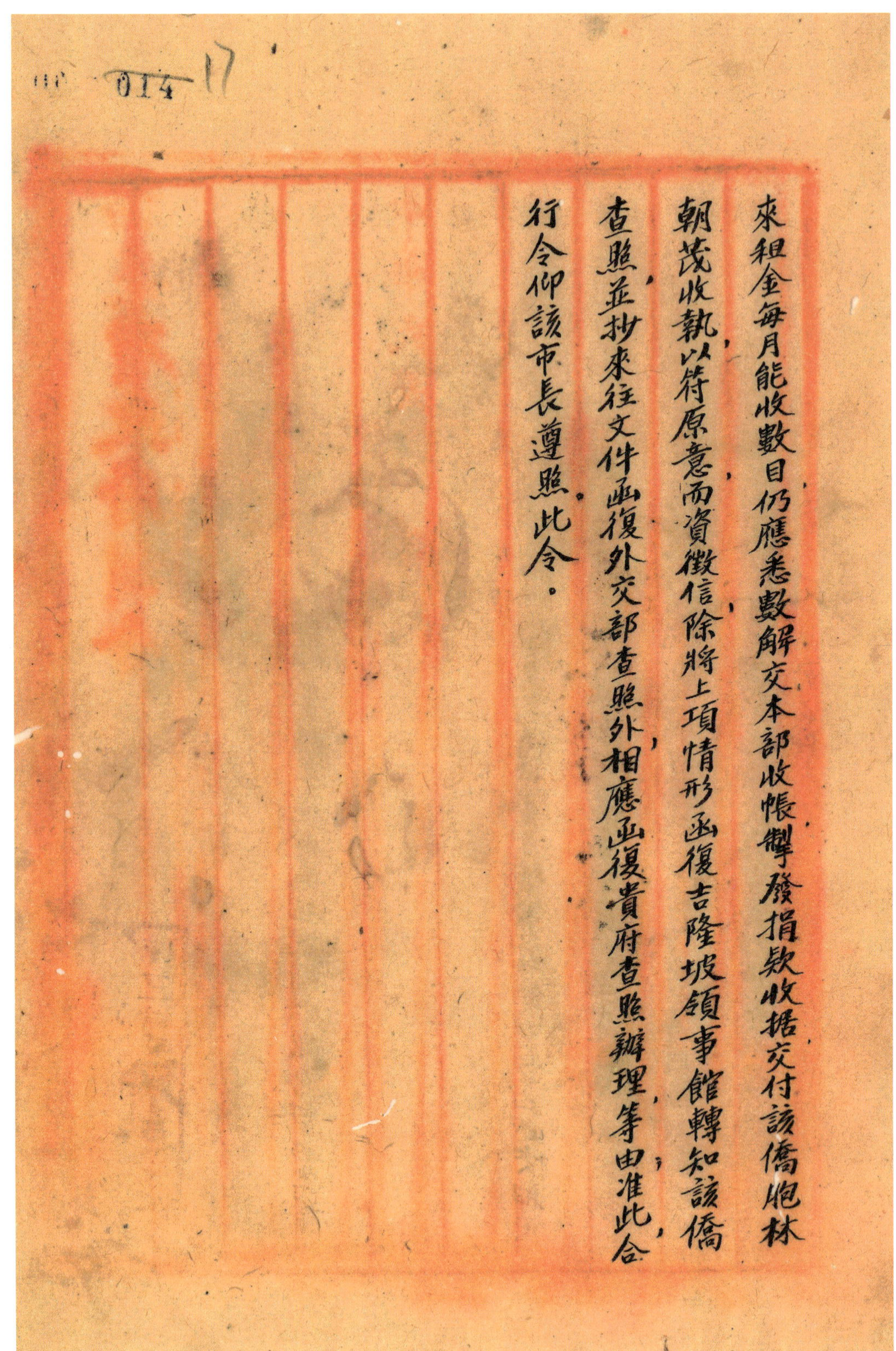
011 014 17

來租金每月能收數目仍應悉數解交本部收帳，掣發捐欵收据交付該僑胞林朝茂收執，以符原意而資徵信，除將上項情形函復吉隆坡領事館轉知該僑查照，並抄來往文件函復外交部查照外，相應函復貴府查照辦理」等由，准此，合行令仰該市長遵照。此令。

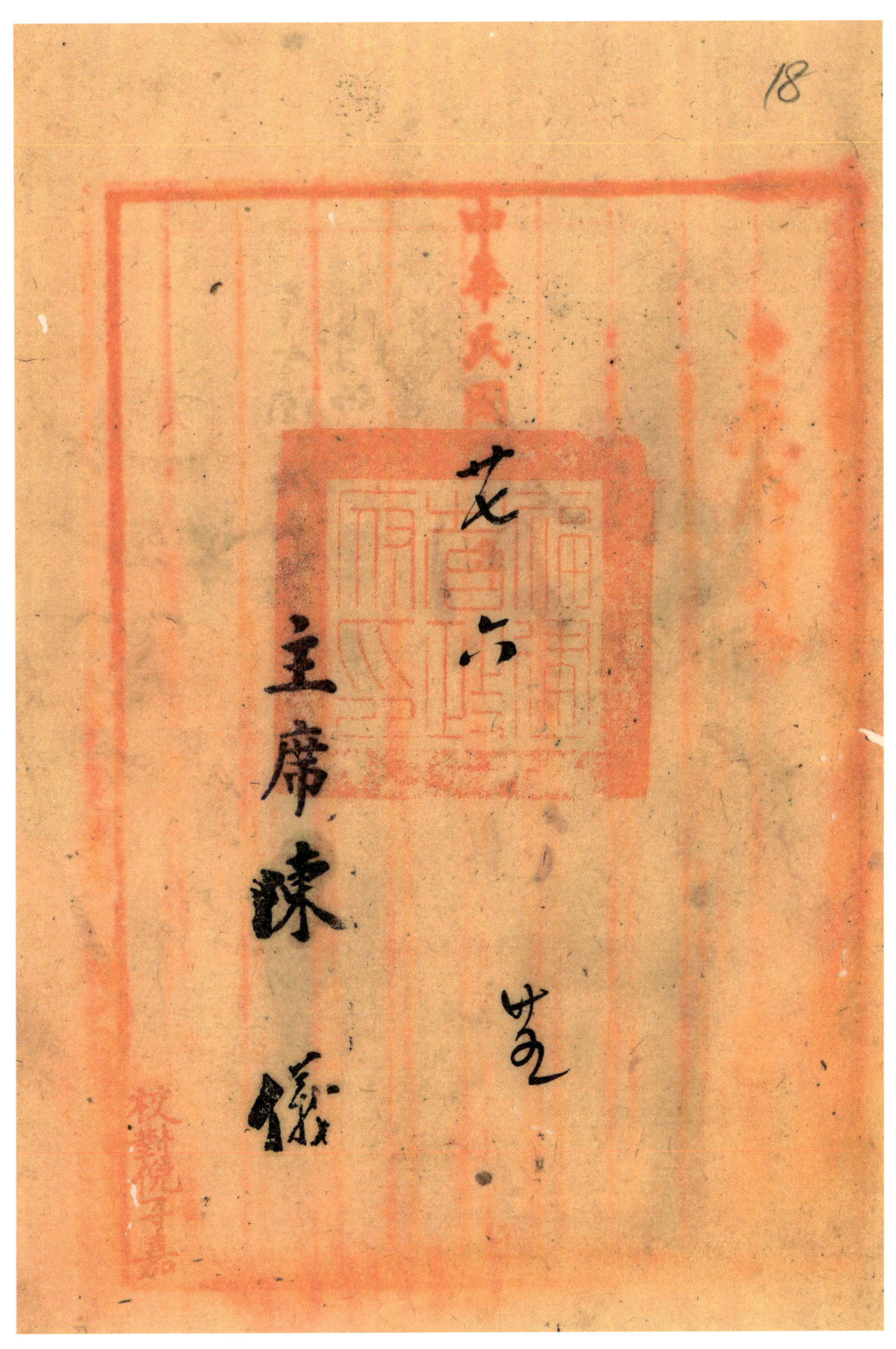

中華民國 花六 廿五

主席 陳儀

校對 倪子嘉

## 厦门市财政局关于短缺防御工事费由厦门市商会筹垫致厦门市政府的签条（一九三八年一月十九日）

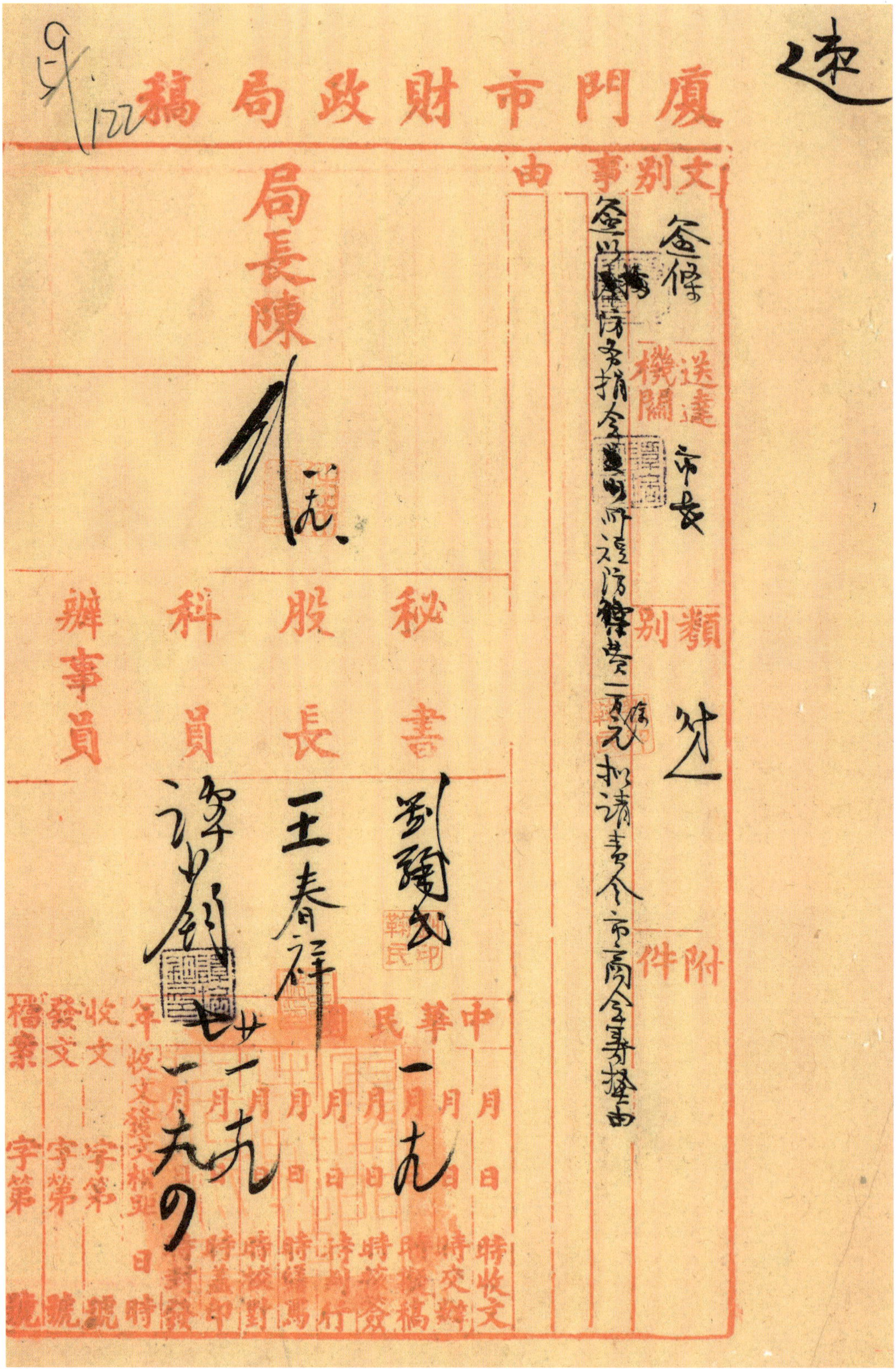

123

第1233號

簽條

本日奉

鈞府發下防務捐會一月十五日呈一件，批飭擬議簽復等因。遵查防禦工之事，需費浩大，迭經防務捐會儘量措收，茲尚差萬元，無法因應，自屬實在。惟奉催甚急，亟應照收，擬請責令市商會立即籌墊，由防務捐會就該收捐款項下儘先撥還。是否有當？理合簽請

鑒奪施行，批示祇遵。

謹呈

市長高

全銜名

# 厦门市政府关于自二月十日起向前往香港旅客劝募国难防务捐致厦门市募集国难防务捐委员会的一组文书

（一九三八年二月十一日至二十一日）

## 厦门市政府致厦门市募集国难防务捐委员会的训令（一九三八年二月十一日）

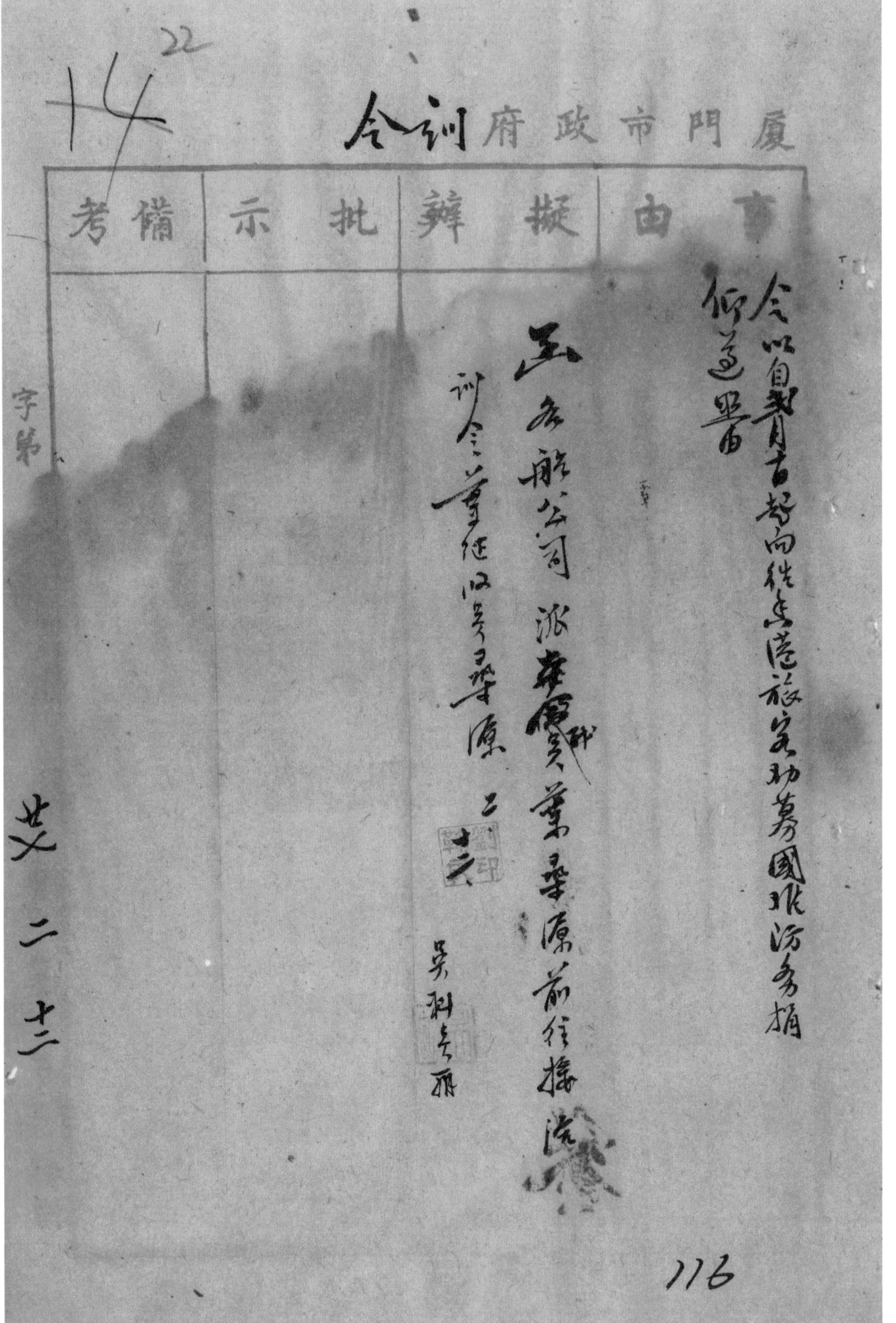

厦門市政府訓令

| 事由 | 擬辦 | 批示 | 備考 |
|---|---|---|---|
| 令以自二月十日起向往香港旅客勸募國難防務捐仰遵照由 | | | |

字第

23

厦門市

訓令　財一　1312

令廈門市募集國難防務捐委員會

前據該會呈擬對前往上述旅客，一律勸募國難防務捐，一等客每人國幣八元，二等四元，三四等二元，兒童減半等情，當經指令並電轉飭在案。本月皓日，據本省財政廳陽財二電開：「自應如期實行。除由府佈告並分函各輪船公司飭依照原案分別代收，于輪船出口二日內，將捐款交該會核收。」等因。奉此，合行令仰遵照辦理，隨時具報備查。

15 24

此令。

25
中華
二
十一
市長高漢發
監印

厦门市政府致厦门市募集国难防务捐委员会的训令（一九三八年二月二十一日）

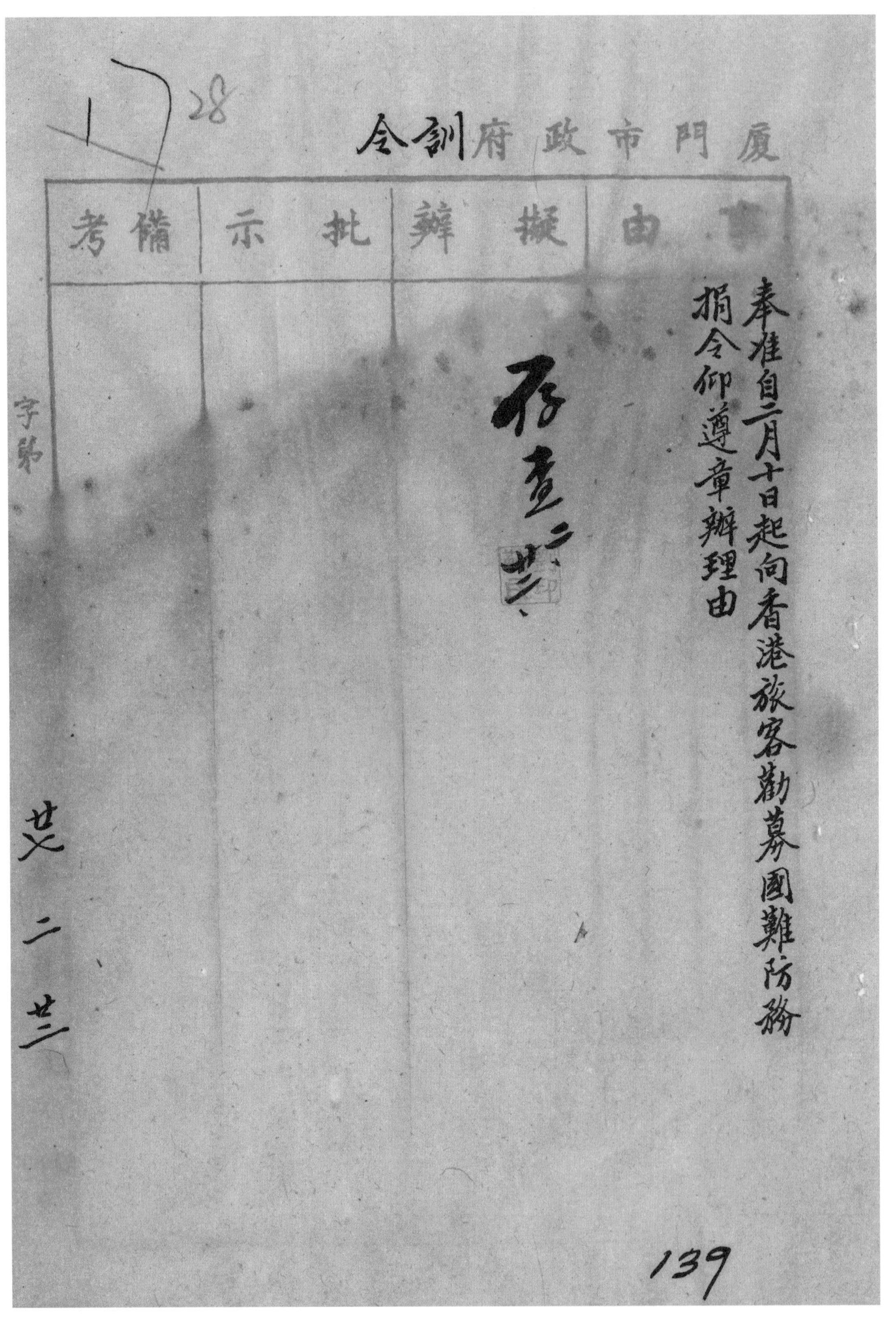
厦門市政府訓令

| 事由 | 擬辦 | 批示 | 備考 |
| --- | --- | --- | --- |
| 奉准自二月十日起向香港旅客勸募國難防務捐令仰遵章辦理由 | 存查 二、廿三 | | |

第　字

廿七　二　廿一

139

29

廈門市

訓令　財一　1581

令廈門市募集國難防務捐委員會

查前據該會呈請擬自二月十日起，向往香港旅客勸募
國難防務捐等情，業經呈奉
省政府陽財二電准，並以本府財一字第一三一三號令飭遵辦
在案。茲復奉
廈門警備司令部副經字第一四六號指令開：
「呈一件呈報自二月十日起向香港旅客勸募國难
防務捐請核備由：呈悉准予備案仰即遵章辦理為

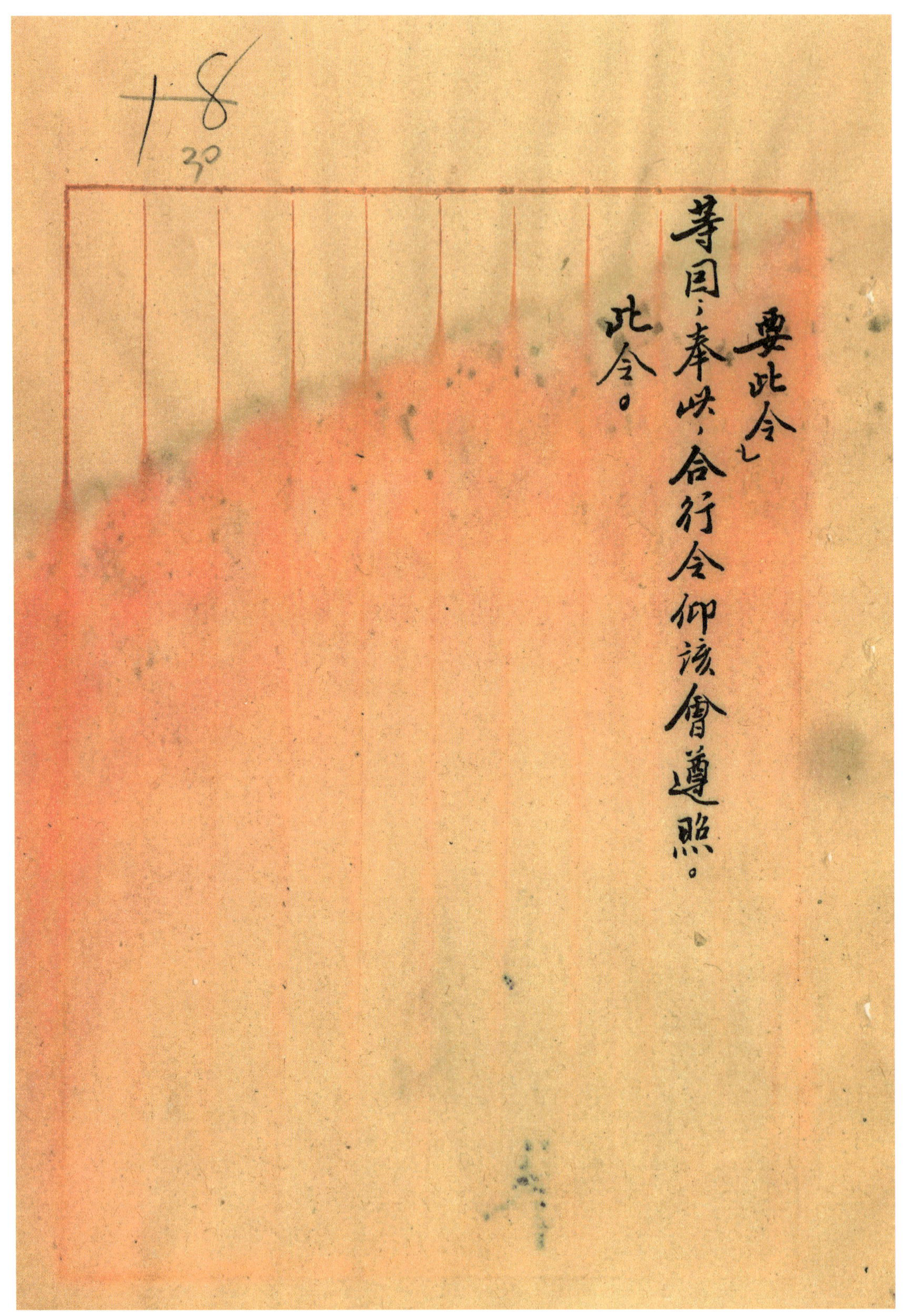
要此令
等因；奉此，合行令仰该会遵照。
此令。

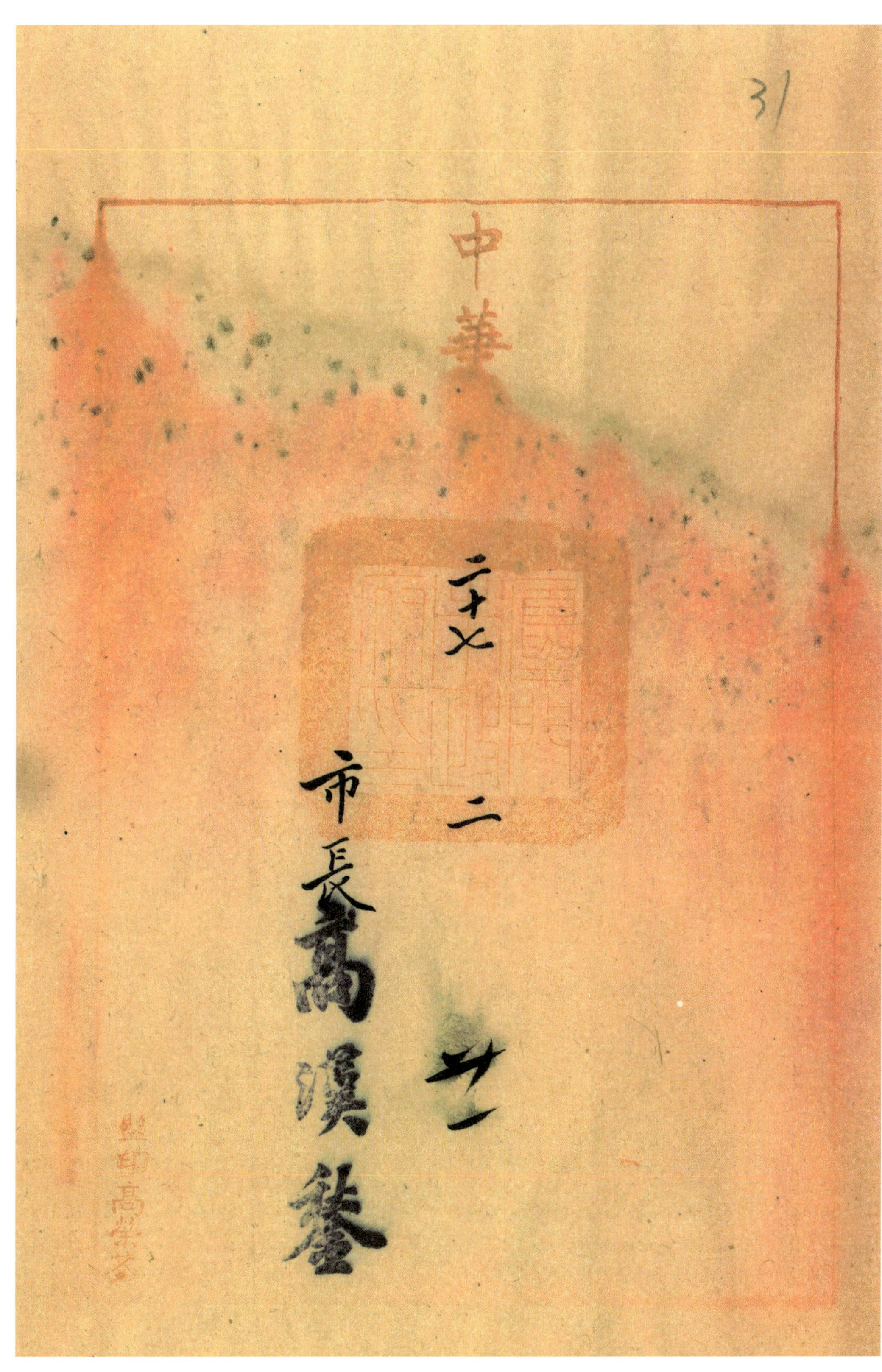
中華
二十七
二
廿一
市長高凌霨
監印 高榮芝

# 厦门市募集国难防务捐委员会请准拍卖本市抗敌后援分会封存物品致厦门市政府的呈（一九三八年二月十八日）

速繕 二、十八

呈

為准由本市抗敵後援分會資源部函送勝時消費合作社所封存貨品交由本會負責處理變賣貨價撥充國難防務捐請鑒核示遵由

查本市募集國難防務捐收入短絀支應殊感不敷，亟應設法竭籌以資彌補。經於本月十六日本會第七次委員會議提出委員鴻儒提議：「擬請市政府准將本市抗敵後援分會資源部函送勝時消費合作社所封存之貨品（約值一二萬元）交由本會派員負責處理公開拍賣，以所得之貨價除開支正當手續費用外全數撥充國難防務捐」一案，當經議決通過紀錄

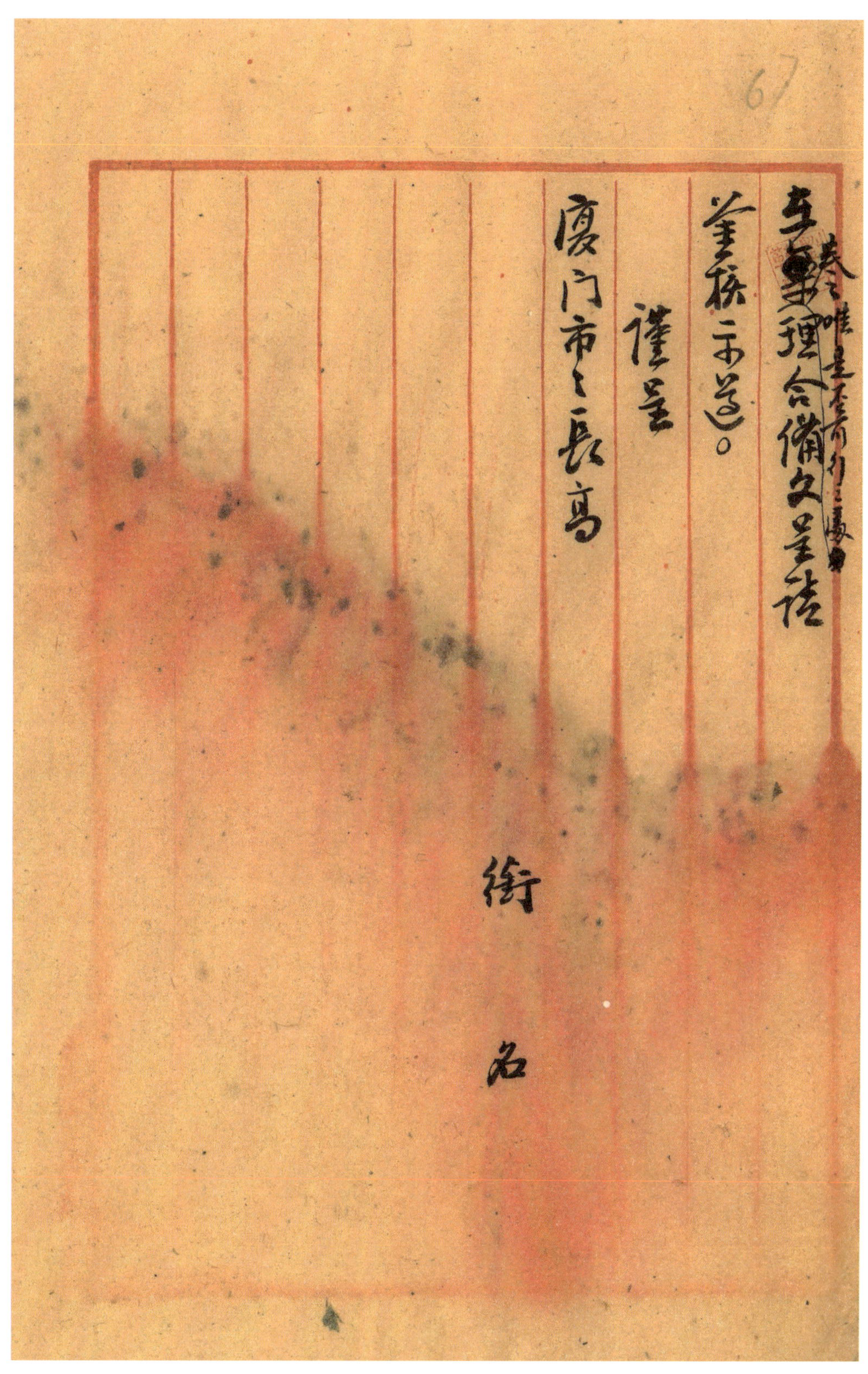

奉令，唯是否有當之處，理合備文呈請

鑒核示遵。

謹呈

廈門市市長高

銜名

厦门市政府关于三月十日起停止征收前往香港旅客国难防务捐致厦门市募集国难防务捐委员会的训令

（一九三八年三月六日）

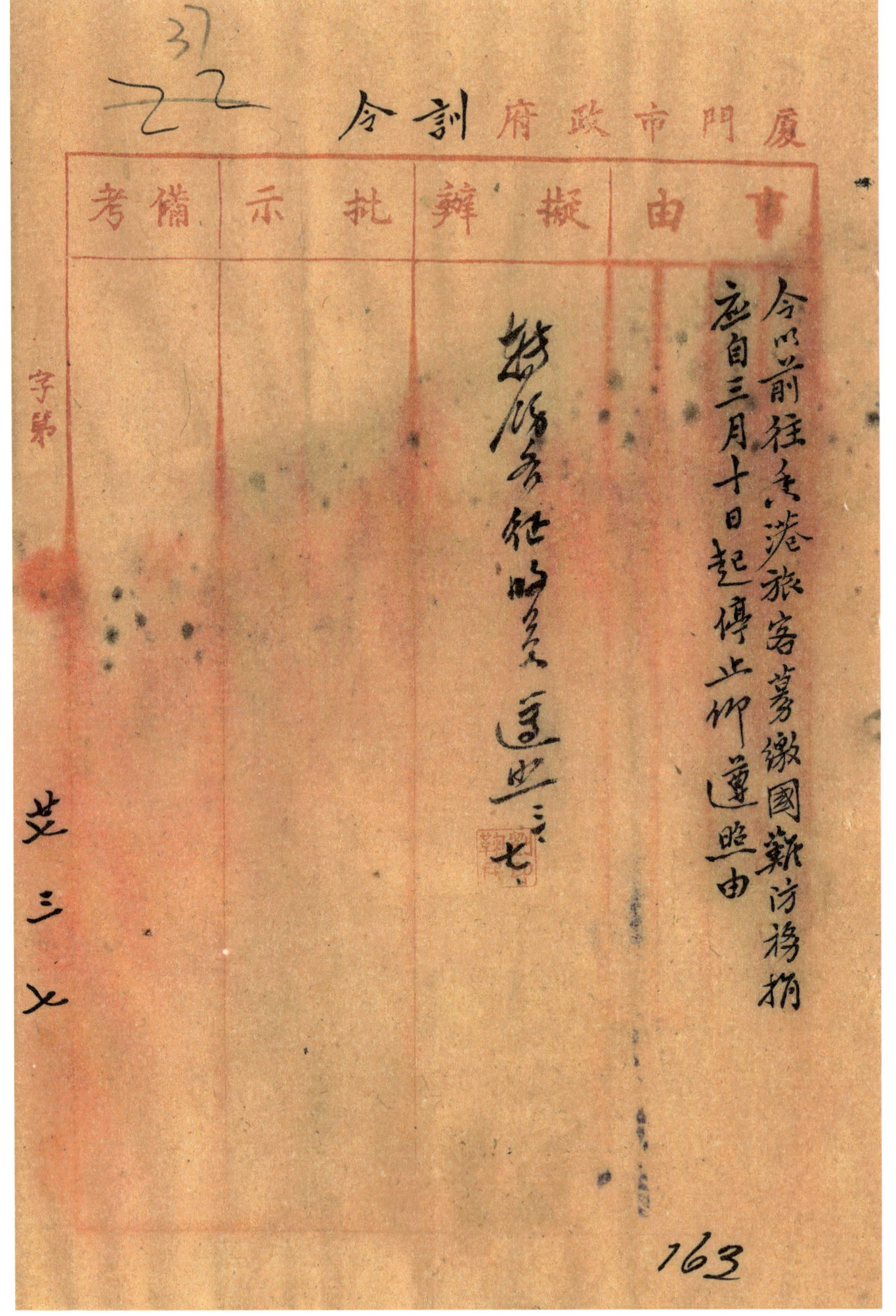

厦門市政府訓令

| 事由 | 擬辦 | 批示 | 備考 |
| --- | --- | --- | --- |
| 令以前往香港旅客募繳國難防務捐應自三月十日起停止仰遵照由 | 擬存征收 遵照 三、七 | | |

廈門市政府

訓令 財一 2130

令廈門市募集國難防務捐委員會

前據該會呈報對前往香港旅客，一律勸募國難防務捐，業經佈告施行在案。現查各公司船票糾紛已息，旅客出洋恢復常態，香港旅客捐款，應自三月十日起停止募徵。除呈報并分别出示佈告外，合行令仰該會遵照。此令。

38

中華　廿七　三　六

市長　高漢鑾

監印　高瀚東

## 福建省政府、厦门市政府等关于加紧推进一日一分运动的一组文书（一九三八年三月至四月）

### 福建省政府致厦门市政府的训令（一九三八年三月）

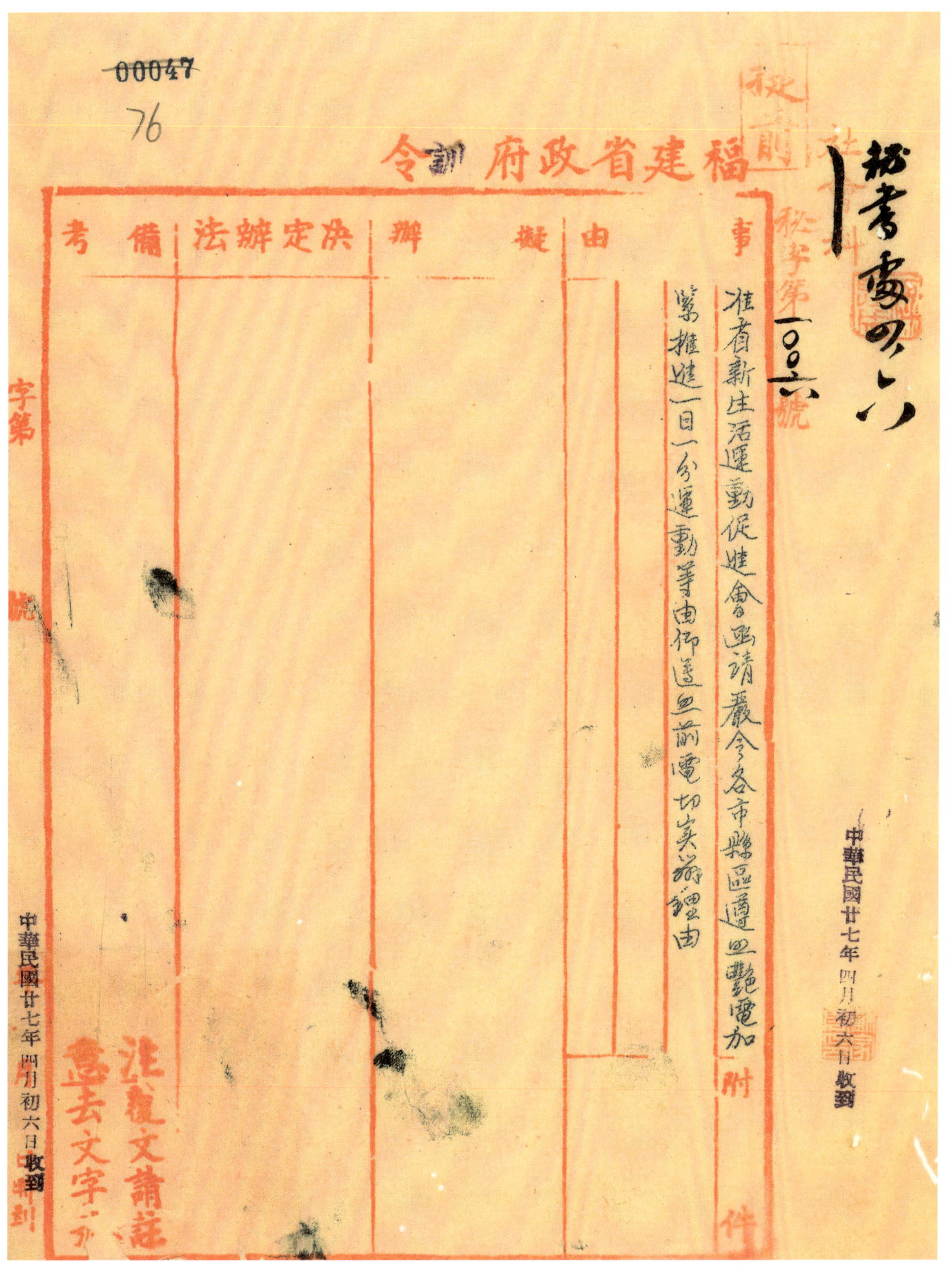
福建省政府训令

事由：准省新生活运动促进会函请严令各市县区遵照艳电加紧推进一日一分运动等由仰遵照前电切实办理由

拟办

决定办法

备考

附件

中華民國廿七年四月初六日收到

# 福建省政府訓令

字第　　號

令厦门市政府

案准福建省新生活運動促進會公函開「案查一日一分運動前由貴府主席按各市縣特種區等第及人口密度規定最低應徵會員額數於一月艷日電令各市縣特種區以行政力量責成機關社團學校區署聯保依照該規定努力徵求會員并照一日一分辦法繳報捐款儘於兩個月以內辦理毋得推諉在案惟迄今將屆兩月各市縣區所報會員名冊與艷電所規定之應徵會員比較相差甚遠當此抗戰方殷軍需浩繁擬再請貴府嚴令各市縣特種區遵照艷電加緊推進藉收宏效并希見復」

等由准此究竟該市現在推行情形如何除函復外合行令仰該市長迅即
遵照前電切實趕辦具報此令

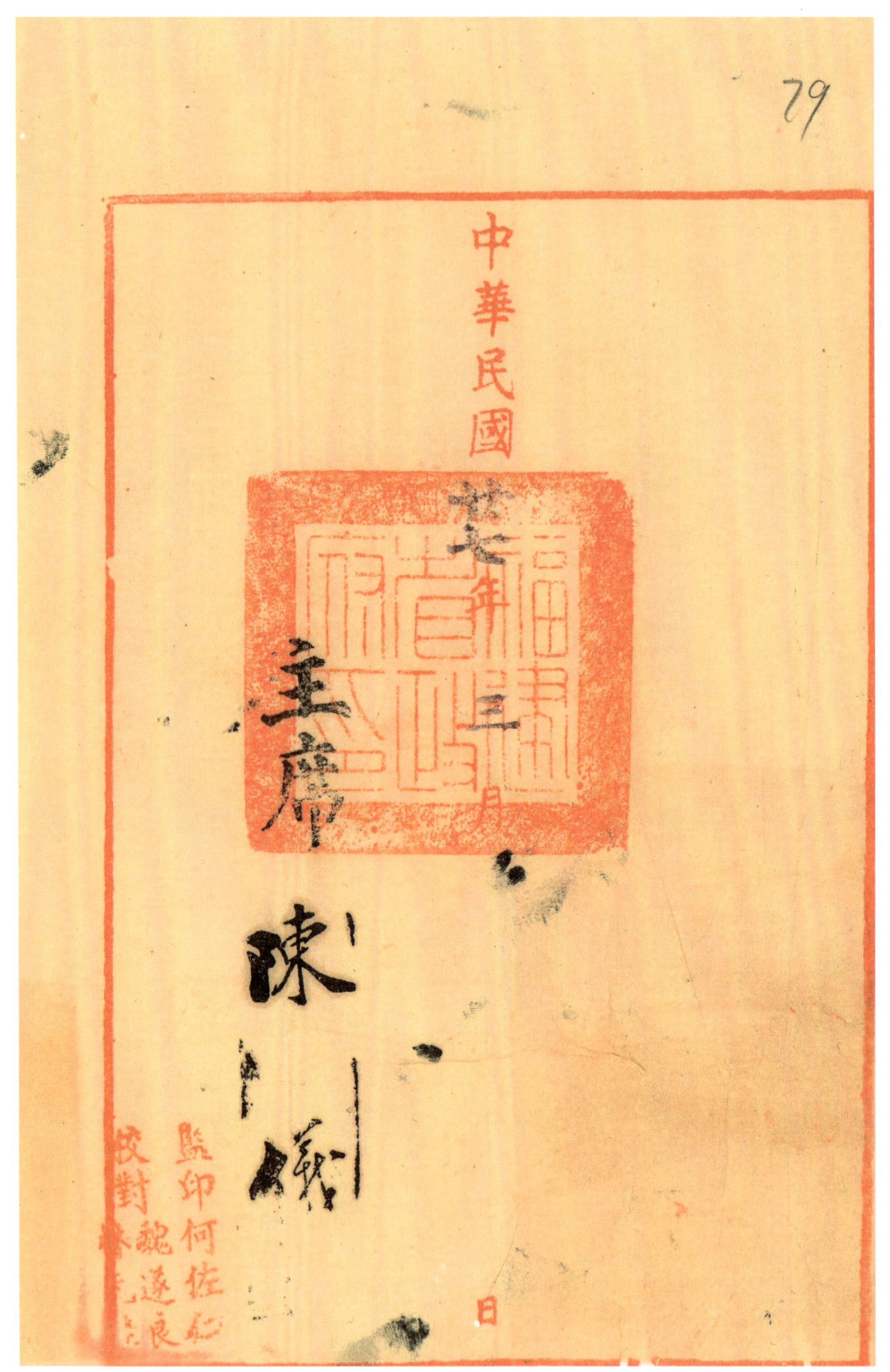
79

中華民國廿七年三月　日

主席　陳儀

監印　何佐仁
校對　魏遂良
　　　林□□

厦门市政府致所属机关的训令（一九三八年四月七日）

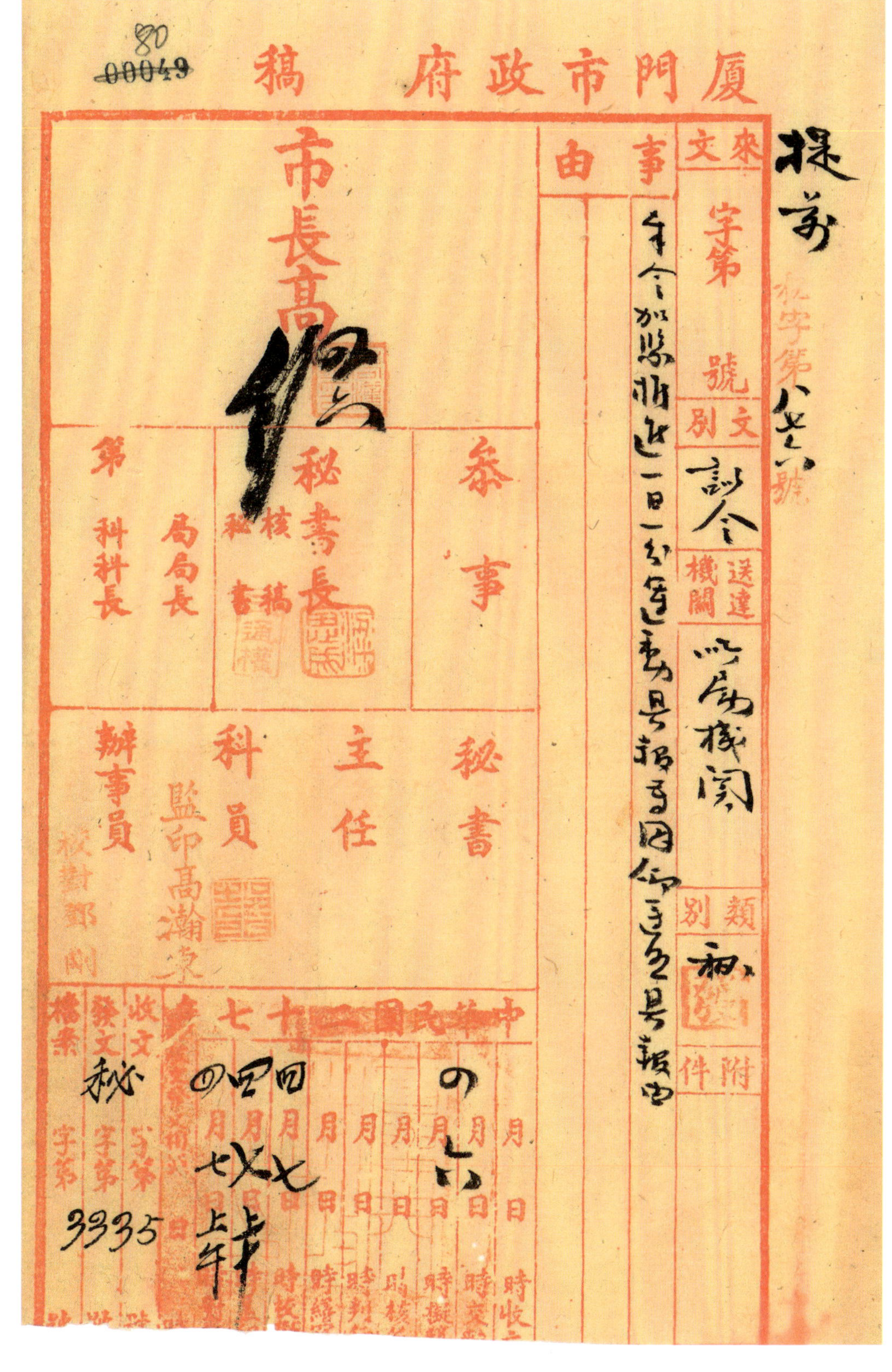

厦門市政府稿

來文字第 號
文別 訓令
送達機關 所屬機關
類別 和
附件

事由 奉令飭將昨一日一分至五號報告及本日三五號報告

市長 高

秘書長
核稿
秘書

參事

局局長
科科長
第

秘書
主任
科員
辦事員
監印 高瀚
校對

中華民國二十七年
收文 四月七日
發文 四月七日
標素 秘字第3335
上午

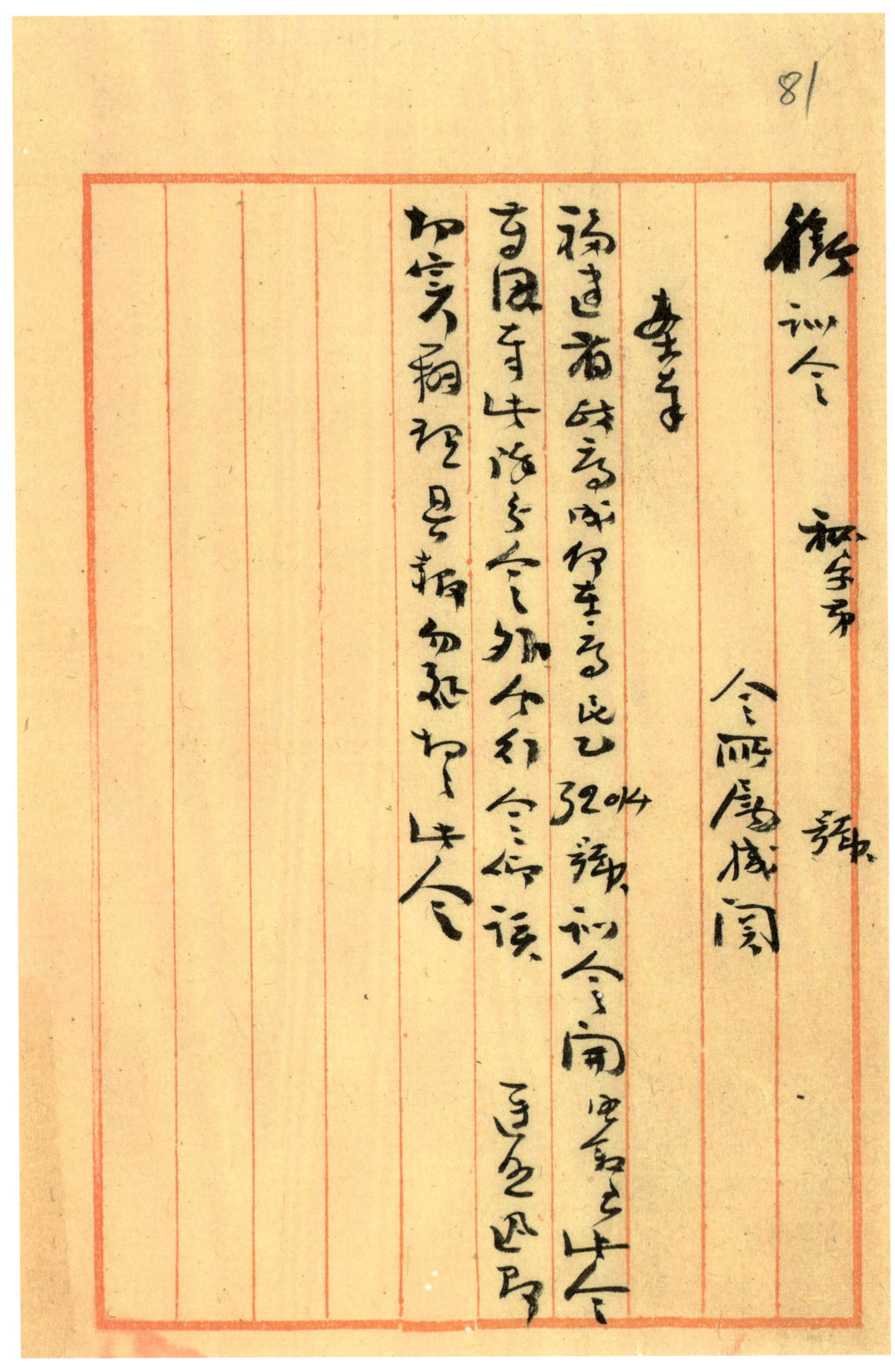

81

衔训令　秘字第　号

令所属机关

案奉

福建省政府秘书处民巳52014号训令开：……此令

等因。奉此，除分令外，合行令仰该　遵照，即

切实办理具报，勿延。切切。此令。

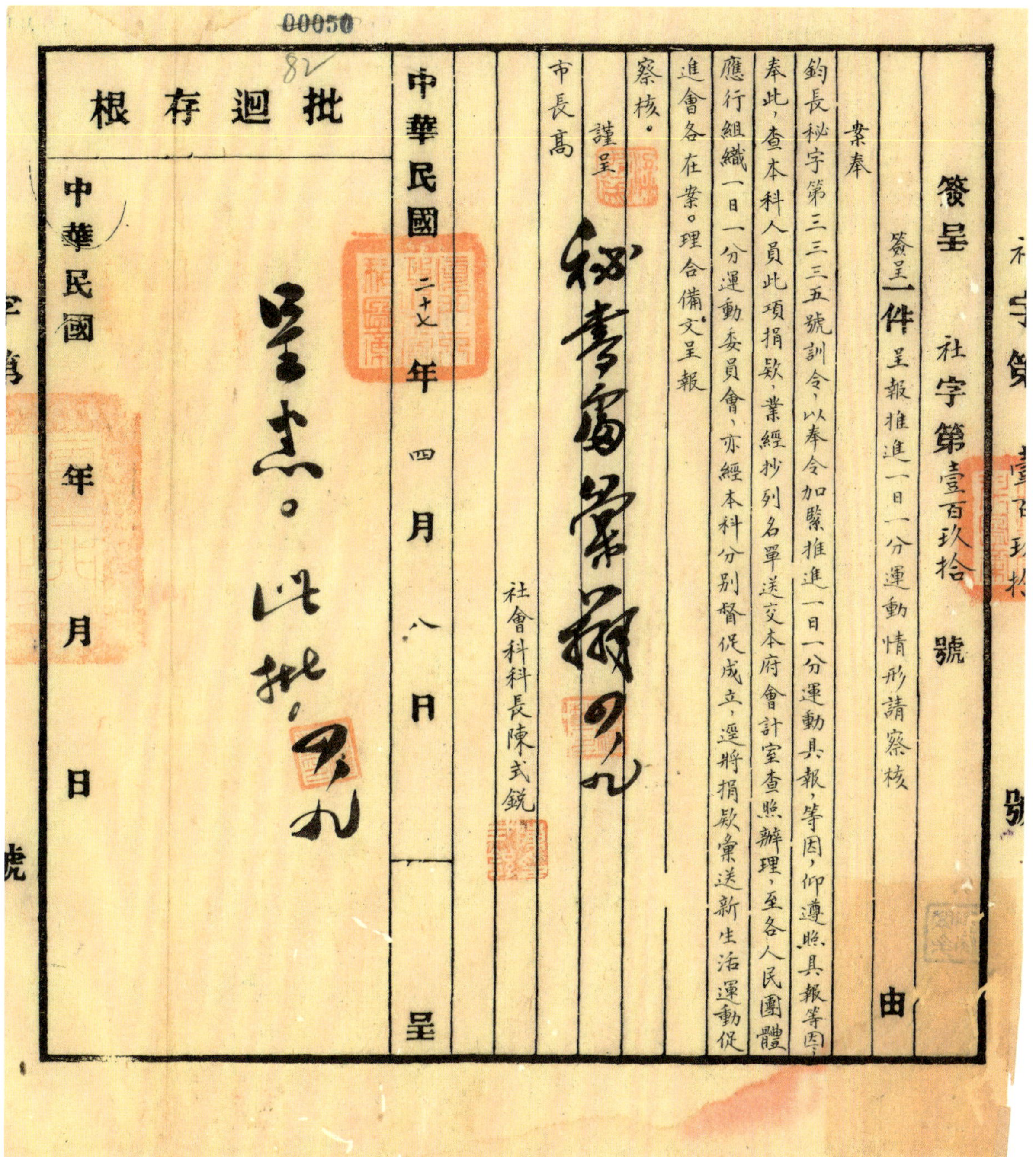
00050

批迴存根

中華民國　年　月　日　號

呈悉。此批。

簽呈　社字第壹百玖拾號

由　簽呈一件　呈報推進一日一分運動情形請察核

案奉

鈞長秘字第三三三五號訓令，以奉令加緊推進一日一分運動具報，等因，仰遵照具報等因。奉此，查本科人員此項捐款，業經抄列名單送交本府會計室查照辦理，至各人民團體應行組織一日一分運動委員會，亦經本科分別督促成立，逕將捐款彙送新生活運動促進會各在案。理合備文呈報

察核。

謹呈

市長高

社會科科長陳式銳

中華民國二十七年四月八日　呈

厦门市政府社会科致厦门市政府的签呈（一九三八年四月八日）

# 厦门市财政局呈复表（一九三八年四月十二日）



## 令文簡便呈復表

財一字第一四一四號

|  |  |
| --- | --- |
| 原發文機關 | 厦門市政府 |
| 文別 | 訓令 |
| 原發文字號 | 秘字第三三三五號 |
| 簡由 | 奉令加緊推進百一分運動具報等因仰遵照具報由 |
| 附件 | |
| 奉文日期 | 二十七年四月七日 |
| 遵辦情形 | 本局百一分運動委員會業於上年十一月一日成立所屬職員一律加入爲會員按月捐款於發薪時扣齊彙繳并飭厦門市輪渡管理處職員自三月份起全體參加奉令前因除隨時切實推進外理合呈復鑒查 |
| 附記 | |

厦門市財政局局長陳運生

中華民國二十七年四月十二日發

說明

福建省政府爲各機關減少正式具呈手續特定此項「文令簡便呈復表」先行試辦凡有合於下列概括各項的案情均可以此表代替呈文（送原發文機關）亦不必另備聯單附送但須蓋用印信填列發文字號。

一、上級機關令文有飭將奉文日期具復者。

二、下級機關奉到令文僅表示遵辦而無擬議事項者。

三、以附件爲重要之令文（如稅單關防鈐記證件法令委令圖飾證書……）聲復收到存辦或轉發者。

四、尋常案件有具復必要而事實單簡者。

五、其他類似上列各項案件均可充分利用本表藉節人力物力。

福建省抗敌后援会接收福建省立医院员工素食节约抗战救国捐的收据（一九三八年七月九日）

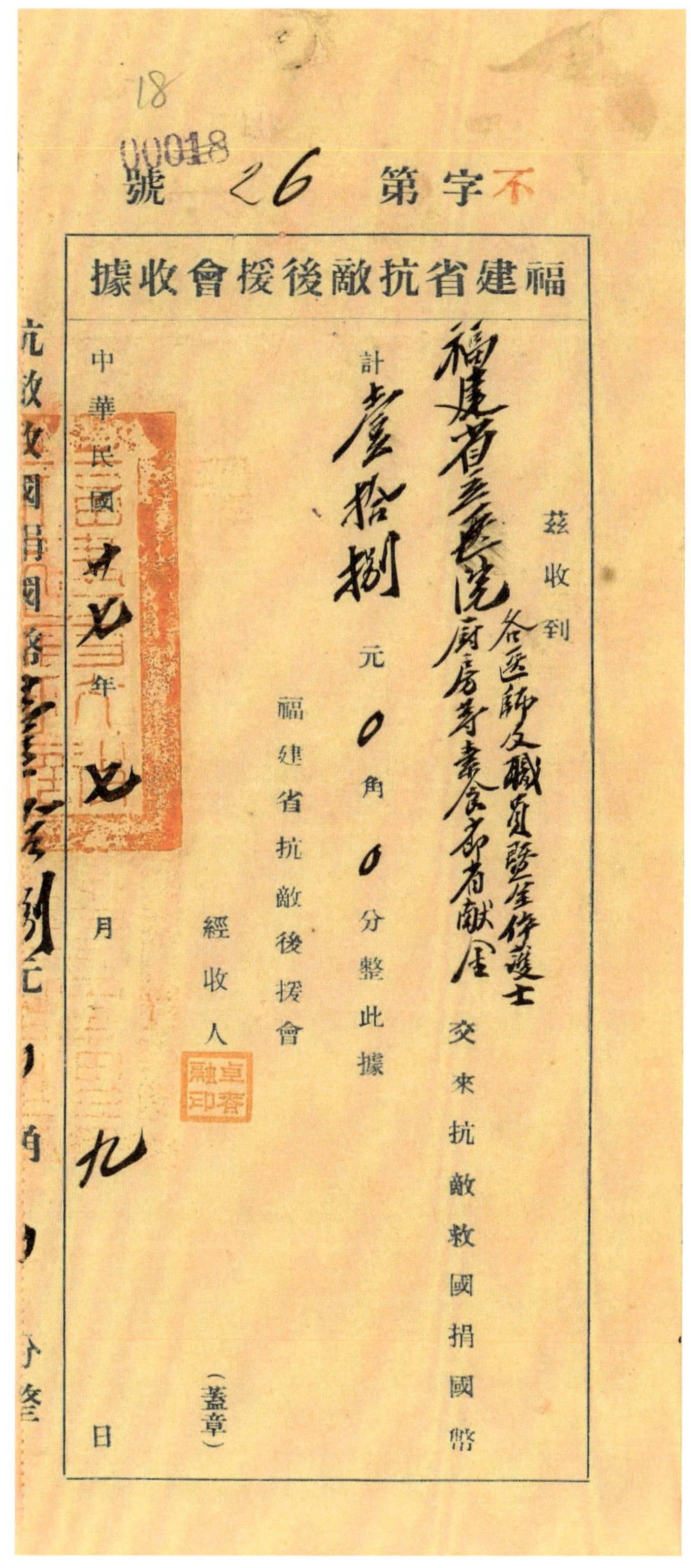

不字第26號

福建省抗敵後援會收據

茲收到福建省立醫院各醫師及職員暨全体護士厨房等素食節省獻金交來抗敵救國捐國幣計壹拾捌元〇角〇分整此據

福建省抗敵後援會

經收人（蓋章）

中華民國廿七年七月九日

# 中国银行厦门分行关于受托从存款中代购国防公债致潘嗣选的函（一九三八年九月三十日）

46

中國銀行閩行信稿用紙

| 發致何處 | 行 字第 號 | | | | 發函號數 |
|---|---|---|---|---|---|
| 名稱 | 地址 | 關係部份 | 經管員 | 主任 | 襄理 | 經副理 |
| 潘嗣選 | | | 儲蓄部[illegible] | | | |

| 事由 | 寄發 | 備註 | 發函簽印人 | 校對 | 繕印員 | 擬稿員 | 來文 |
|---|---|---|---|---|---|---|---|
| 為附奉[illegible]存摺02004、02015號國防公債券及[illegible]請查收見復由 | 廿七年九月三十日 時 | | | | | | 年 月 日 字 號 |

中國銀行閩行信稿用紙

嗣選先生台鑒：接展

大函並附下尊字26/682號正存正付存摺一扣均已收

悉。查該款除於四月十二日提出國幣壹仟元認購

救國公債外，到期本息計[illegible]元，除扣繳所得

稅[illegible]元，並為囑提出國幣壹仟元元購國防公債

外，只存[illegible]元，已遵囑續存一年期正存正付

存款，茲附上字23/251號正存正付存摺一扣，[illegible]及

[illegible]號國防公債預約券式紙一扣，暨所得稅通知

單一紙，又空白印鑑存式張，統請登收見復，

並將該項印鑑簽妥寄下，以備存驗為荷。此頌

（並屬由交通銀行撥付一部份，[illegible]滬方不設通訊處，於該[illegible]分行內希台洽）

台祉

附件

中華民國廿七年九月卅日　字第　號第　頁

# 晋江县新生活运动促进会关于捐献救国公债第一年息金致交通部广州航政局厦门办事处的函

（一九三八年十一月十七日）

查前為各界代表大會議決請轉飭所屬將救國公債第一年息金
由貢獻國家仰希查照辦理由

逕啟者：

案查本月十日本會召集城區各機關團體學校代表大會討論事項第一條：「關於貢獻救國公債息金運動，擬請各機關團體學校通飭所屬將債息悉數貢獻國家，以實抗戰軍需而資提倡案」當經議決：「通過」，紀錄在卷。為此除分函外，相應檢同本會宣言一份函請

查照，仰希轉飭所屬將救國公債第一年息金踴躍貢獻國家，以實抗戰軍需為荷！

此致

廣州航政局廈門辦事處

附本會宣言一份

晋江縣新生活運動促進會 啟 十一 十七

# 為貢獻救國公債息金宣言

國家戰爭之能否操勝利，賴於全國人力、財力、物力之能否充分動員，此三者能源源補充，接濟不竭，抵足戰爭之消耗，未有戰不勝，亦未有不制敵者。我國對日抗戰之初期因此三種力量未能盡量發揮，以致淪陷若干地區，遭遇軍事上之失利，迨抗戰第二期開始，民衆之動員，壯丁之入伍，國民之獻金，倍見加緊踴躍，而物質之補充，亦日呈進步，抗戰日益堅強，是以全面抗戰之利害實基於人：財、物、三力之是否動員，往者台兒莊之勝，最近德安之捷，在我國歷史上，爲不可磨滅之光榮，惟敵之進攻武漢，已費盡九牛二虎之力，所得者僅爲焦土，其消耗之大，傷亡之衆，已出敵我意料之外，至我軍武漢陣地之轉移，原爲爭取戰略上主力地位，以作更持久之抗戰，並以保存實力，作更大消耗敵力之目的，是以抗戰前途仍極樂觀，吾人不以武漢，廣州一城之得失，動搖最後勝利之信心，更應服從政府擁護最高領袖，抗戰到底團結一致加緊輸財出力之精神，迅速爭取最後勝利！

茲爲我親愛同胞告者；吾人獻金救國之機會又至矣！去年秋間我政府發行救國公債五萬萬元，各地同胞均熱烈認購所收債款與超五萬萬元以上，現公債將居付息期間，吾人同念將士浴血苦戰，一切軍需戰費，均由政府統籌付給，雖吾人支取債息固爲法之所許，第以在此抗戰緊張期間，正應繼續捐輸，又何忍收國家之債息，致使我政府多一措籌之憂，須知國存家亦存，國亡家亦亡，明乎此義，毀家紓難尚且不惜，何況區區息金貢獻政府充實抗戰力量乎，新生活運動促進總會有鑒及此特於最近發動全國國民貢獻救國公債息金運動，希望同胞公忠體國關懷國難，一致自動將本年息金悉數獻與政府，使政府節省此二千萬元利息之支出，再以本省而論，人民認購救國公債據調查所得爲三百六十餘萬元全年息金以四厘計算，亦有十五萬元之數，以剛人微獻息金，政府即可集腋成裘，擴充軍火保障人民之生命財產，吾人何樂而不爲，對此輕而易舉之事，吾人不肯樂爲，實恥爲國民之一份子，此次本省特在晉江，建甌，福州，永安，南平等處發動獻息運動，以爲各縣之倡，本會深應各界同胞愛國熱忱素不後人對此義舉，自亦當仁不讓，故本會敢以十二萬分之熱誠，請求全縣購債同胞，激發大義，贊同此舉，并以最簡捷辦法，由本會召集獻息運動市民大會，提請全縣購債同胞將本年度應得息金悉數貢獻國家，經通過後，託由經收救國公債之金融机關，彙結總數，然後以購債人名義電呈中央同時電請各省一致提倡照辦，本縣貢獻息金，數雖不鉅，而團結一致與擁護政府之精神，風動全國此倡彼和，其收效之大實非淺鮮。

第復以此次發動獻息，僅指本年所領之債息，因國民應體念國難嚴重，輸助國家戰時財政，擴充國防實力，用表人民愛國之忱，並非將債券息金永遠充公之舉，至戰爭達到最後勝利，吾人仍可照章向政府支息以及最後之還本，此種義舉，不但富有旨趣且含有莫大之光榮，亦當爲我購債同胞所樂爲。寇深矣！時危矣！吾人欲期享受和平，爭取獨立自存惟在我同胞盡量出力輸財，打倒日本帝國主義，同胞乎！民族艱危，繫於千鈞一髮生死存亡惟涵同胞猛醒擇善而取之！

晉江縣新生活運動促進會印發　　二十七，十一，五。

# 中国银行厦门分行关于收到霹雳福建公会汇交鼓浪屿国际救济会捐款致中国银行信托部的函（一九三九年十二月十九日）

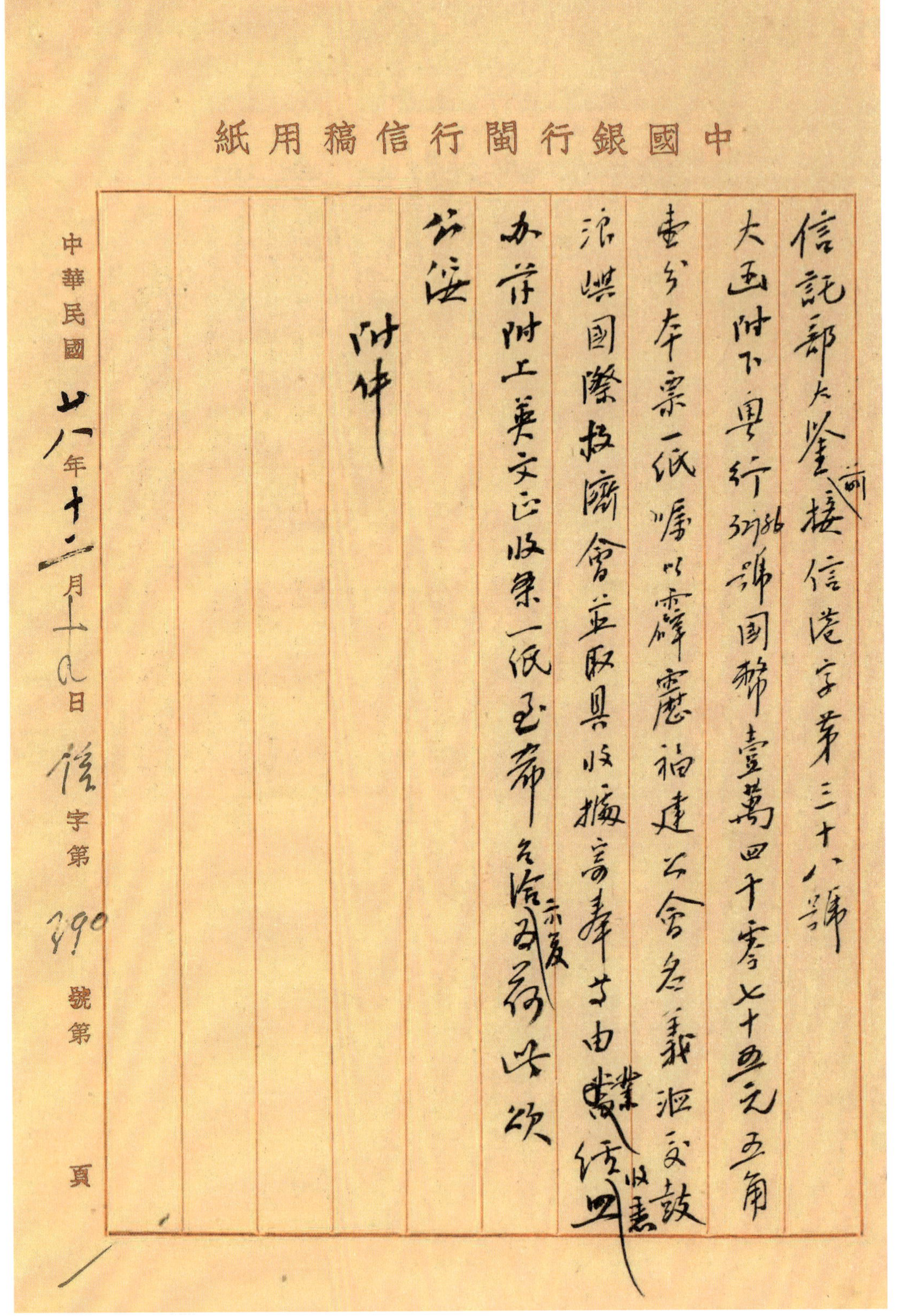

中國銀行閩行信稿用紙

信託部大鑒：前接信港字第三十八號

大函附下粤行3786號國幣壹萬四千零七十五元五角

書分本票一紙，囑以霹靂福建公會名義匯交鼓

浪嶼國際救濟會並取具收據寄奉等由，業經收妥。

茲附上英文正收條一紙，至希名洽示復為荷。此致

台安

附件

中華民國廿八年十二月十九日 信字第390號 第 頁

中国银行厦门分行关于已从存款中代购国防公债致杨顺茂的函（一九四〇年一月三十日）

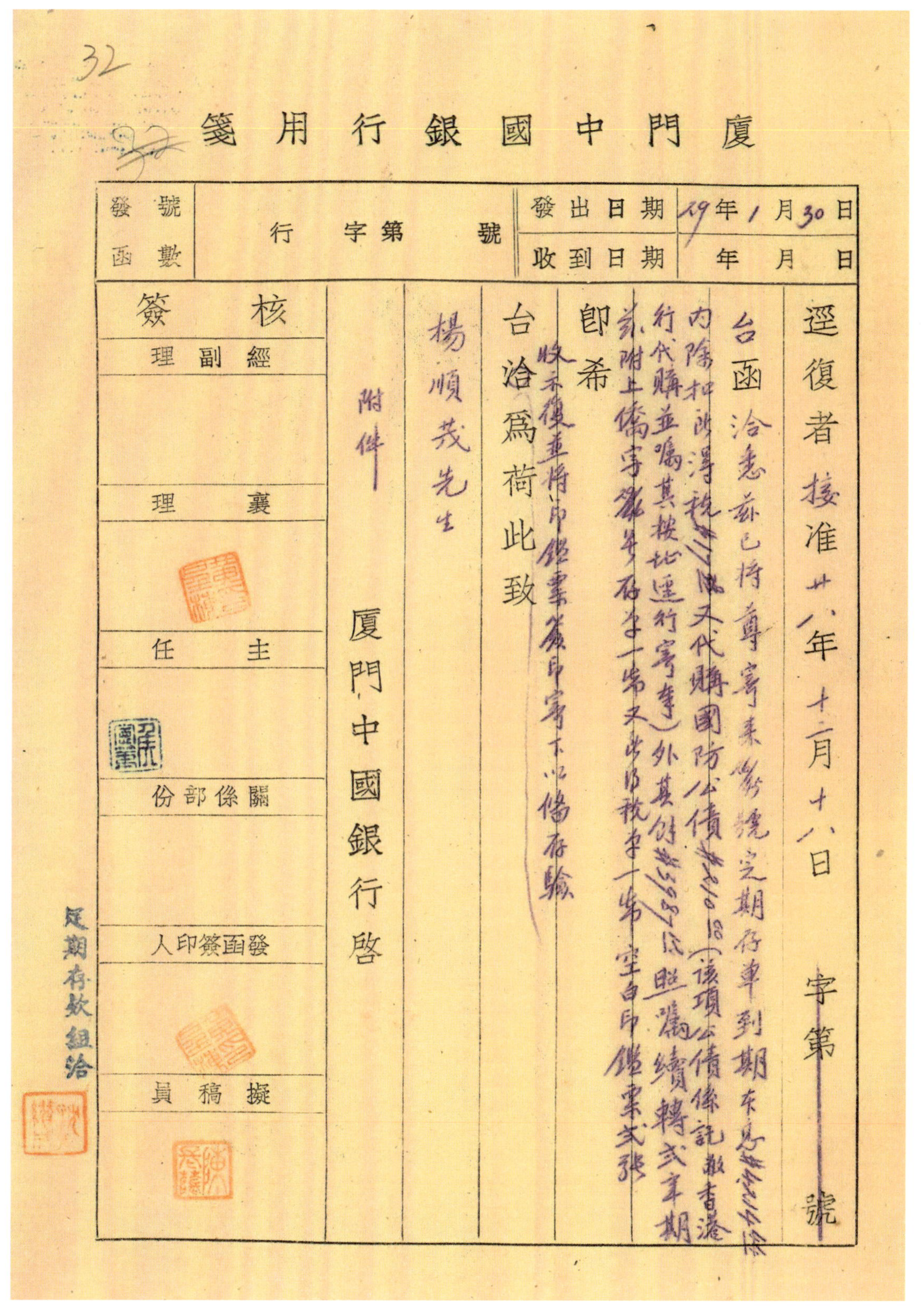

厦門中國銀行用箋

| 發函號數 | 行 字第 號 | 發出日期 | 29年1月30日 |
| --- | --- | --- | --- |
| | | 收到日期 | 年 月 日 |

逕復者接准廿八年十二月十八日 字第 號

台函洽悉茲已將尊寄來[illegible]號定期存單到期本息共[illegible]除

內除扣所得稅[illegible]又代購國防公債[illegible]（該項公債係託敝香港

行代購並囑其按址逕行寄奉）外其餘[illegible]照囑續轉貳年期

茲附上備字第[illegible]號存單一紙又所得稅單一紙空白印鑑單貳張

收訖後並將印鑑單蓋印寄下以備存驗

即希

台洽爲荷此致

楊順茂先生

附件

厦門中國銀行啓

核簽：經副理、襄理、主任、關係部份、發函簽印人、擬稿員

定期存款組洽

# 福建省立医院、沙县新生活运动促进会关于缴纳抗战献金和救国公债的来往文书

（一九四〇年二月十九日至二十日）

## 福建省立医院致沙县新生活运动促进会的函（一九四〇年二月十九日）

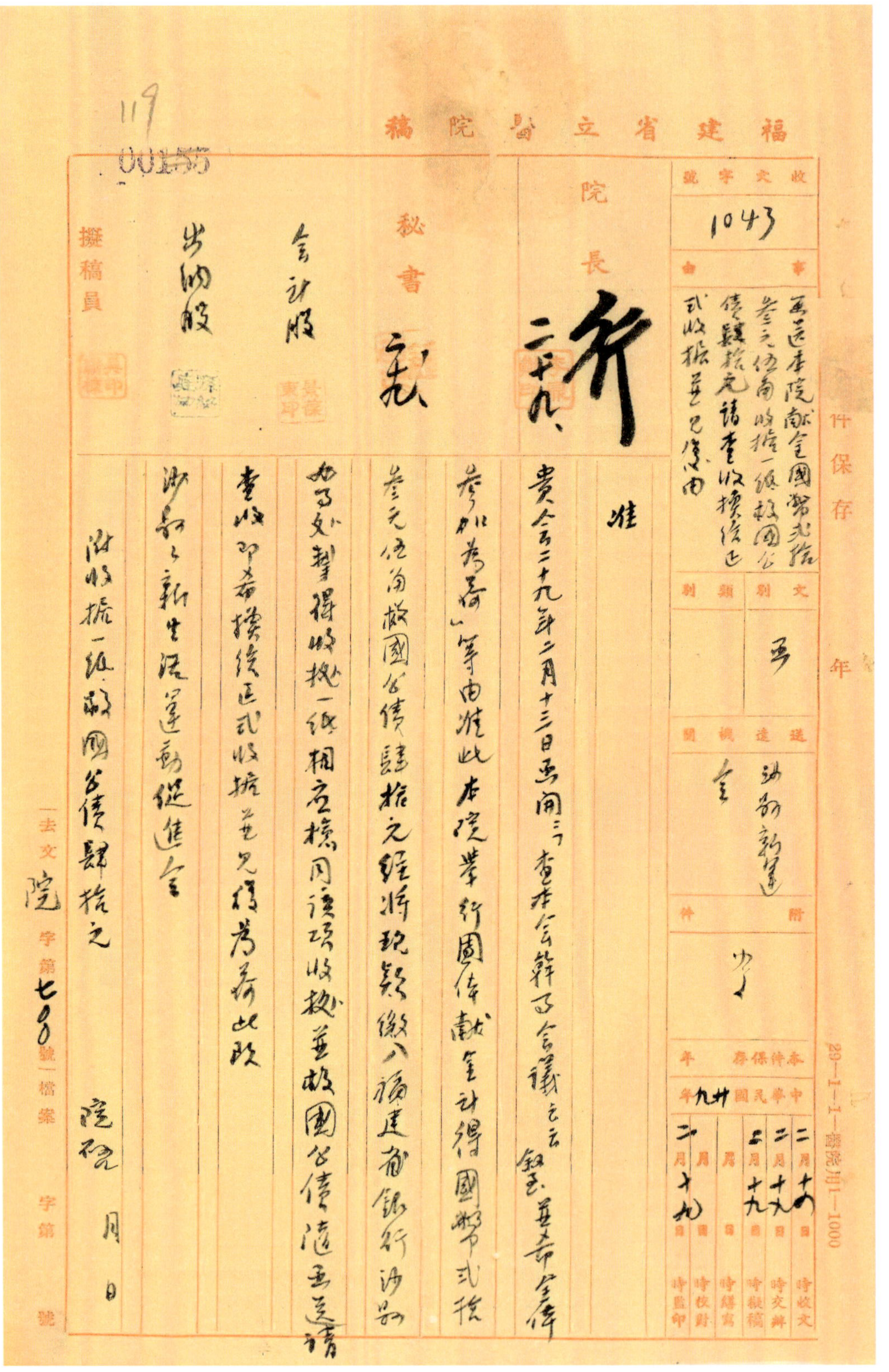

福建省立医院稿

收文字号：1043

事由：函送本院献金国币贰拾叁元伍角收据一纸、救国公债肆拾元，请查收掣发正式收据并见复由

院长：许 二十九

秘书：[illegible]

会计股

出纳股

拟稿员

准

贵会二十九年二月十三日函开：「查本会[illegible]会议[illegible]献金，并希全体参加为荷」等由，准此。本院业经举行国币献金，计得国币贰拾叁元伍角，救国公债肆拾元，经将现款缴入福建省银行沙县分行，如数掣得收据一纸，相应检同该项收据并救国公债随函送请查收，即希掣发正式收据并见复为荷。此致

沙县新生活运动促进会

附收据一纸、救国公债肆拾元

院长 [illegible]

月 日

去文 院字第七〇九号

送达机关：沙县新生活运动促进会

附件：如文

中华民国二十九年：二月十四日收文，二月十九日交办，二月十九日拟稿，二月十九日缮写，二月十九日校对，二月十九日盖印

# 福建省立医院全体职员献金献债清册

| 姓名 | 献金数 | 献债数 |
|---|---|---|
| 李鼎勋 | 一〇〇元 | 四〇〇元 |
| 董天崙 | 三〇〇 | |
| 林葉年 | 二〇〇 | |
| 陈象徵 | 二〇〇 | |
| 陈闻明 | 一〇〇 | |
| 杨承恩 | 一〇〇 | |
| 王励夫 | 一〇〇 | |
| 陈承慧 | 一〇〇 | |

| 姓名 | 金额 |
| --- | --- |
| 陈诺客 | 五〇 |
| 駱鳳湯 | 三〇 |
| 張永元 | 一〇 |
| 黄雅英 | 一〇 |
| 錢恩賞 | 一〇 |
| 吴甸源 | 一〇 |
| 黄文慧 | 一〇 |
| 李蘭星 | 二〇 |
| 夏同樱 | 一〇 |
| 高韻鏗 | 一〇 |

市心街翰寳新製

123 00159

| 方惠英 | 陳玉英 | 馬馥芳 | 鄭恩貞 | 莊愛清 | 李屏英 | 魏賢美 | 張永潮 | 合計 |
|---|---|---|---|---|---|---|---|---|
| 一〇 | 一〇 | 一〇 | 一〇 | 一〇 | 一〇 | 一〇 | 一〇 | 二三五〇 |
| | | | | | | | | 四〇〇 |

## 沙县新生活运动促进会收据（一九四〇年二月二十日）

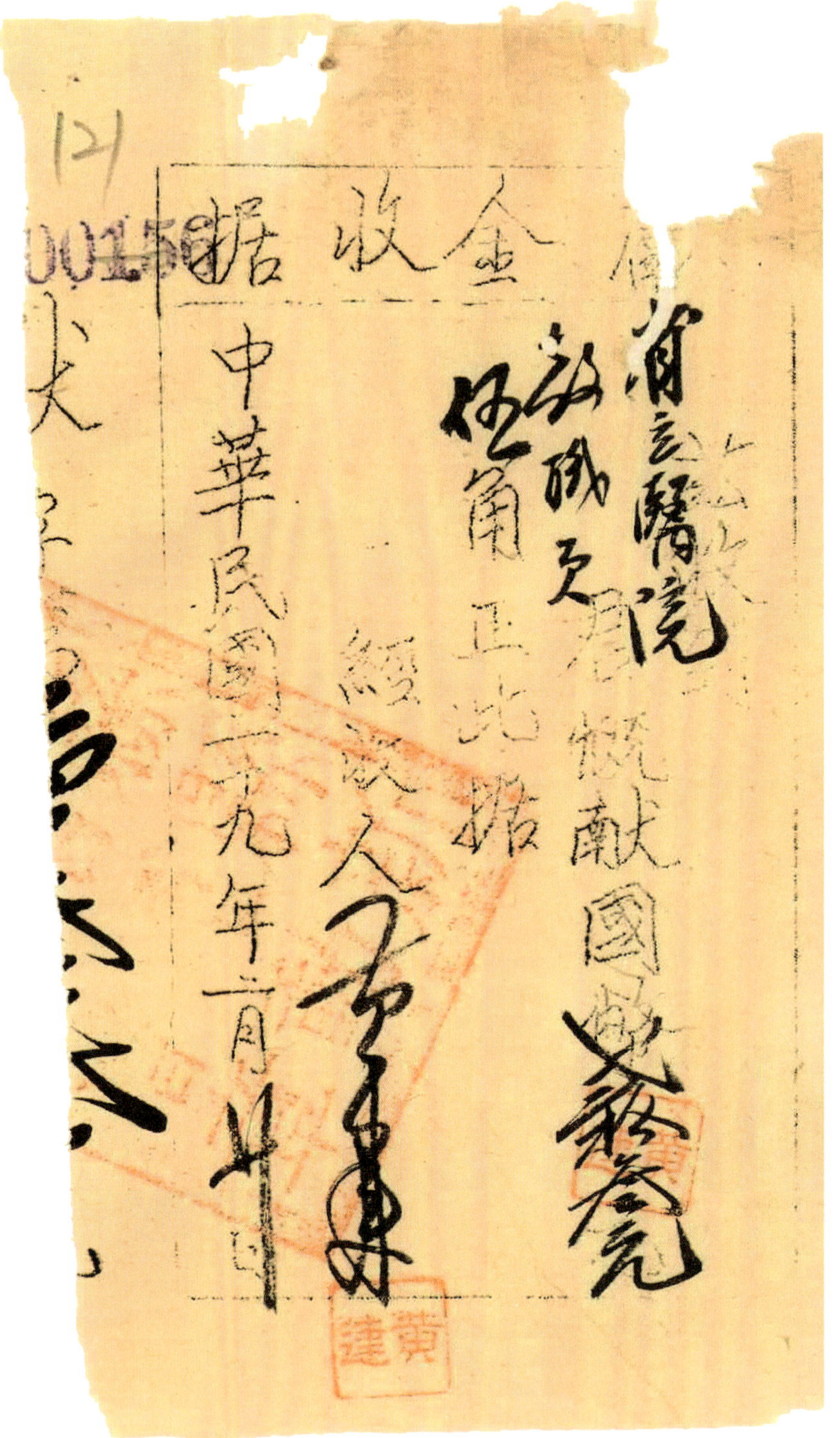

捐金收據

省立醫院 君慨獻國幣

角正此據

經收人 黃建

中華民國二十九年二月廿日

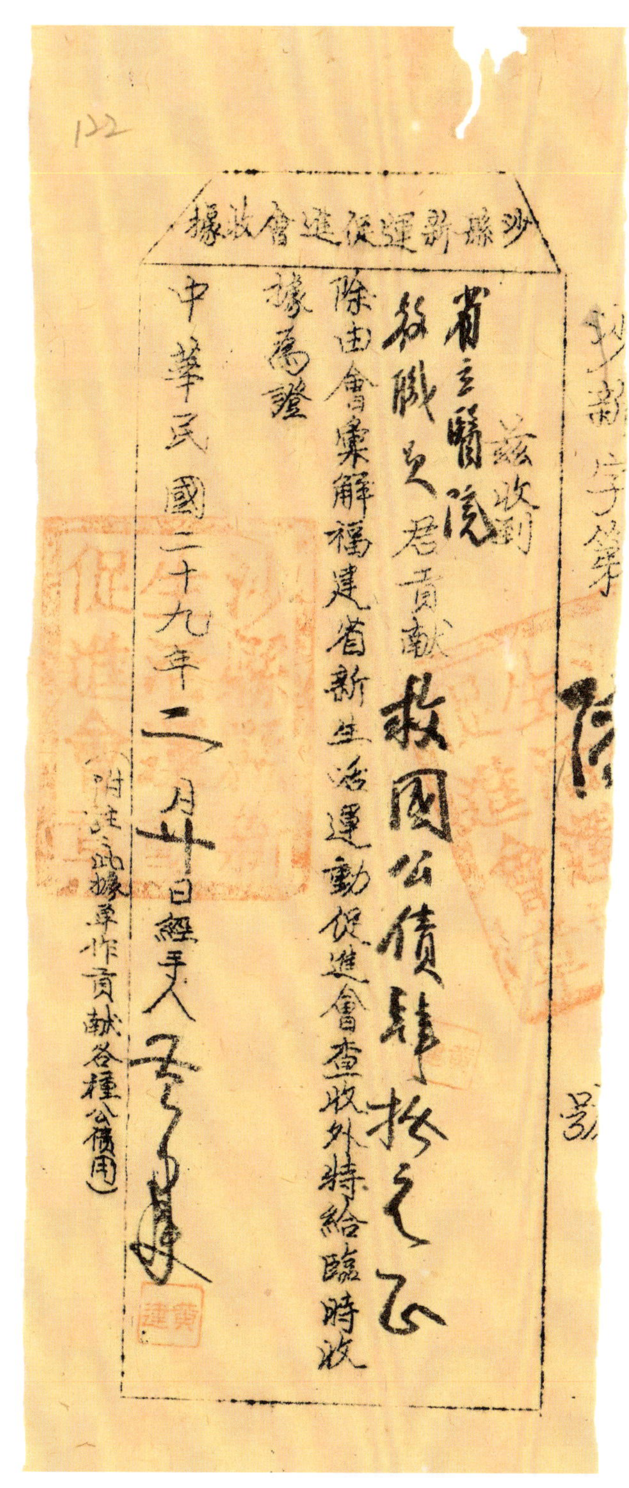
122

沙縣新運促進會收據

茲收到
省立醫院
教職員君貢獻救國公債肆拾元正
除由會彙解福建省新生活運動促進會查收外特給臨時收據為證
中華民國二十九年二月廿日經手人 黃□□

（附注：此據準作貢獻各種公債用）

沙新字第　號

# 中国银行厦门分行鼓浪屿办事处关于收到金宝福建公会汇交鼓浪屿国际救济会捐款致中国银行厦门分行驻港办事处的函（一九四〇年四月二十九日）

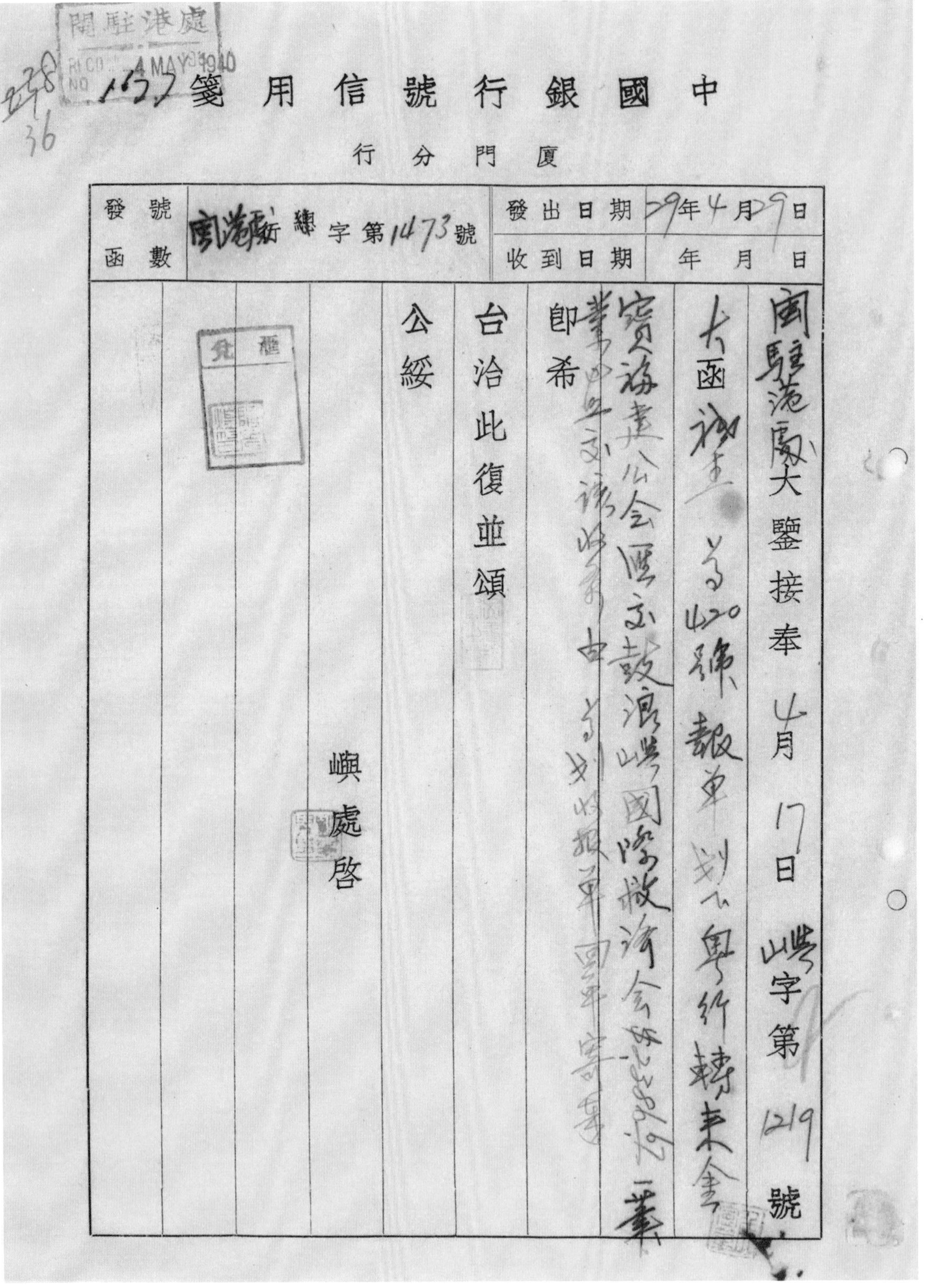

中國銀行號信用箋

廈門分行

| 發號函數 | 閩港處 字第1473號 | 發出日期 | 29年4月29日 |
| --- | --- | --- | --- |
| | | 收到日期 | 年 月 日 |

閩駐港處大鑒：接奉4月17日嶼字第1219號大函，……第420號報單……轉來金寶福建公会匯交鼓浪嶼國際救濟会……一筆……即希

台洽。此復並頌

公綏

嶼處啓

## 中国银行厦门分行鼓浪屿办事处关于收到菲律宾妇女救济会、菲律宾福建华侨救济会汇交鼓浪屿国际救济会捐款致中国银行厦门分行驻港办事处的函（一九四〇年六月十五日）

68
49

# 中國銀行號信用箋

厦門分行

| 發函號數 | 鼓浪嶼 行 總 字第 1534 號 | 發出日期 | 29 年 6 月 15 日 |
| --- | --- | --- | --- |
| | | 收到日期 | 年 月 日 |

駐港處大鑒：接奉 6 月 3、7 日嶼字第 1275、1282 號大函誌悉。一、着由 5613、5717 號報單划來菲律賓婦女、福建華僑救濟會託交鼓浪嶼國際救濟會[illegible]、又[illegible]兩筆，該款已分別[illegible]，收條由郵局寄奉。即希台洽。此復，並頌

公綏

鼓浪嶼處啓

| 簽核 |
| --- |
| 經副理 |
| 襄理 |
| 主任 |
| 發函簽印人 |
| 擬稿員 |
| 關係部份 |

# 交通部广州航政局厦门办事处关于募集战时公债情形致交通部广州航政局的代电（一九四一年六月二十四日）

交通部廣州航政局廈門辦事處稿　航515号　六月廿四日發

收文字號：

事由：電爲滙解經募戰時公債款項暨臨時收据通知書报告單存根送請 察核由

文別：代電

送達機關：粵局、分隊

附件：如文

本件保存　年

中華民國卅年六月廿三日

主任　　擬稿員

戰時公債劝募總隊交通大隊第四十一分隊分隊長盧鈞鉴：案奉鈞隊四月十一日航一梧字第九三号函发劝募戰時公債經募須知、認購須知暨委托中中交農四行經收債款換領債票办法各一份，下隊同時并奉四月航一梧字第〇六一号佳梧代電規定本支隊劝募標準債額壹百元，附发劝募公債臨時收据第098845、098846号二紙，正遵辦間，又奉鈞隊五月航一梧字第二一五号哿梧代電爲本支隊劝募標準債額應遵照劝募委員會債款摊額從加比例增加一倍，於四月底以前结束具報各等因。奉此，查本支隊劝募標準債額式百元，經已劝募足額，惟此间經收債款各銀行以時局関係，未皆遵

178 165

交通部廣州航政局廈門辦事處稿

| 收文字號 | |
|---|---|
| 事由 | |
| 文別類別 | |
| 送達機關 | |
| 附件 | |

本件保存　年

中華民國　年　月　日　時收文
月　日　時交辦
月　日　時擬稿
月　日　時繕寫
月　日　時校對
月　日　時監印

主任

擬稿員

務安全地區泉州雖另有辦事處之設立亦知該行與辦事人員以不諳此種手續者在所難免茲為免稽延時日起見除已填發臨時收據交認購人收執待將來掉取銀行正式收據以憑換領債票外理合將經募軍需債款貳百元計實繳國幣壹百六十八元由中央銀行匯上敬乞察收並連同臨時收據第二聯通知書第三聯報告單及第四聯存根各二張隨電送請察核並懇將銀行債款正式收據發下以憑轉給掉回臨時收據第二支隊長袁貴庚印濤

附送經劝募戰時公債臨時收據第二聯通知書第三聯報告單第四聯存根各二張經募債款國幣壹百六十八元（由泉州中央銀行匯上）

# 国立第一侨民师范学校关于汇解师生节约献金与财政部等的来往文书（一九四四年十月至十一月）

## 国立第一侨民师范学校致中央银行长汀办事处的公函（一九四四年十月十八日）

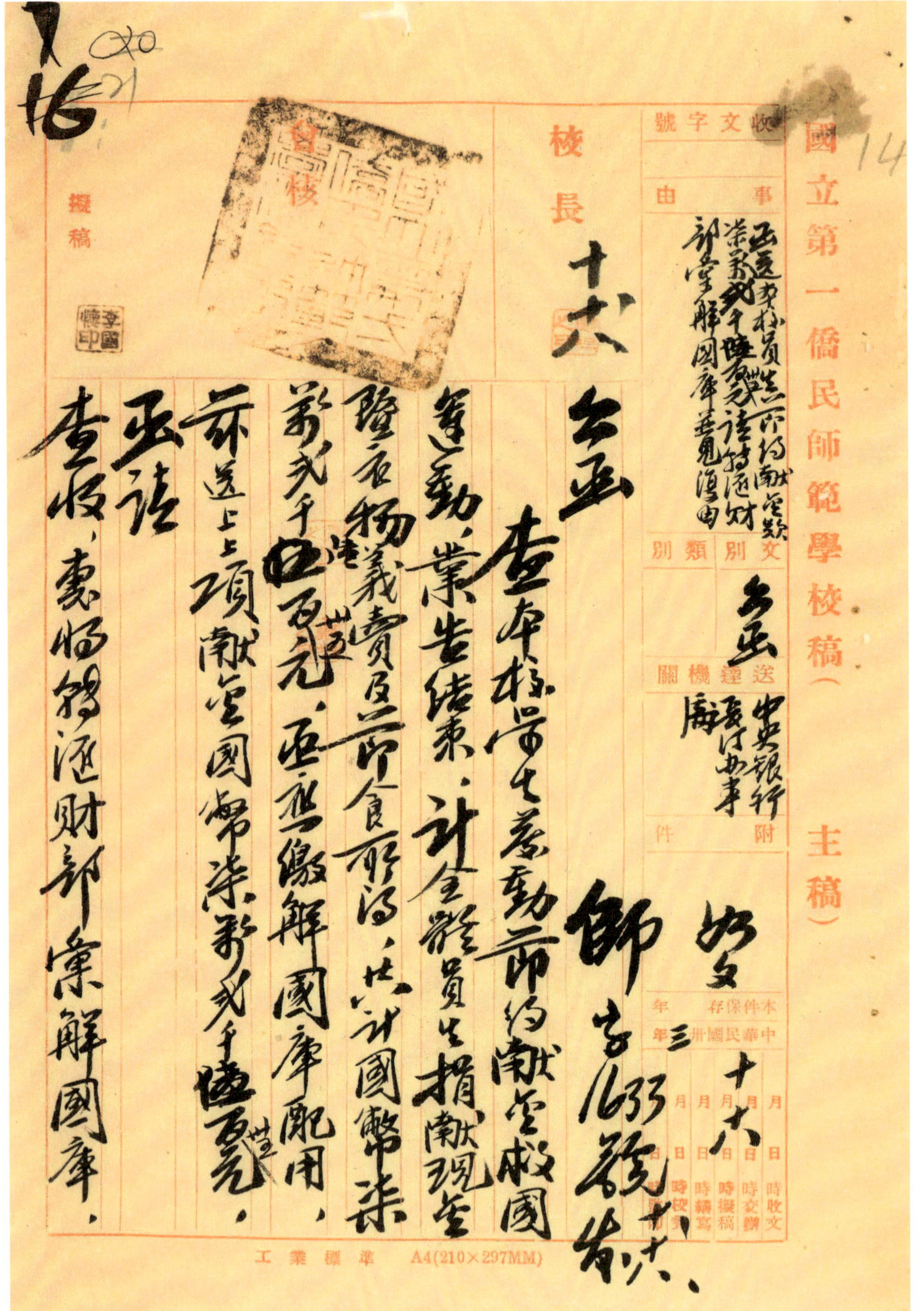

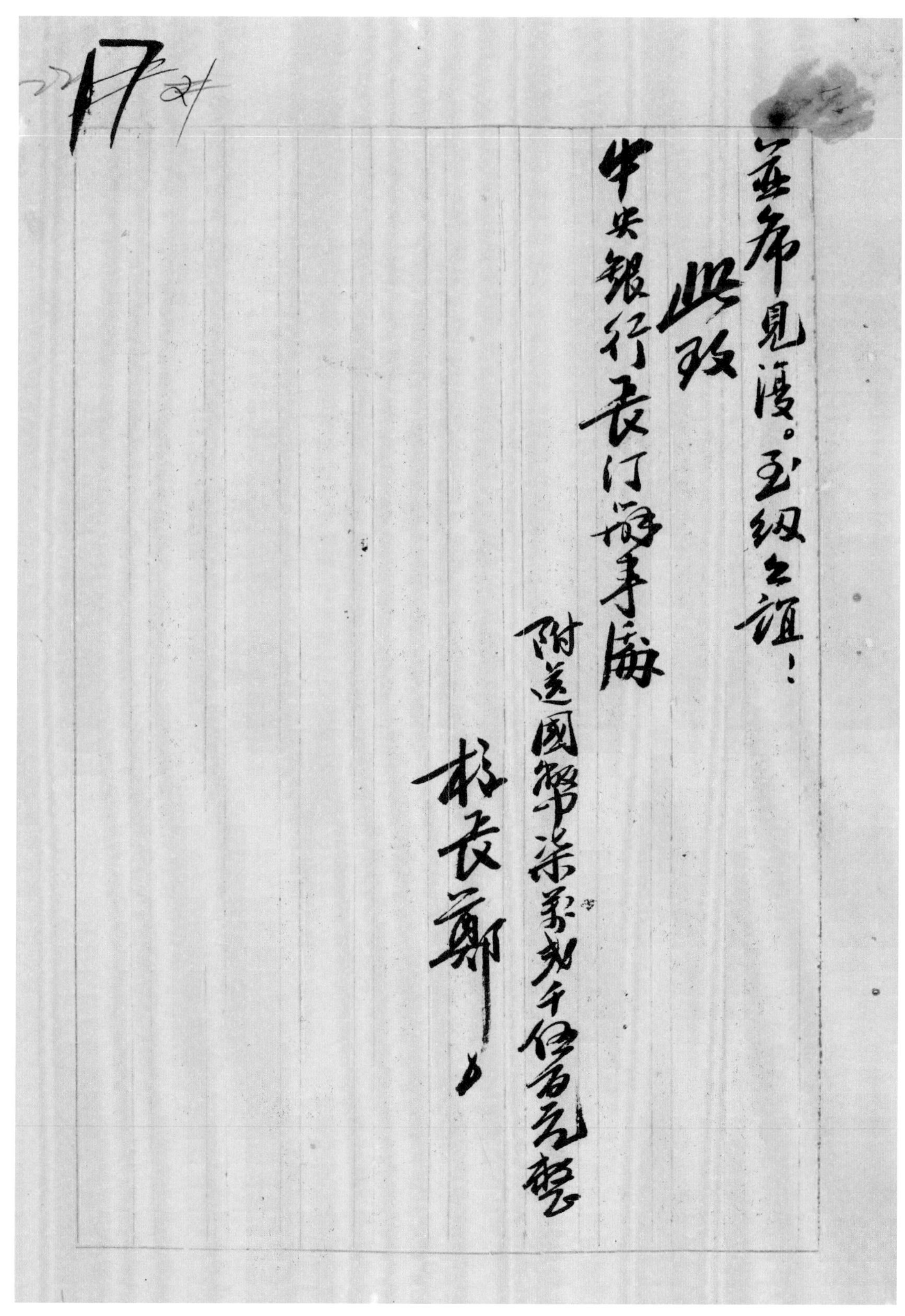
17

並希見復。至級公誼！

此致

中央銀行長汀辦事處

附送國幣柒萬九千伍百元整

杭長郵

# 国立第一侨民师范学校致财政部的代电（一九四四年十月二十四日）

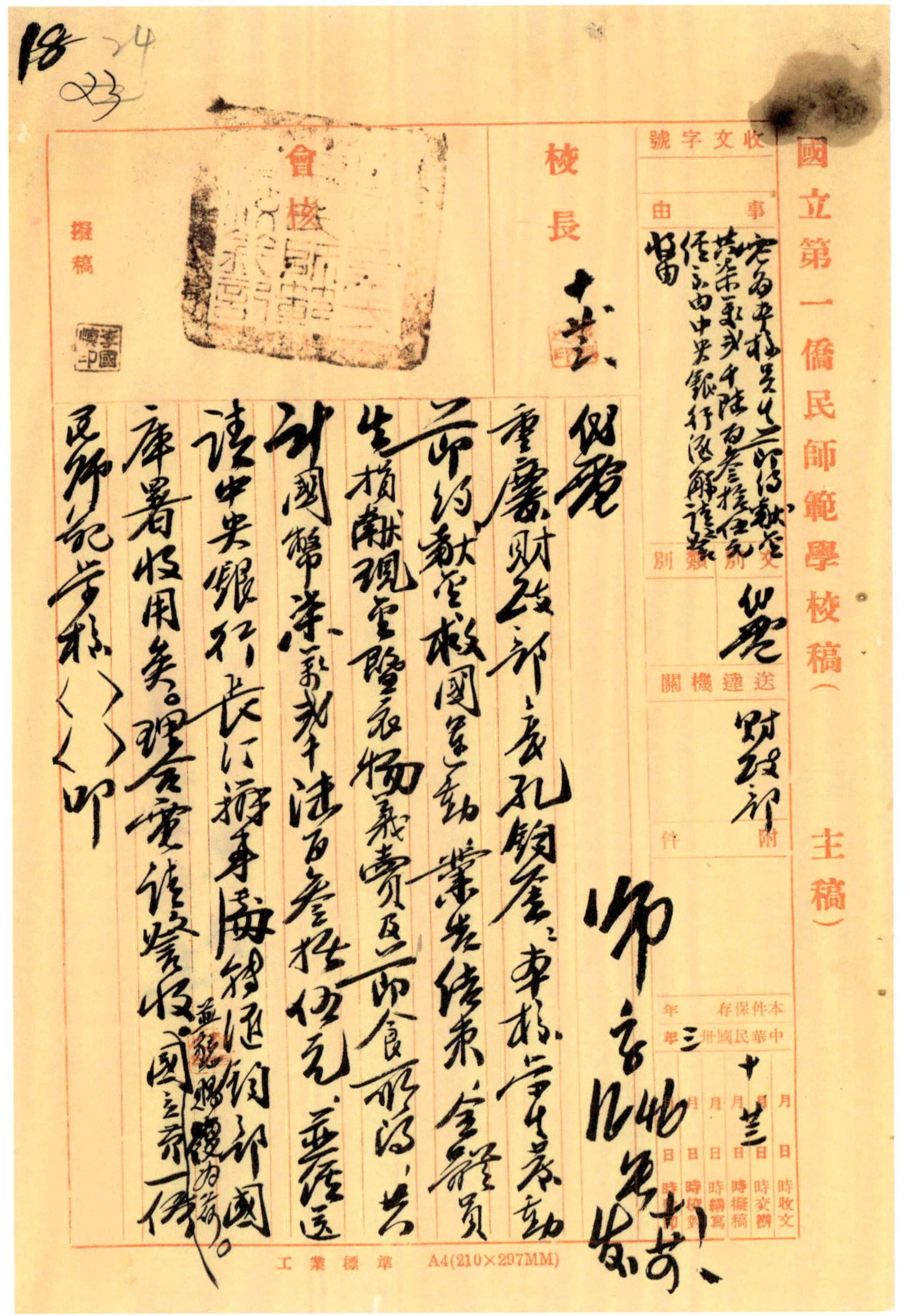

國立第一僑民師範學校稿（主稿）

事由：呈為本校員生節約獻金共柒萬貳千陸百叁拾伍元經由中央銀行匯解請鑒核由

文別：代電

送達機關：財政部

代電

重慶財政部長孔鈞鑒：本校學生響應節約獻金救國運動，業先後集全體員生捐獻現金暨衣物義賣及節食所得，共計國幣柒萬貳千陸百叁拾伍元，並經送請中央銀行長汀辦事處轉匯鈞部國庫署收用矣。理合電請鑒收。國立第一僑民師範學校〇〇叩。

# 中央銀行國庫局答復事項通知書

中華民國卅三年十一月七日
庫城字第一六九一號（債號）

案由：函送繳解七七勞軍國幣柒萬弍仟陸佰叁拾伍元一款收據壹紙，希查收由。

來文年月日及字號

右款業經照收，列七七勞軍帳，并報財部，相應填發渝中庫字第 號甲種經收捐獻款項收據壹紙，即希查收為荷！

此致

國立第十一僑師

附件收據壹紙

中央銀行國庫局代理副局長王守亭

復文請註明本局庫文之字號及年月日

# 财政部收据（一九四四年十一月六日）

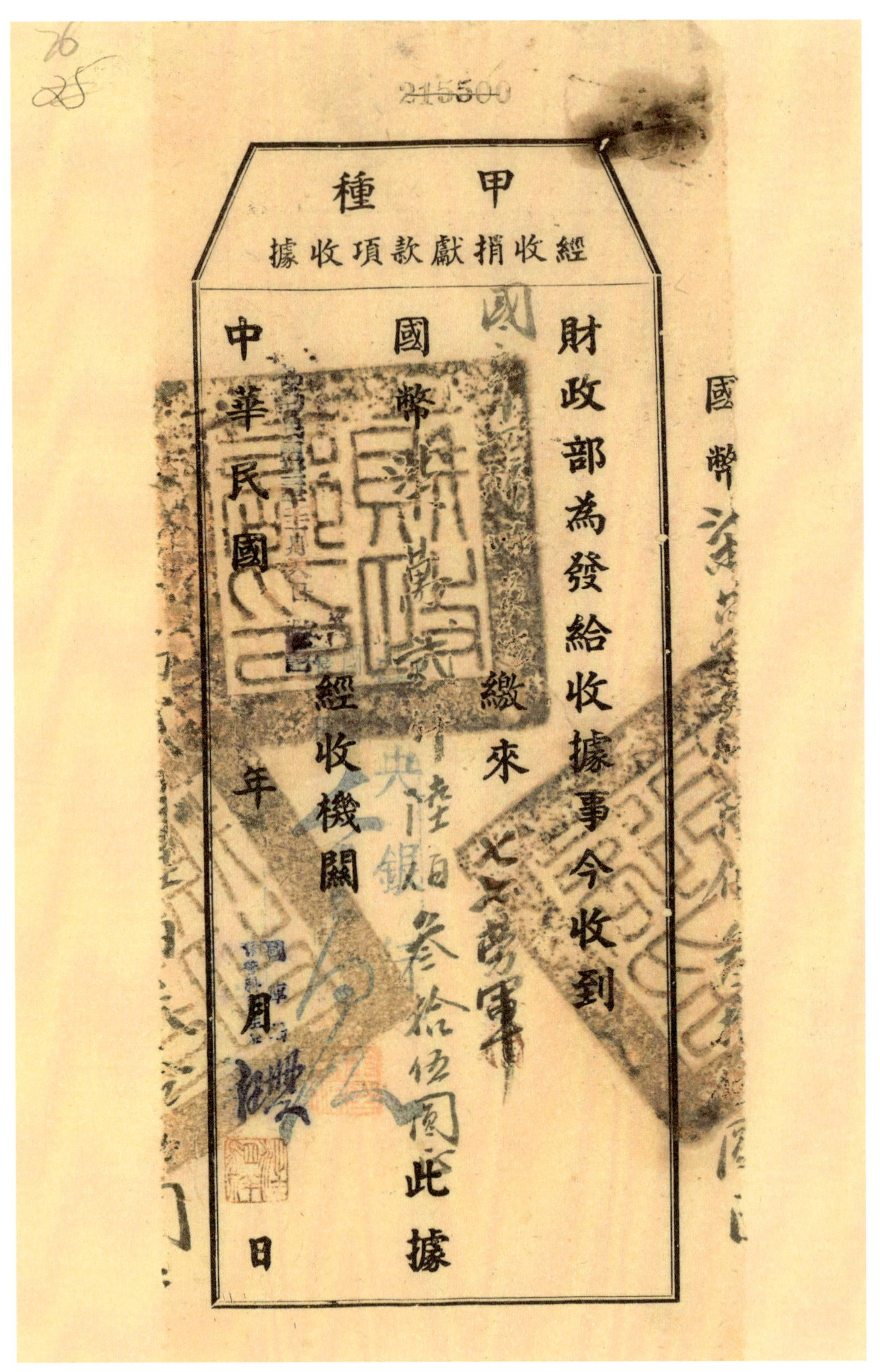

215500

甲種

經收捐獻款項收據

財政部為發給收據事今收到

繳來

國幣陸佰叁拾伍圓

此據

經收機關

中華民國　　年　　月　　日

# 五、抗战劳军

# 中国银行上海分行、中国银行厦门分行关于向马占山将军汇款事宜的来往文书（一九三一年十二月至一九三二年三月）

## 中国银行上海分行致中国银行厦门分行的函（一九三一年十二月六日）

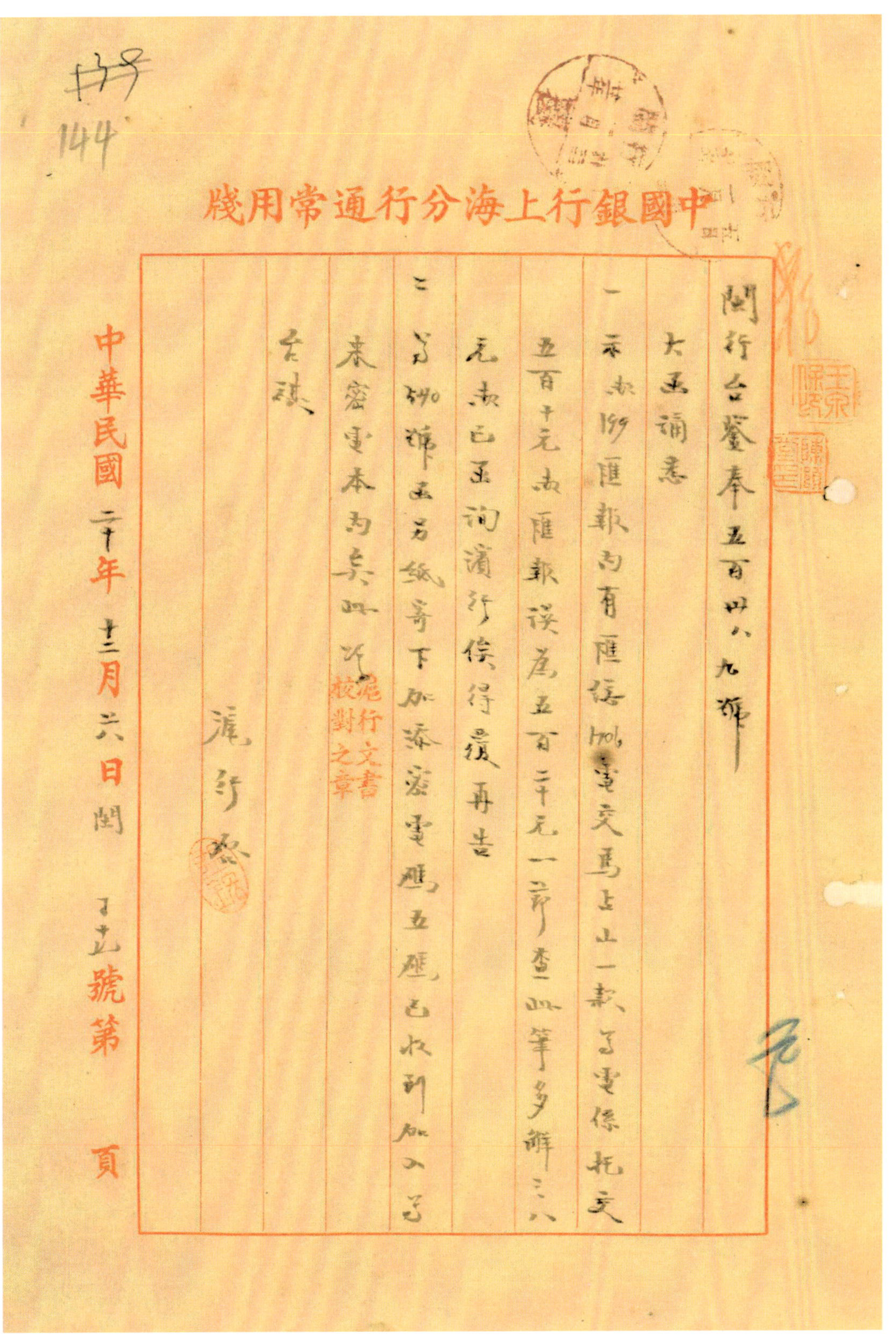

中國銀行上海分行通常用箋

閩行台鑒：奉五百四八九號

大函誦悉。

一、承示19/9匯報內有匯信1101號電交馬占山一款，該電係托交五百十元，該匯報誤為五百二十元一節，查此筆多餘之十元，款已函詢濱行，俟得覆再告。

二、該549號函另紙寄下加添密電碼五碼，已收到，加入該來密電本內矣。此頌

台祺

滬行啟

滬行文書校對之章

中華民國二十年十二月六日

閩字五十五號第　頁

# 中国银行上海分行致中国银行厦门分行的函（一九三一年十二月十六日）

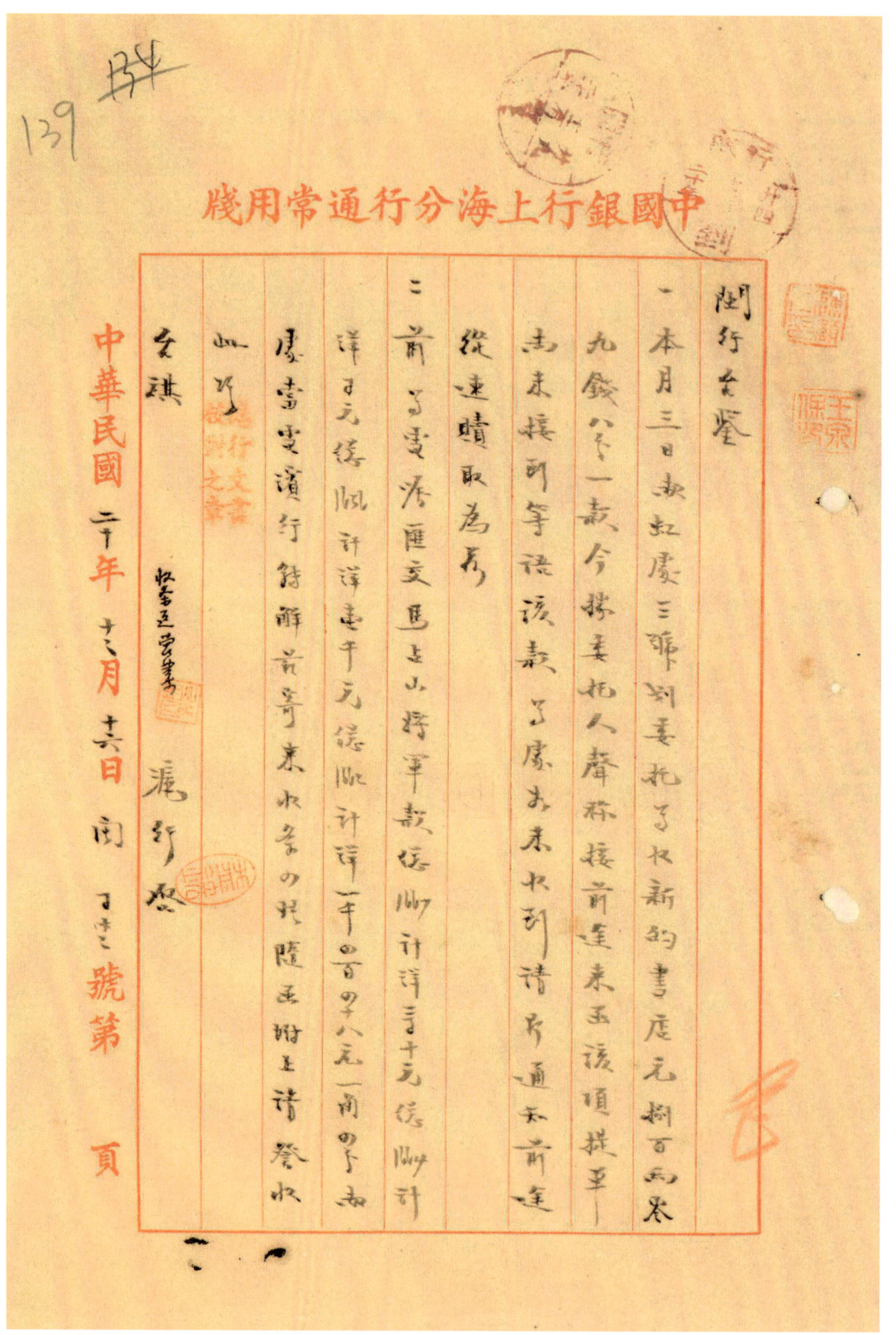
中國銀行上海分行通常用牋

閩行台鑒

一、本月三日敝虹處三號刊委托子收新約書莊元捌百兩叁九錢八分一款，今據委托人聲稱接前途來函該項提單一紙未接到等語，該款子處尚未收到，請子通知前途從速贖取為荷

二、前子電港匯交馬占山將軍款，係[illegible]計洋三十元，係[illegible]計洋[illegible]千元，係[illegible]計洋壹千元，係[illegible]計洋一千四百四十八元一角四分，如處當電請行錄解前寄來收条四紙隨函附上，請登收

如荷

台祺

[illegible]

滬行啟

滬行文書校對之章

中華民國二十年十二月十六日 閩[illegible]號第 頁

中国银行厦门分行致中国银行上海分行的函（一九三二年三月二日）

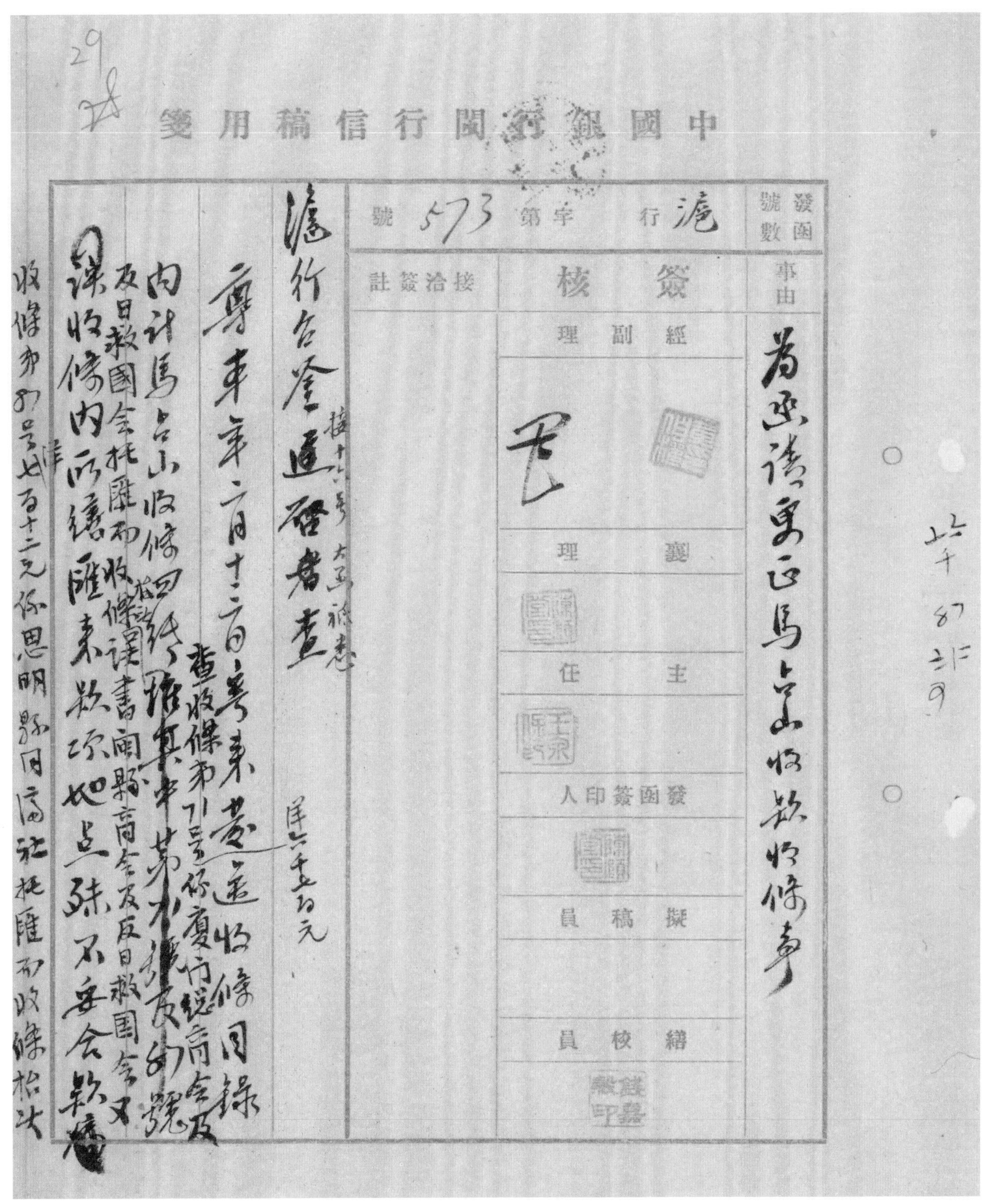

中國銀行閩行信稿用箋

| 發函號數 | 滬行 | 字第 | 573 號 |
| --- | --- | --- | --- |

| 事由 | 簽核 | 接洽簽註 |
| --- | --- | --- |
| 為函請更正馬占山收款收條事 | 經副理 | |
| | 襄理 | |
| | 主任 | |
| | 發函簽印人 | |
| | 擬稿員 | |
| | 繕校員 | |

滬行台鑒：逕啓者，接十六号大函敬悉。

尊處本月十二日寄來慈善收條同錄

洋六千五百元

內計馬占山收條四紙……

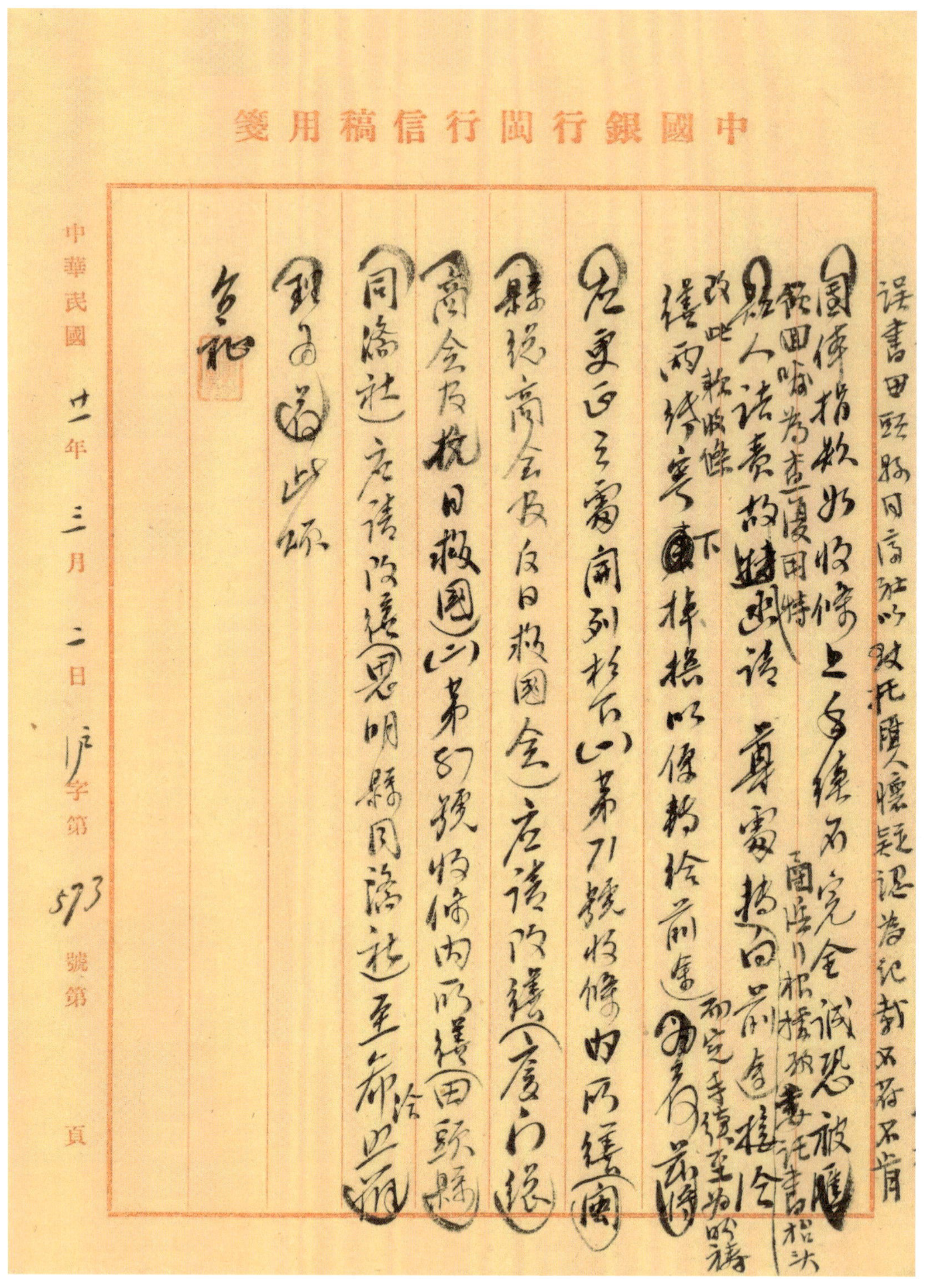

中國銀行閩行信稿用箋

誤書田縣同濟社，以致托匯人懷疑，認為記載不符，不肯

國僑捐款收條上手續不完全，誠恐被匯（商店列相類托書）

款人詰責，故特函請　貴處將前寄

改收條繕兩紙寄下，希將以備轉給前寄（所定手續呈為盼禱）

仁愛區三寶開列於後：（一）第71號收條內所繕（開

縣總商會反日救國會）應請改繕（廈門總

商會反抗日救國）（二）第81號收條內所繕（田頭縣

同濟社）應請改繕（思明縣同濟社）至希洽照

辦為荷。此致

負責

中華民國廿一年三月二日　字第573號第　頁

中国银行厦门分行关于办理晋江各界征募抗日作战军需委员会分摊捐款致泉州支行的函（一九三二年四月十二日）

~~32~~ 18

中國銀行閩行信稿用箋

| 發函號數 | 泉支行 字第 425 號 |
|---|---|
| 事由 | |

| 簽核 | 接洽簽註 |
|---|---|
| 經副理 | |
| 襄理 | |
| 主任 | |
| 發函簽印人 | |
| 擬稿員 | |
| 繕校員 | |

泉支行台鑒：接173号

大函，摘稱晉江各界徵募抗日作戰軍需委

员会分攤我行認捐六百元，附柬抄該会函並

均經洽悉。查事関保衛地方，我行自應諒

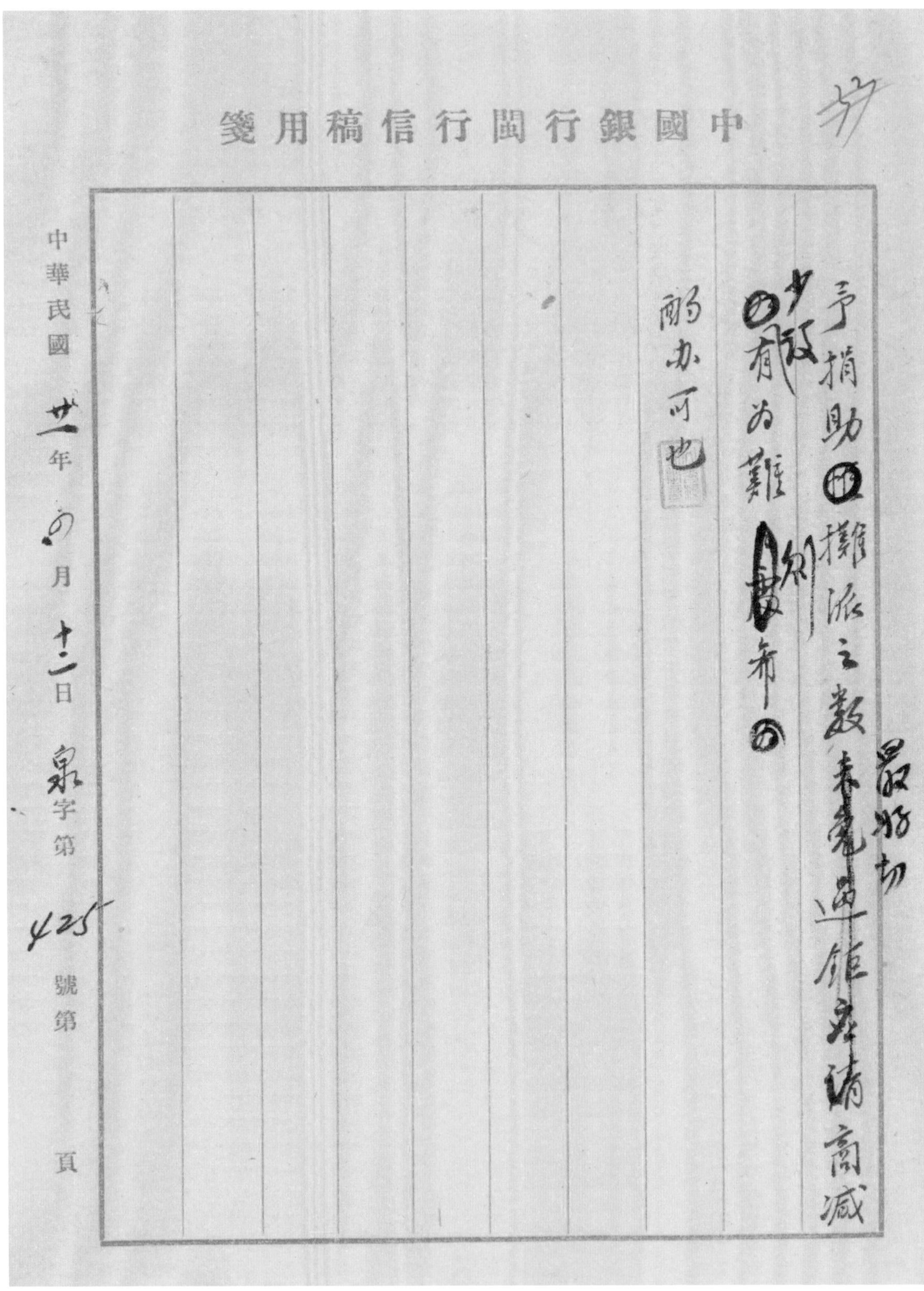

中國銀行閩行信稿用箋

最好勿

予捐助攤派之數未免過鉅亦請商減

少收有為難則[illegible]希

酌辦可也

中華民國廿一年四月十二日

泉字第425號第　頁

# 中国银行包头办事处关于通报战事概况及委解慰劳款不限额致各分支行处庄的公函

（一九三六年十一月二十七日）

包字第三號通函二十五年十一月二十七日

函報戰事概况及委解慰勞款不立限額事

逕啓者查綏蒙戰事發生以來瞬將匝月，敝處及敝轄歸莊集庫俱爲敵方攻取目標，所幸當局傅主席早有防範，建築堅固工事亦已數月，故大小數十次進攻，雖由某方飛機坦克車協助，終由我方浴血抗戰而不獲逞。至本月二十四日晨，敵方以綏東戰事不利，襲取平地泉（卽集寧）不得，進展轉向綏北，結集百靈廟，希圖進擾武川、固陽，窺我省垣及包頭。我方爲先發制人計，綏北防軍卽奮力進擊，一鼓而下百靈廟，佔其老巢，斃敵無數，奪獲輜重尤夥，刻匪衆已紛紛東退至商都，或整理殘匪再圖進擾，未可知也。總之，在某方未公開進攻以前，綏境可保安謐。處此局勢之下，我行負地方金融全責，力持鎮靜，一切業務照常進行，當局頗爲嘉許，以爲深明大義。我行歸莊代各聯行籌解全國各界慰勞款已四十餘萬元，嗣後以全國同胞之一致赤忱救國，恐各聯行繼續委解匯款決不在少數，茲敝處以國家多事之秋，正我同人報國良機，決對於各聯行委解慰勞款項盡力籌解，以盡天職。惟各聯行委解其他營業款項萬元以上，請先電商，相應函達，卽祈

察洽，並請注意數點列左：

一，各聯行委解慰勞款項以逕寄敝轄歸莊爲便，千元以上委書津轄寄莊例不用密押，可無用寄包轉遞，以資便捷。

一，敝轄歸莊已領有本行成語密電本，電報掛號爲六八九一，能逕通電匯。如尊處前尚未寄發該莊密押者，可卽逕行補寄，以便電交。此致

各分支行處莊

包處啓

周世國兄治

# 中国银行归绥寄庄关于汇寄绥远省政府傅主席慰劳款均经妥办致中国银行厦门分行的函（一九三六年十二月五日）

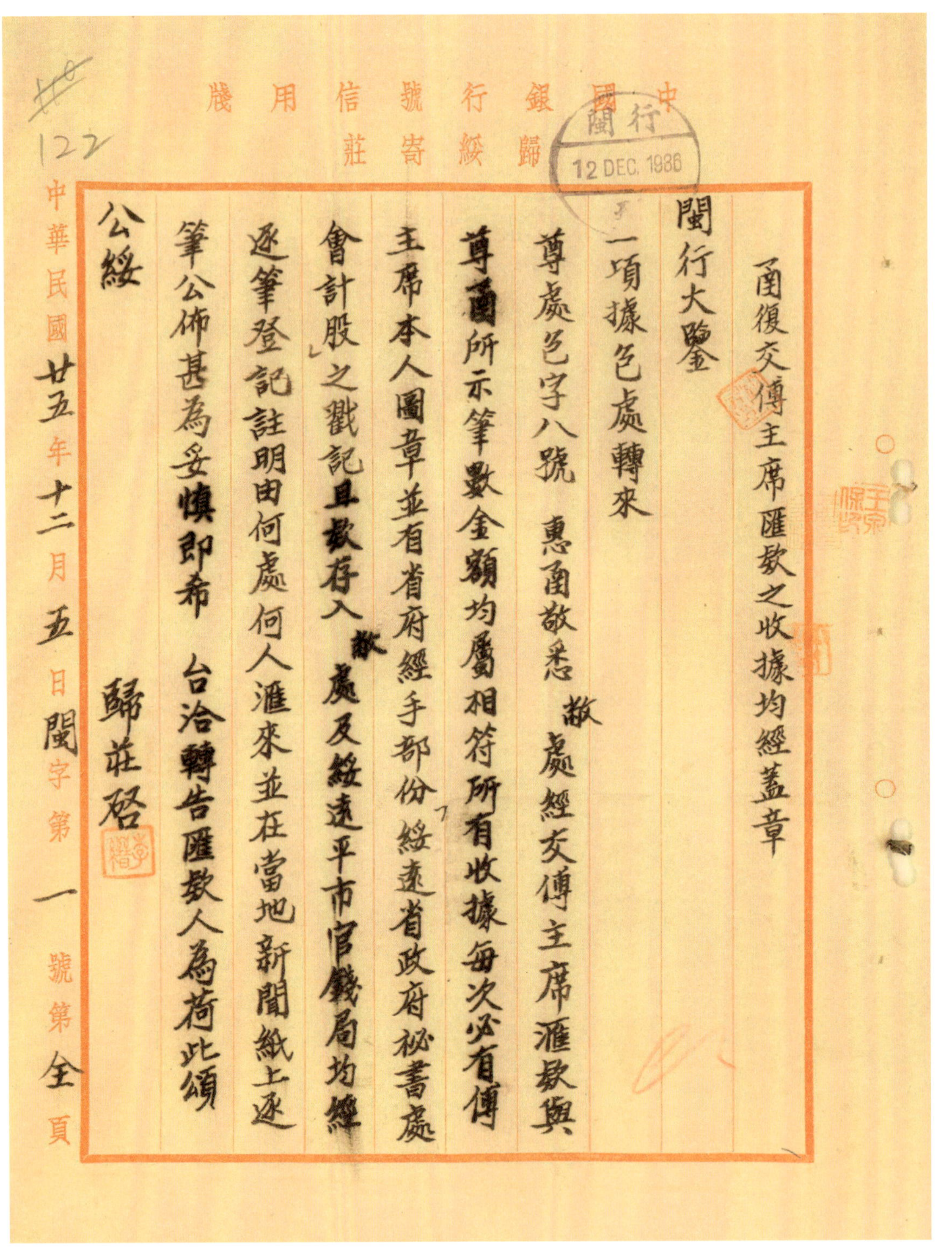

中国银行号信用笺
归绥寄庄

闽行 12 DEC. 1936

闽行大鉴：

一项据色处转来

函复交傅主席汇款之收据均经盖章

尊处已字八号　惠函敬悉　敝处经交傅主席汇款与

尊函所示笔数金额均属相符，所有收据每次必有傅

主席本人图章并有省府经手部份绥远省政府秘书处

会计股之戳记，且款存入敝处及绥远平市官钱局均经

逐笔登记，注明由何处何人汇来，并在当地新闻纸上逐

笔公布，甚为妥慎，即希　台洽转告汇款人为荷。此颂

公绥

归庄启

中华民国廿五年十二月五日闽字第一号第全页

中国银行归绥寄庄关于查询向绥远省政府傅主席汇寄慰劳款人姓名住址致中国银行厦门分行的函
（一九三六年十二月二十四日）

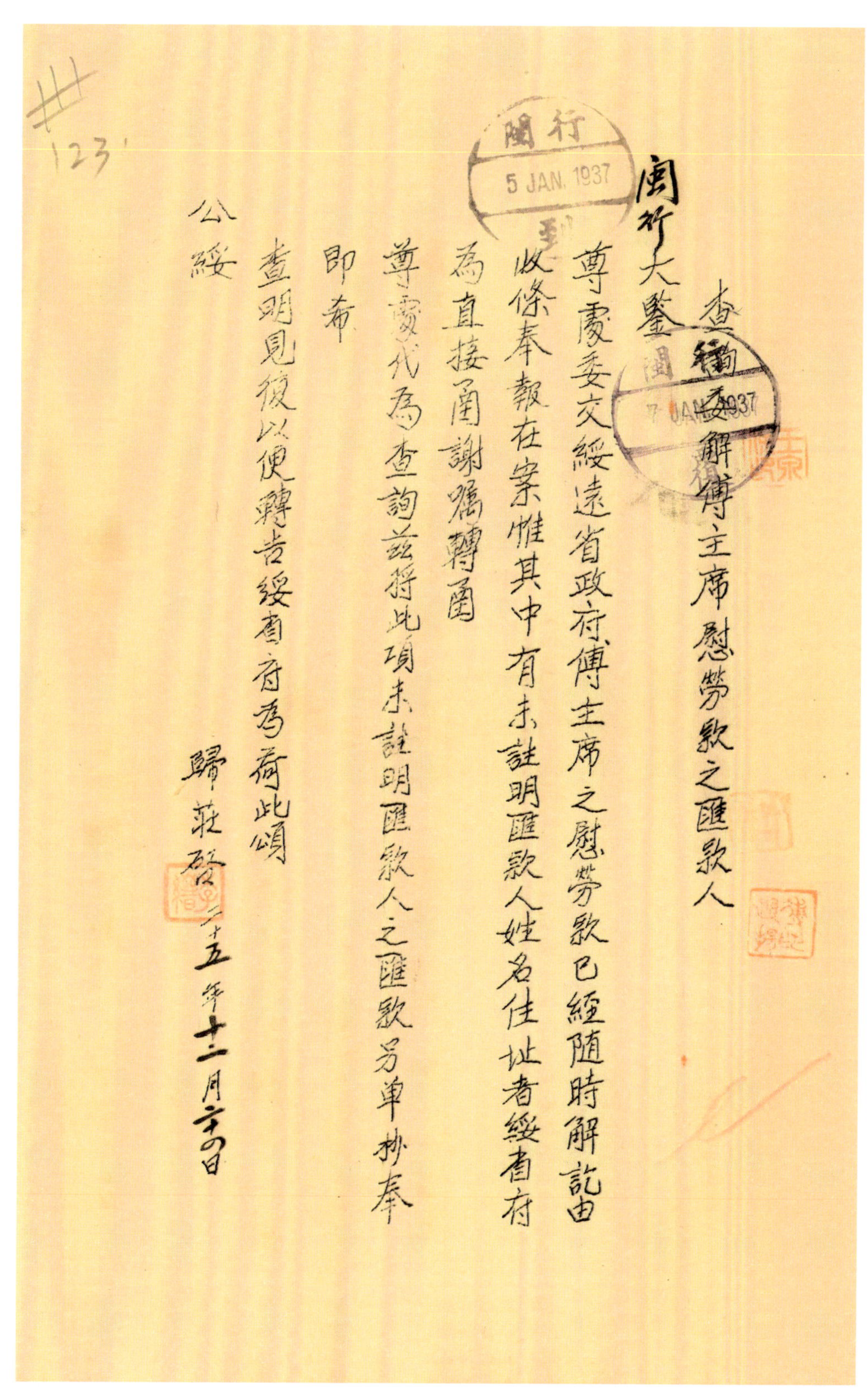

查詢傅主席慰勞款之匯款人

閩行大鑒：

尊處委交綏遠省政府傅主席之慰勞款已經隨時解訖，由收條奉報在案。惟其中有未註明匯款人姓名住址者，經省府爲直接函謝，囑轉函尊處代爲查詢。茲將此項未註明匯款人之匯款另單抄奉，即希查明見復，以便轉告綏省府爲荷。此頌

公綏

歸莊啓

二十五年十二月廿四日

附：归庄代解汇款清单（一九三六年十二月二十四日）

124

# 歸莊代解匯欵清單

闽行

~~包處~~台照　民國25年12月24日　歸莊具

| 起息 年 | 月 | 日 | 收付欵行名 | 匯款 種類 | 號數 | 收欵人 | 金額 |
|---|---|---|---|---|---|---|---|
| 25 | 11 | 28 | 闽行 | 電 | 173 | 傅立席 | $500.00 |

查該匯款人係永春縣尾街（永春省立中學校）

**福建省立医院关于送缴三日所得及救国捐与福建省政府的来往文书（一九三七年九月十一日至十四日）**

福建省立医院致福建省政府的呈（一九三七年九月十一日）

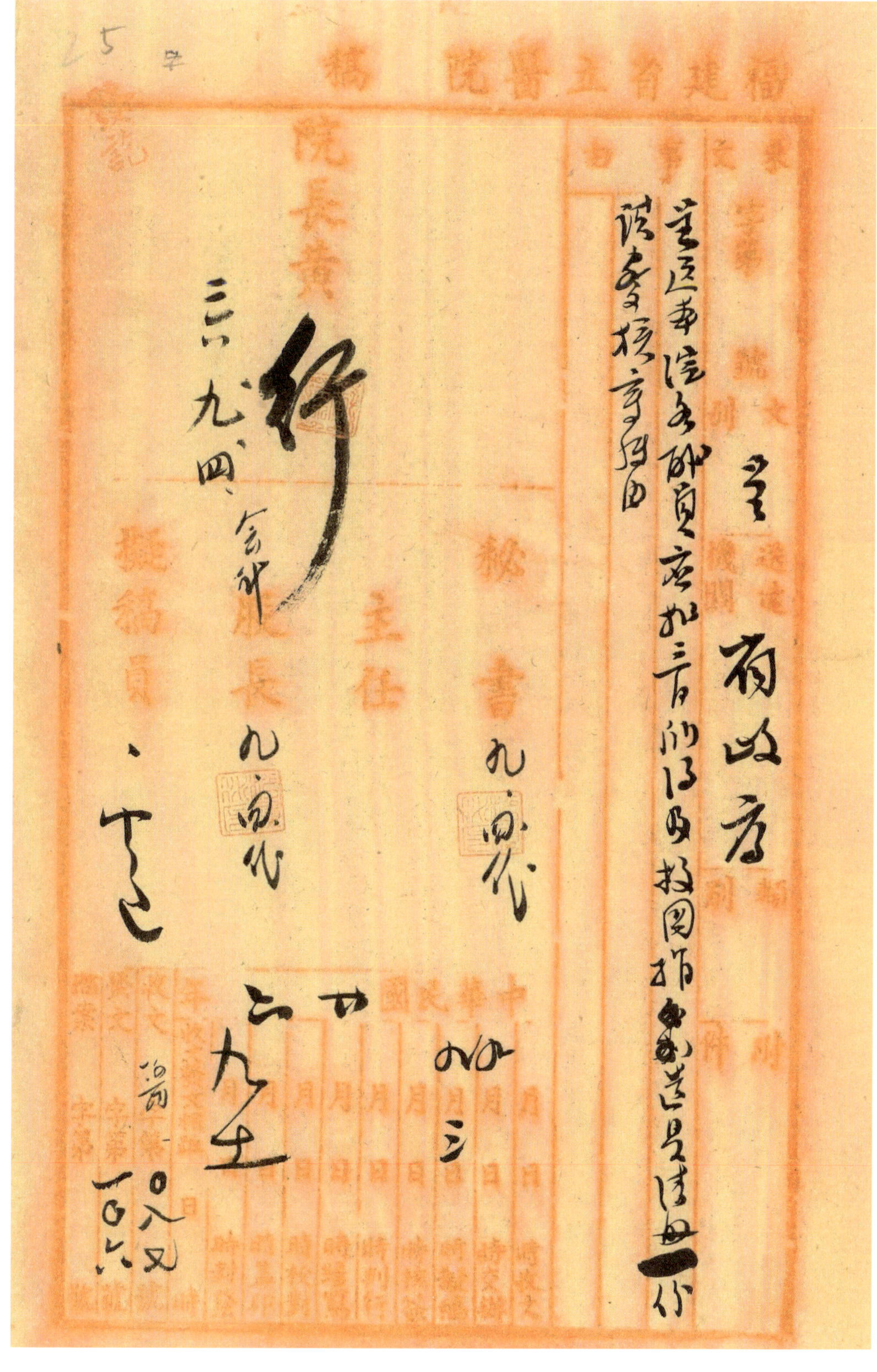

呈

案奉

鈞府卅申東府秘字七一〇一七號密訓令節開：以奉

行政院令飭關於捐輸款物犒勞將士一案，業

特訂定捐輸標準，全省公務人員應照實支薪俸

額捐輸三日所得，又凡薪俸以上者應加捐國難百分

之五，薪俸百以下者應加捐國難百分之三，於文到十日

內造具清冊連同捐款呈部，本府全體等遵照辦

理，隨將本府同人應遵辦款請將所屬公務

員應加三日所得計共國幣四百二十一元六角三分

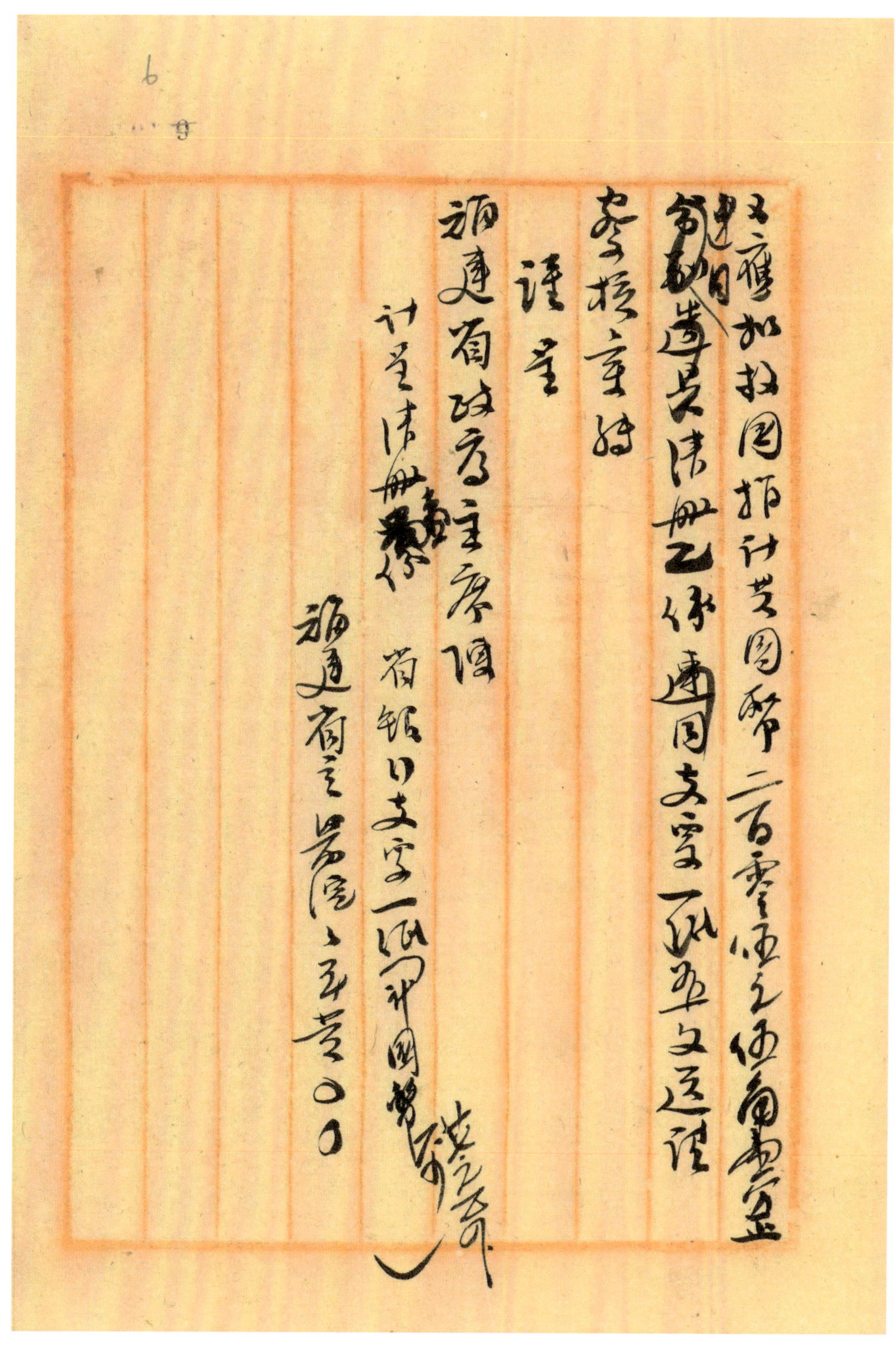
對之應加拉因拜計英國幣二百零伍元伍角壹分並
造具清冊乙份連同支票一紙並文送請
察核辦理
謹呈
福建省政府主席陳
計呈清冊乙份　荷銀行支票一紙（附中國銀行證明書）
福建商會呂宋　年　○○

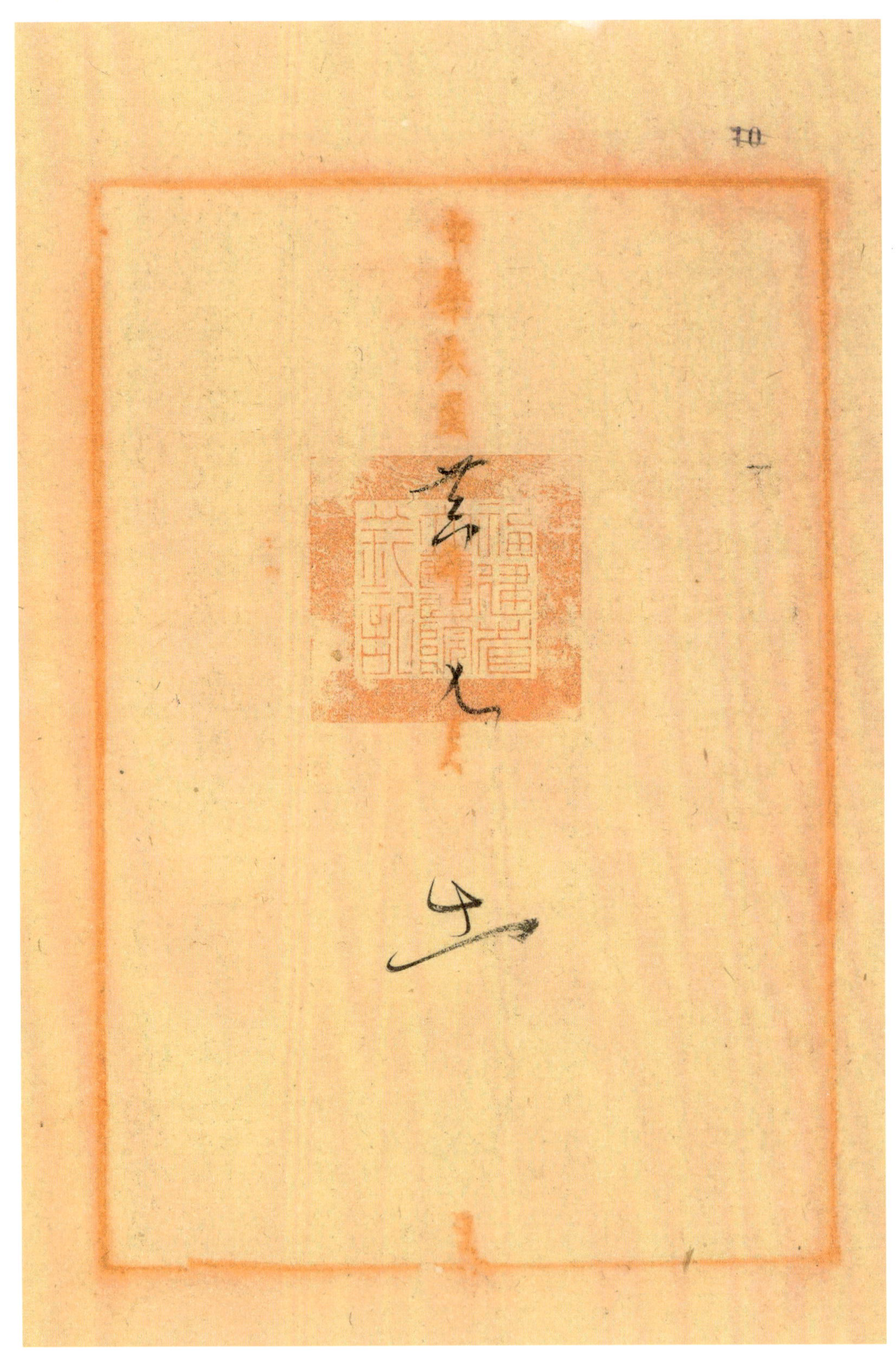

福建省政府致福建省立医院的指令（一九三七年九月十四日）

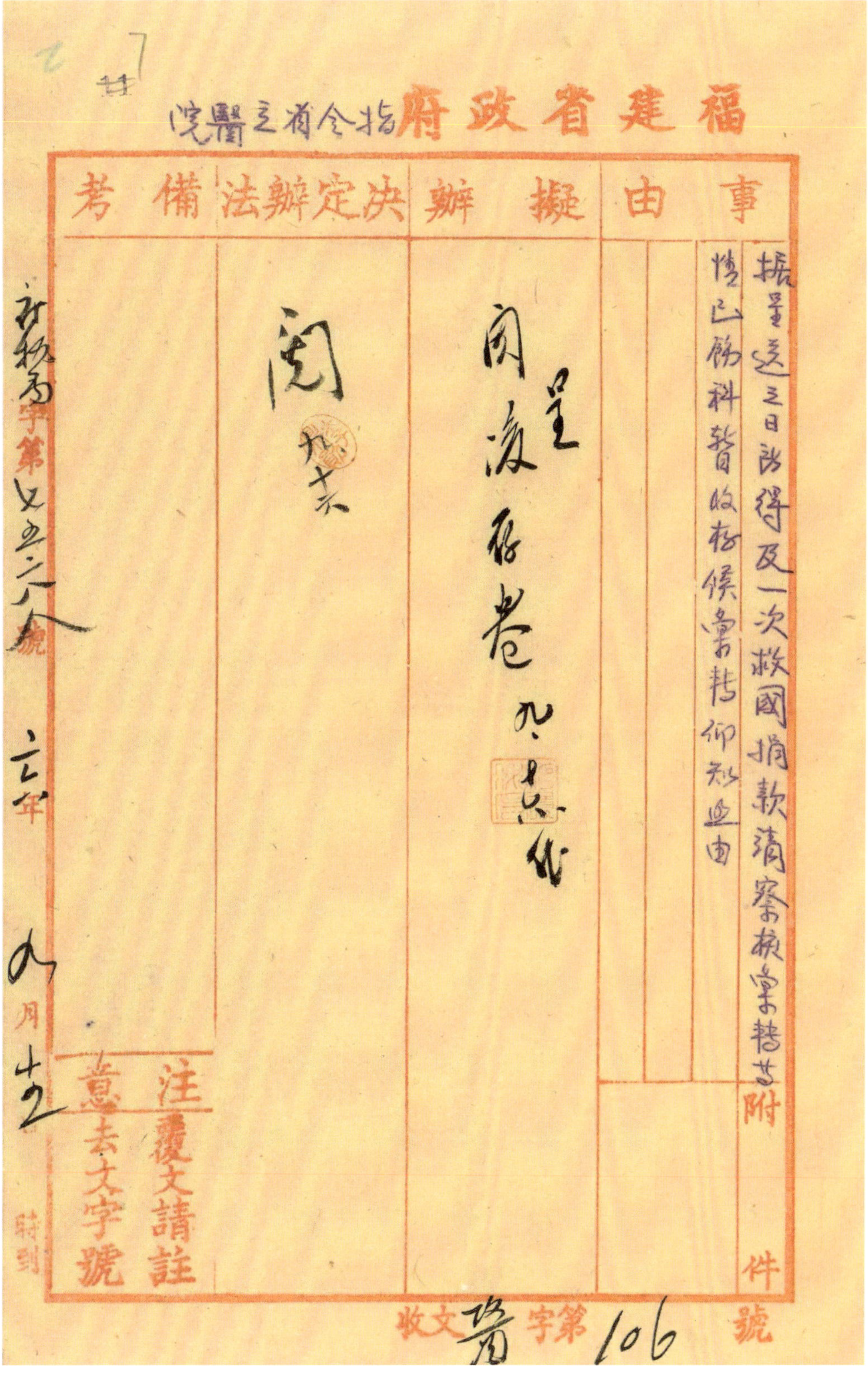

福建省政府指令省立醫院

| 事由 | 擬辦 | 決定辦法 | 備考 |
| --- | --- | --- | --- |
| 據呈送至日止所得第一次救國捐款清冊暨款暫存情已飭科暫收存候彙轉仰知照由 附件 | 呈閱後存卷 九、十五 代 | 閱 九、十六 | |

新秘丙字第五五二八號

二六年九月十七

注意：覆文請註去文字號

收文 字第106號

# 福建省政府指令

府秘丙75288號

令省立醫院

廿六年九月十一日呈一件呈解三日診治及一次救國捐款請察核案備由

呈件均悉。據送三日診治及一次救國捐款國幣六百二十七元零角四分，核數相符，除飭科暫收存候案備外，仰即知照。此令。附件存。

中華民國三十六年九月十四日
主席 陳儀

# 厦门市新生活运动促进会关于募集抗战前方用品及慰劳品等致各机关、团体、学校的公函（一九三七年十一月六日）

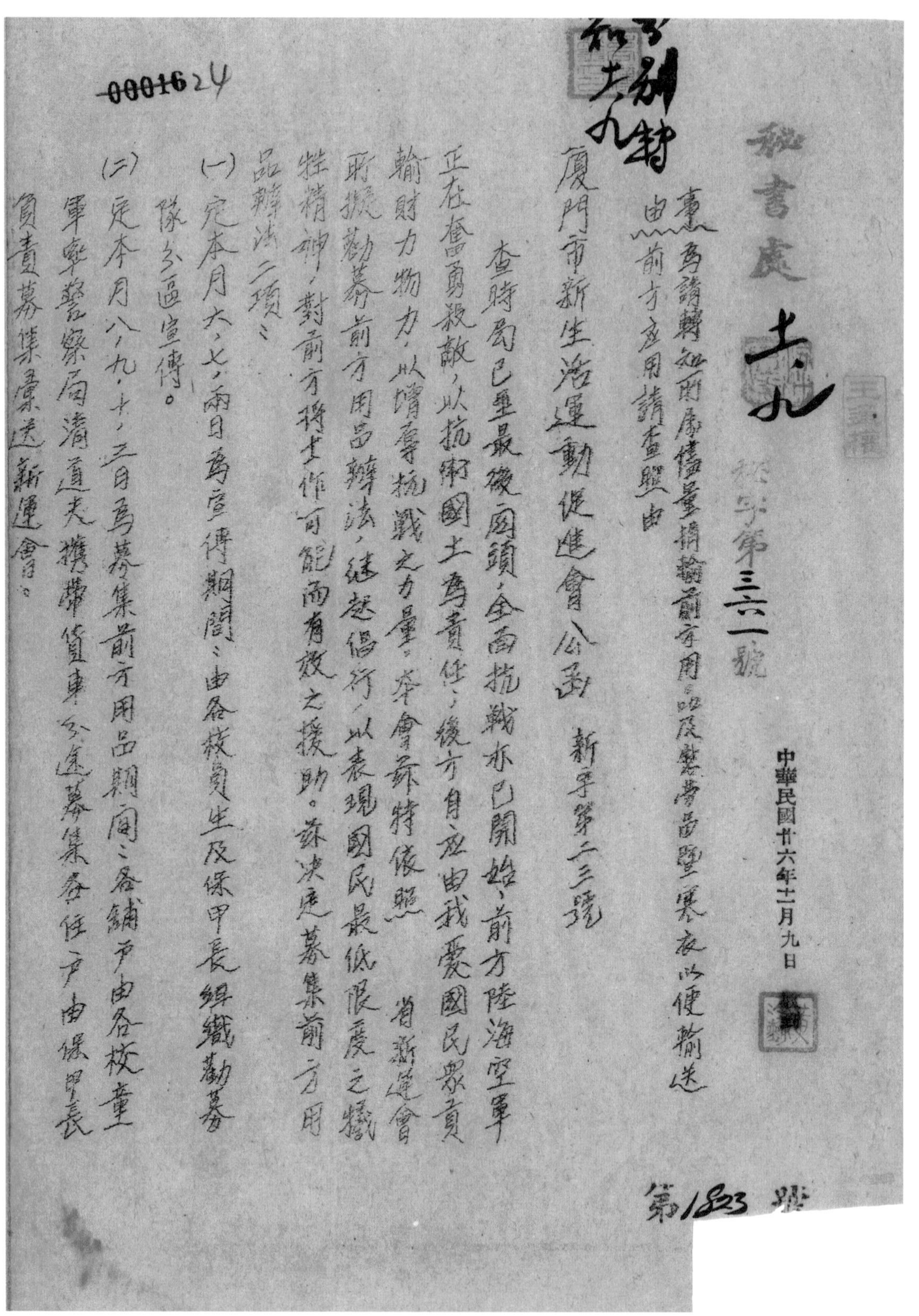

秘書處　土九　秘字第三六一號

中華民國廿六年十一月九日

事由：為請轉知所屬儘量捐輸前方用品及慰勞品暨寒衣以便輸送前方應用請查照由

厦門市新生活運動促進會公函　新字第二三號

查時局已至最後關頭，全面抗戰亦已開始，前方陸海空軍正在奮勇殺敵，以抗衛國土為責任，後方自應由我愛國民衆負輸財力物力，以增厚抗戰之力量。本會茲特依照省新運會所擬勸募前方用品辦法，繼起倡行，以表現國民最低限度之犧牲精神，對前方將士作可能而有效之援助。茲決定募集前方用品辦法二項：

（一）定本月六、七兩日為宣傳期間，由各校學生及保甲長組織勸募隊分區宣傳。

（二）定本月八、九、十、三日為募集前方用品期間，各舖戶由各校童軍、警察局清道夫攜帶貨車分途募集，各住戶由保甲長負責募集彙送新運會。

第1823號

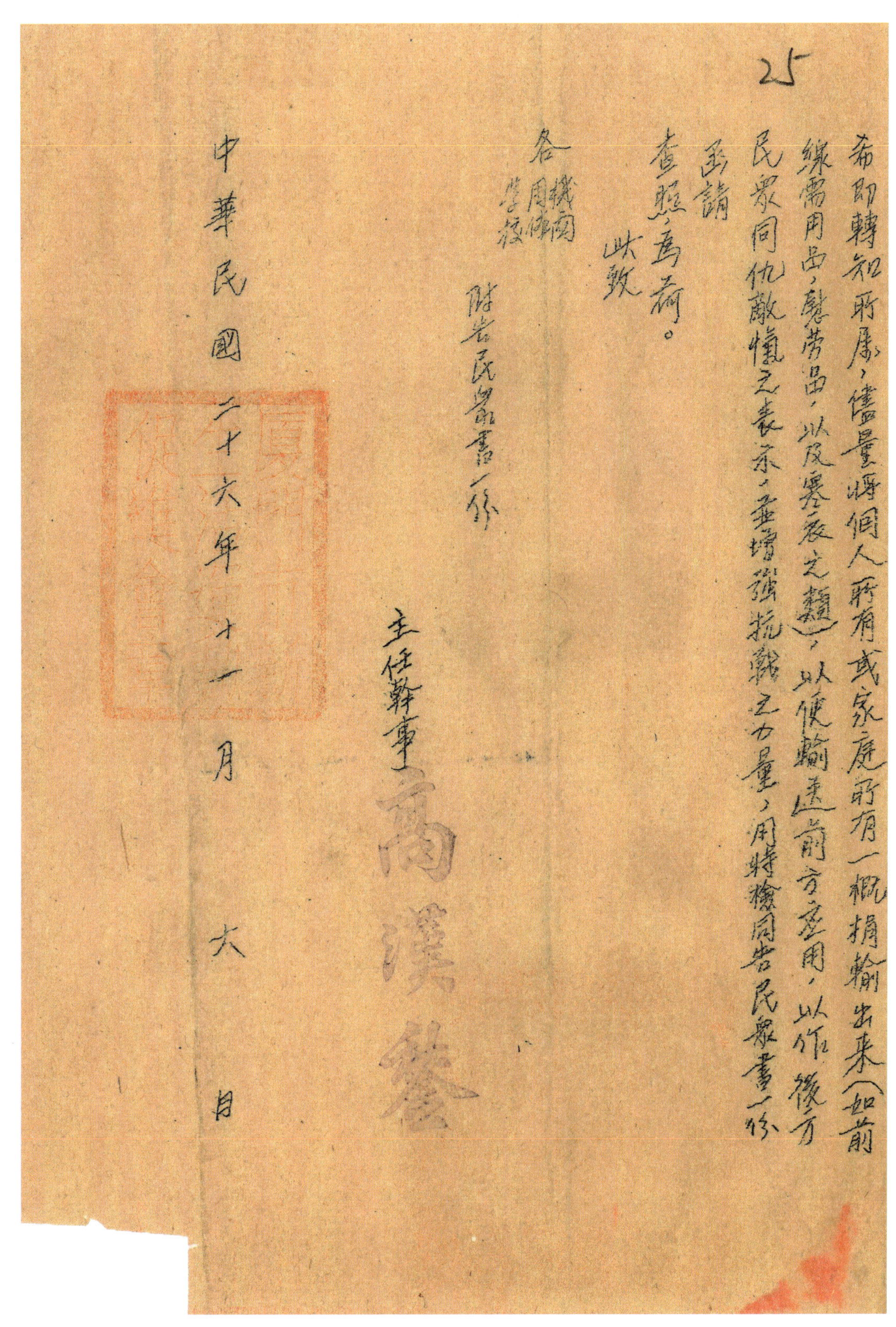

25

希即轉知所屬，儘量將個人所有或家庭所有一概捐輸出來（如前線需用品，慰勞品，以及寒衣之類），以便輸送前方應用，以作後方民眾同仇敵愾之表示，並增強抗戰之力量，用特檢同告民眾書一份

函請

查照為荷。

此致

各機關團體學校

附告民眾書一份

主任幹事 高漢鑾

中華民國二十六年十一月六日

# 厦门市警察局关于请拨给代办警备司令部及各部队兵差垫款致厦门市政府的呈（一九三七年十二月四日）

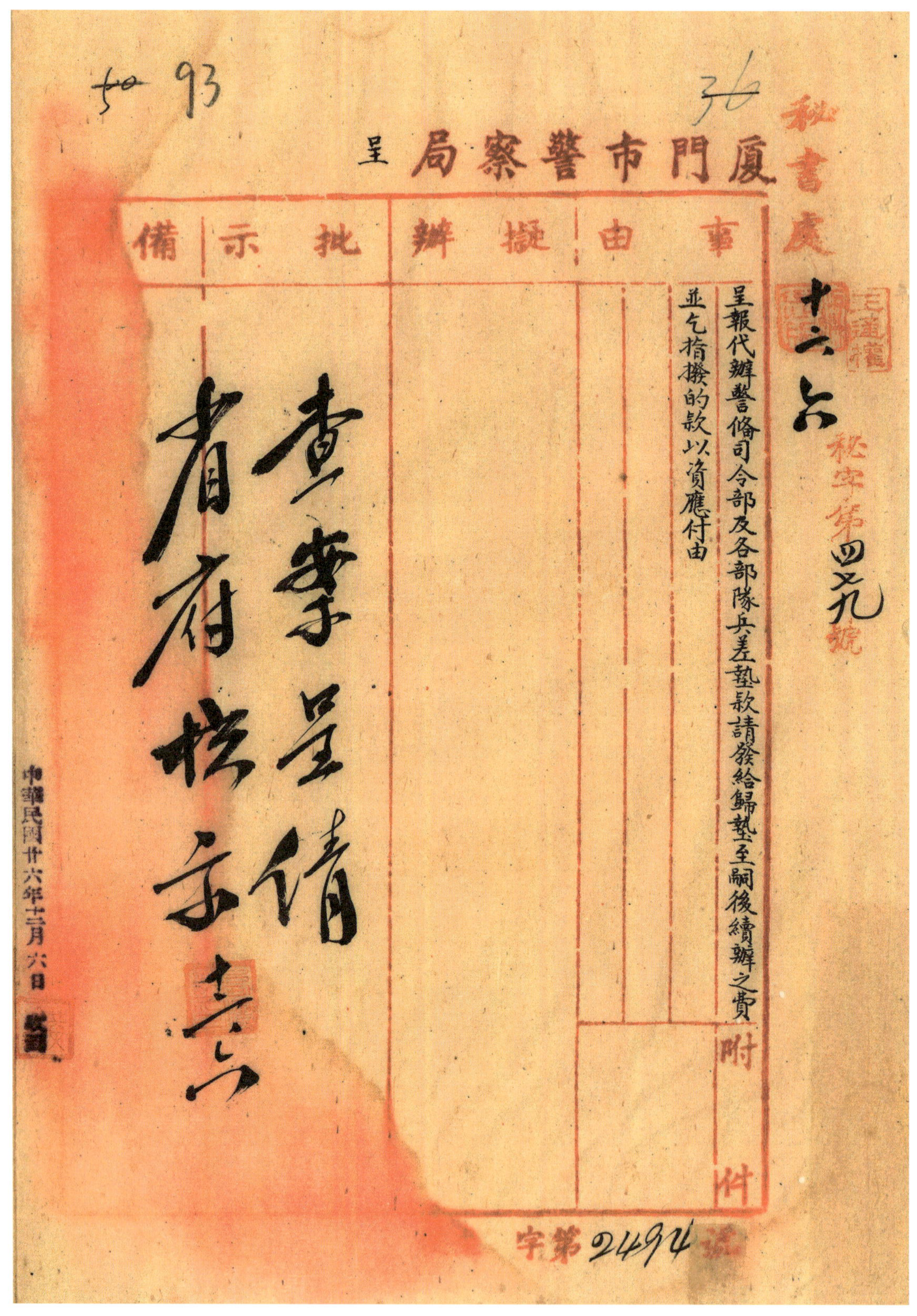
厦門市警察局 呈

| 事由 | 擬辦 | 批示 | 備 |
| --- | --- | --- | --- |
| 呈報代辦警備司令部及各部隊兵差墊款請發給歸墊至嗣後續辦之費並乞指撥的款以資應付由 | | | |

附件

字第2494號

中華民國廿六年十二月六日

秘書處 十二、六

秘字第四二九號

94

職局代辦警備司令部及各部隊兵差所有耗費計已墊付國幣伍佰陸拾肆元壹角壹分，業經函請廈門抗敵後援會撥款歸墊在案。茲准該會復函以：「本會前奉福建省抗敵後援會訓令以接省黨部函准駐閩綏靖公署函以辦理兵差及建築防禦工事不得諉之抗敵後援會等因，本會業已函達廈門市政府查照在案。該項兵差本會未便照撥」等由，准此。查職局奉派辦理，又未便推卸，理合將單據粘存簿一份（內單據三十四紙）具文呈請

鈞長察核，俯准發給歸墊，至嗣後續辦之費，並乞指撥的款，以資應付，實為公便！

謹呈

市長高

附呈單據粘存簿乙份（三十四紙）

警察局局長沈覲康

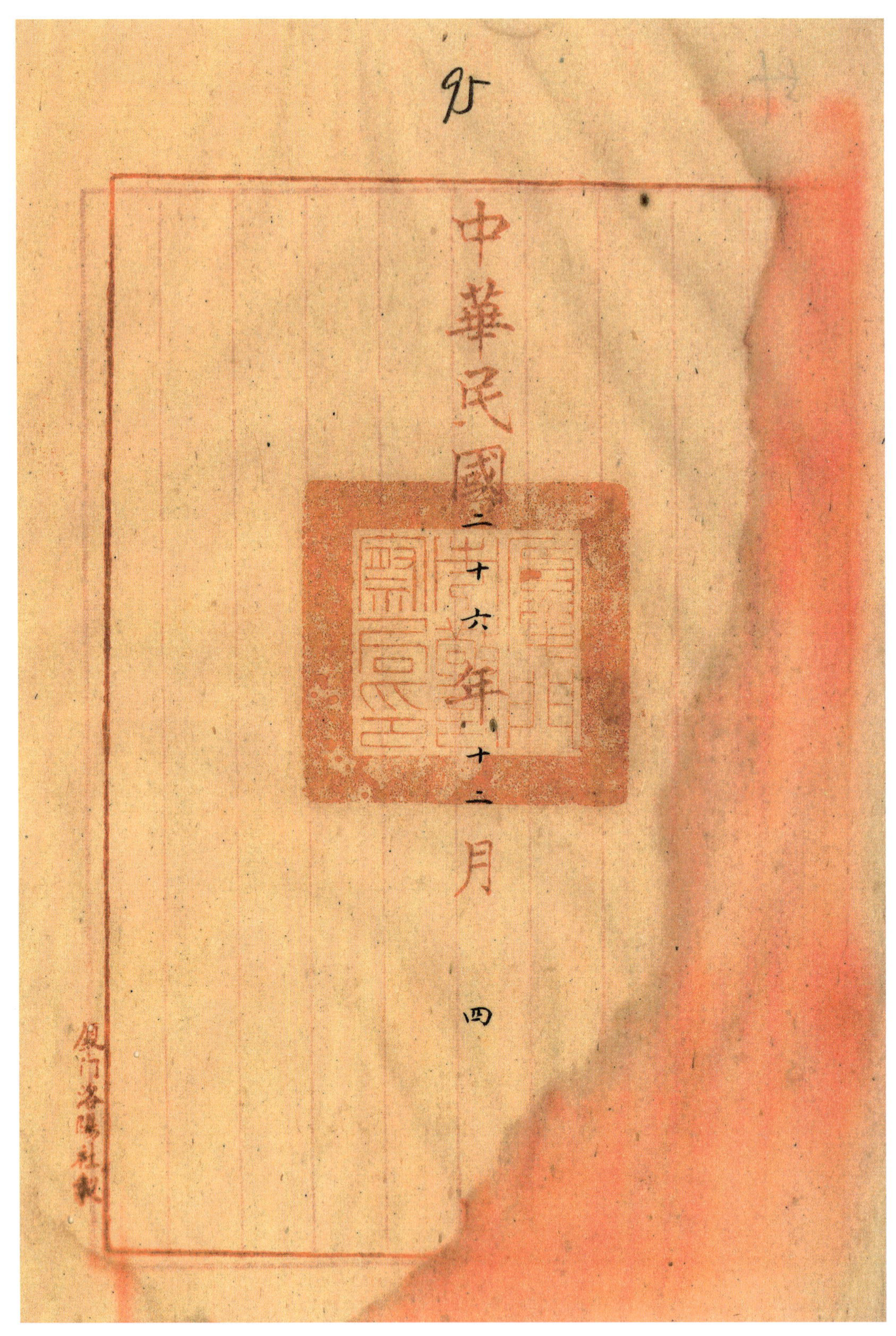

95

中華民國二十六年十二月 四

厦门洛陽社報

厦门市政府关于转发募制寒衣办法致社会科的训令（一九三七年十二月二十七日）

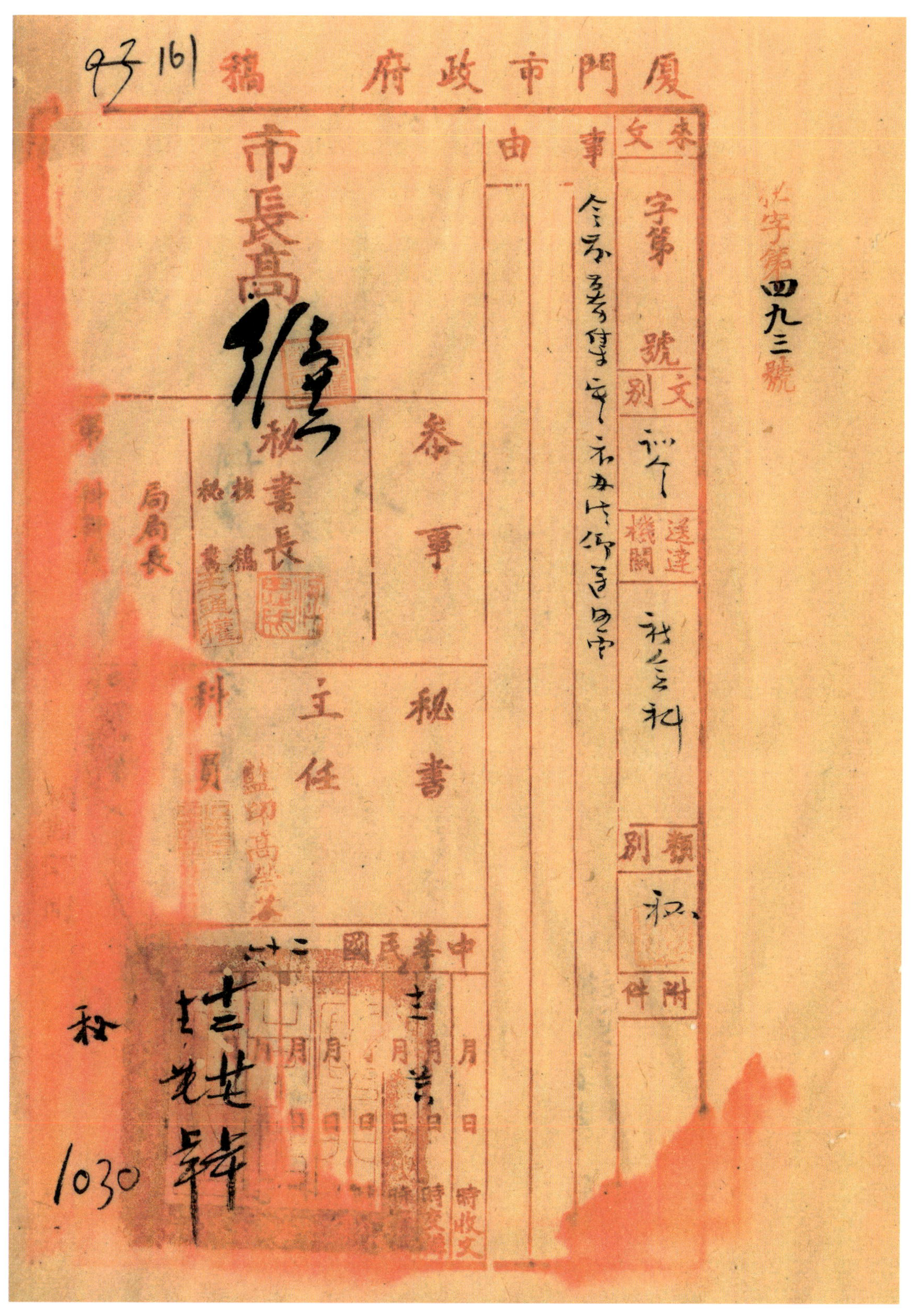
厦門市政府稿

來文 字第 號

事由 令知募集寒衣辦法仰遵照由

文別 訓令

送達機關 社會科

類別 秘

附件

市長高

秘書長

參事

秘書

主任

科員

局局長

核稿

秘書

中華民國 廿六年十二月 日

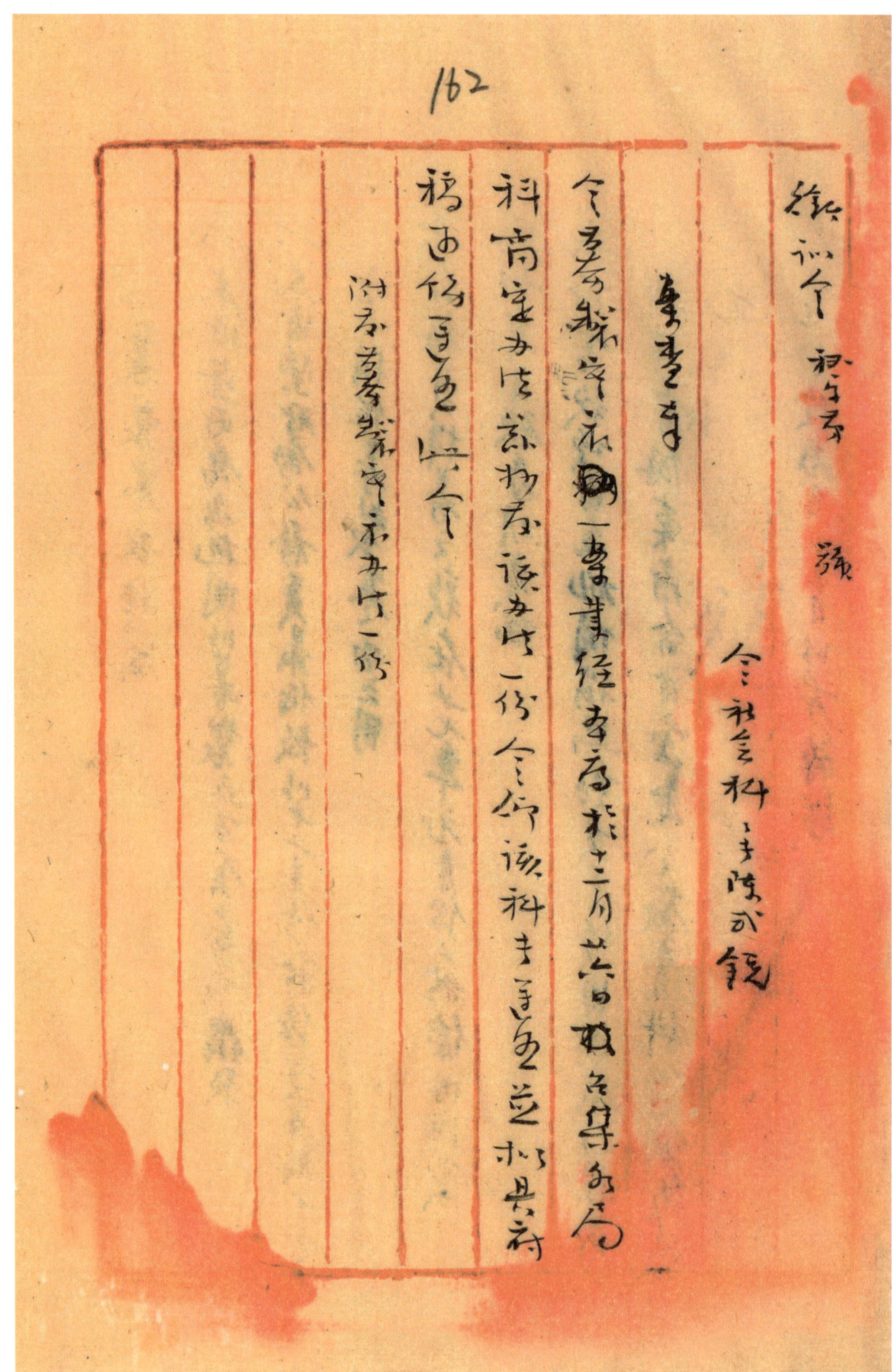

162

繕訓令　秘字第　　號

令社會科主任陳式銳

案查本

令委製定宣[illegible]一案業經本府於十二月廿六日召集各局科商定辦法茲抄發該辦法一份合行令仰該科主任遵照並抄具稿函仿遵照為要此令

附發委製定示辦法一份

附：募制寒衣办法

存稿

## 募製寒衣辦法

一、本府暨所屬各機關以募製五萬套為最低數

二、本府暨所屬公務員最低數以十二月份薪俸實支數十分之一捐作募製寒衣之用

三、公務員捐募之款在廿七年元月份薪俸內扣除

四、如有自願多捐者聽

五、所需款項由各機關按照動支手續由財政局提前撥付彙解本府會計室交教育科縫紉隊製造

六、遵令於元月十五日以前辦竣

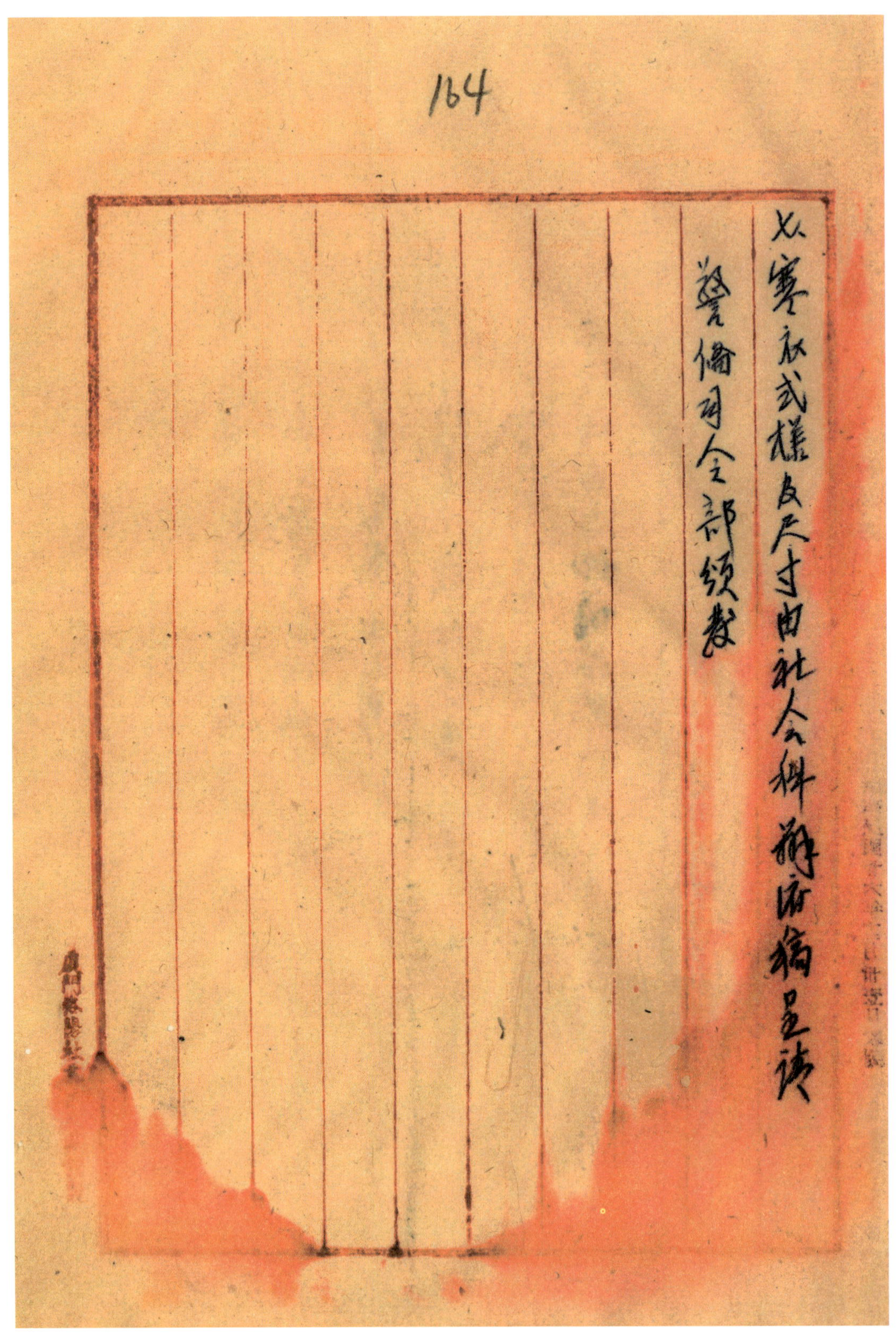

164

以寒衣式樣及尺寸由社会科擬具稿呈請

警備司令部頒發

福建省保安处、厦门市政府等关于元旦期间购备物品慰劳前线的一组文书（一九三七年十二月至一九三八年一月）

福建省保安处致厦门市政府的函（一九三七年十二月十二日）

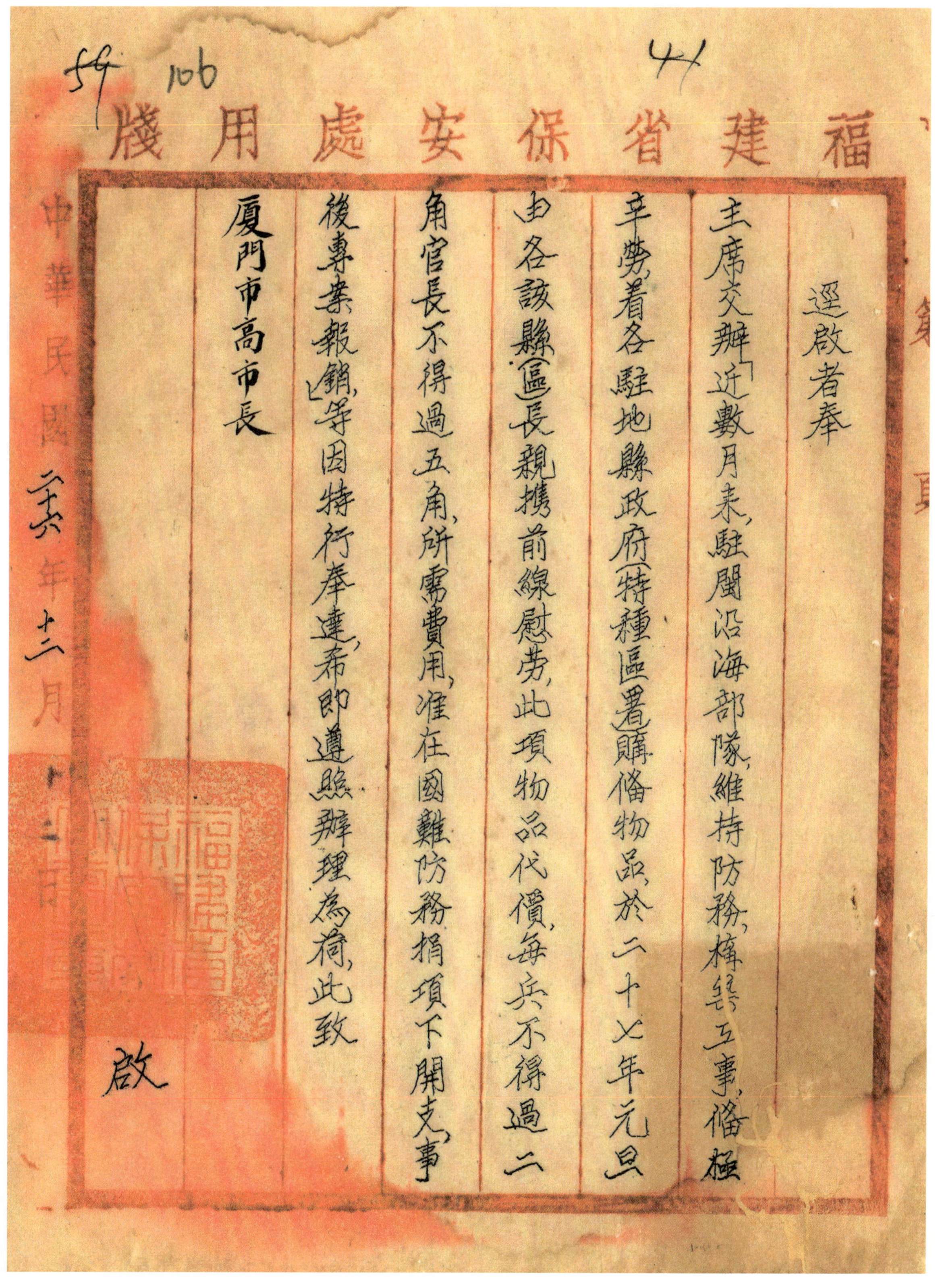
福建省保安處用牋

逕啟者奉

主席交辦「近數月來，駐閩沿海部隊，維持防務，構築工事，備極辛勞，着各駐地縣政府（特種區署）購備物品，於二十七年元旦由各該縣（區）長親携前線慰勞，此項物品代價，每兵不得過二角，官長不得過五角，所需費用，准在國難防務捐項下開支，事後專案報銷」等因，特行奉達，希即遵照辦理為荷，此致

厦門市高市長

啟

中華民國二六年十二月

# 厦门市政府致所属机构等的训令（一九三七年十二月二十一日）

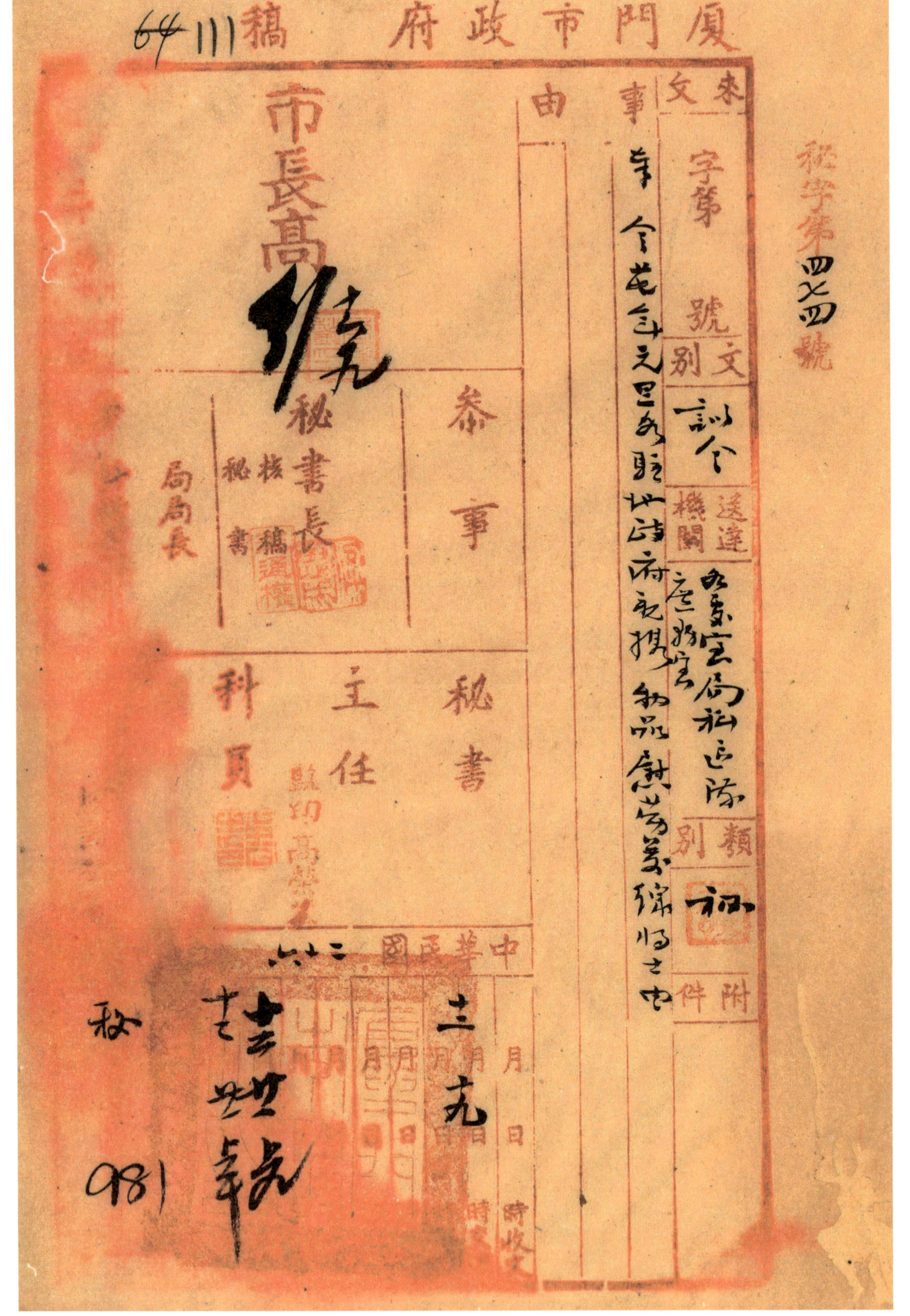
厦門市政府稿

秘字第四七四號

來文 字第 號

文別 訓令

送達機關

類別

附件

事由

市長 高

秘書長

參事

核稿 秘書

局長

秘書

主任

科員

中華民國 二六年 十二月 月 日 時收文

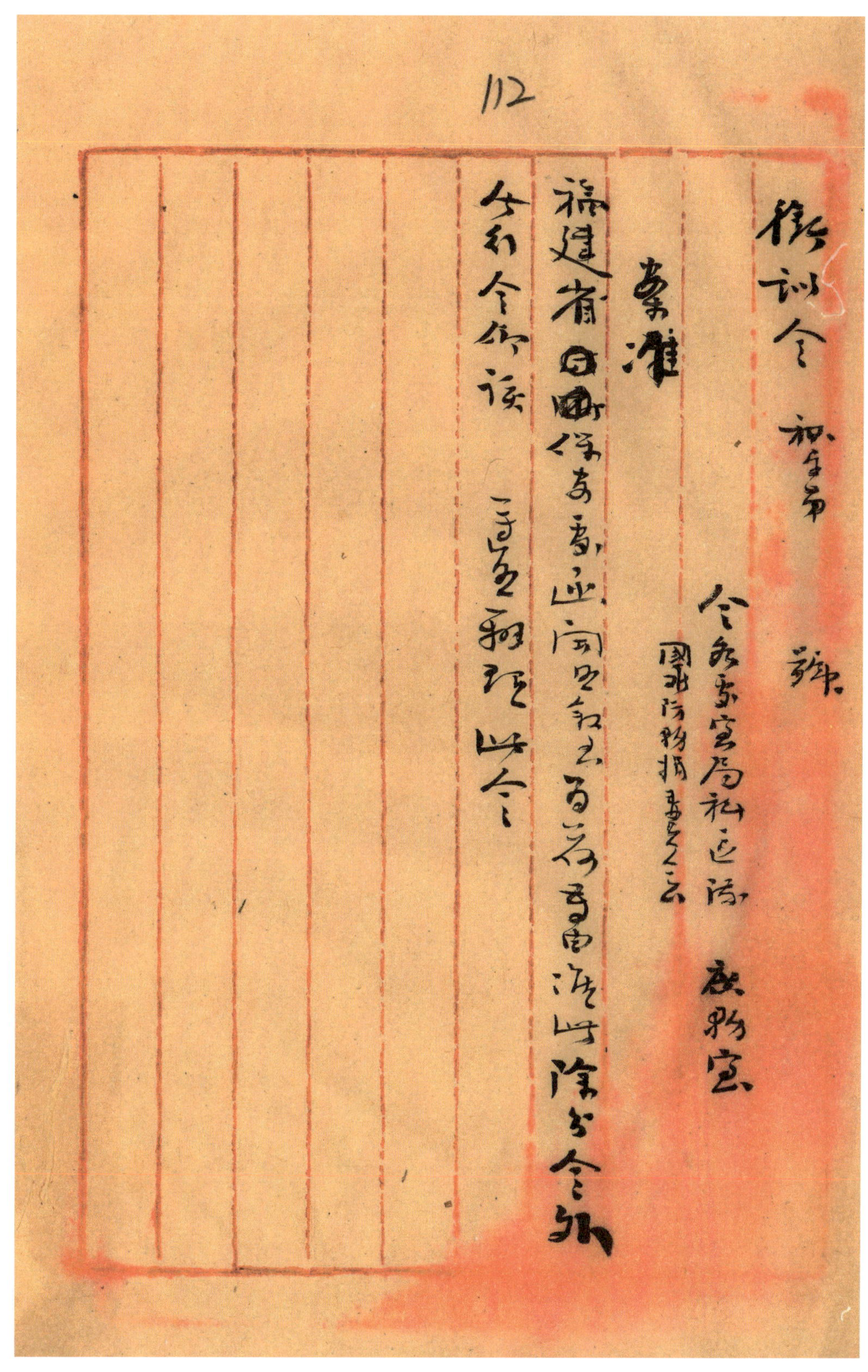

112

稿訓令　秘字第　　號

令外交部宣局秘書處　庶務室
閩北行轄捐事處人員

案准

福建省日產保存委員會函送日籍資產各項清冊除分令外

合行令仰該　　三件查照辦理此令

## 厦门市政府庶务室致厦门市政府的签呈（一九三八年一月三日）

67 116

奉

令購備元旦慰勞駐防軍官兵物品遵經辦妥計向國難防務捐委員會領到兩次國幣壹千壹佰元付購元旦慰勞物品國幣壹千零捌拾肆元零陸分領付對抵外尚餘國幣壹拾伍元玖角肆分理合將經手領付數目列具清單連同單據簽請

鈞核分別令飭報銷並將餘款發還以清手續謹呈

秘書長梁轉呈

市長高

附呈 清單壹份 收据捌紙（計載[illegible]）

庶務室謹簽

廿七年一月三日

65 113

謹將奉 令購備元旦慰勞駐防軍官兵物品領付數目開具清單呈請

察核

計開

領款項下

一二十六年十二月廿八日向國難防務捐委員會領到購元旦慰勞物品費

國幣貳佰元正

一二十六年十二月三十一日向國難防務捐委員會領到購元旦慰勞物品費

國幣玖佰元正

以上共領國幣壹千壹佰元正

（印：王鎮權）

114

付款項下

一付合隆號購猪肉十二隻實〡〡〦〤觔 每觔〣〣角 計國幣叁佰捌拾肆元壹角貳分正 收据一紙

一付成記號購牛肉三佰觔 每觔〢〤角 計國幣柒拾貳元 收据一紙

一付合興號購鷄隻壹佰陸拾頭實〤〇〦觔 每觔〣〥角 計國幣壹佰肆拾貳元壹角正 收据一紙

一付和興號購大瓶五加皮酒三佰二十瓶 每瓶〦〦角 計國幣貳佰壹拾壹元貳角正 收据一紙

一付瑞章李記號購白洋布〤〇碼 每碼〣〦角 計國幣壹元肆角肆分 收据一紙

一付寶華號俾慰勞白洋布旗十面工資國幣貳角 收据一紙

66 115

一付警察局領元旦慰勞警士及義勇警犒賞費國幣貳佰伍拾伍元 領据一紙

一付禾山區署領元旦慰勞警士犒賞費國幣壹拾捌元 領据一紙

以上共付國幣壹千零捌拾肆元零陸分 計收据八紙

領付對抵外尚餘國幣壹拾伍元玖角肆分正

# 厦门市动员委员会关于该市因沦陷无法征募药品致福建省动员委员会的呈（一九三九年九月十五日）

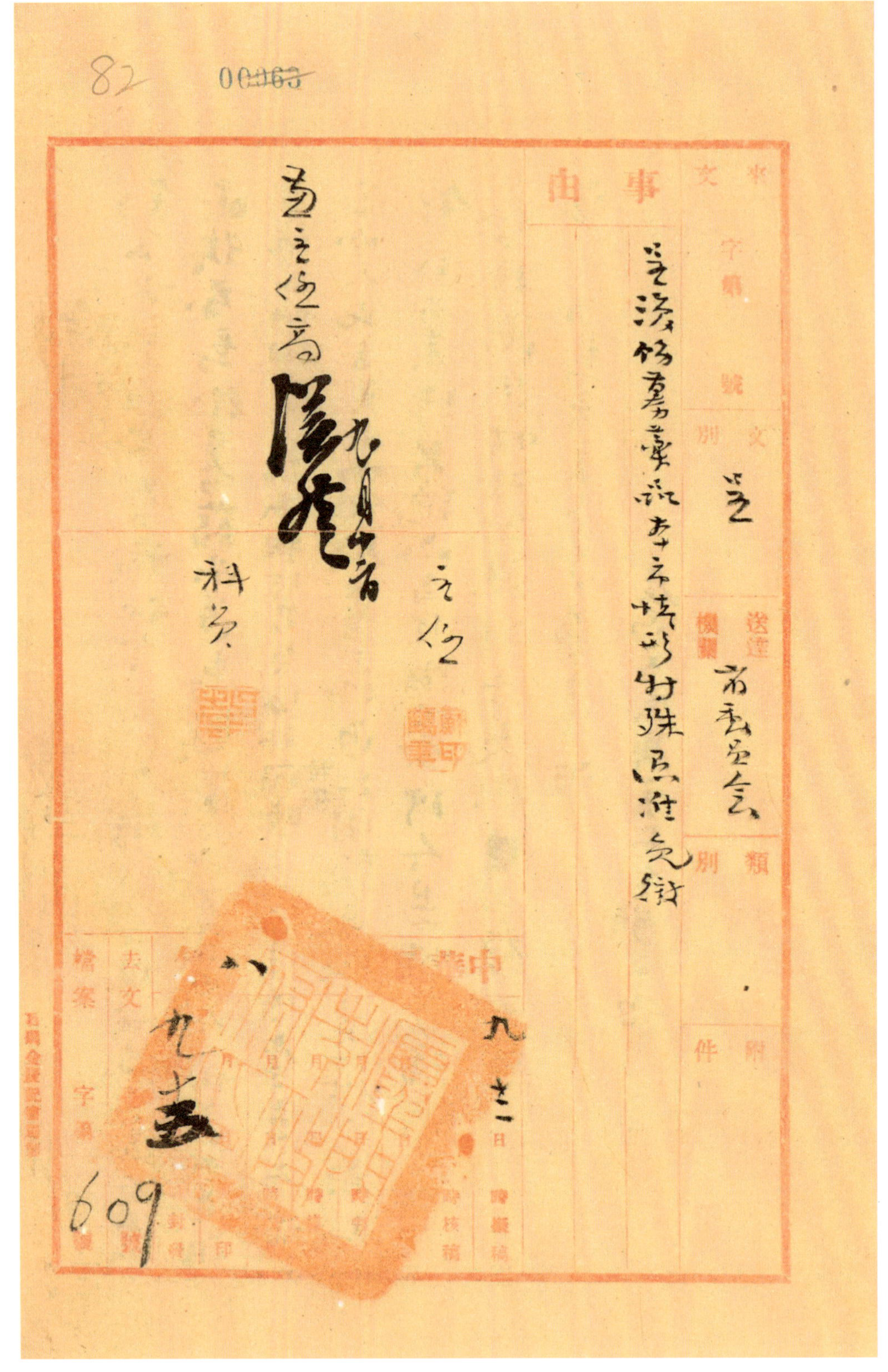

豪章

钧会惠字第一〇九〇号训令以准全国侨务委员会
西药商勾结侨眷药品运动针寄家方面令饬各毋具证
明因私附侨眷药品购买须经海外同胞者一律专案查本市沦
陷以人民分散各内地侨眷已进行团聚且海上近被日敌封
锁药品来源几绝亦无法侨眷购买且情是该
奉核原令情形特殊准予免缴□不核准
祈肆前惠示委员会鉴核之侨陈

厦门市党部主任委员谭之仰亭〇〇

福建省抗敌后援会沙县分会关于征募前方将士寒衣代价券资致福建省立医院的感谢函（一九三九年十二月九日）

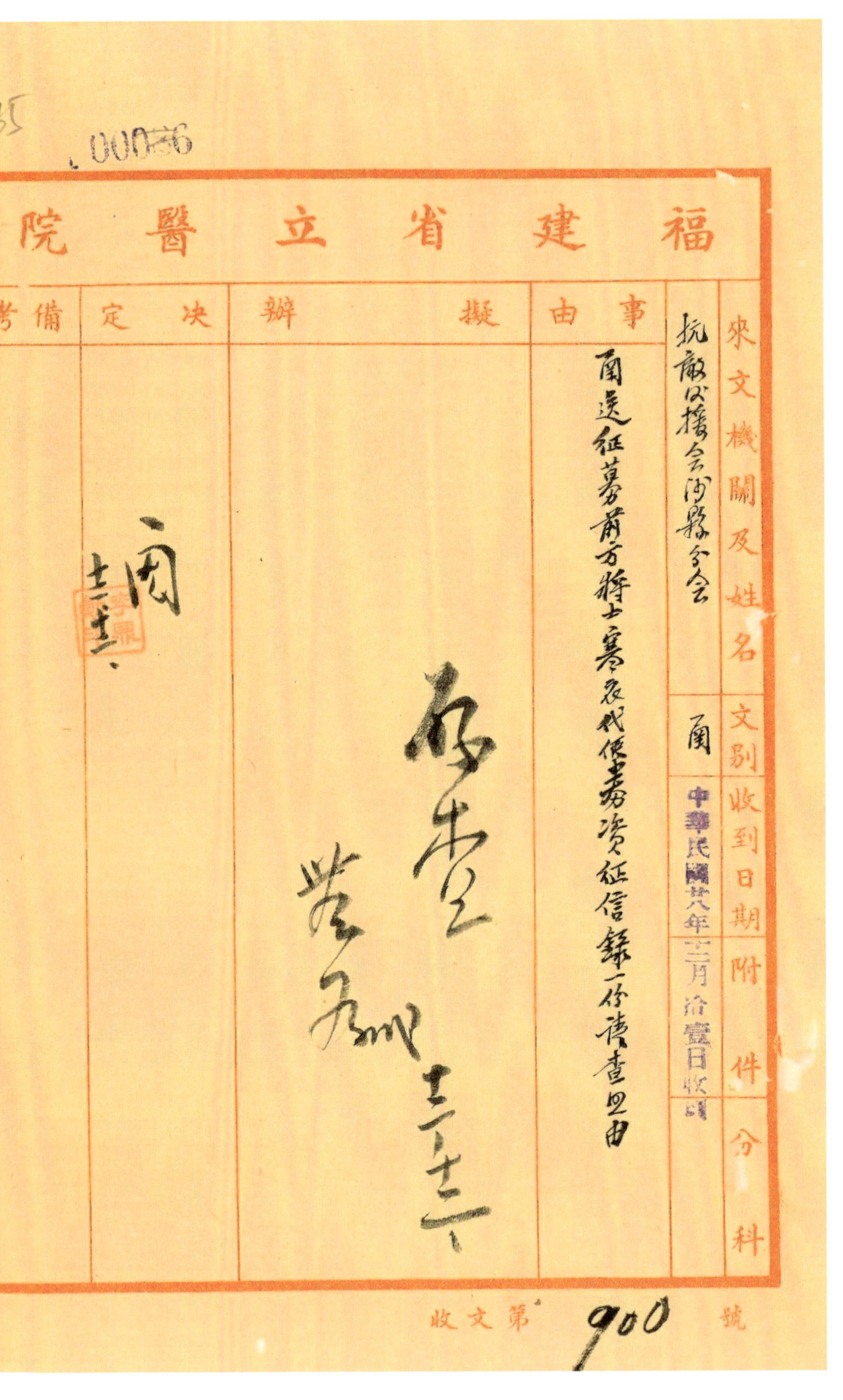

65

000036

福建省立醫院

| 來文機關及姓名 | 抗敵後援會沙縣分會 |
| --- | --- |
| 文别 | 函 |
| 收到日期 | 中華民國廿八年十二月拾壹日收到 |
| 附件 | |
| 分科 | |
| 事由 | 函送征募前方將士寒衣代價券資征信錄一份請查照由 |
| 擬辦 | 存查 黄[illegible] 十二、十二 |
| 决定 | 閱 十二、十二、 |
| 備考 | |

收文第900號

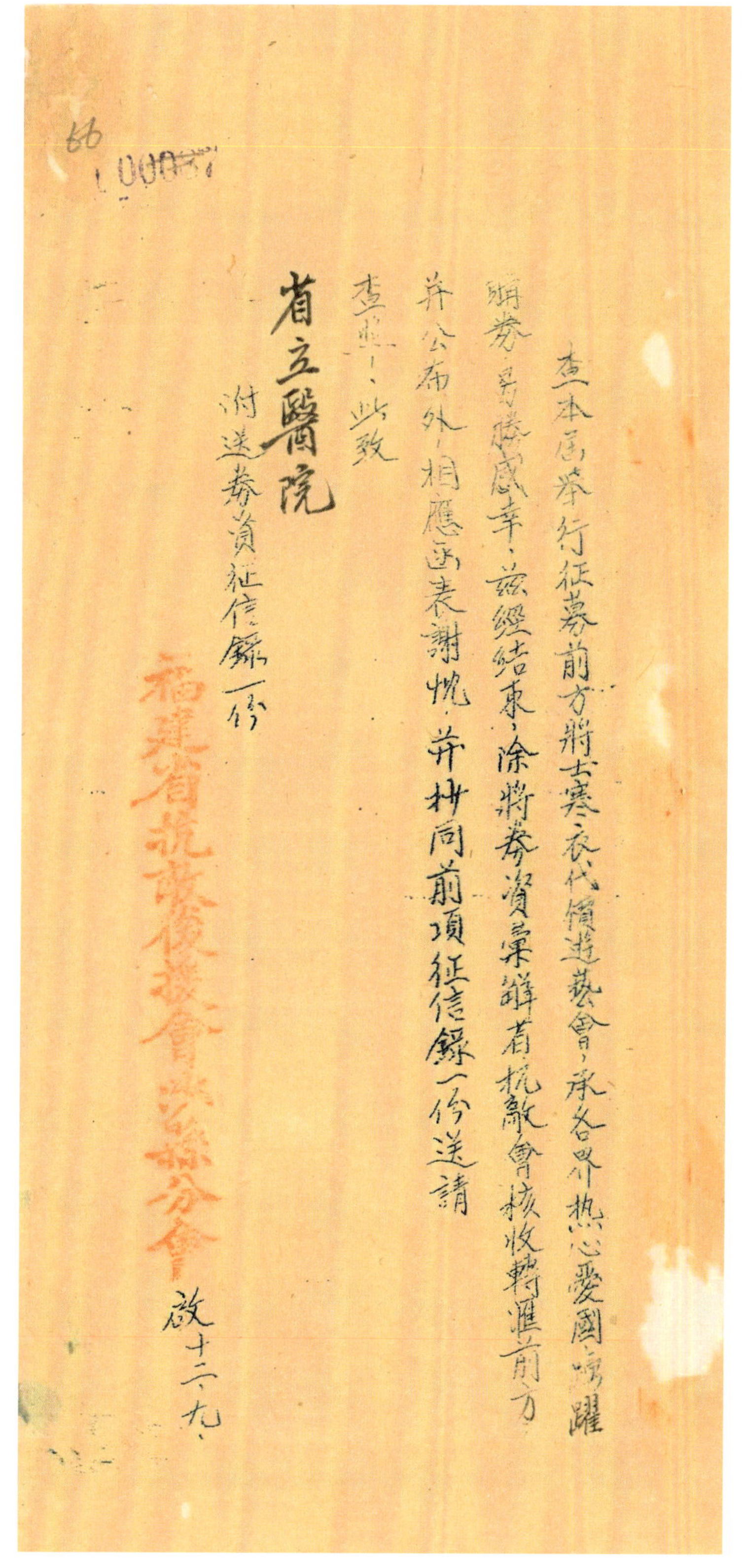

查本區舉行征募前方將士寒衣代價遊藝會，承各界熱心愛國，踴躍購券，曷勝感幸，茲經結束，除將券資彙解省抗敵會核收轉匯前方并公布外，相應函表謝忱，并冊同前項征信錄一份送請

查照！此致

省立醫院

附送券資征信錄一份

福建省抗敵後援會沙縣分會 啟 十二、九、

# 附：沙县抗敌后援分会征募前方将士寒衣代价游艺会券资征信录（一九三九年十二月九日）

67

[000168]

沙縣抗敵後援分會征募前方將士寒衣代價游藝會券資徵信錄 二十八年十二月九日

| 機關名称 | 一元张数 | 五角张数 | 二角张数 | 合計券資 | 合計张数 | 實收券資 | 備 |
|---|---|---|---|---|---|---|---|
| 軍管區司令部 | 5 | 6 | | 捌元 | 11 | 捌元 | |
| 軍管區兵役處 | 3 | 10 | | 捌元 | 13 | 捌元 | |
| 國民軍訓處 | 6 | 10 | | 拾壹元 | 16 | 拾壹元 | |
| 保訓處幹訓所 | 5 | 10 | | 拾元 | 15 | 拾元 | |
| 保安處軍械所 | 1 | 4 | | 叁元 | 5 | 叁元 | |
| 福建省軍人監獄 | 1 | 2 | | 貳元 | 3 | 貳元 | |
| 陸地測量隊 | 2 | 6 | | 伍元 | 8 | 伍元 | |
| 保安處十四無線電台 | 2 | 4 | | 肆元 | 6 | 壹元 | 退回一元券二張五角券六張 |
| 建設廳第一工廠 | 1 | 4 | | 叁元 | 5 | 叁元 | |
| 省立醫學院 | 3 | 8 | | 柒元 | 11 | 柒元 | |
| 省立福州高級中學 | 3 | 4 | 30 | 拾壹元 | 37 | 拾壹元 | |
| 省立助產護士學校 | 1 | 4 | | 叁元 | 5 | 叁元 | |

| | | | | | | |
|---|---|---|---|---|---|---|
| 省立醫院 | 1 | 10 | 陸元 | 11 | 陸元 | |
| 省立圖書館 | 1 | 4 | 叁元 | 5 | 壹元 | 票全部退回二元 收回新币壹元 |
| 省立科學館 | 1 | 4 | 叁元 | 5 | 叁元 | |
| 省立体育場 | 1 | 2 | 弍元 | 3 | 弍元 | |
| 沙縣縣政府 | 8 | 20 | 拾捌元 | 28 | 拾捌元 | |
| 省銀行沙縣辦事處 | 4 | 8 | 捌元 | 12 | 捌元 | |
| 沙縣經征處 | 1 | 4 | 叁元 | 5 | | 全部退回 |
| 城區警察所 | 2 | 2 | 叁元 | 4 | 壹元 | 退回壹元券二張 |
| 沙縣社訓總隊部 | 1 | 10 | 陸元 | 11 | 陸元 | 日場伍角券六張 夜場伍角券二張 |
| 衛生院 | 1 | 4 | 叁元 | 5 | 叁元 | |
| 司法處 | 1 | 2 | 弍元 | 3 | 壹元伍角 | 退回五角券壹張 |
| 監獄所 | | 2 | 壹元 | 2 | 壹元 | |
| 保安中隊 | | 2 | 壹元 | 2 | | 未收 |

| 机关 | | | | | | 备注 |
|---|---|---|---|---|---|---|
| 汕縣常備隊 | 2 | 2 | 壹元 | 2 | 壹元 | |
| 財務委員會 | 1 | 2 | 弍元 | 3 | 弍元 | |
| 合作指導處 | | 4 | 弍元 | 4 | 弍元 | |
| 汕縣執行委員会 | 3 | 6 | 陸元 | 9 | 陸元 | |
| 郵政局 | 1 | 4 | 叁元 | 5 | 叁元 | |
| 電報局 | 1 | 2 | 弍元 | 3 | | 未收 |
| 汕縣電廠 | 1 | 4 | 叁元 | 5 | 叁元 | |
| 電話交換所 | 1 | 2 | 弍元 | 3 | 弍元 | |
| 菸酒稽征所 | 1 | 4 | 叁元 | 3 | 叁元 | |
| 鹽務運銷分所 | 1 | 2 | 弍元 | 3 | 弍元 | 一元券一張找去五角券二張 |
| 統一行汕縣土膏店 | 2 | 4 | 肆元 | 6 | 肆元 | |
| 美以美醫院 | 1 | 2 | 弍元 | 3 | 弍元 | |

| | | | | | | | |
|---|---|---|---|---|---|---|---|
| 郊鄉保處 | 2 | 6 | 56 | 壹拾伍元 | 58 | 壹拾伍元 | 一元券二張換二角券十張 |
| 興義聯保處 | 5 | 10 | 100 | 叁拾元 | 115 | 叁拾元 | |
| 和仁聯保處 | 1 | 20 | 100 | 叁拾陸元 | 126 | 叁拾陸元 | 一元券六張換角券十張 |
| 汾縣商會 | 23 | 100 | | 柒拾叁元 | 123 | 陸拾元 | 退回一元券六張伍角券十二張 |
| 白山中心小學 | | 8 | | 肆元 | 8 | 壹元 | 退回五角券六張 |
| 东林小學 | | 6 | | 叁元 | 6 | 壹元伍角 | 退回五角券三張 |
| 聖智小學 | | 4 | | 弍元 | 4 | 弍元 | |
| 崇亭小學 | | 2 | | 壹元 | 2 | 壹元 | |
| 閘門[illegible]營 | 2 | 40 | 19 | 弍拾伍元捌角 | 61 | 弍拾伍元捌角 | |
| 合計 | 206 | 380 | 249 | 叁佰拾伍元捌角 | 781 | 叁百弍拾肆元捌角 | |

以上所收叁百弍拾肆元捌角除付[illegible]價[illegible]雜用內叁拾元外

六、實得國幣弍百玖拾肆元捌角正

# 交通部直辖厦门航政办事处关于劝募湘鄂战捷慰劳金致曾思汉、曾国华、庄瑛林的代电

（一九四四年一月十二日）

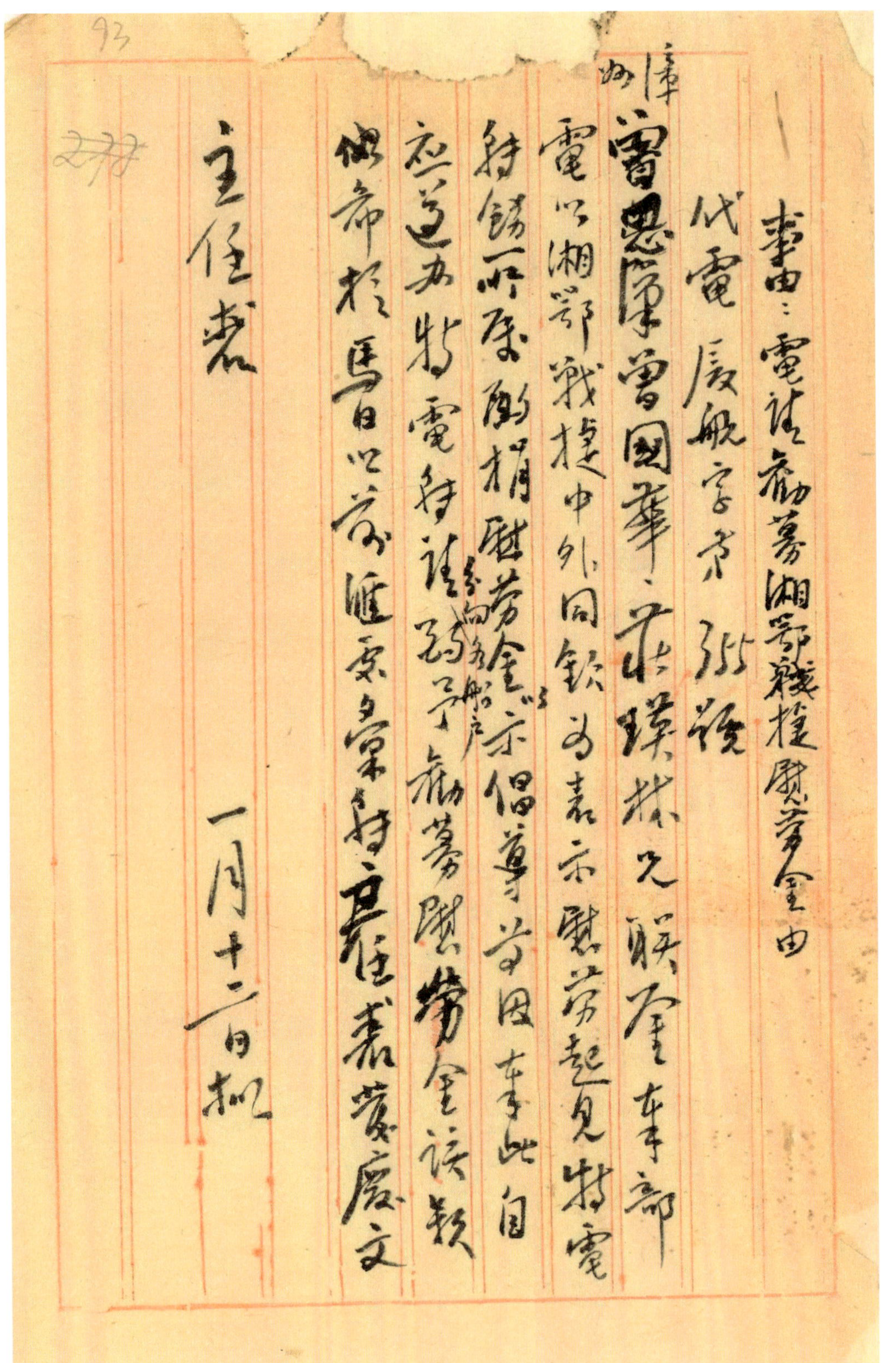

事由：電請勸募湘鄂戰捷慰勞金由

代電 廈航字第355號

僑務曾思漢、曾國華、莊瑛林之聯鑒：奉部電以湘鄂戰捷，中外同欽，為表示慰勞起見，特電飭所屬酌捐慰勞金，以示倡導等因。奉此，自應遵辦，特電轉請各僑商船户踴躍勸募慰勞金，該款務希於　日以前匯交本處以憑彙轉為荷。主任蔡霖叩子文

主任

一月十二日擬

交通部直辖厦门航政办事处关于请转汇湘鄂战捷慰劳金致交通部的代电（一九四四年二月二十八日）

代電　廈航字第299號

事由：為電匯勸募湘鄂戰捷將士慰勞金款經電匯乞核收彙解由

交通部部長曾鈞鑒：查上年十二月侯文渝之[illegible]字第一二五三七六號代電，以准全國慰勞總會電發起募款慰勞湘鄂戰士並收慰勞金於卅三年一月十五日前匯部收轉等因。奉此，查本件代電係於一月廿六日奉到，遵即分向所屬勸募，共得慰勞金法幣弍仟伍佰元，經於[illegible]日交由漳州中央銀行電匯，敬祈核收彙轉。直轄廈門航政辦事處主任袁[illegible]叩。儉

主任袁[illegible]　實

二月廿八日擬

# 交通部直辖厦门航政办事处关于中原战士慰劳金已转汇致交通部的代电（一九四四年七月二十六日）

56

| 校對 | 撰擬員 | 錄事 |
|---|---|---|

主任 戴

七、廿六

收文字號：

事由：電復中原戰士慰勞金經匯由總務司收轉乞鑒核由

文別類別：代電

送達機關：重慶 交通部

附件：

中華民國 年 月 日

代電 辰航字第 號

交通部部長曾鈞鑒：本年七月十六日奉鈞部六月冬代電九八〇四號開"准全國慰勞總會電請慰勞中原戰士并收慰勞金，據本年六月嘗派部代收常會"等因奉此，遵即分向所屬勸募，共計募得法幣貳仟貳佰捌拾捌元五角，經於有日交由泉州中央銀行電匯鈞部總務司收轉，奉電前因，謹電復請鑒核。直轄廈門航政辦事處主任戴□叩寢

附：中央银行泉州分行汇款便条（一九四四年七月二十五日）

中央銀行泉州分行匯款便條

中華民國　年　月　日

匯總號
電號

收款人

住址

金額（大寫）國幣

| 匯款金額 | 匯費 | 電費 | 合計 |
|---|---|---|---|
| 千百十萬千百十元角分 | 百十元角分 | 百十元角分 | 千百十萬千百十元角分 |

匯款人　　住址

注意

（一）此項便條匯款人可於三個月內持向本行掉換收款人之收據過期無效

（二）匯款人所書之收款人姓名住址如有錯誤致收款人遷居以致無法投解退匯時匯款人得憑此便條領回匯款但匯費及電費概不退還

（三）電匯如因電局延遲錯誤發生一切損害時本行概不負責

（四）匯款人查詢時請攜此便條向原匯款行接洽

（五）收款人如欲查詢時請匯款人告知此便條上所載匯總號數以便向付款行查詢

中央銀行　具

# 后记

一、本书编纂工作在《抗日战争档案汇编》编纂出版工作领导小组和编纂委员会的具体领导下进行。

二、本书编者来自厦门市档案馆。福建省档案局王建平等同志对本书的编纂出版工作给予了悉心指导和帮助。福建省档案馆谢滨，厦门市档案局叶涛、蓝文忠、郭晓文等同志审阅了书稿，提出了重要修改意见。五洲传播出版社对本书的编纂出版工作给予了鼎力支持。谨向上述单位和同志致以诚挚的感谢！

编　者